安徽师范大学传媒视界丛书

杨柏岭·主编

安徽师范大学新闻与传播学院
部校共建论文选集
2014—2016

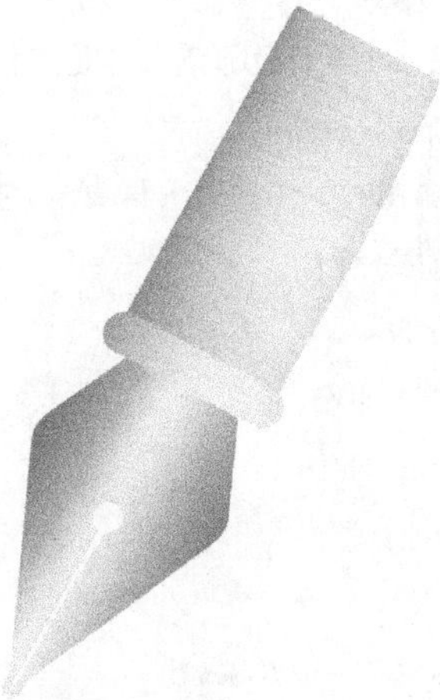

安徽师范大学出版社
·芜湖·

责任编辑:彭　敏
装帧设计:王　彤　袁现伟

图书在版编目(CIP)数据

安徽师范大学新闻与传播学院部校共建论文选集:2014—2016 / 杨柏岭主编.—芜湖:安徽师范大学出版社, 2017.10
(安徽师范大学传媒视界丛书)
ISBN 978 - 7 - 5676 - 2708 - 6

Ⅰ.①安… Ⅱ.①杨… Ⅲ.①新闻学—传播学—文集 Ⅳ.①G210-53

中国版本图书馆CIP数据核字(2016)第326029号

安徽师范大学新闻与传播学院部校共建论文选集:2014—2016
杨柏岭 主编

出版发行:安徽师范大学出版社
芜湖市九华南路189号安徽师范大学花津校区　　邮政编码:241002
网　　址:http://www.ahnupress.com/
发 行 部:0553-3883578　5910327　5910310(传真)　E-mail:asdcbsfxb@126.com
印　　刷:虎彩印艺股份有限公司
版　　次:2017年10月第1版
印　　次:2017年10月第1次印刷
规　　格:787 mm×1092 mm　1/16
印　　张:22
字　　数:349千字
书　　号:ISBN 978 - 7 - 5676 - 2708 - 6
定　　价:65.00元

总 序

安徽师范大学新闻与传播学院成立于2010年5月，原名传媒学院，2015年1月改为现名。学院是学校应用性专业综合改革试验田，承载着创新办学模式和人才培养模式的使命。2013年，学院与中国人民大学、南京大学、武汉大学等高校新闻学院一起，入选中宣部、教育部10所部校共建新闻学院试点单位。根据部校共建新闻学院的协议精神，中共安徽省委宣传部和安徽师范大学围绕建设一流新闻学院、培养卓越新闻传播人才这一目标，共建管理体系、共商培养方案、共建核心课程、共建双师队伍、共建实验基地、共建研究平台，投入专项资金，推动新闻与传播学院加速发展成为特色鲜明、国内一流的现代化新闻与传播学院。

学院现有教职员工92人，其中专职教师（含实验系列）76人，高级职称36人，二级教授1人，博士（含在读）34人，博士生导师1人，硕士生导师31人，安徽省学术和技术带头人1人，享受国务院特殊津贴专家1人，皖江学者特聘教授1人。学院现有新闻学、广告学、网络与新媒体、文化产业管理、摄影、动画、播音与主持艺术I、播音与主持艺术II（空乘与礼仪）等8个本科专业。其中，新闻学、广告学、动画、摄影等4个专业为安徽省特色专业，播音与主持艺术专业为安徽省综合改革试点专业。学院拥有新闻传播学、戏剧与影视学2个一级学科硕士学位授权点，新闻与传播、广播电视2个专业学位硕士授权点。建有安徽省重点人文社科基地——“创意产业发展研究中心”和安徽省校企合作实践教育基地——“传媒与艺术综合实验中心”等。

自部校共建新闻学院工作开展以来，学院依托部校共建新闻学院的平台资源，发挥省属重点师范大学学科较为齐全的传统优势，确立“人文与科学并重、理论与实践结合”的目标定位，坚持以学科建设引领专业、学位点建设的发展之路。广大师生围绕马克思主义新闻观和中国特色社会主义新闻传播理论进行系统设计，开展专题研究，撰写了系列论著；打造课程群，组建专门教学团队，建设名师工作坊，编写了系列专业教材；进行创、采、写、摄、编、播、评、管一体化实践，取得了系列创作成果。学院在此基础上，策划了“安徽师范大学传媒视界丛书”，呈现学院在部校共建新闻学院工作中科研、教学、实践方面的成果。

出版“安徽师范大学传媒视界丛书”，旨在充分发挥部校共建新闻学院的平台优势，在新闻业务、中外新闻传播思想史、品牌传播、媒介文化、艺术传播等研究领域，促进高显示度的标志性成果产生，形成相对明确的学术格局，打造部校共建的安徽师范大学新闻与传播学院学术品牌。我们将以丛书出版为推动，强化团队建设，合理布局研究方向，突出研究的前沿性，将新闻传播学建设成省内一流、国内知名学科；不断提升团队科研能力，凝练研究方向，强化成果的学术水平，将戏剧与影视学建设成目标明晰、特色鲜明的学科；共同打造特色鲜明、优势明显的文化传播学研究团队。

根据学院规划，“安徽师范大学传媒视界丛书”分为学术成果、教材、艺术作品三个子系列。这其中既有学院特聘教授、学术骨干的精品，又有学术新锐、新传学子的力作；既有科研领域的最新探索，又有教学方面的长期思考；既有研究思考的宏观论述，又有实践育人的具体案例；既有隽永文字的深邃详述，又有优秀图片的精彩呈现……综合反映了学院师生在部校共建新闻学院建设中的理论与实务成果。

“安徽师范大学传媒视界丛书”是部校共建新闻学院“十个一工程”中重点项目之一。对此，安徽省委宣传部新闻处给予了充分肯定，并提出了指导性意见。学校领导以及相关职能部门一直关注新传学院的建设与发展，首批“传媒视界丛书”的出版正是他们的关心的成果之一。新传学院汇聚了新闻传播、品牌传播、艺术传播、文化传播等领域人才，展示出人文与艺术兼容、理论与实践并重的学科发展特色，呈现出“求真、至善、尚美、笃行”的学院文化风貌。学院成立了“安徽师范大学传媒视界丛书”编委会，负责进行丛书的评选等工作。第一届编委会成员由杨柏岭、胡靖、袁立庠、沈正赋、陈新平、马梅、赵昊、刘刚、秦宗财组成。同时，在策划“传媒视界丛书”的过程中，得到学院师生的大力支持，保证了丛书的质量。最后，特别要感谢安徽师范大学出版社领导对这套丛书出版的高度重视，感谢责任编辑为丛书出版所付出的辛勤劳动。我们将以“传媒视界丛书”为抓手，探索学院转型发展之路，以不辜负师生对学院发展的期待。

“安徽师范大学传媒视界丛书”编委会

二〇一七年七月

目录

跟习近平学习改文风

◆ 汪家驷

文风问题不仅是一个学术问题，更是党风的集中反映。对一个执政党而言，文风的问题不仅决定其影响力、号召力，甚至还决定党的执政力和凝聚力。

2010年5月12日，习近平同志在中央党校春季学期第二批入学学员开学典礼上，作了关于改进文风的重要讲话，深刻指出，“党的历史经验证明，文风不正，危害极大。它严重影响真抓实干、影响执政成效，耗费大量时间和精力，耽误实际矛盾和问题的研究解决。不良文风蔓延开来，不仅损害讲话者、为文者自身形象，也降低党的威信，导致干部脱离群众，群众疏远干部，使党的理论和路线方针政策在群众中失去吸引力、感召力、亲和力。”

习近平同志强调指出，文风问题，是党的作风建设的一个重大问题，必须引起全党的高度重视。党的各级领导干部都应该率先垂范、勉力而为，克服“长、空、假”的不良文风，弘扬“短、实、新”的优良文风。党的十八大以来，习近平总书记发表了一系列重要讲话，在文风上作出了表率和垂范。

作者简介：汪家驷，安徽省委宣传部原副部长，现任中国报业协会常务副理事长，安徽师范大学新闻与传播学院院长。

通过深入学习，我感受最深的是，总书记的讲话思想深刻，朴实生动，情真意切，深入浅出，富有哲理，说的是老百姓的话，讲的是老百姓的事，不是官样文章，具体鲜明地体现了我们党的优良文风，广大干部群众愿意听、听得进，听得懂、记得住。

一、文风与党风相互关联，密不可分

大家知道，中央党校开学典礼上，中央领导专门谈改进文风问题，这还是第一次。我个人理解是：中央领导专题讲文风，一方面体现了中央对改进文风的高度重视，另一方面也说明不良文风已经严重影响到党风建设。要端正党风、文风，须从党内开会、讲话、写文章、发文件这些具体工作入手，反对“长、空、假”，倡导“短、实、新”，实质上就是反对形式主义、官僚主义。

文风体现学风作风，反映党风政风，影响民风和社会风气。文风的好坏不单纯是指写文章、作报告的风格，它在更大程度上体现出执政党的执政作风，以及由此涵养、引导出的主流社会风气。

一个政党的文风，是其党风的外在表现形式，是政党精气神的集中体现，是其密切联系群众、制定国家方针政策最直接、最直观的折射。我们党在政治生活中，从来没有把党风、文风、学风截然分开，而是倡导党风、文风、学风的一致性，且与国家道德精神互相关联。作为执政党的中国共产党，理所当然地把保持自身优良思想、工作、学习、生活等作风，视为对国家、民族、社会的一种高度严肃的使命担当。深入分析当前文风存在的问题，深刻理解文风与党风之间的密切联系，在不断改进文风的基础上，坚持优良学风，培养勤勉作风，培育高效政风，创造和谐民风，锤炼优良党风，有助于不断提高党的执政能力，提升党的执政水平。

二、当前文风存在的主要问题

习近平同志在任浙江省委书记时，就曾对一些干部文风提出批评：“与新社会群体说话，说不上去；与困难群众说话，说不下去；与青年学生说话，说不进去；与老同志说话，给顶了回去。”

“说不上去”“说不下去”“说不进去”“给顶了回去”，十分形象地揭示了当前一些干部讲话中存在的问题。干部讲话，体现的是作风、文风。这些说话中存在的问题，折射出的就是文风中存在的问题。我体会，这些问题主要有：

一是文风漂浮，形式主义严重。形式主义为“四风”之首。长期以来，我们有的同志热衷于开会、发文件、提口号，好大喜功、急功近利，追求上电视、登报纸，为了所谓“政绩”，做表面文章，报喜不报忧，甚至闭门造车，弄虚作假。有些简报、总结、报告沿袭固定的格式和套路，公文式语言盛行，动辄就是“重要性”“必要性”“创造性”，成为严重的形式主义，群众深恶痛绝。

二是思想僵化，缺乏沟通共鸣。思想是行为的先导。我们有的同志讲话、报告思想滞后、观念陈旧，感觉迟钝、手法僵化，套新概念又无新内容，有“声度”而又缺深度；还有的是懒汉写手，惯性思维，不管多重要的讲话材料，全是程式化写作，一条生产线出来，不出彩，不出新，不用心，不动情，以一种“局外人”的心态复制粘贴、照搬照抄，文章缺乏吸引力、感染力。

三是贪大求长，热衷空谈说教。十八大以后，习近平同志一句“空谈误国，实干兴邦”的话，警醒世人。可是，我们现在的不少文章、讲话、报告，仍然是洋洋洒洒数千字，“干货”不多，水分不少；有的讲话游离主题，言之无物；有些报告拖泥带水，东拼西凑；有的总结、报告爱用“硕果累累”“成绩斐然”等大而空的溢美之词，令人生厌。令人费解的是，仍有不少领导喜欢长篇大论，总怕写短了讲少了，体现不了重视，显示不了水平。

其实，一篇文章的水平主要体现在新思想、新观点、新见解等这些创新点、启示点上，而不是体现在篇幅长短、文字多少上。特别是在当前节奏加快、信息海量的情况下，很多人长文章看标题、短文章浅阅读，文章变短是大趋势，短信、微博、微评、微信都是时代发展的产物。

四是官腔官调，拒人千里之外。我们党的干部是人民公仆，不能凌驾于人民之上。可是我们的一些讲话材料，居高临下，无端发老爷脾气，轻率板着脸训人，来自群众、来自基层、来自生活的鲜活事例、生动语言少而又少，摘抄式、拼凑式、剪刀加浆糊式的文字材料泛滥成灾。这些内容浮躁、夸夸其谈的讲话、报告、文章，用概念化语言取代鲜活生动的写作方式，不但不能反映实际生活，解决实际问题，还助长了不良文风，损害了党风政风，带坏了学风和社会风气，疏远了党和群众的关系。

三、文风问题存在的原因

具体来说，主要有：

一是缺少群众观念。文风紧连着党员干部的作风问题，涉及对待人民群众的情感问题。有的机关干部群众观念淡薄，官气十足，总认为自己高人一等，不深入基层，不深入群众，不知道群众所想所盼，对群众的合理诉求麻木不仁，碰到问题推三阻四，解决问题敷衍塞责，作决定、办事情不是把群众的利益放在首位，而是只想讨得个别领导的欢心。邓小平同志曾经指出："有的人还喜欢以领导者自居，喜欢站在群众之上发号施令，遇事不愿意同群众商量，这实际上是一种狭隘的宗派主义倾向，也是一种最脱离群众的危险倾向。"深入群众，向群众学习，自然会拥有坚固的群众基础，体现在文风上是语言贴近实际，贴近生活，贴近群众；而脱离群众，远离实际，与现实格格不入，体现在文风上，自然是语言干瘪，自拉自唱，百姓自然不买账。

二是缺少深刻的思想观点。讲话、报告、文件等重要文字材料的灵魂是思想。没有深邃的思想、新颖的观点，这些材料充其量是没有生命的躯壳。有些干部平时不注重学习，缺少理论素养，缺少调查研究，缺少思想火花，讲话写文章自然了无新意，缺少筋骨、没有生气；而有真切发现、有精辟观点的讲话文章，自然能够吸引人、打动人、感染人。从这个意义上说，思想深度决定文章深度，也决定着文风。

三是缺少讲真话的勇气。讲真话是实事求是、求真务实的起码要求，也是一个共产党人的基本素质。讲真话，讲有思想、有新意的话，讲明白、管用的话，是对党员干部的基本要求。为什么有些领导干部讲不了真话？缺乏讲真话的勇气是一个原因，缺少对客观世界的精准见解是另一个原因。心里没底，眼中无物，笔下无意，口中无词，遇事说不出个子丑寅卯，又何来真话可言？

四是缺少党性修养。文风能够体现党员干部的党性修养。一个有很好党性修养的领导干部，其文风自然朴实清新、鲜活生动；相反，一个党性修养差、喜欢搞花架子的干部，其文风自然是空话连篇、华而不实。文风体现出党员干部对党的路线方针政策的执行力，也体现出党员干部自身的工作作风和行事风格。

四、拿出真招实措，力改文风弊端

领导干部如何改进文风？习近平同志提出，需要从两个方面努力。一是学习。学习什么？学习党的基本理论，掌握马克思主义立场观点方法，以此作为政治上的望远镜和显微镜；学习新知识，了解新事物，不断拓宽视野，提高自己的综合素质；学习古人语言中有生命力的东西，充分合理地继承和运用。理论功底扎实了，知识积累厚实了，肚子里装的东西多了，才能厚积薄发，言之有物、深入浅出地讲话、写文章。二是增强党性修养。坚持以德修身，努力成为高尚人格的模范，做到言行一致、表里如一，讲出的话、写出的文章人们才愿意看、愿意听。如果言行不一、表里不一，台上台下两个形象，圈内圈外两种表现，即使讲得天花乱坠，也不会有人相信你。

如何理解好、落实好习近平总书记关于改进文风的重要讲话精神，我有以下六个方面的思考：

一是坚持“三贴近”，倡导生动文风。“贴近实际、贴近生活、贴近群众”，是改进和加强工作的一条重要指导原则。要增强文章和讲话的针对性、生动性，就要深入践行“三贴近”。要在贴近中做好调查研究，通过调查研究，掌握大量鲜活的第一手资料，讲群众听得懂、听得进、记得住的话。其次要勤于思考善于思考。写文章、作报告，尤其是即席讲话，离不开平时的积累和充分的思考。动脑、用心才能把握规律、讲出新意。再次要善于学习。博览群书才能信手拈来，勤于思考才能讲出观点。领导干部要多向群众学习语言。很多时候，群众的语言最有感染力。

比如，2014年1月13日，《光明日报》刊发习近平同志怀念故友贾大山的文章《忆大山》。这篇散文最初发表在1998年第7期《当代人》杂志上，习近平同志时任福建省委副书记。文章中，习近平同志深情回忆了20世纪80年代在河北正定期间与当地作家贾大山的深厚情谊，用的是大白话、谈的是真感情，语言简洁生动，行文朴实自然，情意真挚深厚，是一篇不事雕琢、感人至深、有温度、有深度的好文章。

再如，大家可能感受到了，习近平总书记出访国外的多次公开演讲，都会引用一些大家耳熟能详的古诗词、成语、民间谚语、网络用语、歇后语、比喻句等，还不时穿插讲一些生动的小故事。让故事来讲理，让故事来说话，让故事来连通感情，达到了阐述观点、凝聚共识、沟通思想、交流感情的良好效果。这里仅举一个例子：

2013年9月，习近平总书记在哈萨克斯坦纳扎尔巴耶夫大学发表的题为《弘扬人民友谊共创美好未来》的重要演讲中，讲述了冼星海在阿拉木图创作等故事，特别是讲述的中哈两国人民交往的两个感人故事情真意切、感人至深。

第一个是，20世纪40年代末，一位在新疆工作的中国小伙儿认识了在当地医院工作的美丽姑娘瓦莲金娜，两人真心相爱并结婚生子。后来，由于一些客观原因，瓦莲金娜回国了，当时他们的儿子才6岁。这个孩子长大后，不断寻找自己的母亲，想尽了各种办法，始终没有音讯。2009年，儿子终于找到了自己的母亲瓦莲金娜，他的母亲就住在阿拉木图。这一年，儿子61岁，瓦莲金娜80岁。后来，儿子来到阿拉木图看望母亲，还把母亲接到中国旅游。这迟到了半个世纪的幸福，是中哈人民友好的有力见证。第二个是，RH阴性血型在中国属于十分稀有的血型，被称为“熊猫血”。这种血型的病人很难找到血源。哈萨克斯坦留学生鲁斯兰正是这种血型。在海南大学读书期间，鲁斯兰自2009年起参加无偿献血，每年两次，为一些中国病人解除病痛作出了贡献。当中国朋友称赞鲁斯兰时，鲁斯兰说：“我觉得应该帮助别人，献血是我应该做的。”这两个故事朴实生动、鲜活实在，有很强的感染力、说服力、吸引力，引发了情感共鸣，令人难忘。

二是提炼思想观点，倡导鲜明文风。思想观点是文章的灵魂。正确精准的思想观点从哪里来？只能来源于学习，来源于实践，来源于生活，来源于群众，来源于精益求精的打磨提炼。我们的确应当潜下心来学习党的基本理论，用马克思主义的立场观点方法作为政治上的“望远镜”和“显微镜”；要不断地学习新知识，了解新事物，开拓新视野，提高自身的综合素质；要扎实打牢理论根基，做到厚积薄发，力求文章、讲话有高度、有生命力；要认真在提炼思想上下工夫，分析研究问题时，注重揭示出带规律性、根本性、针对性的精髓，用于指导实际工作，抓铁有痕地解决实际问题。

比如，习近平总书记十分善于用朴实无华的群众语言解疑释惑、析事明理：他讲一个国家发展道路的选择，说“鞋子合不合脚，自己穿了才知道”；他用“国家好，民族好，大家才会好”这样平实的话，来阐明每个人的前途命运与国家、民族的前途命运紧密相连；他用“既要养血润燥、化瘀行血，又要固本培元、壮筋续骨”，讲明改革要辨证施治，等等。这些讲话既深刻，又实在，既形象，又生动，具有很强的震撼力、感染力，真正起到了入耳入脑入心的作用。

三是力求“短实新”，倡导创新文风。所谓创新文风，就是要解放思想，破除陈旧观念和传统模式的束缚，倡导朴实明快、符合“短、实、新”特点的行文风格。短，就是力求简短精练、直截了当，要言不烦、意尽言止，观点鲜明、重点突出，要尽可能开短会、讲短话、发短文；实，就是讲符合实际的话，不讲空话套话，讲管用的话，不讲虚话废话，讲有感而发的话，不讲无病呻吟的话，讲反映实际的话，不讲照本宣科的话，讲明白通俗的话，不讲故作高深的话，一切从实际出发，不提不切实际的口号；新，就是讲话、写文章要有新意，也就是要有新思想、新理念、新观点。讲对别人有启发的话，讲能解决问题的话，讲能推动工作的话，讲能提振精神的话。能不能讲出新意，反映一个领导干部的思想深度、理论水平、经验积累以及语言表达能力。

比如，习近平同志的著作《之江新语》，相信很多同志都看过。这本书辑录了习近平同志担任浙江省委书记期间，发表在《浙江日报》“之江新语”专栏的232篇文章。每篇文章短则200多字，长也不过500多字，每篇针对一个问题，阐明某个观点，说清一个道理，鲜明提出了推进浙江经济社会发展的观点主张，及时回答了现实生活中人民群众关心的一些问题，是坚持“从群众中来，到群众中去”这一科学的领导方法和工作方法的生动体现，堪称运用马克思主义的立场、观点和方法观察问题、分析问题、解决问题的典范篇章，也是带头践行“短实新”文风的典范文章。

四是提升党性修养，倡导清新文风。提升党员干部的党性修养，体现在文风上就是不说空话、套话；提升其道德品质修养，体现在文风上就是不说假话、大话；提升其联系群众的修养，体现在文风上就是不说官话、废话；提升其科学知识的修养，体现在文风上就是不说经不起实践检验和脱离实际的话。所谓清新，就是讲话、写文章既有深厚的理论修养，又有鲜活的表现形式，内容深邃，表达流畅，不仅耐读耐看，而且易听易读。

比如，习近平总书记的许多讲话被热传，许多语句成热词，许多观点成为名言警句，其清新的语言风格和特点，对纠正领导干部行文、讲话中的“长、空、假”等不良风气，具有重要的示范作用。“把权力关进制度的笼子里”，“‘老虎’‘苍蝇’一起打”，鲜明地表达出重典治腐的思路和对腐败的“零容忍”；“小康不小康，关键看老乡”，生动质朴地表达出建设小康社会的目标；等等。这样清新简洁、生动形象的讲话非常多，不胜枚举。

五是创新话语体系，倡导领导带头。一个政党，其旺盛生命力不但表现在行动中，还表现在先进的话语体系中。先进的话语体系充满战斗力、感召力，充满逻辑性、先导性，能够更好地起到团结、稳定、鼓劲的作用。执政党不仅要会讲文件上的话，更要会讲、善用来自群众中的新鲜生动的语言，包括选用网络中的流行语言。

改进文风，领导务必带头。习近平同志要求：“现在各级领导干部的理论素养和知识素养在不断提高，如果时间和条件允许，还是要尽可能自己动手。一些重要讲话和文章应当全程参与，出思路、讲观点、谈看法、拿主意、起标题，在大的方面把好关。”各级领导干部要在改进文风方面，给广大党员群众作出表率，带头开短会、写短文、讲短话、讲真话、讲新话，建立一个好的“话语环境”，别的人就会自觉仿效。这样，实事求是才能真正落到实处。

比如，2012年12月13日，习近平同志会见美国前总统卡特，新华社播发新闻通稿《习近平会见卡特：中美双方要不畏艰难积累正能量》，全文只有两句话，连同标点符号在内，只有95个字。

全文如下：中共中央总书记习近平13日在中南海会见美国前总统卡

特。习近平强调，新形势下，中美双方要不畏艰难，勇于创新，积累正能量，努力建设相互尊重、互利共赢的合作伙伴关系，开创中美构建新型大国关系新局面。

六是弘扬优良作风，倡导建章立制。对一个国家来说，执政党的文风，事关执政党的执政水平和公信力。必须推进政务公开透明，推进决策科学化、民主化；必须依法保障公民的知情权、参与权、表达权和监督权，充分发挥社会监督、群众监督和舆论监督的作用；必须通过建章立制，促使党政机关、领导干部对老百姓讲实话、讲短话，讲听得懂、有用的话，促使文风根本好转。

比如，2013年12月12日至13日召开的中央城镇化工作会议，提出了推进城镇化的六项主要任务，指明了我国未来城市的蓝图以及措施。其中，第五项任务是“提高城镇建设水平”。文中有一段这样的表述：“城镇建设，要依托现有山水脉络等独特风光，让城市融入大自然，让居民望得见山、看得见水、记得住乡愁。”“望得见山、看得见水、记得住乡愁”，不仅描绘了一幅诗意栖居的画面，而且所指明确具体、便于群众理解。对于群众来说，重要的不是小清新、文艺范，抑或是有没有用几个网络词汇，最想看到的，是言之有物、真切实在的公文。中央出台的规划文件中，出现如此新意、诗意的行文，给我们带来了惊喜、作出了榜样。

深入学习思考习近平总书记系列重要讲话，我们可以把好的文风概括为七条，即：疏导而不说教，简洁而不累赘，易懂而不简陋，犀利而不尖刻，深刻而不深奥，平和而不平淡，生动而不僵硬。

我们研究讨论文风与党风，是对习近平总书记系列重要讲话的重温，更是对当下现实的理性思考。党风、文风、学风、会风、政风、民风，相互关联，相互作用，相互影响。我们真切地希望这一切汇合成清正之风、浩然之风、和谐之风，从自身做起、从现在做起，有激情、有行动、有担当，为实现中华民族伟大复兴的中国梦贡献更大的力量！

（原载求是网2015年1月6日）

抓好四个结合　贯彻总书记讲话精神

◆胡　靖

习近平总书记在党的新闻舆论工作座谈会上的重要讲话在我校师生中引起热烈反响。作为全国首批部校共建新闻学院试点单位之一，我校新闻与传播学院及时传达学习了习近平总书记的重要讲话精神，还就深入贯彻落实习近平总书记重要讲话精神，加快培养造就政治坚定、业务精湛、作风优良、党和人民放心的新闻舆论后备人才作出专门部署。

总书记的重要讲话为党的新闻舆论工作立命、立规、立人。总书记用“五个事关”强调了党的新闻舆论工作的地位与作用，用48个字概括了党的新闻舆论工作的职责和使命，这是为党的新闻舆论工作“立命”；用“一个方向、四个牢牢坚持、九个方面的创新”明确了党的新闻舆论工作的原则和要求，这是为党的新闻舆论工作“立规”；强调加快培养造就一支政治坚定、业务精湛、作风优良、党和人民放心的新闻舆论工作队伍，这是为党的新闻舆论工作“立人”。

高校新闻教育是新闻舆论队伍建设的基础，承担着为党的新闻事业培养造就高素质的后备人才的重任。总书记对党的新闻舆论工作的讲话，同样是高校新闻教育的行动指南。学校要紧紧围绕“四个结合”，把学习贯彻习近平总书记重要讲话精神落到实处。

作者简介:胡靖,副教授,博士,硕士生导师,主要研究方向:马克思主义新闻观。

要将学习贯彻重要讲话精神与回答“培养什么人、怎样培养人”结合起来。要进一步增强看齐意识，用讲话精神统领新闻教育工作，将讲话精神作为新闻人才培养目标定位、规格设计、方案修订、课程优化和教育创新的根本遵循，作为新闻教育师资队伍建设和课堂阵地建设的根本指针，教育引导师生牢记并践行党的新闻舆论工作的职责和使命、原则和要求。

要将学习贯彻重要讲话精神与推进部校共建工作紧密结合起来。在讲话精神的指引下，抢抓部校共建机遇，进一步优化“部校共建、院媒协同、实践育人”的新闻舆论人才培养机制，开展院媒双挂双聘工作，组织“名编名记名主持进校园”系列活动，开设卓越新闻人才教育实验班，做好高层次人才引进和青年骨干教师培养工作，并全力承办好全国部校共建新闻学院工作现场会，推进安徽部校共建新闻学院工作出成果、出人才、出经验。

要将学习贯彻重要讲话精神与进一步加强马克思主义新闻观教育结合起来。总书记在讲话中强调，新闻观是新闻舆论工作的灵魂。学院要牢牢抓住马克思主义新闻观教育这个核心不放松，坚持三个课堂联动，着力构建马克思主义新闻观教育体系。第一课堂以“中国特色社会主义新闻传播理论与实践专题讲座”为主线，构建马克思主义新闻观教育课程体系；第二课堂以社团活动为载体，增强学生学习践行马克思主义新闻观的主体性和自觉性；第三课堂以暑期新闻专业采风教学活动为依托，开辟马克思主义新闻观教育的社会课堂。同时用好部校共建专项资金，扎实推进马克思主义新闻观教育“十个一”工程建设。

要将学习贯彻重要讲话精神与进一步推进中国特色社会主义新闻传播理论研究结合起来。习近平总书记在党的新闻舆论工作座谈会上的重要讲话是马克思主义新闻观中国化的最新成果，是中国特色社会主义新闻传播理论的重要组成部分。要在积极参与马克思主义理论研究和建设工程重大项目“中国特色社会主义新闻传播理论的构建”课题研究的同时，组建学术团队专题研究习近平总书记重要讲话精神，并及时将研究成果转化成教育教学内容。

牢记党的新闻使命　提高舆论引导水平

——学习习近平总书记在新闻舆论工作座谈会上的讲话

◆马　梅

习近平总书记在党的新闻舆论工作座谈会上的重要讲话，从党和国家的工作大局出发，阐述了新闻舆论工作的政治规矩与传播规律，明确了新闻舆论工作的职责与使命，对新闻舆论工作者的业务素质与水平提出严格要求，是马克思主义新闻观的最新发展成果，是我们做好新闻舆论工作的强大思想武器和根本遵循。

一、在认清全局中明确使命

重视新闻舆论工作，是党的优良传统，也是革命、建设、改革事业不断取胜的一个重要法宝。在新形势下，习近平总书记把党的新闻舆论工作上升为治国理政、定国安邦的大事。他指出："做好党的新闻舆论工作，事关旗帜和道路，事关贯彻落实党的理论和路线方针政策，事关顺利推进党和国家各项事业，事关全党全国各族人民凝聚力和向心力，事关党和国家前途命运。"这是对党的新闻舆论工作地位和作用的新认识、新概括。

当今世界正发生深刻变化，当代中国正处于新的历史方位。目前，

作者简介：马梅，教授，博士，硕士生导师，主要研究方向：新闻传播理论与实务，广播电视新闻学、电视纪实节目、纪录片艺术、媒介文化等。

经济进入新常态，改革步入深水区，政治实现新气象；面向未来，我国要实现“两个一百年”奋斗目标，实现中华民族伟大复兴的中国梦。这对新闻舆论工作提出了新要求：要发挥主流媒体的主导作用，引导人们理性、辩证地看待经济社会发展现状，及时批判、驳斥错误言论和思潮，激发全党全国各族人民团结奋进、攻坚克难的强大力量。“高举旗帜、引领导向，围绕中心、服务大局，团结人民、鼓舞士气，成风化人、凝心聚力，澄清谬误、明辨是非，联接中外、沟通世界。”习近平总书记提出的这48个字，明确了新的时代条件下党的新闻舆论工作的职责和使命。“高举旗帜、引领导向”，说的是党和政府主办的媒体是党和政府的宣传阵地，必须姓党，必须坚持正确舆论导向，在思想上政治上行动上同党中央保持高度一致，这是对新闻舆论工作的总体的、基本的要求。“围绕中心、服务大局”，要求党的新闻舆论工作的重心与党和国家的工作中心、大局保持一致。“团结人民、鼓舞士气”，要求新闻舆论工作以正面宣传为主，多写出充满团结、稳定、鼓劲的正能量好作品。“成风化人、凝心聚力”，要求新闻舆论工作善于做人心工作，真正有效地化育人民群众的思想情感、养成美好的社会风气风尚，增强全党全国各族人民凝聚力和向心力。“澄清谬误、明辨是非”，要求新闻舆论工作要以真实准确、有事实判断的新闻帮助人民群众认识世界、辨别是非，要敢于直面问题、直面丑恶，激浊扬清、针砭时弊。“联接中外、沟通世界”，要求新闻舆论工作提高国际传播能力，增强国际话语权。这48个字，不仅在宏观上为新闻舆论工作指明了方向，在具体工作上也极具针对性，是迄今为止党中央对新闻舆论工作职责使命最为全面的表述，理当成为所有新闻舆论工作者的“指南针”与“座右铭”。

二、在坚定方向中求是创新

习近平总书记在讲话中用一个“方向”、四个“牢牢坚持”、九个“创新”，阐述了党的新闻舆论工作的原则和要求，既强调要把政治方向摆在第一位，又要求遵循新闻传播规律，推进新闻舆论工作创新。

习近平总书记指出：“必须把政治方向摆在第一位，牢牢坚持党性原则，牢牢坚持马克思主义新闻观，牢牢坚持正确舆论导向，牢牢坚持正面宣传为主。”坚持正确政治方向，党性原则是第一位的。牢牢坚持党性原则，最根本的是坚持党对新闻舆论工作的领导。坚持好党性原则，新闻舆论工作才能更好地把党的主张和人民心声统一起来，为实现中国梦凝心聚力。牢牢坚持马克思主义新闻观，要求党的新闻舆论工作者以马克思主义新闻观为灵魂，运用辩证唯物主义和历史唯物主义的立场、观点和方法去看待新闻现象，分析与解决新闻舆论中所出现的各种问题。牢牢坚持正确舆论导向，就是要在“新闻舆论工作各个方面、各个环节都要坚持正确舆论导向”。传播理论中有一个“把关人”的概念，报什么、不报什么、怎么报，都包含着立场、观点、态度。好的舆论可以引领社会、凝聚人心、推动发展，不好的舆论则会撕裂社会、搞乱人心、破坏发展。牢牢坚持正面宣传为主，就是要处理好舆论监督和正面宣传的关系，把二者统一起来。以春节期间的“返乡日记”为例，有人看到的是返乡创业的场面，有人看到的是农村“空心化”的凋敝，等等。怎样反映全面的真实？只有把握好局部真实和整体真实，新闻报道才能全面准确、分析客观，从而引导人们分清是非，激发向上向善的力量。

习近平总书记强调，党的新闻舆论工作要“尊重新闻传播规律，创新方法手段”。新闻和舆论不是一回事，新闻报道的是一个个具体的事实，舆论则是一种意见形态；新闻强调客观，即便有观点、意见、价值判断，也是用事实来呈现，舆论则有明显的观点和价值判断。尊重新闻传播规律，就是要运用新闻传播手段，把握时度效，讲究艺术，求是创新，避免居高临下、空洞说教、生动不够、鲜活不足及模式化、套路化的问题，增强吸引力、感染力。遵循新闻传播规律必须“因时而变”。当下新兴媒体发展之快、覆盖之广超乎想象，触屏阅读已经成为大众获取信息的重要渠道之一，甚至成为一种生活方式。为此，习近平总书记在座谈会上强调：“随着形势发展，党的新闻舆论工作必须创新理念、内容、体裁、形式、方法、手段、业态、体制、机制，增强针对性和实效性。”这一论述，理论前瞻意义和现实意义不言而喻。当前正在推动的传统媒体与新媒体融合发展，不仅仅是技术与流程上的再造，更是包括理念、体制、话语体系、业态等方面的全面创新。

三、在履职实践中提高水平

提升新闻舆论工作能力和水平，关键在人。“要加快培养造就一支政治坚定、业务精湛、作风优良、党和人民放心的新闻舆论工作队伍。”习近平总书记在党的新闻舆论工作座谈会上的重要讲话，是为党的新闻舆论工作“立人”，为培养造就新闻人才、建设新闻工作队伍指明了方向与路径。

党的新闻舆论工作者，首先要政治坚定。只有政治坚定，才能头脑清醒，守住阵地，解决好“为了谁、依靠谁、我是谁”这个根本问题。其次要业务精湛。只有努力成为全媒型、专家型人才，才能以高超的新闻传播艺术来从事新闻舆论工作。第三要作风优良。只有转作风、改文风，俯下身、沉下心，察实情、说实话、动真情，新闻之路才会越走越坚实，才能推出有思想、有温度、有品质的作品。第四要让党和人民放心。这就要求新闻舆论工作者在政治坚定、业务精湛、作风优良的同时，严格要求自己，加强道德修养，保持一身正气。“党的政策主张的传播者、时代风云的记录者、社会进步的推动者、公平正义的守望者。”习近平总书记在讲话中对新闻舆论工作者作了科学全面的社会角色定位。同时，还对媒体的人事制度、用人机制等提出要求，为新闻舆论工作者拓展成长空间、搭建事业平台提供制度保障。

一分部署，九分落实。习近平总书记重要讲话是指导做好新形势下党的新闻舆论工作的纲领性文献，切实把思想和行动统一到讲话精神上来，切实提高党的新闻舆论传播力、引导力、影响力、公信力，这是每一名新闻工作者的政治任务与崇高职责，也是我们拥抱时代、回报时代的梦想与光荣。

（原载《安徽日报》2016年3月8日第7版）

网络时代新闻工作者加强马克思主义新闻观教育的新探索

◆ 沈正赋　袁浩然

我国著名新闻学研究专家陈力丹教授，在《马克思主义新闻学词典》中指出：马克思主义新闻观是“指自科学社会主义理论形成以来马克思主义经典作家，以及其他国际共运的领导人关于新闻传播、宣传工作的论述所体现的思想。”[①]马克思主义新闻观是马克思主义对于新闻传播活动总的看法，是马克思主义的重要组成部分。马克思主义是我们党的理论基础，决定了马克思主义新闻观必然成为我国新闻工作者的行动指南。新时期，随着网络媒体的勃兴，传统的媒介生态结构被打破，新闻工作者也面临着工作方式和思维方式的巨大转变。新闻事业的迅速发展，使得编辑记者队伍越来越年轻化，新闻工作者的思想政治素质良莠不齐。在实际工作中，一些新闻人缺乏社会责任意识，工作作风浮夸，甚至为了追逐利益，弄虚作假。被几代中国新闻人奉为圭臬的马克思主义新闻观，在网络时代大潮的冲击下，渐渐成为一种符号化的存在。

2013年6月中旬，中宣部、中央外宣办、国家新闻出版广电总局、中国记协联合印发《关于在新闻战线深入开展马克思主义新闻观培训的

作者简介：沈正赋，教授，博士研究生，硕士生导师，主要研究方向：新闻理论与实务。袁浩然，2013级新闻传播学硕士研究生。

① 陈力丹：《马克思主义新闻学词典》，北京：中国广播电视出版社2002年版，前言第1页。

意见》，决定在全国新闻战线集中开展马克思主义新闻观全员培训。这一举措对提高广大新闻工作者的理论水平，坚持马克思主义新闻观的指导地位具有重要意义。而如何有效地开展马克思主义新闻观教育，特别是当以往的教育手段已经不再适用于当下，我们应该调整思路，针对现实环境的变化，做出适时地调整。

一、准确把握马克思主义新闻观内涵

马克思主义新闻观脱胎于马克思主义理论体系，按照马克思、恩格斯关于物质和精神交往的辩证关系的论述我们知道："要研究精神生产和物质生产之间的联系，首先必须把这种物质生产本身不是当作一般范畴来考察，而是从一定的历史的形式来考察。例如，与资本主义生产方式相适应的精神生产，就和与中世纪生产方式相适应的精神生产不同。如果物质生产本身不从它的特殊的历史的形式来看，那就不可能理解与它相适应的精神生产的特质以及这两种生产的相互作用。"[①]所以，对马克思主义新闻观的内涵把握，应当结合当前的实际情况。

（一）坚持党性原则

通过研究西方新闻业的发展史，我们知道，近代报刊的发展经历了政论报刊、政党报刊和商业报刊三个时期。马克思、恩格斯建立自己的新闻理论体系的时间正是处于政党报刊向商业报刊转变的阶段，因此他们的理论建构也经历了由自由报刊思想向无产阶级党报思想的转变。1894年，恩格斯在《新莱茵报》中的通讯《瑞士报刊》中说："在大国里报纸都反映自己党派的观点，它永远也不会违反自己党派的利益；而这种情况也不会破坏论战的自由，因为每一个派别，甚至是最进步的派别，都有自己的机关报。"[②]马克思、恩格斯认为，没有绝对放弃政治的报刊。这是由党的斗争性所决定的。我们说用马克思主义新闻观指导新闻工作，首要前提就是要坚持党性。这就是要求广大的新闻工作者要自觉接受党的领导，当好党和人民的"耳目喉舌"。

在进入网络时代的今天，对党性原则的理解应当结合当前实际。随

① 中央编译局：《马克思恩格斯全集》（第26卷），北京：人民出版社1972年版，第296页。

② 中央编译局：《马克思恩格斯全集》（第6卷），北京：人民出版社1972年版，第209页。

着网络的普及，大众传播媒介受到强烈冲击，传统意义上的“把关人”概念开始变得模糊，在这样的背景下，新闻工作者坚持党性就应当做到两个“把关”。一是要以党的纲领路线和方针政策为“把关”标准，开展报道工作；二是坚守职业素养和新闻宣传工作的纪律，以审慎的态度对报道信息进行“把关”。只有保持清醒的头脑，时刻以马克思主义新闻观为指引，才能在网络时代纷繁复杂的信息环境下找准方向。

（二）坚持群众性原则

马克思于1842—1843年在《莱茵报》工作期间建立了“人民报刊”的思想。他认为人民报刊的实质就在于它体现人民精神，应当是人民呼声的表达者，是将人民和世界真实景象连接起来的纽带，并且他认为，“人民的信任是报刊赖以生存的条件，没有这种条件，报刊就会萎靡不振”①。由此可见，马克思在阐述自己的报刊思想时，是将群众观点放在了非常重要的位置。如今，网络媒体为公众提供了最有效的发声平台，这既让更多人的声音得以表达，但同时也为滋生不理性的声音提供了土壤。所以，如何践行群众性原则就要求当下的新闻工作者充分理解网络时代的传播特点，做到“倾听”和“反馈”。所谓“倾听”，就是要积极利用多样化的网络平台，收集不同的声音。中国有句古话，“知屋漏者在宇下，知政失者在草野”。作为专业的新闻工作者应当具备先进的媒介素养，从海量的群众表达中找到有效的线索，掌握人民群众的意向。“反馈”就是增强互动性，想群众所想，说群众想说，引导群众理性发声，并赢得群众的信任。

（三）遵循新闻规律原则

很多时候，我们讨论马克思主义新闻观，会不自觉地将它和“资产阶级新闻观”这个概念相比较，这是不科学的。事实上，马克思主义新闻理论的形成也是建立在对西方发达国家优秀新闻理论的继承和发展之上。马克思在1843年阐述报刊性质时说：“要使报刊完成自己的使命，首先必须不从外部为它规定任何使命，必须承认它具有连植物也具有的那种通常为人们所承认的东西，即承认它具有自己的内在规律，这些规

① 中央编译局:《马克思恩格斯全集》(第1卷),北京:人民出版社1972年版,第294页。

律是它所不应该而且也不可能任意摆脱的。”①从这里可以看出，马克思主义新闻观倡导的新闻工作的从业准则，与世界新闻业的准则是一致的。这就是要求新闻要具备时效性、真实性、客观性的属性，以及符合新闻价值判断。进入网络时代的新闻工作，我们依然要秉持新闻规律的原则，特别是在海量的信息中进行有效的甄别。新闻工作者要充分认识到，新闻工作不是简单的政治宣教，仅仅依靠封堵这样的办法来处理新闻传播活动已然不能符合时代的要求，并且最终损害的将是党的威信和人民群众的利益。

二、开展马克思主义新闻观教育是当前新闻工作的迫切要求

随着网络技术的迅速发展，新闻宣传工作的责任变得更加重大，任务也变得更加繁重，意识形态领域的情况变得越来越复杂。互联网开始成为舆论的主战场。与此同时，新闻事业也依托新兴技术获得了更大的发展空间，新闻工作者的队伍不断壮大，年轻编辑记者的构成比重增加，马克思主义新闻观教育的缺位造成了部分从业人员党性动摇，专业素质堪忧，这样的情况对加强采编人员的培训提出了迫切的要求。

（一）马克思主义新闻观是平衡网络传播秩序的有力杠杆

互联网技术的不断升级，使得网络传播秩序成为政府关注的一项重要议题。同时，网络秩序的安定与否也成为衡量社会秩序的一项重要指标。新兴媒体，如微博、微信、QQ等社交网络以及丰富多样的网络论坛，使得信息的流通突破了“把关人”的界限，各种观点得到自由表达，信息流空前活跃。但与此同时，各种谣言和不实信息的流通也变得更加迅速，危害更加严重。谣言的数量呈爆发式增长态势，追溯这些谣言的源头和发展，可以发现，网络成为其最大的幕后推手。

2011年3月爆发的“抢盐风波”事件，起因仅仅是杭州市某数码市场的一位普通员工3月15日在QQ群上发出的一则消息：“据有价值信息，日本核电站爆炸对山东海域有影响，并不断地污染，请转告周边的家人朋友储备些盐、干海带，暂一年内不要吃海产品。”随后，这条消息

① 中央编译局：《马克思恩格斯全集》（第1卷），北京：人民出版社1995年版，第397页。

被广泛转发。16日，北京、广东、浙江、江苏等地即发生抢购食盐的现象，产生了一场全国范围内的辐射恐慌和抢盐风波。这个案例让人们认识到网络传谣的强大力量，网络的匿名性和开放性让一则普通的谣言在一夜之间形成燎原之势，对社会秩序造成极大的破坏。美国传播学学者拉斯韦尔在总结传播的社会功能时认为："传播具有环境监视的功能，自然与社会是不断变化的，只有及时监控、了解、把握并适应内外环境的变化，人类社会才能保证自己的生存和发展。在这个意义上，传播对社会起着一种'瞭望塔'的作用。"①

在网络时代，媒体发挥传播的环境监视功能显得更加重要。一方面，政府虽然针对网络传播的特征建立起一个基本的协调机制和治理框架，但是面对巨大的信息量，不可避免地会出现观测盲点，而单纯地采用一刀切式的治理方式最终受害的将是治理者本身。另一方面，经过长久的发展，媒介机构已经形成了一整套成熟的信息过滤机制，并且其本身也是信息传播的主体。这就决定了大众传播媒介在网络时代将担负起更加重要的引导作用。

现实环境的变化要求新闻工作者必须牢固树立马克思主义新闻观，以真实性原则作为信息选择的核心标准，在实际工作中切不能急于求成，对于网络流传的信息要采取非常谨慎的态度，让未经证实的信息绝没有被发布的可能性。同时，也要提高自身的信息甄别能力，能够第一时间发现虚假信息，运用信用度高的传统媒体平台进行纠偏，发挥有效的引导作用。

（二）马克思主义新闻观是对抗西方世界意识形态输入的有力武器

借助互联网的开放性，一些别有用心的西方国家开始利用网络平台加紧进行意识形态的渗透，以无端指责的方式挑起争端，引发国内舆论的动荡。例如，大肆渲染"中国威胁论"，对人民币汇率等问题发难，营造中国在人权、环保、气候等方面的负面形象，利用"藏独""疆独""台独"等势力抹黑中国政府形象，等等。与以往西方垄断资产阶级的商品、资本输出不同，这种意识形态的输出具有新的特点，它通常是打着"文明"的幌子，以推进民主自由、促进人权为借口，干涉他国内政，侵

① Lasswell H D:The Structure and Function of Communication in Society,in Lyman Bryson(Eds.),The Communication of Ideas,New York: Cooper Square,1964,p38.

犯他国主权。比之单纯的资本输出，它的隐蔽性更强，危害性也更大。网络技术给这种观念输出提供了更为便捷的传播途径。这些披着民主、自由外衣的错误观点，有着极强的迷惑性，经过网络平台的快速发酵，就能够在短时间内聚集大批非理性的网络拥趸，造成强大的舆论声势。当前，中国正处于社会转型的关键期，出现一些矛盾和争端是这个发展阶段的必然现象，但是如果这些问题被恶意利用，则会促使矛盾激化，最终必将危害整个改革发展进程。面对这样的形势，作为社会舆论主要引导者的大众传播媒介，就要最大限度地发挥其社会协调的功能。这就要求我们的新闻媒体必须坚定党性原则。只有我们的媒体自身建立起清醒的认识，才能揭露这些所谓自由、民主言论的欺骗性本质。

（三）马克思主义新闻观是纠正新闻工作者行为失范的重要手段

真实性是马克思主义新闻观的重要原则之一。恩格斯对报纸提出的基本要求就是："刊载真正的新闻、真实的报道。"[①]然而，近年来，新闻造假事件却层出不穷，甚至有愈演愈烈之势。2013年10月，引发中国新闻界震动的"陈永洲事件"就是其中较具代表性的案例。2013年5月27日，《新快报》刊发了记者陈永洲采写的《中联重科再遭举报财务造假记者暗访证实华中大区涉嫌虚假销售》一文，报道了上市公司中联重科2012年在华中大区涉嫌销售造假。2013年10月19日，陈永洲因涉嫌损害企业商誉的罪名被长沙市公安局跨省刑事拘留。事件在社会上引起强烈反应，《新快报》于头版呼吁长沙警方放人。网络舆论一度呈现出对陈永洲一边倒式的支持态势。然而之后，陈永洲招供认罪，承认收受钱财，报道作假。"陈永洲事件"是对中国新闻界公信力的一次沉重打击。正是因为对新闻媒介的信任，所以在事件发生后，当事人获得了社会舆论的广泛支持；然而，当事件的真相被揭露，这份信任不可避免地受到了极大的伤害。新闻媒介是舆论监督的有力武器，然而，当新闻从业者为一己之利，公器私用，跨越新闻真实性的底线，则伤害的不仅仅是被报道的对象，而是会导致整个行业形象受损，最终失信于民。所以，在新闻从业者队伍中要时时加强马克思主义新闻观教育，让每一个新闻人时刻秉持专业素养，坚持新闻真实性的底线，才能够最大程度地发挥新闻媒

① 中央编译局:《马克思恩格斯全集》(第39卷),北京:人民出版社1972年版,第268页。

介的作用。

三、转变观念，有效地开展马克思主义新闻观教育

我国新闻界进行马克思主义新闻观教育的历史可以追溯到20世纪40年代。通过对《解放日报》的改版，以及毛泽东对《晋绥日报》编辑人员的谈话和刘少奇对华北记者团的谈话等重要事件的总结，建立起具有中国特色的新闻理论体系，形成中国无产阶级新闻事业的前进路线，奠定了马克思主义新闻观的指导地位。改革开放后，在几代党的领导人对实践经验进行深刻总结的基础上，马克思主义新闻理论得到了进一步的深化和发展。这就要求新闻工作者对马克思主义新闻观的教育也要跟随时代的发展不断更新推进。

（一）建立常态化的培训机制

与时俱进是马克思主义新闻理论的内在要求。时代在不断进步，技术在不断革新，作为站在时代前沿的新闻工作者，不仅要适时强化自身的工作技能，更需要不断加强理论知识的学习，正确指导工作实践。

按照2013年《中国互联网发展状况统计报告》提供的数据，截至2013年6月底，中国即时通信网民规模已经达到了4.97亿。如此庞大的网民群体背后是整个网络媒介的高速发展。新媒体的崛起使得媒体从业人员的数量激增，从业人员的结构不断趋于年轻化。很多年轻的新闻编辑记者不能正确认识马克思主义新闻理论的指导意义，认为其说教意味浓厚。然而，缺乏正确理论指导的结果就是在实际工作中容易失去原则，对工作的持续展开贻害无穷。中央电视台记者柴璐在参加马克思主义新闻观学习之后很有感慨，她说："初闻要集体组织学习马克思主义新闻观，有点疑惑。我们在学校不都已经听过课、考过试么？学新闻、学电视的人，哪个不是从这条河里趟过去才上了岸的？如今工作十几年了，反要重学一遍，所为何来？但回过头再想想，对于这条河的样子，自己真的还记得么？不得不承认，模糊了。除了'马克思主义新闻观'这八个字，剩下的几乎一片空白。像个徒步者，擎着个巨大的水囊上路，以为万无一失，可天干气燥、路途迢迢，倏忽发觉水囊已经空了。那么，重新找到这条河，装满我们的水囊，就显得十分必要。""很多时

候，我们来不及停下来思考，在混沌中往前跑，跑着、跑着就把自己弄丢了。理论指导实践，认真地重学理论、反思理论，可以帮助我们更好地实践，更准确地找到方向。”①

建立常态的培训机制是开展马克思主义新闻观教育的当务之急。应当在媒介机构内部制定完整的培训计划，并且按照一定的周期有秩序地展开，不能只是在出现问题后临时抱佛脚。这种机制应当建立在理论联系实际的基础之上，同时可以尽量缩短培训的周期，做到常讲常新。

（二）创新教育和培训的方式

以往我们的马克思主义新闻观教育通常采用理论宣讲和思想汇报的方式，这种方式在特定的阶段具有较强的实践意义，但是在进入网络时代的今天，特别是当教育对象已经转变为以年轻人为主体的新闻队伍时，这种教育观念就显得陈旧了。2013年4月起，在中央电视台内部开展的马克思主义新闻观教育活动，对于创新教育方式具有一定的借鉴意义。这次活动首先确立了“信念、理想、责任”的活动主题，围绕该主题开展领导授课、专家讲座、分组讨论、业务交流、回答试题、撰写体会、社会实践、公益活动等多种形式的教育活动。可以看到，在一系列的活动中，理论讲授环节的比重大大降低了，取而代之的是参与式的教育方式。根据不同的工作岗位，不同的栏目频道，让工作人员结合自身的工作实际来进行自主的讨论。最后分批组织编辑记者“走基层”，参加社会公益活动，真正实现了理论联系实际。马克思主义新闻观最终的归宿点在于指导实践，提高培训中的参与性不仅能够强化培训人员的理论认知，更容易在具体的实践当中得到更加深入的领会。

（三）新闻工作者要加强自我教育

马克思、恩格斯在建立马克思主义新闻观理论的早期就十分重视新闻工作者的职业素养，毛泽东则用自身的实践证明良好的政治文化修养是开展好新闻工作的基础。新闻工作者的自身素质是马克思主义新闻观的一个重要组成部分。互联网技术极大拓展了信息传播的渠道，特别是自媒体和社交网络等平台的出现，让大众得以直接参与媒介内容的生产，所以面对传播渠道，读者身份的变化就要求传统的新闻采编人员转

① 柴璐：《马克思主义新闻观，谈的是什么?》，《红旗文稿》2014年第2期。

变观念，对自身的优劣势要有清醒的判断和认知，在充分利用自身专业优势的同时积极学习和借鉴。技能的养成不能仅仅依靠培训，网络时代信息的收集和鉴别能力更需要采编人员提升自主学习的能力。只有自觉坚持马克思主义新闻观的价值理念，才能在纷繁的网络世界激浊扬清，发挥好新闻媒介的舆论引导作用。

（原载《新闻研究导刊》2014年第6期）

电视媒体弘扬社会主义核心价值观的必要性和可行性

——以中央电视台《感动中国》特别节目为例

◆ 沈正赋　高　倩

党的十八大报告指出，“要深入开展社会主义核心价值体系学习教育，用社会主义核心价值体系引领社会思潮，凝聚社会共识”，并对社会主义核心价值观进行了“三个倡导，二十四字”的最新概括，即从国家层面上提出要倡导“富强、民主、文明、和谐”，从社会层面上提出要倡导“自由、平等、公正、法治”，从公民层面上提出要倡导“爱国、敬业、诚信、友善”。社会主义核心价值观的表述，从几百字到二十四个字，更加清晰而凝练，备受社会关注。在践行社会主义核心价值观的过程中，电视媒体应该扮演怎样的角色？我们认为，主流媒体是社会主义先进文化建设的主力军和主战场，是倡导社会主义核心价值观的重要舞台；而电视媒体作为主流媒体的重要一员，又因其在大众传播中的显著优势而理所当然地成为弘扬社会主义核心价值观的生力军，这也是电视媒体义不容辞的责任和光荣使命。

一、电视媒体弘扬社会主义核心价值观的必要性

社会主义核心价值观是中国共产党理论创新的又一伟大成果，但是

作者简介：沈正赋，教授，博士研究生，硕士生导师，主要研究方向：新闻理论与实务。高倩，2013级新闻传播学硕士研究生。

如果仅仅停留在理论层面，或者是只让少数的“精英阶层”接受，这就违背了这一理论创新的最终目的。积极培育社会主义核心价值观，关键在于人民群众的参与，在于人民群众主体作用的发挥。传播社会主义核心价值观的问题，实质就是人民群众理解、认同和践行的问题。马克思指出，“理论一经掌握群众，也会变成物质力量。”但是如何有效地帮助公众解读社会主义核心价值观，则成为包括电视媒体在内的所有大众媒体的重要责任和使命。

（一）电视媒体有义务帮助公众全面地解读社会主义核心价值观

党的十八大报告分别从国家、社会、个人三个层面阐释了社会主义核心价值观的内涵。尽管概括精炼简洁，但依然存在表述笼统、抽象的问题，民众理解有一定的难度。因此，要让人民群众理解和接受，就必须让社会主义核心价值观走向通俗化、普及化、生活化。也就是说，需要对社会主义核心价值观进一步解读，将理论话语转化为大众话语，做到简明而不简单，具体而不具象，通俗而不庸俗，生动而不生硬，真正成为人民群众的生活规范和行动自觉。

对于电视媒体来说，其有效途径就是要注重亲和力和感染力，通过运用各种民众易于接受、喜闻乐见的形式，创作出更多围绕“社会主义核心价值观”且通俗易读的作品，为大众提供丰富的精神食粮。

（二）弘扬社会主义核心价值观是电视媒体的历史使命和责任担当

我国社会价值观念持续嬗变，新世纪以来社会转型阶段中的新媒介传播格局，更是加速了个体价值观的多样性与变异性趋势，迫切需要通过媒介进行价值粘聚、整合与传播，提供价值参照系。媒介无疑是社会价值的“整合器”，社会共识的“孵化场”。

在如今的媒体时代，人们都主动或被动地生活在报纸、广播、电视、互联网等多种媒体的覆盖下，媒体对人们思想道德的影响至关重要。据统计，到2012年底，全国电视人口综合覆盖率达到98.2%，仅有线电视用户就达2.67亿户（含数字、模拟），电视观众平均每天收看电视的时间在180分钟左右，在所有的大众媒体中，电视的普及率和覆盖率最高。电视媒体作为精神文化产品创作生产传播的主要载体，作为社会主流意识形态建设的主要阵地，承担着增强社会主义意识形态吸引力和凝聚力的主要任务。开展社会主义核心价值观传播，是广播电视媒体的历史使命和责任担当。

其一，弘扬社会主义核心价值观是电视媒体彰显社会角色的现实需要。电视媒体在社会生活和大众文化中饰演着重要的角色，它的社会性决定了其在引导社会主流价值中的作用。电视媒体为公众服务的同时也在影响着公众，而公众的言行同时也会影响到媒体自身的生存和发展。广播电视媒体只有牢牢把握自己的社会角色，加强社会主义核心价值观宣传，积极传播对公众身心健康有益的各种资讯、价值观念、精神产品，引导公众健康向上，才能赢得公众和社会的信任。

其二，弘扬社会主义核心价值观是电视媒体履行社会功能的客观要求。电视媒体通过营造社会舆论氛围，对社会成员的价值取向和行为方式产生影响。它渗透在社会生活的方方面面，改变着人们的社会环境、生活方式、思维方式、价值观念等。电视媒体正是通过发挥舆论引导功能、社会调控、文化传承等功能，担当着社会价值的导向器，引领社会的主流价值观。电视媒体如果不以社会主义核心价值观为指针，不以社会主义核心价值观引领整个传播过程，则不可能形成健康向上的社会主流意识，不可能保证社会主义先进文化建设的正确方向，而有可能将公众引向低俗、拜金、唯利是图的价值轨道上去，从而失去公信力，失去人们的信任和自身生存发展的空间。

其三，弘扬社会主义核心价值观是电视媒体引领社会主流思想的历史使命。当前，我国正处于大调整大转型时期，由单一利益主体向多元利益主体转变。复杂的社会现实引发各种思潮，受这些思潮的影响，一些人的理想信念发生动摇，出现信仰危机，迷失了前进的方向；一些人低级庸俗，以自我为中心，道德沦丧。这些都对社会风气产生了极大的危害，并强烈冲击着人们的价值观念和价值取向。“人们的道德自律和信仰支持并未因现实利益的需要得以更多满足而变得更加清晰有力，与之相伴的似乎是更强烈的道德危机感和价值困惑。”电视媒体作为服务公众的代言人，如果不勇敢地站出来弘扬社会主旋律，传播核心价值观，用核心价值观来正本清源，引领人们健康向上、昂扬奋进，则极易导致一些公众听信某些非主流媒体的谣言，引发“沉默的螺旋”效应，蒙蔽人们的视线，危害国家和社会。电视媒体应该充分发挥自身在传播方式和传播效果上的优势，创新社会主义核心价值观传播的方法和形式，让其真正深入到民众心目中，成为日常生活和工作的奋斗目标和行动指南。

二、电视媒体弘扬社会主义核心价值观的可行性

自2002年开始，中央电视台一年一度举办的《感动中国》年度人物评选活动，经过十二年的坚持和发展及其品牌传播力的增强，《感动中国》已经成为中国电视乃至中国媒体的一个标志性的栏目。十二年来，一个个典型人物身上所传达出来的中华民族传统的道德观和价值观，体现了当代中国人高尚的情操和精神面貌，《感动中国》也因此被誉为“当代中国人的精神史诗”。它不仅成为电视媒体弘扬社会主义核心价值观的一种创新和尝试，也成为主流媒体传播社会主义核心价值观的一个重要舞台。

《感动中国》的评选浸透着深厚的精神文化价值。中国在经历了现代化的高速发展后，中国社会也出现了价值观缺失、拜金主义盛行等问题，传统意义上的主流价值，如真善美、诚信、孝道等，也受到商业主义的侵蚀。因此，在构建中国主流价值观的过程中，人们还会面临社会认同这一必要过程，那些被公众认同、接受、感动的社会价值，最终才是今日中国真正需要的情感。而《感动中国》正是把这种情感发掘出来并用大众传播的手段传递给大家。

在新世纪以来国内媒介“造榜运动”中，中央电视台主办的《感动中国》年度人物评选，在短期内就成长为“国内最具影响力的媒体人物榜”，被誉为“中国人的年度精神品牌”，成为央视重点扶持的品牌节目之一，也成为观众最期待的精神洗礼。电视媒介在构建集体记忆和集体认同方面发挥着巨大的整合作用，成为反映并塑造社会群体这个想象物的空间。作为深刻介入社会的年度媒介事件，《感动中国》在偶像泛滥的媒介社会中，以社会偶像的精神标尺构建起21世纪中国人的形象系统，弘扬了社会主义核心价值观，让社会主流价值更加深入地根植于全体中国人的心里。

（一）《感动中国》在节目形态上善于大胆创新和改革

《感动中国》开拓出把“新闻生产”与“仪式表达”相结合的视听传

播新模式——“新闻晚会”，即“新闻性+仪式感+参与性”三位一体融合传播的媒体仪式。媒介仪式的重要作用，在于“唤起和重申社会的基本价值并提供共同的关注焦点”，为人们提供一种“民族的、有时是世界的时间感”，使得某些核心价值感和集体记忆醒目起来。从影响力生产的现实路径与过程看，《感动中国》通过仪式化平台构筑起提供体验“感触”“温暖”和“向善”等感动的空间，以此召唤受众并形成价值共享与想象的共同体，即基于媒介平台的中国人信仰中心，在潜移默化中有力地推进了社会主义核心价值观的深入，改变了传统的新闻宣传呆板的节目形态，更加新颖、生动，更加贴近百姓。不仅如此，《感动中国》还充分调动电视在大众传播中的优势，让原本呆板、传统的社会主流价值观的传播更加为老百姓所接纳。

“感动中国”年度人物颁奖典礼从第一次开始，就充分调动了电视媒体的优势，将这一媒介事件的影响力和感染力推到最大。舞台中间获奖人物走过的红地毯、高高树立起来的丰碑、镌刻在丰碑上的人物姓名以及颁奖词的宣读等，所有这些都营造出一种给人物“加冕”的氛围，将“崇高”“感动”和“温暖”等情绪通过电视的一些表现手法渲染到极致。而在揭晓每个年度人物的同时，推出一段人物事迹简介，再加上现场的人物小专访，鲜明地展现一段段温暖的故事和一个个鲜活的人物，屏幕上展现获奖人员的颁奖词，所有这些都充分调动了电视媒体的优势，将视听语言和文字描述相结合，创造出任何其他媒体都无法匹敌的最佳效果。特别是在2012年《感动中国》年度人物的颁奖典礼上，为了致敬《感动中国》走过了十年的历程，每一个人物都用一种花的精神来表现，在颁奖的同时，通过舞美展现了舞台上鲜花伴随着音乐一点点盛开，奖杯高耸，人物的名字被一点点篆刻在纪念碑上。所有这一切，都在营造出一种仪式、一种直达人心的感动和温暖，也让这一种精神和品质篆刻在受众的心里。

（二）《感动中国》通过电视手段对多种媒体资源进行优化整合

《感动中国》节目组在长达十二年的评选活动中，并没有故步自封，独家运作，而是大胆改革，采取了“央视主办、媒体联动、群众参与”的运作模式，主动与全国各地、各媒体合作，成立“全国感动联盟”。这就变成了中央电视台与其他省份电视台，以及其他地方报纸之间的多种媒体间的参编资源整合，各省份报纸和电视台先在本地制作诸如感动本省（自治区、直辖市）的年度人物评选，然后将评选的结果选送给中央电视台，由中央电视台再在这些人物中进行遴选。第一，增加了《感动中国》年度人物的候选范围；第二，《感动中国》年度人物评选充分利用各种网络、报纸等媒体的优势，广泛发动群众参与，加强评选的权威性和广泛性，扩大了社会影响力。

据统计，中央电视台历届《感动中国》年度人物评选都与全国几十家媒体进行联动，在《感动中国》栏目的影响下，全国有近二十个省份先后开展了“感动福建”“感动重庆”“感动中原”等评选活动。这些活动的开展不仅使《感动中国》的评选活动最大程度地深入到群众之中，增强了活动的广泛性和权威性，而且在全国掀起了一场以“感动”为主题的弘扬民族精神的教育热潮，为弘扬社会主义核心价值观做出了很好的榜样和示范。

（三）《感动中国》对节目品牌进行长期维护和有效运营

电视节目作为一种大众文化产品与一般商品有共同之处，它们都是以赢得观众（消费者）为目的；然而电视节目作为特殊商品的特质是它具有艺术性，也就是在追求视觉美的同时能给人情感上的触动和共鸣。电视节目的品牌因素离不开节目形式、节目内容和品牌文化这三个层次。

电视节目形式即电视节目的包装设置，包括场景、舞美、主持人等，他们的品牌塑造有利于第一时间抓住观众的视觉注意力。我们分析自《感动中国》创办的十二年来，在节目的包装设置上一直注意保持一种统一性，场景和舞美设计虽然有一些变化，但是主要的元素都没有太大的变化，包括红地毯、舞台中间竖起的奖杯和丰碑等，“感动中国”四个字的片头一直是沿用了启功老先生题写的字，节目主持人也是一直没变，始终是敬一丹和白岩松，这些都从外部的节目形态上保持了这个统一性，不断增加了节目的品牌持久性和影响力。

在节目内容上，《感动中国》十二年来一直将“感动”贯穿于始终，通过一个个温暖而感人的故事，发掘我们身边一份份平实和温情的感动，这些“感动”既对有祖国强盛的赞叹，也有情感触碰的动容。但不管《感动中国》十二年来评选的这些人物发生多大的变化，不管他们从事什么工作，分布在哪个社会阶层，他们都通过自己的经历和努力在诠释着社会主义核心价值观中一个个直达我们心底的“感动”。

正是由于《感动中国》在形式和内容上所产生的巨大魅力，从而形成一种整体的符号认同，即电视节目的灵魂。一个电视节目或电视媒体的品牌是经营者塑造的特色，而当这种特色形成观众的群体性认同时，它就有了知名度，成为一种品牌文化。《感动中国》经过十二年的发展，已经通过其在内容和形式上的创新和整合形成其独特的品牌文化，将我们社会倡导的主流文化潜移默化地注入节目中，并通过节目持续地效果积累，推动了主流价值在社会上形成更强烈的认同感。

三、《感动中国》中的价值分布与社会主义核心价值观的对应与解读

在研究中我们发现，《感动中国》中的价值分布与社会主义核心价值观几乎是一一对应的。

（一）《感动中国》的评选标准与社会主义核心价值观的内涵相一致

中央电视台主办的《感动中国》“十大人物”的评选标准是：为推动社会进步、时代发展做出杰出贡献，获得重大荣誉并引起社会广泛关注者；在各行各业具有杰出贡献或重大表现，国家级重大项目主要贡献者；爱岗敬业，在平凡的岗位上做出了不平凡的贡献者；以个人的力量，为社会公平正义、人类生存环境做出突出贡献者；个人的经历或行为代表了社会发展方向、社会价值观取向及时代精神；个人在生活、家庭、情感上的表现特别感人，体现了中国传统美德和良好社会风尚。我们把这个评判标准和社会主义核心价值观对照着来看，倡导富强、民主、文明、和谐，倡导自由、平等、公正、法治，倡导爱国、敬业、诚信、友善，积极培育社会主义核心价值观，这两者在内容上高度吻合，《感动中国》“十大人物”的评选标准很自觉地将社会主义核心价值观倡导的精神纳入其中，用一种更加贴近百姓、贴近实际、贴近生活的方式弘扬社会主义核心价值观。

（二）《感动中国》的价值观分布与社会主义核心价值观相对应

《感动中国》自2002年10月启动以来，到现在已经走过12个年头了，它也被誉为“观众一年一度的情感盛宴”，“中国人的一部年度精神史诗”。《感动中国》的影响力之所以巨大，与它对社会主义核心价值体系的倡导、诉求与建构紧密相关。在过去的12年里，已经有93个人物和17个集体获得“感动中国”奖。细究“感动中国人物”，可以发现他们所体现的价值观有：“创新进取，成就事业”，“敢于牺牲，生命无价”，“当好公仆，勤政爱民”，“自强不息，创造奇迹”，“投身公益，服务社会”，“热爱国际，民族情怀”，“追求正义，守护良知”，“爱岗敬业，甘于平淡”，“乐善好施，热心助人”，“诚信做人，兑现承诺”，“忠贞于爱情”，“知恩图报”，“孝老爱亲”，这些都是对社会主义核心价值观更加细致和具体的解读。通过这些人物的精神来具体地展示社会主义核心价值观在我们生活中具体的表现，告诉更多的普通百姓怎样在自己的工作和生活中为弘扬社会主义核心价值观出自己的一份力。同时，“感动中国”中获奖的人物分布在社会的各个阶层，不仅有政府官员，也有普通的农民，既有掌握国家高精尖技术的科技精英，也有普通人平实的爱情、亲情和友情等，从而让社会主义核心价值观的弘扬能够深入到各个阶层。

（三）《感动中国》将中国传统文化精髓与社会现实相融合

《感动中国》人物评选之所以能在中国民众中引起共鸣，长久不衰，究其原因，是《感动中国》人物评选推出的感动中国人物，如人民公仆郑培民、航天英雄杨利伟、独臂英雄丁晓兵、爱心歌手丛飞、乡邮递员王顺友、好军医华益慰、自立自强的优秀大学生洪战辉、70多年前参加长征的红军群体等，他们真正区别于现实中带着光环的稍纵即逝的“明星”们，他们都来自大众的身边，但他们却带给了人们一种最真实的信念、力量，及一种最真切平实的感动。

在给《感动中国》获奖人物进行颁奖的时候，主持人宣读的颁奖词和获奖名片都精练地将中国的传统文化精髓和现实的人物事迹相结合，把我国传统的优秀品德与当下的人物事迹融合在一起，让这些主流价值观的传达既能鲜明地展现我们在新时期对社会主义核心价值观的解读和弘扬，也是对我国传统文化精髓的继承和发扬。比如“秋兰为佩”“松筠之节”“寸要春晖”“长使英雄泪满襟”“孝更绝伦足可矜”等，这些不仅是中国传统文化的经典，也是社会主义核心价值观在新时期的形象表现，它体现了弘扬社会主义核心价值观是对我国历史文化的不断传承和发展。

《感动中国》在感动人物评选时更加注重与当年大的事件背景相结合，让社会主义核心价值观的传承不断地与时俱进。党的十六届四中全会首次提出了“构建社会主义和谐社会”，2008年度感动中国人物之一的林秀贞就是构建和谐社会的典型。作为一个朴实的农村妇女，林秀贞30年如一日赡养了6位孤寡老人。她相信：人人管闲事，世上没难事；人人都帮人，世上没穷人。这种朴素的理念很容易让我们想起胡锦涛同志对社会主义和谐社会的基本特征的阐述：“我们所要建设的社会主义和谐社会，应该是民主法治、公平正义、诚信友爱、充满活力、安定有序、人与自然和谐相处的社会”。与此同时，“感动中国”的思维也在不断拓展，目光关注的焦点不仅停留在国内不同阶层、不同民族的中国人身上，也以更开放的胸怀让一些国际友人走上了这个舞台，比如给高原的盲童带来光明的使者德国人萨布利亚·坦贝肯，帮助中国战争受害者向日本政府提出索赔的日本律师团团长尾山宏等。国际友人入选《感动中国》人物，凸显了正义的精神与坚持的力量，引领公众超越狭隘的民族主义情绪，突破了中国民族精神的建构，使得中国的核心价值观内涵更开放、更丰富。

四、结语

《感动中国》走过的这十二年，在每年的春天，在新的一年开始的时候，通过一个个感动的故事，一个个温暖的人物，给全体中国人带来一次又一次精神上的洗礼，在这些洗礼的过程中，我们中华民族的优秀文化和传统美德得到发扬和传承，在积极弘扬社会主义核心价值观等方面发挥了重要的作用。但是我们也应该看到，在经过十二年的品牌运作中，也存在一些问题，这些问题的产生并不能掩盖《感动中国》作为电视媒体栏目代表在弘扬社会主义核心价值观中的突出贡献，在实践中认识到这些问题并积极克服，才能使《感动中国》更好地起到带头示范作用，推动新闻媒体在弘扬社会主义核心价值观的工作中发挥更大、更好的作用。

（原载《声屏世界》2014年第4期）

新闻媒体
弘扬社会主义核心价值观作用新探

◆ 沈正赋　汪　纯

从2006年党的十六届六中全会关于“社会主义核心价值体系”的提出，到2012年党的十八大报告对“社会主义核心价值观”的凝练，这无疑是一道政治命题或哲学命题，我们认为这同样是一道新闻传播命题。因为无论是社会主义核心价值体系还是社会主义核心价值观，要想实现其内化于心、外化于行，都必须借助于新闻媒体进行大张旗鼓的宣传和深入持久的传播。因此，新闻媒体在弘扬社会主义核心价值观方面的作用不可小觑。本文试从什么是社会主义核心价值观、新闻媒体为什么要弘扬社会主义核心价值观，以及如何弘扬社会主义核心价值观等三个逻辑结构层面来进行阐述。

一、社会主义核心价值观的内涵

辩证唯物主义认为，价值是体现主体和客体关系的一个范畴，它反映的是主客体相互作用过程中，客体满足主体需要的关系，亦即客体对

作者简介：沈正赋，教授，博士研究生，硕士生导师，主要研究方向：新闻理论与实务。汪纯，2013级新闻传播学硕士研究生。

主体的功效或功用。价值观是人们关于什么是价值、怎样评判价值、如何创造价值等问题的基本观点，是人们对客体的功效或功用的总看法和总评价，是人们判断是非的标准和行动的准则。

由于价值体现的是主体和客体关系的一个范畴，因此不同客体对同一主体（或同一客体对不同主体）会有不同的价值，即便是同一客体对同一主体，其价值也是辩证的和历史的。这样在现实生活中就呈现出价值的多样性，也造成了价值观的多样性。在丰富繁杂的各种价值观中，处于中心地位、发挥主导作用的价值观就是核心价值观，它是一种社会制度和社会公民普遍遵循的基本原则，体现着一个国家或社会特有的精神追求和价值理念。如果一个国家或社会在价值观上缺乏共识，没有核心价值观的构建，势必影响整个国家或社会的凝聚力和向心度。在改革开放进入深水区、社会受到各种多元多变的价值观冲击的今天，中国共产党人审时度势，先后提出了构建社会主义核心价值体系和培育社会主义核心价值观。

2012年，党的十八大报告明确提出“三个倡导”，即“倡导富强、民主、文明、和谐，倡导自由、平等、公正、法治，倡导爱国、敬业、诚信、友善，积极培育社会主义核心价值观”。社会主义核心价值观是在社会主义核心价值体系的基础上凝练和概括出来的。十八大所提出的“三个倡导”，是从国家、社会和公民三个层面对社会主义核心价值观的基本范畴作了科学概括，实现了国家价值目标、社会价值追求、个人价值准则的有机统一，是社会主义核心价值体系的集中表达，为社会和谐稳定提供了价值遵循，为制度设计、决策部署、法律制定等提供了价值依托。对于新闻媒体来说，在弘扬社会主义核心价值观上的任务就是，“牢牢掌握意识形态工作领导权和主导权，坚持正确导向，提高引导能力，壮大主流思想舆论”①。

二、新闻媒体为什么要弘扬社会主义核心价值观

当今世界，科学技术的发展和信息技术的进步给社会的各个方面都

① 胡锦涛：《坚定不移沿着中国特色社会主义道路前进 为全面建成小康社会而奋斗——在中国共产党第十八次全国代表大会上的报告》，北京：人民出版社2012年版，第31-32页。

带来了翻天覆地的变化，在新闻传播领域和人们的价值观方面尤其如此。首先在新闻传播领域，新媒介技术革命风起云涌，继互联网大潮的汹涌之后，基本完成的三网融合、迅速发展的移动智能终端、日益丰富的移动终端应用软件、3G移动互联网络，包括2014年刚刚进入商用4G移动互联网络，深刻地改变着人们的阅读习惯乃至生活习惯。报纸、广播、电视等传统媒体面对新媒体的挑战，寻求着自身的生存空间并试图拥抱新媒体，打造全媒体平台，扩大影响力。其次在人们的价值观方面，信息技术的进步，让人们有更多的机会接触到各种各样的观点，也更方便地发出自己的声音，微博和社交网站的风靡也让人人都拥有了“麦克风”，自媒体大量涌现。在人们拥有更多的表达自由的同时，各种价值观泛滥并冲击着社会的传统价值。正是在这种背景下，党的十八大提出了积极培育社会主义核心价值观的战略任务。在这种复杂多变的社会环境下，新闻媒体就要义无反顾地肩负起弘扬社会主义核心价值观的时代使命。

（一）新闻媒体的功能决定了它在人们的价值观形成和塑造方面有着重大的影响

其一，新闻是“新近发生的事实的报道”①，“提供信息是新闻媒介的首要功能”②，目的是消除人们生活中的不确定性因素，满足人们求生存、谋发展的需要。新闻媒体在提供信息的过程中，通过对人类成功经验的报道、对先进人物的褒扬等，在潜移默化中影响受众对客观世界的认知。美国传播学先驱李普曼在他的《舆论学》中提出了“拟态环境”的观点，认为媒介在客观信息的选择、加工、传播中塑造了人们对于客观事实的认知。议程设置理论认为，“大众传播具有一种为公众设置‘议事日程’的功能，传媒的新闻报道和信息传达活动以赋予各种‘议题’不同程度的显著性的方式，影响着人们对周围世界的‘大事’及其重要性的判断”③。这种认知和判断，最终形成和塑造了人们的价值观，即对客体的功效或功用的总看法和总评价。

其二，新闻媒体在提供新鲜信息的基础上，还衍生出了派生功能。

---

① 陆定一：《陆定一新闻文选》，北京：新华出版社1987年版，第2页。

② 李良荣：《新闻学概论》（第3版），上海：复旦大学出版社2009年版，第46页。

③ 郭庆光：《传播学教程》（第2版），北京：中国人民大学出版社2011年版，第194页。

美国著名的政治学家拉斯韦尔在1948年发表的《传播在社会中的结构与功能》一文中，将传播的基本社会功能概括为环境监视功能、社会联系与协调功能、社会遗产继承功能。美国学者赖特在探讨大众传播的功能时继承了拉斯韦尔的“三功能说”，认为大众传播具有环境监视、解释与规定、社会化功能，并增加了提供娱乐的功能。

1. 环境监视功能，让新闻媒体犹如社会这艘大船上的“守望者”，通过新闻舆论监督起着扶正祛邪、惩恶扬善的效果，对整个社会价值观的引导和核心价值观的构建起到重要的作用。

2. 社会联系与协调功能（或称解释与规定的功能），更是通过加强社会各个子系统和组成部分之间的联系、协调，从而使全社会达成普遍共识，形成“核心价值观”，最终使整个社会的运行达到和谐的状态。

3. 社会化功能（或称社会遗产继承功能），人类知识的积累是通过各种传播方式继承下来的，新闻媒体的出现更是加速了人类文化的交流和传播。加拿大原创媒介理论家麦克卢汉的著名观点“媒介即讯息”认为，每个时代最有价值的讯息是媒介本身，这个观点虽然稍显偏颇，但也正显示了新闻媒体在传播人类文化中的重要作用。我国传统文化中的“仁义礼智信”等优秀遗产到现在还是很多人的行事准则，塑造着中国人的传统文化基因。还有人们成长过程中获取的很多关于是非对错的认识，既有家庭、学校的灌输，也有新闻媒体潜移默化的影响。

4. 提供娱乐的功能，更是深入人们的精神世界，给人们以文学的浸润、艺术的陶冶、游戏的消遣、奇闻异事风土人情等的幽默轻松。新闻媒体如果能将这种功能充分发挥，会产生预想不到的效果，让人们更幽默风趣、大度从容。总之，无论是“三功能说”还是“四功能说”，都充分展现了新闻媒体在影响人们价值观中的重要作用。新闻媒体在形成和塑造人们的价值观方面这种强大的影响力，决定了新闻媒体能够在弘扬社会主义核心价值观中发挥其应有的功能。

（二）新闻媒体在社会价值观塑造方面的影响力，以及我国新闻媒体的角色定位，决定了新闻媒体必须担负起社会责任，自觉弘扬社会主义核心价值观

新闻媒体的强大功能，并不是一定就会产生正面的效果，在某些时候也会产生负面的效果，对人们的价值观产生不利的影响。我国目前正处在经济转型和政治改革的关键时期，各种问题和矛盾日益凸显；加上信息技术的发展使人们有了更多的表达自由和表达机会，其中夹杂了一些不和谐的音符；全球一体化的大背景下，国外的很多鱼龙混杂的信息漂洋过海，西方的一些不合时宜的观点也大行其道。

在这样的时代背景下，各种各样的价值观念冲击着华夏大地，拜金主义、享乐主义、历史虚无主义等阻碍了社会的良性发展，道德和诚信的缺失也让每一个人都深受其害。发展中的问题要在发展中解决，而发展最需要的是和谐稳定的社会环境和整个社会在“核心价值观”引导下的团结度和凝聚力，这无疑需要新闻媒体发挥自身的“正能量”，自觉扛起弘扬社会主义核心价值观的大旗。

我国的社会主义新闻传播媒体，是党和人民的“耳目喉舌”，必须坚持党性原则。当前我国的一些媒体从业人员的价值观念和职业素养也存在一定程度的问题，新闻传播也有浅薄化、刺激化和煽情化的倾向，为吸引眼球抛弃社会责任，偏离核心价值观。媒体价值观的混乱给社会带来的负面影响是巨大的。“正人先正己”，新闻媒体在新时期更需要毫不动摇地坚持党性原则。因此，新闻媒体弘扬社会主义核心价值观，不仅是我国社会主义新闻事业的内在要求，而且也是媒体从业者自我的一种职业要求。

三、新闻媒体如何弘扬社会主义核心价值观

在互联网时代，除了报纸、广播、电视等新闻媒体，有人认为“互联网”是第四新闻媒体，但互联网从本质上看并不是新闻媒体。我们知道，单纯依托互联网生长起来的商业门户网站和大众信息服务网站并没有新闻自采权，其新闻信息主要转载自传统媒体，故没有新闻采编权的互联网媒体不在本文讨论之列。本文讨论的新闻媒体指的是报纸、广播、电视等传统新闻媒体以及依托这些传统媒介组织而构建的新闻网站、新闻论坛、新闻客户端、官方微博等新媒介形态。

（一）坚持“内容为王”，深入挖掘百姓身边的感人事迹，积极弘扬社会主义核心价值观

信息社会带来的海量信息以及垃圾信息大有将受众淹没的趋势，面

对“信息过载”，人们应接不暇，浅尝辄止，很多新闻如过眼云烟，甚至成了“烂尾新闻”。传播渠道显然不再是通吃一切的法宝，“内容为王”成了大多数人的共识，也成为弘扬社会主义核心价值观的重要法宝。

在信息时代，在受众独立思考、自主判断能力不断提升的今天，新闻媒体应继续坚持“贴近实际、贴近生活、贴近群众”的“三贴近”原则，继续开展“走基层、转作风、改文风”，紧扣时代的脉搏，积极关注受众最关心的问题，比如反腐倡廉、环境保护、食品安全等，只有这样才能赢得受众的心，更好地弘扬社会主义核心价值观，而且很多受众关心的问题本身就是社会主义核心价值观建设的一部分。

新闻媒体深入挖掘百姓身边的感人事迹，已经成为宣传社会主义核心价值观的重要阵地和主力军。2014年初，《人民日报》《光明日报》《经济日报》等相继开辟“培育和践行社会主义核心价值观”专栏，在要闻版重要位置刊发各地生动实践，故事短小精悍，生动鲜活。尤为值得一提的是，中央电视台推出《家风是什么》系列专题节目，让知名人士与寻常百姓现身说法讲家风。《家风是什么》体现了“中国梦”的价值认同和价值追求，“中国梦”基本内涵和“三个倡导”24字核心价值观是高度统一的。广播电视播出机构在弘扬社会主义核心价值观中，深入挖掘优秀传统文化这一节目创新富矿，生产传播更多具有鲜明中国特色的好节目，用优秀传统文化凝魂聚气。在一些地方新闻媒体中，像《成都日报》《长沙晚报》《汕头特区晚报》等，也纷纷推出“弘扬社会主义核心价值观”系列报道。正如一位学者所指出的：“榜样的力量是无穷的，新闻媒体广泛挖掘和报道这些故事本身也是在培育和践行社会主义核心价值观，有利于形成一种激发正能量的良好氛围，影响更多的群众。”①

（二）不断创新载体和形式，打通“主流媒体舆论场”和“网络民间舆论场”这两个舆论场，让社会主义核心价值观融入到百姓的生活之中

在当下中国，客观上存在着“两个舆论场”。一个是以党报、国家电视台、国家通讯社等为代表的“主流媒体舆论场”，积极地宣传党和政府的路线方针政策，传播社会主义核心价值观；一个是依托于人际传播特别是互联网的“民间舆论场”，人们在微博、BBS、QQ、博客上议论时

① 中共中央宣传部宣传教育局：《向上向善的力量——社会主义核心价值观宣传报道汇编》，北京：学习出版社2014年版，第4页。

事，针砭社会，品评政府的公共管理。互联网成为“思想文化信息的集散地和社会舆论的放大器”，改写了舆论引导新格局。如何打通这“两个舆论场”，涉及主流媒体如何同时面对“主流媒体舆论场”和“网络民间舆论场”。近两年的节假日里，中央电视台《新闻联播》节目经常采用街头随机采访的方式主动设置话题。在互联网和自媒体时代，传统主流媒体在进入公共舆论场时，要善于捕捉到准确时机，设置好接地气、触碰人心的话题，只有这样才能做到手术刀般地精准切入①。

在网络时代，作为新媒体的微博自然也是一个很有效果甚至能够取得立竿见影效果的信息传播平台。不少名人纷纷成为网络“舆论领袖”，在弘扬社会主义核心价值观上发挥积极的引领和示范作用。全国道德模范郭明义就是这样一个杰出的典型。2011年3月25日，郭明义开通了新浪实名微博“鞍钢郭明义”，出乎人们意料的是，此微博迅速得到了网民的认可，仅仅3周，粉丝数量超过10万；3个月后突破100万。截至2014年3月初，郭明义微博粉丝已达2049万，在新浪微博名人排行榜上排名61位。郭明义微博的出现，首先是为微博本身树立了新的话语模式和价值追求，让微博这个新的舆论场获得新的发展契机，开辟了同样应该有的主流舆论平台；其次，郭明义通过微博传递正能量，呼唤出网民内心深处的道德诉求，使之成为微博甚至网络永远需要的一种道德支撑，在“网络民间舆论场”里传播着主流价值观②。

(三)坚持正确的舆论导向，以受众为本，让社会主义核心价值观内化于心、外化于行

中外新闻媒体，向来不是“有闻必录”，它必须要对有价值的新闻事实进行必要的选择，而选择的标准与媒体的价值取向之间存在一定的关系。我国社会主义新闻媒体坚持“党管媒体”的方针，必须把党性原则放在首位，任何时候都要坚持正确的舆论导向，以受众为本。在肩负弘扬社会主义核心价值观的使命面前，新闻媒体就要通过新闻的选择与报道，善于运用多种形式、多种介质，传递向善向美的行动和声音，深化内涵融合表达，让人们在感知领悟中将社会主义核心价值观内化于心、外化于行。新闻媒体及其新闻作品只有抓住受众才能发挥积极的作用，

① 杨华：《接通两条线 打通两个场》，《光明日报》2014年2月28日第6版。

② 范卫平：《在“民间舆论场”传播主流价值观》，《光明日报》2014年3月1日第6版。

必须善于从百姓的视角、用群众的语言，与群众平等地交流，说理不说教，传输不灌输，才能做到入脑、入耳、入心，充分发挥新闻媒体的教育和引导功能。

中央电视台《新闻联播》节目延续了近年来“走转改”常用的“海采”手法，以平凡生活为素材、以交流互动为平台，抒发百姓情怀，很好地弘扬了社会主义核心价值观和中华传统美德，让中华优秀文化植根于中国普通百姓的心底。

新闻媒体弘扬社会主义核心价值观还可以通过一些有特色的节目形式，和风细雨式地让受众在脑海中构建起社会主义核心价值观。比如，中央电视台的“感动中国”人物评选、寻找最美乡村医生和乡村教师等栏目，在弘扬社会主义核心价值观方面的做法，就值得其他媒体借鉴与推广。

当然，贴近群众的姿态并不表示容忍网络和社会上的错误价值观。2014年2月份，中央电视台对广东省东莞市部分酒店的色情业进行了曝光，东莞的相关职能部门进行了“扫黄”专项治理，但与此同时，网络上却出现了“东莞挺住”“东莞加油”等错误的价值观念，对此，《人民日报》等新闻媒体，通过新闻评论给予坚决反击，纠正了不正确的价值观，成为捍卫社会主义核心价值观的媒体典范。

总之，新闻媒体弘扬社会主义核心价值观，要树立媒介从业者自身的社会主义核心价值观；要打造弘扬社会主义核心价值观的多渠道、全媒体平台，占领网络舆论阵地；要以“内容为王”为宗旨，发扬创新精神和时代精神，努力做出群众喜闻乐见的节目和栏目形式，将社会主义核心价值观内化为每个人的行为准则。

（原载《新闻研究导刊》2015年第2期）

践行群众路线的党报实践

——以2013—2014年《人民日报》"读者来信"版为研究样本

◆ 沈正赋

在马克思主义新闻观的正确统领下，中国共产党早在成立之初就确定了发动群众、依靠群众办报的新闻指导方针，从根据地到国统区，党领导下的新闻传播事业高度重视群众工作。尤其是1942年开始的延安整风运动，把新闻文风也纳入其中，旗帜鲜明地提出增强报纸的党性和群众性的要求，逐步形成了全党办报、群众办报、开门办报等优良传统和作风，为我国新闻传播事业的发展做出了历史性贡献。新时期，这一办报方针更是得到巩固和强化、传承和发扬。作为党报旗帜的《人民日报》，自创刊以来一直引领着我国主流媒体的发展方向，几十年来，它紧紧围绕"为了谁、依靠谁、我是谁"的办报宗旨，切实履行党和人民赋予党报的光荣而又神圣的职责与使命，特别是在长期的办报实践中所践行的群众路线，把镜头对准群众，把版面留给群众，无疑是一条宝贵的新闻经验，值得我们进一步总结与研究、学习与借鉴。"读者来信"是《人民日报》创刊初期就设立的一个传统栏目，从1987年7月3日起又由一个传统栏目扩展为一个专版，虽然经历了几十年的风风雨雨，但它作为党密切联系群众的一扇"窗口"的功能依然保持不变，它是党报坚持群众路线具体而又生动的实践。本文以2013—2014年《人民日报》"读者

作者简介：沈正赋，教授，博士研究生，硕士生导师，主要研究方向：新闻理论与实务。

来信”版作为考察和研究对象，尝试从议程设置、观点引导、舆论监督、群众办报、媒体融合等五个方面，探讨党报践行群众路线的理论基础与新闻实践。

一、议程设置：聚焦社会热点和群众的现实关切

议程设置是传播学的一个重要概念。20世纪70年代初，美国著名记者西奥多·怀特在《总统的诞生》一书中写道：“在美国，新闻业是一种先行的力量。它设置公共讨论的议程，其席卷一切的力量不受任何法律的约束。”“新闻界捕捉住了重大的问题并将其塞入讨论的议程时，问题就能自动运行、促使人行动了。”[①]政治学家伯纳德·科恩把怀特的这一设置公共讨论的议程表述为：“很多时候，就告诉人们应该思考什么问题而言，媒介可能并不成功，但在告诉人们有什么问题可以思考方面，媒介却是非常成功的。”不久，在经历了马克斯维尔·麦克姆斯和唐纳德·肖等人的检验之后，议程设置的新理论才正式定型，成为传播学上的一个著名论断。传播学家威尔伯·施拉姆认为，议程设置的理论有两个基本观点：第一，媒介必然是报道世界新闻的把关人（不对巨量消息做严格的选择，就不可能做新闻报道）；第二，在复杂的政治世界里，人们需要不断定向。换言之，在自己有限的经验范围外，人们需要把关人帮助，方能决定哪些事件和问题值得关心，值得注意[②]。我们认为，这里所阐述的观点不外乎是，新闻媒介作为“把关人”可以为广大的受众设置公共讨论的议程，进而吸引社会大众的注意力。因此，从一定意义上来说，媒介就成为人们了解世界、认识世界的有限“窗口”。当然，媒介在设置议程过程中不是凭空想象，不是想当然，不能不负责任，媒介所设置的议程必须来源于当下的社会现实，应当是人们普遍关心、关注和关切的社会问题，否则就成了媒体独自在唱“独角戏”，它设置的议题也难以引起大众的共鸣。检验议程设置的科学性、合理性和有效性的标准之一就是受众的反应和反馈。

《人民日报》“读者来信”版每一期的选题都切实遵循了“议程设

---

① T. White: The Making of the President, 1972. New York: Macillan, 1973, p327.

② ［美］威尔伯·施拉姆、威廉·波特：《传播学概论》（第二版），何道宽译，北京：中国人民大学出版社2010年版，第262页。

置”这一理论，它不仅实现了“议程设置”在中国主流媒体上的应用价值，而且在新闻传播过程中取得了明显的效果，既反映了一些实际问题，又促成了一些问题的有效解决。2013—2014年两年的“读者来信”版共编发了87期（从第1637到1723期），设置了12个讨论话题。这些话题主要设置在“读者聚焦”栏目下，包括关注转会风、关注公款吃喝及浪费、关注身边的造假现象、关注生态环境问题、关注不文明出游行为、关注城镇化中的不良倾向、关注农村土地流转问题、关注政府与市场、关注诚信缺失问题、关注身边的不文明行为、向失信行为说“不”、关注法治进程中的问题等，有的还在母话题下设置了子话题。详见表1：

表1　2013—2014年“读者来信”版话题设置

<table>
<tr><th>序号</th><th>期号</th><th>期数</th><th colspan="2">话题设置</th></tr>
<tr><td>1</td><td>1637—1639</td><td>3</td><td colspan="2">关注转会风</td></tr>
<tr><td>2</td><td>1640—1641</td><td>2</td><td colspan="2">关注公款吃喝及浪费</td></tr>
<tr><td>3</td><td>1643—1650</td><td>8</td><td colspan="2">关注身边的造假现象</td></tr>
<tr><td rowspan="6">4</td><td>1651</td><td>1</td><td colspan="2">关注生态环境问题</td></tr>
<tr><td>1652—1653</td><td>2</td><td rowspan="5">关注生态环境问题</td><td>聚焦土地污染</td></tr>
<tr><td>1654—1656</td><td>3</td><td>聚焦水污染</td></tr>
<tr><td>1657—1659</td><td>3</td><td>聚焦空气污染</td></tr>
<tr><td>1660—1662</td><td>3</td><td>聚焦城市垃圾</td></tr>
<tr><td>1662—1665</td><td>3</td><td>聚焦植被破坏</td></tr>
<tr><td>5</td><td>1666—1667</td><td>2</td><td colspan="2">关注不文明出游行为</td></tr>
<tr><td>6</td><td>1668—1678</td><td>11</td><td colspan="2">关注城镇化中的不良倾向</td></tr>
<tr><td>7</td><td>1682—1689</td><td>8</td><td colspan="2">关注农村土地流转问题</td></tr>
<tr><td rowspan="3">8</td><td>1691—1693</td><td>3</td><td rowspan="3">关注政府与市场</td><td>聚焦招商引资乱象</td></tr>
<tr><td>1694—1696</td><td>3</td><td>聚焦政府乱作为</td></tr>
<tr><td>1697—1699</td><td>3</td><td>聚焦政府不作为</td></tr>
<tr><td>9</td><td>1700—1704</td><td>5</td><td colspan="2">关注诚信缺失问题</td></tr>
<tr><td rowspan="2">10</td><td>1705—1706</td><td>2</td><td rowspan="2">关注身边的不文明行为</td><td>聚焦养犬中的问题</td></tr>
<tr><td>1711—1712</td><td>2</td><td>聚焦广场舞扰民</td></tr>
<tr><td rowspan="4">11</td><td>1707—1709</td><td>3</td><td colspan="2">向失信行为说“不”</td></tr>
<tr><td>1710—1712</td><td>3</td><td rowspan="3">向失信行为说“不”</td><td>关注豆腐渣工程</td></tr>
<tr><td>1713—1715</td><td>3</td><td>关注学术不端</td></tr>
<tr><td>1716—1717</td><td>2</td><td>关注制假售假问题</td></tr>
<tr><td>12</td><td>1719—1723</td><td>5</td><td colspan="2">关注法治进程中的问题</td></tr>
<tr><td colspan="2">合计</td><td>87</td><td colspan="2"></td></tr>
</table>

“读者来信”版一般都对下一期或近期关注的话题进行“预告”，提前发布“征集令”，欢迎读者将所见所闻、所历所感写出来或拍出来晒一晒，也欢迎读者就如何有效遏制这种现象提出建议，同时欢迎提供舆论监督的个案线索。“读者来信”版所设置的这些话题不是随意的和无缘无故的，而是把某一时期大众比较敏感的、普遍关心的社会问题作为选题的依据。

2012年底，中央政治局改进工作作风、密切联系群众的八项规定、六项禁令出台，要求新一届中央领导集体身体力行，为端正党风政风率先垂范，令人耳目一新。为之一振的民众在听其言后也在期待观其行。2013年1月初，“读者来信”版就把焦点对准“转会风”，推出系列报道，在纸媒与新媒体上共同征集“公众最反感的官话套话”。此举可谓是“一石激起千层浪”，短短的几天时间内，“人民日报征集公众最反感的官话套话”就成为各类媒体、不同人群热议的话题，公众热情应征，广泛参与。“读者来信”版编辑在“编辑视线”栏目以《转会风从说实在话开始》为题道出了设置这一话题的初衷：“一是想更多地了解民心民意，以民心作为改文风、会风、作风的标准；二是想探究为什么官话套话成为我们这个社会久治不愈的顽症。”①

30年来，我国经济的快速发展有目共睹，然而由此付出的生态与环境代价也十分巨大。破坏性的生产与开发、肆无忌惮的污染、竭泽而渔式的消耗，使许多地方特别是乡村，昔日美景不再，曾经的青山绿水已在人们的视线中快速消退，有的甚至是满目疮痍。土地、空气、水等人们赖以生存的资源环境的恶化，不仅影响我国的可持续发展，且已影响我们的生存质量。“读者来信”版从2013年5月中旬到8月底，连续推出“关注生态环境问题”系列报道，前后持续三个半月，共推出15期，分别对土地污染、水污染、空气污染、城乡垃圾、植被破坏等生态环境问题进行集中披露和探究，创下了该版系列报道的篇幅之最②。此举的目的正如该系列报道开篇的“编者按”所说：“要建设美丽中国，就要直面‘不美丽’的现实并寻找对策。”

诚信是人的立身之本，是国家的立国之基。自2014年6月10日到11

① 赵蓓蓓：《转会风从说实在话开始》，《人民日报》2013年1月15日第20版。

② 赵蓓蓓：《聚焦，对准社情民意——2013年读者来信回眸》，《人民日报》2013年12月24日第20版。

月4日，“读者来信”版刊发了16期“关注诚信缺失问题”系列报道、共上百篇稿件，分别从政务、经济、社会等领域，对诚信缺失现象予以集中披露、曝光。特别是2014年8月1日中央文明委召开推进诚信建设制度化工作座谈会并发布《关于推进诚信建设制度化的意见》后，该版连续推出11期以“向失信行为说‘不’”为题的系列报道，通过建设性舆论监督，鞭挞社会生活、经济、文化、教育等领域中形形色色的失信行为，有力地配合了中央相关部门推动实施诚信制度化建设，为诚信社会、诚信中国增添“正能量”。

二、观点引导：晓之以理，用正确的舆论引导人

如果说议程设置体现为一种对讨论主题进行选择的话，那么观点引导则是通过摆事实讲道理、用事实说话的方式来显示新闻媒体对某个事件的态度与看法。一句话，观点引导就是晓之以理，用正确的舆论引导人。“‘晓之以理’的‘理’，不仅是指道理，也包括事理，正确的理论可以强有力的逻辑力量廓清受众思想上可能存在的迷惘，从理性上分清是非曲直，而雄辩的事实有时更具有不可抗拒的说服力，使受众在事实面前不能不去改变自己的态度，以取得在客观事实面前的主动。”[①]读者向党报反映的问题往往是具体的、感性的，党报既要站在党和政府的角度对相关政策进行解读，又要站在群众的角度合情、合理、合法地维护人民群众的切身利益。在观点的表达上，既要旗帜鲜明、态度坚决，又要考虑到舆论的正确引导，发挥新闻媒体弘扬主旋律、传播正能量的积极作用。尤其是各级党报，既不能高高在上，无视基层群众正当的、合理的诉求，也不能迎合少数人的无理要求，从而冲撞国家法律法规和社会伦理与道德的底线；既要尽职尽责地当好人民群众的代言人，乐于为群众鼓与呼，向党和政府建言献策，提出建设性的意见和建议，又要稳妥地化解社会矛盾，及时地缓解和疏导群众的情绪，在党和政府与人民群众之间建立一种良性的传播机制和信息沟通的平台。总之，新闻媒体要善于做社会矛盾的解压阀、缓释器，而不做社会舆论的导火索、火药桶。

① 郑兴东：《受众心理与传媒引导》，北京：新华出版社1999年版，第262页。

《人民日报》“读者来信”版的观点主要体现在每一期的专题评论即“金台视线”（原名为“编辑视线”）上。每期的“金台视线”所讨论的对象都是本期“读者来信”版设置的主打话题，也就是“读者聚焦”栏目的重点议题。这些观点都是十分明确、旗帜鲜明的，态度毫不含糊。

第1640期刊发的评论《反浪费，从公款接待开刀》称：“把权力关进制度的笼子里，也要把公款关进制度的保险箱里，让国家财产、国民资产真正用之于民，服务于民。要把公款关进制度的保险箱，不妨从公务接待制度开刀。”第1686期刊发的评论《非农非粮化倾向必须遏制》称：“2014年中央一号文件提出，‘探索建立工商企业流转农业用地风险保障金制度，严禁农用地非农化’。工商资本进入农村，应重点发展适合企业化经营的现代种养业，带动农业发展，带动农民增收致富，而不是取代农民，更不是兼并土地。为防止土地流转非农化、非粮化倾向，国家应实行最严格的节约用地制度，按照要求，在全国范围内划定永久基本农田，严格保护，不得占用；地方政府必须做好监督核查工作，严格控制土地的流向，切实确保农地农用。”第1701期刊发的评论《建立诚信体系刻不容缓》称：“诚信，作为中国自古以来的道德规范，一直为人们所推崇和提倡。然而，现在中国社会所面临的主要危机之一，就是各群体之间存在一定的信任危机。《中国社会心态研究报告（2012—2013）》显示，目前中国社会的总体信任进一步下降，已跌破60分的信任底线，只有两到三成的人信任陌生人。一个国家，一个民族，如果没有现代科学，没有先进技术，则一打就垮；而如果没有优秀的民族人文精神，没有良好的社会道德风尚，则不打自垮。建立诚信体系，刻不容缓。”

此外，“读者来信”版还针对某个议题开辟了“问诊专家”“专家访谈”“学者观点”等栏目。

第1641期“问诊专家”围绕“公款吃喝及浪费”问题，人民网强国论坛8位网友分别向国家行政学院公共行政教研室主任竹立家提问，竹立家的观点是，“权力运行靠制度管，不能靠一阵风”；第1689期“问诊专家”围绕农村土地流转问题该报记者采访了中国社科院农村发展研究所研究员王小映，王小映认为，“农村土地流转不能‘跑偏了’”。

第1652期“专家访谈”围绕“土地污染”问题，该报记者采访了农业部农村经济研究中心金书秦博士，金博士的核心观点是，“治理面源污染要立足粮食安全”；第1715期“专家访谈”围绕学术不端问题，该报记者采访了教育部科技发展中心主任李志民，他认为，治学术不端，须改变功利的评价体系，营造新的学术生态。

第1671期“学者观点”围绕“城镇化中的不良倾向”问题，刊发了国务院发展研究中心金融研究所副所长巴曙松的文章，阐述“低成本的土地城镇化不可持续”的观点；第1677期“学者观点”刊发了国家行政学院经济学部许中正教授的文章，他阐述的观点是“做强做大县城，催生区域中心”。在这些栏目中，要么由网友提问或记者访谈，要么约请专家学者撰文发表意见和看法，目的是佐证并强化报纸所设议题的观点。

三、舆论监督：批评曝光只是手段，解决问题才是旨归

报刊广泛而公开的工作特点赋予它一种社会监督的职能，报刊以特有的方式对社会的监督是无时无刻、无处不在的。马克思和恩格斯把报刊这种特有的方式归结为两种基本表现：“一是再现社会状况，尤其是令人不满意的部分，反映人民的呼声；二是评论（主要是批评和揭露）权力组织、社会活动家（主要是当权政治家）的言行。”[①]在谈到舆论监督定义时，南京师范大学顾理平教授认为，“舆论监督是指新闻媒体运用舆论的独特力量，帮助公众了解政府事务、社会事务，并促使其沿着法制和社会生活共同准则的方向运作的一种社会行为。”[②]舆论的形成依赖于民众声音广泛而公开的表达，舆论监督也正是通过舆论的广泛性、公开性而实现的，并且舆论监督只是一种软性的监督，它的力量在于舆论的影响力，而这种影响力不是有形的权力，仅仅是舆论带来的一种精神层面的道德压力。舆论监督对社会公众的价值指导作用将超出其对现实生活的批评作用。批评虽然是舆论监督的一种外在表现形式，但舆论监督绝不仅仅意味着批评，同时也包含着对事物的正确评价和建设性意见，批评只是一种手段，但绝不是目的，解决问题才是舆论监督工作的旨归。正如郑志文在《没有监督，就不会有和谐》的文章中所说：“舆论监

① 陈力丹：《精神交往论——马克思恩格斯的传播观》，北京：开明出版社1993年版，第345页。

② 顾理平：《新闻法学》，北京：中国广播电视出版社1999年版，第239页。

督不是找麻烦的，是为了解决麻烦或促进麻烦的解决。舆论监督首先是一种公开，就是把问题摆在桌面上，置于阳光下，让众人来评判。舆论监督也是一种沟通，把各方诉求以及想法、说法、做法亮出来，说道说道，看看问题出在哪儿，怎么想办法解决。当然，对那些不良、不公、不义、不法的人或事来说，舆论监督也是一种压力或威慑力，促其改正或促使执法部门依法惩处。”“舆论监督则是成本最小的监督机制、纠错机制，也是对公权力最有力的制约机制。”①

以揭露和批评为特征的舆论监督是“读者来信”版的主要职责。2013—2014年，“读者来信”版除了摘登普通读者的来信，还针对读者反映十分强烈的一些问题和事件进行个案深度调查分析，加大舆论监督的力度。同时，注重对舆论监督报道的反馈与追踪，努力使舆论监督做到“落地有声”，取得实效，真正让群众满意。

2013年初，山西运城市盐湖区岳坛村部分村民给《人民日报》来信，反映耕地被非法征占的事情。《人民日报》记者便赴运城市开展专题调查了解，并在1月8日的“读者来信”版以《这里的农田是如何被蚕食的——对山西运城市盐湖区岳坛村土地被违规征占的调查》为题刊登出来，记者在“采访手记”中发出了“为什么没有国家批文，基本农田却能一次次被变通、被规划、被强占?”等8个一连串的疑问。报道发表后的当天晚上，国家土地督察北京局就立即派调查组奔赴运城市展开调查，要求“第一时间将事件调查清楚，第一时间督促地方开展整改，第一时间维护农民合法权益”。按照《人民日报》报道提供的线索，调查组快速核实了报道反映的情况，初步掌握了土地违法事实，并于1月10日向运城市政府提出5点整改要求。2月3日，运城市政府致函《人民日报》表示，对舆论监督高度重视，并按照国土督察部门的要求，立即采取措施进行整改。2月5日，“读者来信”版刊登“反馈”报道《国土督察部门督导运城整改》。2月19日，“读者来信”版又在“反馈”栏目刊登后续报道《运城市接受监督严肃整改》。至此，这组批评报道才告一段落。

类似的个案调查还有：2014年4月初，《人民日报》“读者来信”版连续收到四川合江县群众来信，反映当地政府禁渡停航，给沿江群众生

① 郑志文:《没有监督，就不会有和谐》,《人民日报》2013年12月24日第20版。

产生活造成严重影响。4月17日，记者专程到合江县，深入到偏远山区实地采访。4月29日，在“读者来信”版刊登了题为《借口安全取消渡船，不管群众是否方便。四川省合江县——禁渡停航是否“因噎废食”》的调查报道，引起当地政府的重视。2015年2月13日，《人民日报》“读者来信”版收到四川省合江县委宣传部《关于合江长江客渡船复航情况的说明》。至此，在报社和有关方面的关注和推动下，四川合江县顺应百姓呼声，禁渡停航近两年的长江渡口在春节前夕陆续开渡复航，从而方便了两岸群众。

“读者来信”版的大多数批评报道在发表后均做到“落地有声”，有关部门都会进行及时的调查、整改和反馈，“读者来信”版也对此进行追踪报道，这些反应和改变正是舆论监督取得实效的一个个例证。

四、群众办报：马克思主义新闻观和群众路线的具体实践

所谓群众路线是指以群众为办报主体而进行的有关新闻策划、调查、采访、写作、编辑、发行、管理等一系列业务活动，是报社广泛发动群众参与报纸创办、了解基层情况的一系列新闻实践。中国共产党领导下的新闻事业，历来高度重视群众办报工作，并把“群众办报”与“全党办报”统一起来。1948年4月2日，毛泽东在接见《晋绥日报》编辑人员时，就阐述了全党办报和群众办报的关系与内涵。他指出：“我们的报纸也要靠大家来办，靠全体人民群众来办，靠全党来办，而不能只靠少数人关起门来办。”[①]自此，中国共产党领导下的各级党报加强了依靠全党办报、依靠群众办报的自觉性和主动性，在强化党对报纸工作绝对领导的同时，充分发挥党报的桥梁和纽带作用，密切党报与群众之间的联系。毛泽东同志关于“群众办报”思想的核心实际上就是坚持党的群众路线。他认为，人民群众是历史的主人，理所当然是报纸的主人。从根本上说，中国的新闻事业就是为广大人民群众而办的，就应当反映广大人民群众的生存状态、情感世界和他们的根本利益，就应当全心全意为广大人民群众服务。毛泽东同志提出的全党办报、群众办报的思想，是马克思主义新闻观关于新闻事业群众性原则的具体体现，是我党

① 毛泽东：《毛泽东新闻工作文选》，北京：新华出版社1983年版，第150页。

在领导新闻工作的长期实践中形成的工作方针和优良传统，既具有历史性价值，又具有当代性指导意义。新时期，党的群众路线又注入了新的内涵和元素，重点需要明确和把握“为了谁、依靠谁、我是谁”这三个带有根本性的办报方针，解决宗旨问题、方法问题和立场问题。对于各级党报来说，新闻工作者就是人民群众的代言人，只有紧紧依靠广大人民群众的智慧和力量，把维护好人民群众的切身利益放到一切工作的首位，才能真正办好报纸，办出让党、政府和人民放心、满意的报纸。

“读者来信”版就是党报践行群众路线的一扇“窗口”，一本活的“教科书”。一般来说，支撑报纸版面的内容主要来自本报记者之手，而“读者来信”版的作者绝大多数却来自普通群众，群众在版面上唱起“主角”，因此它又称得上是党报最接地气的一个版面。这里仅以2013—2014年两年编发的87期“读者来信”版为例，来看看群众路线的具体体现。2013—2014年“读者来信”版共发稿（含文字和图片）1016篇（幅）（表2），其中属于读者自由来稿892篇（幅），占比86.1%。如果去除未署实名的204条微博、微话题和大多为读者拍摄的143幅图片（图画）（因为读者来信版刊发的图片均是作为配文出现的，不单独使用），2013—2014年“读者来信”版共刊发群众自由来稿（文字稿）545篇。

表2　2013—2014年“读者来信”版来稿情况

类型	数量	所占比例
读者来稿	892	87.8%
非读者来稿	124	12.2%
合计	1016	100.0%

这些读者稿件主要刊登在“读者聚焦”“身边事”“来信”“反馈”“读者论坛”（原名为“公民论坛”）“曝光”“微言”“建议”“读者追踪”“读者调查”“连续报道”“社会观察”“呼吁”“监督”等栏目，其中“读者聚焦”281篇、“身边事”71篇、“来信”25篇、“反馈”21篇、“读者论坛”60篇、“曝光”50篇、“微言”3篇、“建议”10条、“读者追踪”7篇、“读者调查”7篇、“连续报道”4篇、“社会观察”6篇、“呼吁”和“监督”各1篇（表3）。

据初步统计，这些读者兼作者在全国各地的分布情况是：江苏71人次，河南58人次，湖南48人次，河北44人次，山东39人次，湖北38人次，北京31人次，山西26人次，安徽23人次，浙江和四川各为19人次，江西16人次，福建13人次，重庆、上海、内蒙古、陕西、辽宁和云南各为10人次，贵州、黑龙江、广西各为7人次，广东6人次，甘肃4人次，新疆3人次，宁夏2人次，海南和天津各1人次。涉及的省、自治区、直辖市共28个，内地省份只有吉林、西藏、青海未涉及。此举真正体现出党报践行群众办报的路线与方针。

表3 2013—2014年读者稿件栏目分布

栏目	发稿数量	所占比例
读者聚焦	281	51.6%
身边事	71	13.0%
来信	25	4.6%
反馈	21	3.8%
读者论坛	60	11.0%
曝光	50	9.2%
微言	3	0.6%
建议	10	1.8%
读者追踪	5	0.9%
读者调查	7	1.3%
连续报道	4	0.7%
社会观察	6	1.1%
呼吁	1	0.2%
监督	1	0.2%
合计	545	100.0%

江苏靖江市生祠镇新丰村后陆家埭5队村民陆建龙给《人民日报》来信说："说句心里话，我做梦也不会想到，作为党和国家的主要媒体《人民日报》，竟能关注到像我这样一个远在千里之外的普通农民，并指导我维护自己的合法权益，从而躲过了一场难以预料的灾难，这不能不让我今生难忘。（2013年）9月17日的《人民日报》'读者来信'版在我们靖江尤其在政界引起了不小的震动。从那以后恶意强拆的嚣张气焰大

为收敛，恶意强拆的传闻明显减少。”湖南长沙读者阿甘给“读者来信”版来信称：“感谢《人民日报》‘读者来信’版不弃涓滴、询于刍荛，刊登我一个普通市民的来信，反映了群众的呼声，并且带来很好的实际效果。”①

五、媒体融合：信息共享与舆论共振的新常态新手段

推动传统媒体和新兴媒体融合发展，是党中央着眼巩固宣传思想文化阵地、壮大主流思想舆论作出的重大战略部署，也是一项紧迫的战略任务。当前，网络和数字技术裂变式发展，带来媒体格局的深刻调整和舆论生态的重大变化。2014年以来，人民日报社加快媒体融合发展步伐，报网互动成为《人民日报》实现信息共享与舆论共振的新常态新手段。在工作实践中，《人民日报》不断创新报道方式，充分发挥新媒体的优势，通过构建媒体融合的新机制，让“读者来信”版真正做到“强起来”。

一是通过媒体融合扩大信息源。“读者来信”版尝试媒体融合，扩大信息来源，取得明显成效。“向失信行为说‘不’”系列报道，多篇主打报道线索均来自《人民日报》客户端“问”板块和人民网地方领导留言板。其中，2014年8月5日刊登的《界首葡萄场：随意撕毁土地流转合同》，报道线索来自网友给安徽省委书记的留言；8月12日刊登的记者调查《奎勒河镇政府："饭费"还要欠多久?》，报道线索来自网友给内蒙古自治区党委书记的留言；8月12日刊登的社会观察《中关村电子卖场：商家欺诈何时休》，报道线索来自网友给北京市委书记的留言。

二是通过媒体融合加大说服力。“读者来信”版担负舆论监督职责，特殊的工作任务要求记者更加积极主动投身媒体融合“大格局”，加大报网互动力度，探索报网“深度融合”。2013年7月，《人民日报》正式推出二维码，“读者来信”版开展舆论监督个案调查“如虎添翼”，在调查采访时都尽可能拍摄视频资料，提交给人民网制作视频二维码链接。从2013年7月23日“读者来信”版“关注生态环境问题”系列调查《门前垃圾没人管，墙外垃圾堆成山，北京朝阳崔各庄乡黑桥村——垃圾包围

---

① 郑志文：《没有监督，就不会有和谐》，《人民日报》2013年12月24日第20版。

“艺术工厂”》，到2014年4月29日见报的《借口安全取消渡船，不管群众是否方便，四川省合江县——禁渡停航是否“因噎废食”》，可以说，“读者来信”版产生重大影响的个案监督报道，大多都得益于二维码视频手段的有力配合。

三是通过媒体融合放大影响力。媒体融合不是简单“做加法”，作用发挥得当，可以产生“乘法”放大效应。2014年10月21日，“读者来信”版“身边事”栏目刊登山西长治读者闫树平的来信。篇幅不长，只有400余字，题为《何必为难离休干部》，讲述闫树平80多岁的老父亲和其他几位新中国成立前参加工作的离休干部遭遇的体检难题。见报后，人民网、新浪网、凤凰网等新闻门户网站均在显著位置，配发当天《人民日报》“读者来信”版样予以转载，《人民日报》和凤凰网新闻客户端作为舆论监督话题置顶推送，当天仅凤凰网和凤凰网新闻客户端读者点评参与量超过21万人次。强大的传播效应促使长治有关方面正视《人民日报》舆论监督，迅速解决这一问题。

六、结语

作为《人民日报》“元老级”版面的“读者来信”，凝聚着几代人的心血和汗水，是历任编辑记者精心浇灌出来的一朵奇葩，历久弥新，熠熠生辉。如今它已历经了1720多期，其在读者心目中的地位和在社会上的影响可想而知。它长期以来高举舆论监督的旗帜，发挥“让人民监督政府”的职能，早已走进广大干部和群众的工作与生活之中，其编辑思想早已植入亿万中国百姓的心田。它是党报长期坚持走群众路线的历史见证，是对党报优良办报传统的传承与革新。据史料记载，1991年11月25日，瑞典新闻代表团一行在时任《人民日报》总编辑邵华泽的陪同下到人民日报社参观。瑞典《快报》记者范登尔在参观《人民日报》群工部后说：“我们不少瑞典人对你们的这份报纸有误解，以为这只是一张宣传官方观点的报纸。现在我们了解到贵报在反映群众的要求和意见方面也做了大量杰出的工作。”①

我们认为，从议程设置、观点引导、舆论监督、群众办报到媒体融

① 顾耀铭:《吸引瑞典同行的人民日报读者来信版》,《新闻实践》1992年第2期。

合，这五大作用应当成为《人民日报》“读者来信”版今后一如既往的办报铁律，毫不动摇地坚持下去。尤其是在传统媒体与新兴媒体融合发展的新形势下，各级党报都要善于把这一与群众读者进行互动的宝贵经验和做法传承下去，发扬光大，为新媒体时代报纸转型发展积累新经验，探索新路径。

（原载《新闻战线》2015年第23期）

当代中国社会转型
与社会主义核心价值观的践行

◆ 唐雪莲　肖叶飞

中国正处于社会转型期，既包括经济政治层面，也包括精神文化层面。由于当代中国社会转型期的利益主体和利益诉求不同，出现了多元化价值观的冲突与矛盾，所以要在多元化价值观的沟通与交流中达成共识，形成社会主义核心价值观。社会主义核心价值观既是现实性的价值诉求，也是理想性的价值诉求，体现了社会主义意识形态的本质属性。践行社会主义核心价值观，是凝聚社会共识、构建和谐社会的根本途径，有利于发挥其导向、凝聚、整合、激励和规范等功能，有利于提高国家形象和发挥文化“软实力”。

一、当代中国社会转型背景下的价值观

社会转型表现为社会结构的进步与转换，不仅体现在政治、经济层面，而且体现在社会秩序、制度规范、行为观念、价值体系等层面。社会转型期的价值观呈现出多元化、复杂化的特点，需要核心价值观加以

作者简介：唐雪莲，安庆师范学院，讲师；肖叶飞，安徽师范大学新闻与传播学院，副教授，博士，硕士生导师，主要研究方向：传媒经营与管理、广播电视学、影视艺术、传媒与法以及中外新闻史等。

整合。

（一）当代中国社会转型的内涵

社会转型是人类自觉改造世界的活动，是社会主体自觉追求自身目的的过程，是社会发展合目的性和规律性的统一，也是社会从较低层次向较高层次的飞跃与质变。社会转型是一种结构性变动与整体性发展，结构性变动包括政治、经济和文化等结构变动，而整体性发展包括科技进步、政治改革、人口素质、社会保障与文明程度等方面的变化，其中生产关系与经济基础的转型是社会转型的核心内容，通过生产资料所有权、资源分配方式和生产力水平等变量表现出来。

社会转型的目的就是着眼于人的价值目标的实现和人的全面自由发展。从哲学层面思考，社会转型的哲学规定就是“社会转型乃是代表着历史发展趋势的实践主体自觉推进社会变革的历史创造性活动。当社会生产力提出质向发展的新要求时，历史的实践主体按照确认的‘发展逻辑’，对原型社会的体制、结构进行全面、系统地自觉转换，以求实现社会演化的创新。”①

中国社会转型是中国的社会生活和组织模式即社会实践结构不断从传统走向现代、走向更加现代和更新现代的变迁过程②。当前社会转型的基础是经济领域的改革，这种转型包括三个层面，即以市场经济构建为中介的农业社会向工业社会转型，以后工业文明为中介的封闭型社会向开放型社会的转型，以公民社会为中介的传统社会向现代社会的转型。

（二）当代中国社会转型的特点

理论界对于我国社会转型的起点意见不一，但是大部分观点认为，中国的真正社会转型是从改革开放开始的。因为以前的社会变迁没有改变社会结构和社会形态，仍然是一穷二白的农业社会，社会阶层、公民意识、生活水平、城乡差别等都处于较低状态。改革开放促进了中国社会真正的转型，从经济方面看，中国从相对计划经济向市场经济、粗放式增长向集约式增长转变；从政治角度看，中国从集权封闭的政治运营机制向开放民主的行政体制转变；从社会角度看，中国从农业社会向工

---

① 张雄：《社会转型范畴的哲学思考》，《学术界》1993年第5期。

② 郑杭生：《改革开放三十年——社会发展理论与社会转型理论》，《中国社会科学》2009年第2期。

业社会、从封闭社会向开放社会、从传统社会向现代社会转变；从价值形态看，从单一价值社会向多元价值社会转型；从文化角度看，中国从农业文明向工业文明、由工业文明向可持续发展文明的双重社会转化[①]。

中国的社会转型是过渡阶段，是一个经济政治体制改革与社会结构同步转变的过程，是社会失衡和社会协调相伴的过程，是社会秩序重构与整合的过程。这种社会转型是多方面的，既包括体制转型和机制转型：体制转型指经济体制和政治体制等的转变；机制转型指利益分配机制、社会调控机制、社会控制机制等的转变，也包括社会结构和价值形态的转变，即传统的乡土社会、身份社会逐渐向开放的契约式法治社会转变。

中国社会转型正在从二元结构向四元结构转变。以前的社会具有传统与现代、集权与分权、计划与市场、城市与乡村的二元结构的特点。但随着农村改革、农业现代化、城镇化建设和农民进城务工等经济改革的推进，中国的经济发展朝着四元结构的方向发展，经济四元主体包括传统农业、乡镇企业、以个体私营为代表的城镇非正规经济和以公有、股份、外资为代表的城镇正规经济等，就业主体有农民、农民工和城镇居民等，这样将推进农业现代化、农业工业化、农民市民化和城乡居民基本公共服务均等化[②]。

（三）当代中国社会转型期的价值观

我国传统社会向现代社会变革的过程中，引发了社会阶层结构的改变和社会利益的重新分配。利益来源的多样性、利益主体的多元化、利益分配的多元化等，造成不同的利益主体、阶层、群体等突显出来，扩大了地区差异、贫富差距。这种转型过程中，既有利益的冲突，也有思想观念和社会规范的冲突，带来了经济与社会、环境的矛盾。这些矛盾表现为，过分追求经济发展造成生态环境的破坏；政治制度的不完善导致权力寻租和贪污腐败，削弱了政府的公信力；政治体制改革的滞后性削弱了维权诉求与公民参与，从而降低了社会政治开放性与社会公民的凝聚力。这些矛盾在价值观上就表现为，信仰缺失、道德失范、价值冲

① 蔡拓：《可持续发展的历史向度与当代中国社会转型》，《文史哲》2000年第5期。

② 胡鞍钢、马伟：《现代中国经济社会转型：从二元结构到四元结构（1949—2009）》，《清华大学学报》（哲学社会科学版）2012年第1期。

突，生活目标物欲化、道德理想空虚，享乐主义、唯利是图和重利轻义等倾向不断滋长，利己主义和拜金主义盛行，对利益、自由、个性的追求成为现实生活的目标。

社会转型期的价值观冲突表现为集体主义价值观和个人主义价值观的对立，社会基础性价值观与社会主导价值观的矛盾，公平优先价值观与效率优先价值观的博弈，传统价值观和西方价值观的碰撞，真理性价值观与实用性价值观的背离，目的性价值观与工具性价值观的冲突，功利性价值观与非功利性价值观的分野。①这种价值观的多元化造成民族认同和价值认同的弱化，一些人出现了思想迷茫和道德迷失，文化保守主义和“全盘西化论”等多种思潮泛滥，这些都伤害了社会主义的凝聚力和向心力。特别是随着全球化的发展，西方国家到处推广民主价值观，维护其“文化软实力”。西方国家的民主、自由、人权等意识形态在中国蔓延扩散，使中国传统的义利观、荣辱观和是非观都面临着空前的挑战。正如学者所说，冷战后世界的根本冲突将不是以意识形态为主或经济为主的，人类的重大分野和冲突的主要根源是文化或文明的②。

二、社会主义核心价值观的科学内涵

核心价值观是起主导作用的价值取向，是一个民族、国家的终极理想，反映了社会意识的本质，涵盖社会发展的指导思想、价值取向、意识形态，影响人们的思想观念、思维方式、行为规范，也是引领社会前进的精神旗帜。核心价值观的建立，对外可以确立国家自身文化品格，构成与异域文化进行对话交流的基础；对内实现不同利益群体之间的相互认同，消除价值观的对立和分化，确立一种全社会普遍信守的文化理念，实现文化精神的集体认同③。

社会主义核心价值观是关于中国特色社会主义价值的总体看法和根本看法，是系统化和理论化的概念体系，是具有理想化、指向性的观念系统，是社会主义核心价值体系的概括、抽象与提升。社会主义核心价值观具有长久的稳定性与广泛的普适性，起着主导、引导整个社会价值

① 张荣国、仇小敏：《构建社会主义和谐社会与价值观冲突的控制》，《求实》2009年第12期。

② [美]塞缪尔·亨廷顿：《文明的冲突与世界秩序的重建》，周琪等译，北京：新华出版社2002年版。

③ 张洪昌：《论社会主义核心价值观》，《云南社会科学》2008年第S1期。

观的作用，并深刻影响、制约着人们的全部价值评价、判断、选择活动的发展趋势。它是建设和谐社会的内在要求，是社会秩序赖以存在的基础，是凝聚和激励民众的精神纽带。

十八大报告凝练了社会主义核心价值观的科学内涵，即三个倡导，倡导富强、民主、文明、和谐，倡导自由、平等、公正、法治，倡导爱国、敬业、诚信、友善，这是对社会主义核心价值观的最新概括。这24个字、12个范畴分别从国家、社会、公民三个层面，提出了反映现阶段“最大公约数”和广泛共识的社会主义核心价值观。三个层面相辅相成，相互促进，构成了一个有机的整体，实现了政治理想、社会导向、行为准则的统一，实现了国家、集体、个人在价值目标上的统一，显示出我们的文化自觉和文化自信。十八大概括的社会主义核心价值观简明科学和便于实践，具有强烈的时代性、鲜明的主导性、独特的民族性，使人们心目中有了共同的价值理想，使社会成员有了价值认同感和归属感。

（一）国家层面

富强、民主、文明、和谐是国家发展目标上的总体规定，经济上表现为富强，政治上表现为民主，文化上表现为文明，社会方面表现为和谐，这是中国社会转型的价值取向和社会目标。富强包含人民富裕和国家强盛，人民富裕是国家强盛的现实依托，而国家强盛则是中华民族生生不息的生命力的彰显，是中国特色社会主义的历史担当，也是中华民族伟大复兴的标志。民主是人类政治文明发展的重要成果，是社会主义核心价值观在政治领域的体现。社会主义的人民民主是工具性与目的性的统一，作为工具性的社会主义民主就是人民当家作主、管理国家的权力，在国家政治生活中主要表现为民主选举、民主决策、民主管理、民主监督以及保障与尊重人权等制度与行为，它既是一种制度安排，也是一种体制机制；作为目的性的民主就是人的自由而全面发展的生活状态。当代中国，民主意识的培养与民主体制的完善是社会主义政治文明的目标。文明是进步与发展的标志，与愚昧和落后相对，包括物质文明、精神文明、政治文明、生态文明等，文明程度就是人的素质和教养所达到的程度以及整个社会的精神状态。和谐是社会主义核心价值观在社会领域的体现，是人与自己、他人、社会乃至世界的一种相互协调、动态平衡的理想状态。

（二）社会层面

自由、平等、公正、法治体现了在社会价值导向上的规定，是立足社会层面提出的要求。这个价值观可以把不同职业、不同民族和不同信仰的人凝聚和团结起来。马克思指出，“类本质”“类特性”就是自由的自觉的活动。从人的类本质上看，自由就是人对于自然、社会及其自身的一种超越的终极向往和追求。我国要为每个人的自由发展创造条件，激发每个人的创造才能。平等是对自由的一种维护，是现代社会的基本人权，平等不仅是人格上的平等，而且是政治、经济和文化权益上的平等，只有实现了平等，才能获得自由。现阶段的平等就是全体国民应共享改革开放成果的平等。公正是维系和调节社会关系的基本准则，公正是中国特色社会主义的内在要求，现阶段我国要建立以权利公平、机会公平、规则公平的保障机制，努力营造公正的社会环境，保证人民平等参与、平等发展权利。法治是根据法律来规范国家的一切活动，法治不仅是依法治国的制度保障，而且是一种治理模式，只有实现了法治，才能从制度上保障自由、平等和公正。

（三）个人层面

爱国、敬业、诚信、友善分别是针对个人对于国家、事业、社会和他人所担负的责任，它体现了社会主义核心价值观在道德准则上的规定，是立足公民个人层面提出的要求，是每个公民应该树立的个人价值观、社会伦理观与道德自律观。爱国是中华民族的传统美德，是中华民族生生不息、薪火相传的精神血脉，是维护国家统一和民族团结的精神支撑。爱国可以增强民族的凝聚力和向心力，不断增强民族的自信心和自豪感，振奋整个民族的创新精神。敬业是对每个公民的职业操守和职业伦理的要求，中华民族有敬业乐群、忠于职守的传统美德，敬业精神本质是奉献精神，是勤勉工作、尽职尽责、乐意进取和无私奉献的精神，是对自己的工作忘我投入的精神境界。诚信是公民的基本的道德要求，也是市场经济的基石，诚乃道德之本、行为之源，讲究诚信就是知行合一、言行一致。对于国家来说，诚信是取信于民的道德信念；对于单位来说，诚信是立业之本；对于个人来说，诚信是立身之本，诚信是为人处世的道德准则。友善涉及人与人之间关系的道德要求，友善可以构建和谐的人际关系，作为公民道德规范的友善，本质上是友好善良的公民伦理关系和公民秩序。友善具有创造、整合和规范功能，可以细化为具体的义务，即和气待人、诚实待人、宽厚待人、平等待人和善意待人等，友善是公民的一种主要道德品质[①]。

提炼和概括社会主义核心价值观具有非常重要的理论与实践意义，有助于提高社会主义核心价值观在群众中的感召力与影响力；有助于占领思想文化的道德制高点，掌握舆论主导权和话语权，提高社会主义核心价值体系在国际论域的竞争力；有助于增强社会主义核心价值体系内在统一性，增强社会主义意识形态的吸引力和凝聚力[②]。社会主义核心价值观最新概括是社会主义精神文明建设的重要理论成果，是中国特色社会主义理论的重要组成部分，是社会主义制度的内在精神和灵魂，也是社会主义核心价值体系的核心，将有利于坚定理想信念和建立道德规范，引领着社会主义意识形态的建设。

三、社会转型期的社会主义核心价值观的践行

在中国社会转型时期，不仅要对社会主义核心价值观作出科学的理论概括，而且要使社会主义核心价值观被大众普遍接受、理解、掌握并践行，成为人们内心自觉接受的行为准则，并外化为人们的行动指南。但是我国践行社会主义核心价值观面临很多困难，主观上，社会心态失衡，社会信念动摇，价值观的一元与多元的困惑，价值判断标准的错位等问题，造成社会认知的混乱；客观上，利益主体多元化，体制机制不完善，价值观的说教与行动、理论与实践相脱节，理想追求与现实差距相矛盾，需要多管齐下践行社会主义核心价值观。

（一）制度建设是社会主义核心价值观构建的前提条件

社会主义核心价值观需要体制保障与制度建设，创建一个富强文明、民主法治、公平正义、诚信友爱的社会，需要把社会主义核心价值观融入到制度建设、政策规划和社会管理当中去，通过各种机制促使社

① 黄显中：《论友善》，《伦理学研究》2004年第4期。

② 韩震：《公平正义的和谐社会与核心价值观念》，《中国社会科学》2009年第1期。

会主义核心价值观体现在中国特色的社会主义实践当中。这其中包括规范约束机制，通过政府和相关公共部门制定法律法规，使社会主义核心价值观成为社会成员的义务和自觉行动；评价激励机制，政府与社会对践行社会主义核心价值观的行为采取激励机制，相反，对违反社会主义核心价值观的行为进行惩罚和告诫；疏导引导机制，通过各种社会思潮的讨论与争鸣，形成对社会主义核心价值观的共识，引导社会主义核心价值观的构建；利益诉求机制，拓展多元化的利益表达平台，扩大公众对公共事务的参与渠道，构建公开透明的公共决策机制，化解不同的利益诉求矛盾；社会监督机制，探索有效措施，形成社会主义核心价值观的监督约束机制。通过这些机制，使社会主义核心价值观不再是理论形态的宣传，而是落实到经济、政治、文化、社会和生态文明建设当中去。

（二）舆论引导和宣传教育是社会主义核心价值观构建的重要环节

近年来，我国的文化消费出现了精神贫困现象，商业化、娱乐化、庸俗化的文化消费和偶像生产替代了深层次的文化思考。如何把社会主义核心价值观提升到民族精神和国家象征的高度，变成社会主义现代化建设的文化动力和精神支柱，内化为每个社会成员的信仰和行动，确实需要舆论引导和宣传教育。首先，把社会主义核心价值观融入到日常的生活和学习当中去，融入到国民教育当中去，融入到日常的思想政治教育教学当中去，提高社会大众对社会主义核心价值观的认知度和认同度。第二，加强舆论引导，以大众关注的热点和难点问题为着力点，用人民群众熟悉的语言和身边的事例为手段，增强对社会主义核心价值观的舆论引导，减少居高临下的说教，增强引导的亲和力和可信度，使广大人民群众能够接受和认可。第三，增强大众媒体的文化传播力，积极发挥新闻出版、广播影视和文学艺术的作用，发挥理论宣传的针对性、实效性和感染力，通过典型宣传和影视作品创作使社会主义核心价值观大众化和生活化，潜移默化地影响群众的价值判断、思想观念、道德情操和行为习惯，使社会主义核心价值观回归社会实践和生活世界，成为人民群众的价值信仰和内在信念，让人们在审美中受到感染、得到启迪。

（三）践行社会主义核心价值观的先导是党政领导干部，主体是人民群众

党政领导干部要自觉加强理论修养、道德情操、理想信念，带头学习和宣传社会主义核心价值观，把社会主义核心价值观的价值原则和立场方法贯彻到实际工作当中去，起到践行社会主义核心价值观的示范和导向作用。在实践社会主义核心价值观的过程当中，政府要转变职能，从管理型政府向责任型政府转变，从权力型政府向服务型政府转变，增强社会主义核心价值观的号召力与吸引力。然而，一些领导干部放松了价值观的改造，理想信念动摇，贪污受贿盛行，削弱了社会主义核心价值观在群众中的影响力和感召力。在践行社会主义核心价值观的过程中，要树立典型模范形象，通过评价机制、示范机制和监督机制，优化社会环境，坚持以人为本，把握人民群众的主体性地位，把社会主义核心价值观贯彻到物质文明和精神文明的实践当中去。

（四）用社会主义核心价值观引领社会思潮是构建的重要保障

马克思主义认为社会思潮属于社会意识的范畴，千变万化的社会意识往往通过社会思潮表现出来。社会思潮是一段时间内社会经济、政治与文化冲突和矛盾的产物，它反映了人们的价值取向与价值观念，反映了人们的需求和愿望。我国社会转型期，由于利益主体的多元化，新自由主义、实用主义、民主社会主义、文化保守主义等各种社会思潮逐渐形成了一些社会群体的意识，并最终凝聚和演变成社会思潮，对主流意识形态形成冲击。例如新自由主义打着先进经济理论的幌子，经济上鼓吹全面自由化、私有化、市场化，政治上表现为否定社会主义、否定公有制、否定国家干预。实用主义强调以人的价值为中心，以实用、实效为真理标准的实用主义，用“经验的本体论”反对辩证唯物主义关于世界存在的客观学说，给社会主义价值形态带来严峻的挑战。民主社会主义搞西方式民主，宣传西方的价值观念与生活方式，试图改变中国社会的性质。文化保守主义则主张以儒家文化为基础，吸收外国文化，创新中国文化，但是最终都陷入了“仁政万能”的迷信和封建道统的泥沼，甚至宣扬封建迷信和神秘主义，鼓吹文化蒙昧主义和愚忠主义。在构建社会主义和谐社会和实现中国梦的过程中，必须用社会主义核心价值观

引领和整合多样化的社会思潮，使先进文化得到发展，落后文化得到改造，正确思想得到支持，错误思想得到抵制，主流意识形态成为主导，非主流思想得到整合，人们的价值选择和价值观念与中国特色社会主义的发展方向一致[①]。

践行社会主义核心价值观是一个理论与实践相结合、知与行相统一的过程。社会主义核心价值观最终要从理论层面向心理认同层面转变，从精神理念向行为实践转化。这就需要思想教育与示范引导相结合，理论宣传与机制完善相结合，群众实践与体制保障相结合，通过多种渠道践行社会主义核心价值观。只有当社会主义核心价值观被大众广泛的接受、理解并转化为自觉的行动，内化为自己的精神信念，才能化为自主行动和社会实践。

（原载《合肥师范学院学报》2014年第1期）

① 李崇富:《建设社会主义核心价值体系从观念到现实的思考》,《江西社会科学》2007年第2期。

新时期高校马克思主义新闻观教育的路径探析

◆李　楠

信息传播方式的多元、传播速度的加快以及传播内容的多样，使得当下的舆论场变得格外活跃。在当前复杂的社会背景下，加强马克思主义新闻观教育，是新闻传播领域正确把握舆论导向，改进新闻宣传工作，提高舆论引导能力的现实需求。作为担负着为党和国家培养新闻后备人才重任的高校新闻院系，理应把马克思主义新闻观教育视作中国特色社会主义新闻教育的重要内容。

一、新时期的马克思主义新闻观

在《马克思主义新闻学词典》中陈力丹教授将马克思主义新闻观定义为："自科学社会主义理论形成以来马克思主义经典作家及其他国际共运的领导人关于新闻传播、宣传工作的论述所体现的思想。"在新时期，马克思主义新闻现的内涵及其外延都发生了转变，对其内涵和外延进行分析十分有必要。

作者简介：李楠，副教授，硕士，主要研究方向：视觉艺术、摄影理论。

（一）马克思主义新闻观的内涵

马克思主义新闻观由马克思、恩格斯在实践中所创立，在列宁、毛泽东等无产阶级革命家长期的新闻实践中不断发展和丰富。马克思主义新闻观是关于无产阶级新闻事业客观规律总结的理论体系，它的形成与发展离不开实践，同时又在实践中不断更新，与时代的发展相契合。梳理马克思主义新闻观形成的发展脉络可以发现，马克思主义新闻观主要体现在以下方面：一是坚持新闻宣传的党性原则，这是马克思主义新闻观的根本原则，党报要为执政党服务，阐述党的政治纲领，监督党的领导，批评党的缺点错误；二是报刊作为“喉舌”，要坚持把控舆论导向，正确引导舆论，这是宣传工作的首要任务；三要坚持新闻真实性原则，推崇实事求是的工作作风，全心全意为人民服务，为社会服务；四要坚持政治家办报，这是党对新闻工作领导的重要保障。

（二）马克思主义新闻观的外延

新闻作为公众了解社会变动的主要渠道，不仅承担着信息传递的基本功能，还肩负着监督社会、引导舆论、教育大众的职责，可以说新闻工作的指导思想在社会发展中的作用十分突出。马克思主义新闻观一直是指导我国新闻媒体传播工作的有力保证，尤其是十八大以来，以习近平总书记为代表的新一任领导集体在马克思主义新闻观的学习与发展上提出不少见解，显示了新一任领导集体对马克思主义新闻观的重视。习近平总书记在全国宣传工作会议上提出要坚持党性和人民性相统一，旗帜鲜明地坚持党性原则，坚持正确政治方向，坚定宣传党的理论和路线方针政策，树立以人民为中心的工作导向，把服务群众同教育引导群众结合起来，全心全意为人民服务，进一步强调了马克思主义新闻观的重要性。新世纪以来，尤其是“互联网 +”时代的到来，信息传播更为迅速，信息量不断增大，互动性增强，形式更加多样，让线上线下两个舆论场格外活跃，舆论生态纷繁复杂，抓好网络舆论引导工作是当下需要面对的问题。高校新闻教育作为培养新闻后备人才的主要基地，积极探索如何推进马克思主义新闻观教育，结合媒介环境的现实，运用新闻传播规律，不断丰富完善马克思主义新闻观这一科学体系，具有很强的现实意义。

二、高校马克思主义新闻观教育的现状分析

（一）马克思主义新闻观的教育需不断创新

马克思主义新闻观本身就是与时俱进的理论，以往我们的马克思主义新闻观教育通常采用理论宣讲、思想汇报的方式，这种方式在特定的阶段具有较强的实践意义，但是在进入到网络时代的今天，特别是当教育对象已经转为年轻人时，这种教育观念就显得陈旧了。由于新兴技术的迅速发展，媒介环境发生变化，互联网成为主要舆论场之一，但高校马克思主义新闻观教育所制定的培训方案无法适应新时期的要求，部分高校的马克思主义新闻观教育依然停留在传统的教师授课学生接受上，学生的主体性发挥不足，课程内容过于呆板，课堂形式一成不变，教育观念明显跟不上时代的要求。

（二）马克思主义新闻观教育内容更新上有待加强

教材是课堂教学和学生自主学习的指导性蓝本，近年来我国马克思主义新闻观教育内容主要集中在：一方面介绍西方的马克思主义新闻理论，另一方面则是关于马克思主义新闻观教育史的回顾，但多年来我国高校马克思主义新闻观教育的内容的更新率不容乐观，普遍存在并没有以实际应用为导向、以职业需求为目标、以综合素质和能力的提高为核心的状况，教学内容中缺乏理论性与应用性的有机结合，没有突出案例分析和实践研究，教学过程中没有重视运用团队学习、案例分析、现场研究和模拟训练等方法，学生研究实践问题的意识和能力也有待提高。

（三）马克思主义新闻观教育形式上需进一步鲜活

虽然近年来，尤其是我国新闻与传播专业招生规模不断扩大，各高校的硬件投入和建设较以往有了很大改善，但现有的条件依然远远满足不了新闻与传播专业学生培养的需求。这一矛盾主要体现在：一是教育渠道单一，据中国互联网络信息中心（CNNIC）最新报告显示，我国20—29岁的网民占总数的31.5%。而高校马克思主义新闻观教育面对媒介形态的变化和大众活动场域的转移，依然依托传统物理空间的教室教学形式，对网络阵地的新闻观教育明显不足；二是教学互动少，马克思

主义新闻观教育仍以传统的专业老师课堂授课为主，学界与业界的联络渠道不畅通，对如何立足学院现有的社会合作资源，进一步开拓、整合社会资源的思考不足。

三、新时期高校马克思主义新闻观教育的路径思考

（一）以马克思主义新闻观“进头脑”为目标

以马克思主义新闻观“进头脑”为目标就是将马克思主义思想内化到青年学子的脑海中，学习马克思主义的科学思想，辩证地看待世界、分析新闻现象，从而有利于我国传统新闻教育经验的继承及新媒体传播方式的扩展。我国高校理论课程的教学多以课堂讲授为主，学生参与积极性差，同时又形成了马克思主义新闻观枯燥乏味的刻板印象，在学习伊始学生易产生逆反心理。实施马克思主义新闻观教育，必须对现实问题给予旗帜鲜明的回答，采用新的教学方法培养学生的兴趣，同时对马克思主义基本理论进行梳理，掌握马克思主义中国化的最新理论成果。随着新媒体技术的发展，媒介环境与教育环境都不同于以往，高校课堂教学可充分利用新兴技术，夯实新闻专业的基础教育。新时期的课堂讲授不再局限于书本知识，可将马克思主义新闻观的理论依托丰富的多媒体技术以鲜活的形式展现出来，鼓励学生在课堂中利用新媒体手段进行交流讨论。

（二）以马克思主义新闻观“进教材”为依托

“进教材”意味着我国各级高校所设置的新闻教育课程当中，都要有关于“马克思主义新闻观”的理论内容，并将其与专业教育的考核评估体系相挂钩，以期夯实我国新闻教育的思想根基。在新闻教育中的继承需要凭借一定的教学手段来实现，无论是将其思想精髓引入教材之中还是带进课堂之上，都需要我国教育部门系统的规划教学的阶段性目标，持续推进新闻教育过程中马克思主义新闻观的渗透程度，以提升我国高等教育领域中的新闻教育的有效性。2015年1月由中宣部、教育部组织编写的《实践中的马克思主义新闻观——新闻报道经典案例评析》案例教材已出版，这是一部结合中国当下实际的案例教材，有助于我们运用

马克思主义新闻观认识、解释当代中国新闻工作实践，同时丰富了马克思主义新闻观的理论库藏。这本教材的出版拉开了教材建设的帷幕，但马克思主义新闻观的教材建设是一项系统工程，如何深化和建设不同读本的教材还需要我们积极思考。

（三）以马克思主义新闻观“进课堂”为抓手

马克思主义新闻观是“从实践中来，到实践中去并最终指导实践”的学问，在进行新闻教育的过程中，将马克思主义新闻观的理论学习穿插在实践中进行，可以帮助学生从实践中获取新鲜知识，掌握不同事物间的关联性。北京大学新闻与传播学院实施马克思主义新闻观教育的举措值得借鉴与学习：在课堂教学中紧密结合热点事件或针对国家出台的新政策，从不同学科背景进行解析；每学年开设论坛课程，请学界业界专家学者对最新动态进行解读；寒暑假组织学生参与社会实践，结合学生切身经历进行教育。此外，“进课堂”不仅要让理论知识走进课堂，学习马克思主义新闻观经典文本，还要让实践内容进课堂，将理论与实践相结合，激发学生学习兴趣，紧跟当下热点，将鲜活案例引入到课堂中去分析学习，引导学生走出自我，关心国家大事，关心社会热点，从实践中加深对马克思主义新闻观的理解。

（原载《新闻战线》2015年第9期）

内外兼修　以德治业

——关于如何推进行业道德自律及社会监督的思考

◆ 陈新平

2013年以来，湖北、上海等15个省份先后建立新闻道德委员会（以下简称道德委），围绕行业职业道德建设开展了一系列工作。同时，我们也注意到，曾饱受好评的英国"报刊投诉委员会"在《世界新闻报》窃听丑闻曝光之后宣布解散，英国原有的新闻自律体系或将宣告解体。面对中外新闻道德建设的新情况、新问题，在新的社会发展背景和新媒介格局下，我们有必要遵循新闻实践和道德建设的一般规律，引导新闻实践主体内外兼修、自觉自律，借助社会力量、强化社会监督，逐步完善道德委主导的中国特色新闻道德自律和社会监督机制，营造以德治业的新气象。

一、多维度夯实行业自律与社会监督的基础

新闻行业道德自律，是由新闻行业、新闻机构及从业者等多主体组成的共同体的道德自律，不同于长期以来党的纪律、国家政策和法律的监管，我们需要从健全自律和监督组织、完善道德信条、加强道德教育等基本环节做起，切实为实现这一低成本、高效率的管理和约束打牢基础。

作者简介：陈新平，教授，硕士生导师，主要研究方向：新闻与传播理论与实务。

（一）建立健全行业自律和监督组织

建立健全新闻行业道德自律和监督组织，这是推进行业自律和监督工作的前提与保障。自1874年瑞典时事评论家俱乐部建立以来，世界上不少国家早已分别建立了以报业评议会、新闻评议会、新闻纪律委员会等命名的自律组织。我国建立道德委还处于试点阶段，需要进一步做好组织建设工作。

第一，组织的组成人员要有广泛的代表性。

道德委不同于报业、广播电视、出版和互联网等行业协会，其人员构成除业界人士外，还要吸纳政法、教育、质检、食品、环保等事关民生的社会各界人士，特别要遴选学界专家和具有良好媒介素养的受众代表参加。

第二，组织章程要反映业界与社会的意愿。

新闻事业是社会公共事业，新闻活动涉及社会各个层面，其自律章程要反映社会各界的意愿。自律章程的形成过程，应是职业共同体及社会共同协商的过程。只有如此，各媒体及从业人员才会承认并遵守，社会各界才能理解与认同，由此增强其权威性和影响力。

第三，组织结构要延伸、拓展。

道德委建设应在试点基础上进一步横向拓展、纵向延伸，构建起纵横交错、立体互动的自律和监督网络。横向层面要做到省份全覆盖；纵向层面向上下延伸、专项深入。适时建立中国新闻道德委，便于全面部署和协调道德自律与监督，防止地方保护主义妨碍监督与查处。行业自律与监督工作重点在基层，地市和新闻单位也要建立道德委，新疆经济报系、《南方周末》等早已建立类似的自律组织，收效明显。

（二）完善新闻职业道德规范

没有一定的职业规范，自律无所遵循，监督无所依据，新闻实践失去准绳，道德建设也没有目标。这正如法国社会学家涂尔干所说的，“任何能够在整体社会中占据一席之地的活动方式，要想不陷入混乱无序的形态，就不能脱离所有明确的道德规定。一旦这种力量松懈下来，就无法将其自身引向正常的发展，因为它不能指出究竟在哪里应该适可而止。”[①]道德委要梳理已有的道德规范，去粗取精、推陈出新，科学、合理地建立符合国情与业态的职业道德规范体系。

第一，查漏、补缺、扩面，让规范具有系统性。

目前，全国性、地方性、行业性和单一媒体四类自律信条针对的主体大多是个人，忽视对组织主体作道德规定，而“组织的不道德，一般情况下，总是比个体的不道德更可怕，总是会产生更为恶劣的后果和影响”[②]；个人主体中较重视采编人员，对经营、管理者少有涉及。就其针对的媒体类型而言，多是围绕传统媒体而作的规定，对互联网为代表的新媒体规定不多，对党报党刊等为代表的主流媒体和一般媒体也没有区别性的规定，而事实上，由于介质、定位和受众不同，不同类型媒体道德观念和道德要求是有差异的。

第二，更新完善内容，让信条具有贴近性。

当下，媒体及其从业人员面对突发事件、恐怖行为和公关活动等应当如何作道德选择；媒体市场化、集团化运营中要有怎样的竞争道德；新技术条件下红外摄像机、远程成像、数字化图像编辑合成等运用到新闻传播中要有哪些伦理尺度；新媒体平台上获取消息源、跟帖、转发等网络传播行为要怎样规范；职业活动内外使用社交媒体传播新闻、参与互动时如何规定，这一系列问题都需要正视。

第三，上下内外协商对话，让制定规约的程序更具合理性。

道德规范拟定、修订应当自上而下、自下而上，由内而外、内外协商。在业内外广泛对话、沟通和协商的过程中，业内人士能增进对道德原则和具体规定的认识，强化道德意识；“至于公众，媒体职业道德规范将直接提高公众对媒体的喜爱程度，最终将增加公众对媒体的信赖”[③]，同时有助于公众更好地依据规范开展社会监督。

（三）加强新闻伦理教育

再完备的道德规范也只是纸上之规，要使其变成心中之规，加强新

---

① [法]爱弥尔·涂尔干：《职业伦理与公民道德》，渠东、付德根译，上海：上海人民出版社2001年版，第13页。

② 杨保军：《新闻道德论》，北京：中国人民大学出版社2010年版，第318页。

③ [法]克劳德-让·贝特朗：《媒体职业道德规范与责任体系》，宋建新译，北京：商务印书馆2006年版，第149页。

闻伦理教育是必由之径。新闻道德规范只有通过伦理教育和道德教化转化为新闻工作者内在的道德观念和道德需要，并在实践中不断内化为责任感、义务感、荣辱感和羞耻感，也就是古人所说的“良知”，才能真正建立道德自律意识，才能恒久有效地保持道德的行为。

第一，扎实推进岗位职业道德教育。

一项全国性的调查显示：近半数的新闻工作者竟然不知早在1991年就颁布的《中国新闻工作者职业道德准则》为何物[①]。行业、媒体及个体都需要重补职业道德教育这一课。

首先，道德委应在全行业广泛、持久、深入地开展职业道德教育。除了面向全行业开展专项教育培训、案例评议、评选和宣传道德模范等常规教育活动外，还应创新教育形式，通过线上线下开办道德讲坛，在专业报刊上展示新闻界道德模范风采、讲述新闻背后的道德故事等，使职业道德教育如春风化雨、润物无声。同时，在职业资格考试、职称晋升等环节加重职业道德考核分量，引导从业人员重视职业道德规范的学习与实践。

其次，督促新闻单位发挥道德规范教育主阵地的作用，将道德规范融入单位管理规章日常纪律教育中；创造性地开展个性化、有针对性的工作。安徽省新闻单位新进人员签订劳动合同时一并签署职业道德承诺书，人民日报社总编室编辑出版《编辑戒律》、广西日报传媒集团出版《我们错了》、新疆广电系统推出《透视假新闻》等紧扣业务、开展警示教育的做法是务实可取的。

最后，要引导新闻工作者在实践中领会道德规范。学习道德规范，不是背本本、记条条，重要的是在新闻采编和管理等环节面临道德选择时，学会用道德规范来约束行为。

第二，指导学校强化新闻伦理教育。

角色意识和角色道德的养成应始于新闻院校的专业教育，可目前学校教育中技术功利性倾向突出，新闻伦理教育明显不足。本科阶段基本只有一门“新闻伦理与法规”课程，研究生期间有的院校根本没有相关课程，其他课程教学中也不注重从伦理角度加以关照。而美国“所有真正实用的新闻学课程里都必须包含伦理学内容……在一堂报道课中，有

① 董岩：《新闻责任论》，北京：人民日报出版社2010年版，引言第3页。

25%的时间和精力是用在了讨论伦理问题上。同样，在编辑课上也是如此。而在社论或诸如此类的课上，这个比例还要高些。”①我们的职业道德教育的关口需要前移。道德委应集中业界专家和高校学者组建新闻道德教育指导委员会，指导新闻院校增开新闻伦理类课程，充实职业道德教育内容。媒体及新闻工作者可通过结对子、交流研讨等形式与院校共同强化职业道德教育。

第三，面向社会宣传新闻道德规范。

为正确引导社会舆论助推新闻实践主体践行道德规范，行业组织和媒体有的已将道德准则和自律公约公之于众，如《广州日报》公布《采编行为准则》，并以社长与总编联合致辞的形式提请社会全面监督，《青年时报》头版头条刊登自律消息并附《浙青传媒新闻编采行为准则》。道德委要总结、推广他们的经验，将行业、媒体公开道德准则作为一项纪律要求，推动全行业面向社会广泛宣传职业道德规范。这不只是方便社会公众了解规范，有理有据地对新闻传播作道德评价，同时能增进公众对新闻职业的理解与尊重，避免对新闻行业作道德苛求、对新闻作品作对抗性解读，有效防范新闻道德风险。

二、内外协力做好行业道德自律与社会监督工作

行业自律与社会监督，是新闻道德建设所必须重视的一体两面，也是道德委推进职业道德建设的两个抓手。新闻自律的主体由小到大可分为个人主体、媒介组织主体、行业主体三个层次，后一层次主体通常以前一主体为重点监督对象，它们同时又都是社会监督的对象。道德委应重点引导、促进内外双向对接、协同互动，合力促进新闻道德建设。

（一）行业自律与监督是固本之策

第一，个人主体要以“三严”作为立身成业的根基。

严以修身、严以用权、严于律己，这“三严”不只是领导干部为人为政的标准，也是新闻人做人立业的尺度。新闻职业承载着党和国家、社会、公众赋予的诸多社会责任，拥有新闻报道、舆论监督等权力，为

① [美]利昂·纳尔逊·弗林特：《报纸的良知——新闻事业的原则和问题案例讲义》，萧严译，北京：中国人民大学出版社2005年版，第347页。

避免失责和职务权力滥用，新闻人要将职业道德规范内化为心中之律，“谨乎其外以养乎其内”。陈永洲等少数记者正是疏于自律与他律，没能自觉“从我做起”，最终落得个“以我为戒”的下场，让自己、媒体及新闻行业付出沉重代价，其教训是值得所有新闻人记取的。

第二，媒介组织主体要以“三律”作为治业兴业的保障。

严于律己、善于他律、勇于律他，这“三律”是新闻单位做好自律和监督工作的有效切入点。首先，律己是媒体道德建设的基础，严格律己才能守住道德底线。其次，他律是媒体道德建设的条件。社会舆论对媒体不道德现象提出批评，有的媒体要么掩饰，要么把责任推向其他媒体，自己却不作修正。如此对待他律是令人不满的，以致有人说媒体是最不愿认错的。再次，律他是媒体道德建设的责任。它一方面要求媒介组织对从业人员加以监督与约束，另一方面还要对其他媒体及其从业人员的不道德行为进行监督。但不少新闻单位内部道德治理机制缺失、道德管控乏力，对外横向平等监控缺少勇气与作为，这非但无益于维护行业形象，也有碍于形成风清气正的良好氛围。

律己、他律和律他是相互联系的，媒体要将其有机结合，具体落实到新闻采编制作及媒体经营管理的全过程，形成事前、事中和事后的历时性规制体系。事前，要基于媒体道德规约，对采编制作流程中一些关键环节制定专门规章，如针对采编人员划片分口、驻站记者和管理者多年常驻等容易出现职业道德问题的机制，建立轮岗交流制；针对一些易引起道德争议的新闻事件和采访方式，建立特殊选题和采访方式报告制等。事中，可借鉴国外有的媒体聘请道德顾问或公共编辑的做法，还可建立当事人、消息源或权威人士审稿制、道德争议个案协商对话制等。事后，可建立受众举报查处制、新闻督察员制、道德责任追究制、自我曝光与更正道歉制、职业道德档案管理制、媒体年度社会责任公开报告制、同行道德评议制等。

第三，行业主体要自律与监督并行，重在监督。

提高行业道德水准、改善行业风气，主导力量在行业内部。然而，目前行业内的自我约束、自我监督明显不到位；缺少批评与自我批评的氛围，甚至存在狭隘地为维护行业利益而利用掌控的话语权集体屏蔽道德谴责之声，这显然不利于媒体和新闻行业的健康发展。

道德委在组织、协调行业自律与监督时，应注重引导新闻界内部开展批评与自我批评，将媒体及其高层管理者作为监督的主要对象，因为管理者的决策和行为对媒体职业道德作用巨大，内部对其不当之举难以实现有效制约；关注主流媒体和名记者、名主持人的道德表现，他们对行业和社会的影响力大、对职业道德建设的作用也大。

明确工作重点和主要对象的同时，关键要健全自律与监督制度。这方面仍有许多工作要做：把好准入关，完善记者、主持人、总编辑、社台长执业资格制度；强化动态监管，坚持记者证年检制，建立线上线下一体化的新闻道德监测中心，实行职业道德事件通报制、月度和年度行业职业道德报告制、道德委定期合议制（有的章程规定每半年一次全体会议，周期太长，影响监督效果）、行风定期测评制；构建以媒介批评为主的专业自律制度，设立新闻评议会，创办专门杂志或在业务报刊和网站开设专栏与频道；建立职业道德案件查究制，形成案例评议、案件查处与申诉复议规章，实行问责、预警谈话、纪律处分、经济处罚、淘汰出局等惩戒措施；确立与行政执法和纪检部门联合办案制，配合权力机关依法查处。这一系列制度有效落实后，职业道德的软约束将不再软，道德委的执行力、约束力、权威性和影响力将明显增强。

（二）社会监督是保障之举

新闻行业内部自律与监督固然重要，但其作用不可高估。西方国家新闻自律走过漫长的历程，可效力一直受到怀疑。处于转型期的我国媒体，一方面传统的媒介权力泛化问题仍不同程度存在，另一方面市场化运作背景下商业利益的追求相当迫切。媒体的权力与对金钱的企求纠结于一体，单靠新闻行业自律可能很难防范权钱交易，其道德规范所宣称的道德与实际追求及表现可能存在偏差，所标榜的道德品质不一定能得到体现。新闻行业自律还需要社会监督这个外部约束力来提供支撑与保障，否则，自律可能是脆弱甚至是虚置的。我国新闻行业自律意识和自律水平未能达到理想境界，与社会监督乏力不无关系。

强化社会监督，要从增强公众责任和权利意识做起。我国一些公民、法人或其他组织多年来在自身直接利益不受侵害时，很少主动对新闻行业进行批评监督，社会监督远未形成合力。这与媒体在社会生活中拥有相对强势地位和话语霸权、公民媒介素养欠缺等因素有关，但主要还是因为公众参与建设责任媒体的责任和权利意识不强。其实，社会公众有责任和义务对新闻行业的不道德行为开展批评与监督，有权抵制和拒绝接受不健康的传播内容。“归根究柢说来，媒体的格调是由阅听大众来决定的。在大众手里，他们掌握着一张王牌，问题在于他们愿不愿来参加牌局。”[①]因此，我们有必要通过加强公民意识教育、媒介素养教育和职业道德规范宣传等方式，让公众明确自己的责任、义务和权利，激发他们自觉、主动“参加牌局”。

强化社会监督，还要广泛集聚社会力量。社会监督属于多数人的监督，主体分布在社会各个层面和行业。相对而言，消息源、新闻当事人、直接受众、新闻专业学者与师生、人大代表、政协委员等个体和工会、共青团、妇联、消费者保护协会、行业组织和民间社团等更便于发挥社会监督作用。要通过建立社会监督员制度、成立媒体观察志愿者组织、设立媒介批评协会或学会等汇聚他们的智慧和力量，引导他们以个体或组织的名义，通过批评、建议、对话、质询、检举、控告等多种方式开展监督，多主体联动、多举措并行，从而形成社会监督合力。美国的全国媒体观察组织和河南、青岛的社会监督员制度已彰显社会控制的力量，值得借鉴与推广。

强化社会监督，需要拓展渠道营造典论。社会监督一个重要、有效的实现途径是舆论监督。社会公众通过对新闻工作者的职务行为及职务之外的相关活动进行公开的道德赞扬或谴责，对其名誉或褒或贬，由此形成强大的社会舆论压力，对唤醒新闻人的良知和责任意识是有重要作用的。因此，有必要搭建公共舆论平台，开拓社会监督渠道。建立社会公众投诉举报中心；创办媒体督察网，受理网络举报；注册微博和微信公共账号，及时与网民互动，反馈调查处理进展及结果；与高校新闻院系合作出版媒介道德批评专刊，专门刊载来自新闻业外的媒介道德批评言论。这一系列举措所形成的公众舆论，足以对媒体产生社会压力，形成社会监督效果。

新闻行业自律和社会监督，是相互联系、相互作用的，处理好两者关系是一个艰难的平衡过程，新闻行业要在新闻实践中以新闻伦理为尺

① 张国良:《20世纪传播学经典文本》,上海:复旦大学出版社2003年版,第304页。

度，把握好矛盾着的两个方面，协调好内外因关系。“伦理之尺是所有新闻事业的最具意义的衡量标准”[①]，我们当基于此，在受监督的自律中提高新闻行业道德水平。

（原载《新闻战线》2014年第8期）

① [美]利昂·纳尔逊·弗林特:《报纸的良知——新闻事业的原则和问题案例讲义》,萧严译,北京:中国人民大学出版社2005年版,第269页。

概念、要素与履践：对我国新媒体社会责任研究的回顾与断想

◆ 张军辉

尼古拉斯·尼葛洛庞帝（Nicholas Negroponte）曾用“数字化生存”（Being Digital）描述互联网语境下社会生活的新图景。在新媒体技术不断推陈出新的时代，我们从未像现在这样如此依赖媒介进行思考、表达和对现实世界进行意义构建。近年来，由新媒体社会责任缺失而引发的社会问题此起彼伏，不断冲击着社会的稳定和管理创新，人们对新媒体的訾咎也不绝于耳。但综观国内针对新媒体社会责任的界定和关注，虽探讨激烈，但众说纷纭，莫衷一是，对新媒体社会责任的实践效果也乏有科学的评价标准可陈。为进一步厘清这些问题，本文对国内关于新媒体社会责任的研究成果进行梳理，从概念界定、要素分析和实践评价等几个方面进行归结和评析，以期为新媒体社会责任实践的推进提供参考。

一、何谓新媒体的社会责任？

新媒体与传统媒体本身就是两个相对的概念，若从概念上对新媒体社会责任进行厘定，在传统媒体社会责任的关照下对其进行探讨不失为

作者简介：张军辉，副教授，博士，硕士生导师，主要研究方向：网络传播与新媒体实务研究。

基金项目：教育部人文社会科学青年基金项目“突发公共事件网络舆情研判与防控机制研究”（12YJC860055）。

一条现实的路径。20世纪40年代，由于西方报刊自由主义理论本身的缺陷和新闻传播实践中出现的问题，社会责任论应需而生。20世纪80年代，我国学界和业界开始了对西方媒体社会责任理论进行了译介、批判性解读和本土化研究。随着新媒体技术的革新，日益复杂的网络社会现象已经无法用原有的社会责任理论诠释，传统媒体社会责任的研究开始向新媒体领域延伸。因此，对新媒体社会责任的概念界定，我们一方面需要从时间的向度梳理传统媒体社会责任的历史，另一方面需要在现时的媒介生态空间框架下审视这一概念的适用性。

我国现有关于新媒体社会责任的界定大体存在三个维度。一是源自官方的权威解释，如：2003年，时任国务院新闻办公室副主任的蔡名照认为，网络媒体应该“自觉遵守国家的法律法规，自觉遵守社会主义道德规范，坚持正确的舆论导向，宣传科学理论，传播先进文化，弘扬社会正气，批驳歪理邪说，使互联网站真正成为传播先进文化的重要阵地”。二是从公共利益维度进行界定，这一类解读主要是基于对新媒体的经济效益和社会效益的价值判断，认为“网络媒体在谋求自身经济发展的同时，既要承担信息传播、文化交流的责任，又要承担提供正确舆论监督的责任，同时也要承担推动社会政治、经济、文化发展的责任”①。三是从媒体的职能进行界定，认为“媒介的担当社会责任，应该主要体现在发挥媒介的本质功能，为社会提供高质量的媒介产品服务”②，新媒体也“应当在舆论导向、新闻真实、社会问题、民意表达、网络文化、内容健康、知识产权和公益慈善等诸多方面，承担履行法律法规之外的更宽泛的社会责任”③。以上三个维度虽然对新媒体社会责任界定角度不同，但关注的内容主要集中在：一是，在我国现有媒介管理体制下，社会责任和政治责任是新媒体不能回避的话题，二者既矛盾又统一，其社会责任平衡点在于对社会良知的提升；二是，在媒介市场化的进程中，经济效益和社会效益是新媒体社会责任不能回避媒介的话题，二者既矛盾又统一，其平衡点在于公共利益的维护；三是，在新媒体语境下，创新和坚守是新媒体社会责任不能回避的话题，二者既矛盾又统一，其平

① 李珍珍：《网络媒体的社会责任及其伦理道德构建》，北京：北京邮电大学硕士学位论文，2012年。

② 王天定：《媒体担当社会责任的几个误区》，《传媒观察》2007年第8期。

③ 林建宗：《网络媒体社会责任推进机制研究》，《科学决策》2010年第12期。

衡点在于媒介社会功能的充分发挥，这才是媒体“应该做的事”。

基于此，本文认为新媒体社会责任是指：新媒体传播者在信息传播活动中必须履行的有效提升社会良知，最大维护公共利益，充分发挥新媒体功能的责任和义务。

二、新媒体社会责任要素的解读与重构

责任通常意指：一是分内应做或不应做某事；二是未尽分内义务应该承担的惩戒性后果[①]。提及责任，我们自然会联想到由谁来负责，向谁负责，负什么责任的问题，即责任的三个构成要素：责任主体、责任客体和责任内容。综观我国对媒体社会责任要素的探讨和观点主要集中在：

（一）关于责任主体的认定

哲学意义上的主体是指实践活动和认识活动的承担者。无论对于传统媒体还是新媒体来说，社会责任的主体向来都是一个富有争议性的话题。我国关于媒体社会责任主体的认定主要集中在媒体机构和从业者、政府以及受众三方。持有媒体组织和媒体从业人员是媒体社会责任的承担者的观点认为：首先，媒体组织是信息集散地，传媒机构超个体的行为能力决定了它承担着个体责任无法替代的集体性的组织责任[②]；其次，媒体从业人员是信息选择加工的“把关人”，所以“在社会责任的承担上使其处以主要主体人地位，可以增强与激发其工作责任心”[③]。持有政府是媒体社会责任的承担者的观点认为：我国的媒体管理体制赋予了政府职能部门“作为新闻机构之外的审稿机关，在发表前有责任对原稿进行把关”的职能[④]，其责任主体地位不言而喻。持有受众是媒体社会责任的承担者的观点认为：在新媒体环境下传者与受者的角色界限变得模糊，大量UGC（用户生成内容）是由“公民记者”生产的，那么“对网络传播来说，讲究社会责任不仅仅是网络媒体传播者的事，每一个参与传播过程的人——网民都应当增强社会责任感”[⑤]。

---

① 宋小卫：《建构我国新闻媒体的公共责任观》，《当代传播》2010年第4期。

② 燕道成：《媒介化风险与传媒责任伦理》，湖南：岳麓书社2011年版。

③ 朱清河：《媒介“社会责任”的解构与重构》，《新闻大学》2011年第3期。

④ 朱清河：《媒介“社会责任”的解构与重构》，《新闻大学》2011年第3期。

⑤ 郑保卫：《网络媒体及其社会责任探讨》，《信息网络安全》2008年第4期。

对于新媒体来说，虽然传播渠道、传播模式和传受者关系均发生了变化，但我国传媒的管理体制和传播过程中的诸要素（传者、内容、渠道、受众和效果）并没有改变，在信息的生产和传播过程中各环节都会存在不同的主体，所以我们很难将新媒体社会责任的主体绝对化。因此，新媒体社会责任的责任主体应该是上述三方力量的协同使然。

（二）关于责任客体探讨

客体是主体实践活动和认识活动指向的对象。媒体社会责任的客体亦即向谁负责的问题，目前已有研究从经济、政府、政治、文化等维度对媒体社会责任的责任客体进行探讨，但其中最受普遍认可的观点还是认为：媒介社会责任有别于媒介对直接利益相关者的责任和媒介的政治责任，而且从责任性质上讲，媒介社会责任主要是一种道德责任而不是法律责任①。因此，“媒介社会责任的责任对象是社会，是公众，而不是媒体投资方、媒介组织、媒介从业者、广告商、合作伙伴等直接利益攸关者。因为后者属于个体、私家责任负责范畴，几乎任何现代社会组织都必须去面对。同时，社会责任也不等同于针对政府负责的政治责任。”②在我国之所以有时将媒体的社会责任与政治责任相提并论，是因为我国特有的媒介体制下，“中国共产党及其领导下的政府，以绝大多数人的福祉与利益为自己唯一执政目的，因此中国媒体的社会责任与政治责任有很多时候存在着一致性，中国媒介社会责任的对象往往也是其政治对象”③。但“不论是何种形式的政治形态，对于大众传媒而言，有一点是相通的，即履行相应的社会良知功能，这是其亘古不变的社会责任”④，而社会良知的履行对象当然也就是社会和公众。

（三）关于责任内容的界定

新媒体社会责任的责任内容即新媒体应该负什么样的社会责任的问题。正是由于对新媒体社会责任的责任主体和客体理解维度的差异，导致了国内学界和业界对新媒体社会责任的责任内容关注的侧重点各不同。如：郑保卫教授将网络媒体社会责任内容归纳为六个方面：“公正地

---

① 王天定：《媒体担当社会责任的几个误区》，《传媒观察》2007年第8期。

② 朱清河：《媒介“社会责任”的解构与重构》，《新闻大学》2011年第3期。

③ 朱清河：《媒介“社会责任”的解构与重构》，《新闻大学》2011年第3期。

④ 严晓青：《媒介社会责任研究：现状、困境与展望》，《当代传播》2010年第2期。

报道和评述新闻”，”维护社会公共利益”，“维护国家安全”，“维护公民合法权益”，“发挥媒介社会监督作用”，“履行社会公共文化的使命”[①]；宋小卫教授将媒体社会责任内容归纳为信守职业道德、遵守法纪规约、维护国家利益、促进政治文明、增益文化建设、关护社会发展、承担国际责任[②]；也有研究者认为“在现代社会，大众传媒应该承担监测环境、协调关系、传承文化、提供娱乐、教育大众的社会责任”[③]。虽然现有的研究各自阐述的角度和表述形式互有不同，但研究者大都将媒体的社会责任内容指向媒介协调社会、监视环境、传承文化、提供娱乐和教育大众的社会功能。本文也认为，无论是对于传统媒体还是新媒体来说，发挥媒介的功能是媒体应该做和分内义务应该承担的责任，也是新媒体社会责任的主要内容。

三、新媒体社会责任的行业履践与探索

近年来，关于新媒体社会责任的理论研究稳步推进，研究成果也逐年增多，但新媒体社会责任最终要付诸实践，这是理论研究的目的和落脚点。我国学界和业界的关于推动媒体履行社会责任的探索实践也从未停止过，取得了较好的反响和效果。总的来说，主要集中在以下几个方面：

（一）多方联动，营造新媒体社会责任的良好氛围

近年来，由党政部门、高校机构、媒体业界、科研单位、第三方组织等组织开展了多主题的理论探讨与实践探索活动，为新媒体社会责任的实践营造了良好的氛围。如：中国网络媒体论坛是在国务院新闻办公室指导下的政府、业界、学界交流平台，2003年10月10日的第三届论坛以“中国网络媒体的社会责任”为主题展开讨论。这是我国首次专门针对新媒体社会责任的讨论，新媒体社会责任的重要性开始受到普遍承认。2005年9月15日，由人民网与日本一桥大学联合主办的“中日产学论坛”以“中日媒体的社会责任”为主题，一批跨国学界和业界的人士

① 郑保卫：《网络媒体及其社会责任探讨》，《信息网络安全》2008年第4期。

② 宋小卫：《建构我国新闻媒体的公共责任观》，《当代传播》2010年第4期。

③ 钱珺、文飞：《泛娱乐化时代媒介社会责任的重塑——以〈职来职往〉为例》，《现代传播》（中国传媒大学学报）2012年第8期。

以学术的立场和观点进行了深入的探讨，中国媒体社会责任的实践逐步向国外发出了自己的声音。2013年4月16日，中国记协和全国“三教办”在北京举办以“记者社会责任”为主题的研讨会。这场全国性的研讨很好地推动了记者这一责任主体的社会责任意识，并向全国媒体工作者发起“我为实现中国梦传递正能量”倡议活动。2014年12月，钟瑛教授主编的我国首部《中国新媒体社会责任研究报告》发布，报告尝试构建了较为完整的新媒体社会责任评价指标体系，对推动新媒体社会责任评价的科学性起到了积极的作用。但就目前的这些研讨实践来看，主要依靠政府和主流媒体推动，如何通过吸引第三方组织的参与，通过柔性的引导策略，提高新媒体社会责任主体的主动性和民众的监督意识，是下一步我们应该着力思考的问题。

（二）新媒体行业积极履践社会责任

近年来，网络谣言、人肉搜索、网络诈骗等由新媒体社会责任缺失而引发的社会问题，不仅严重影响了人民的生活和社会稳定，也给新媒体的公信力带来了极大的挑战，社会各界关于加强对新媒体监管的呼声与日俱增。业界作为新媒体社会责任主体，近年来围绕提高本身的公信力开展了大量的实践行动，展示了勇于承担社会责任的形象。首先是部分新媒体纷纷成立专门的组织机构，如百度的企业社会责任指导委员会，阿里巴巴集团的社会责任部，新东方网的“新东方社会责任频道”、南方周末报社的中国企业社会责任研究中心等，这些机构的成立为推动新媒体社会责任实践提供了组织保障。在加强自身责任意识的同时，部分新媒体还通过发布社会责任报告，进行自审自律，主动接受社会的监督，如自腾讯发布了《企业公民暨社会责任报告》和《2008—2010年企业社会责任报告》后，淘宝、百度等多家新媒体单位也先后发布了企业社会责任报告，这些实践探索对新媒体社会责任履践起到了很好的示范作用。但综观新媒体行业的这些行动，多为各自为营，乏有可普遍推广的典型案例和经验。此外，国际上由各大网站、互联网服务公司等新媒体机构每年都会发布社会责任年度报告，相比之下我国新媒体单位在此方面的连续性和主动性还需加强。

（三）职能部门持续发力，为新媒体社会责任的实践提供了动力和保障

新媒体社会责任的提升，不仅需要业界的自律和社会各界的道德监督，还要有相应的法规保障。1994年我国第一部网络法规《中华人民共和国计算机信息系统安全保护条例》颁布，这是最早对新媒体承担社会责任要求的法规条文。2000年以后，我国互联网管理职能部门先后制定了《互联网视听节目服务管理规定》《互联网信息服务管理办法》《互联网文化管理暂行规定》《关于办理利用互联网、移动通信终端、声讯台制作、复制、出版、贩卖、传播淫秽电子信息刑事案件具体应用法律若干问题的解释》《北京市微博客发展管理若干规定》等一批重要的法规规章，至今已达近百部。我国互联网政策法规不断健全，内容涵盖网络管理、域名管理和网络安全等主要方面。这些法规的制定不仅明确了新媒体行为主体的义务和责任，推进了网络资源合理分配，而且保障了新媒体传播规范、信息安全和网络民主建设。尤其是2014年，党的十八届四中全明确提出要依宪治国、依宪执政，加强互联网领域的立法也被提到新的高度，这为改善我国现行新媒体社会责任监督中规定轻立法的不足提供了良好的契机。但立法是一个复杂和长期的过程，如何进行互联网立法？如何依法监督新媒体社会责任履践？仍需要职能部门、业界和学界的深入关注。

新媒体技术不断发展，媒介形态不断丰富，信息传播的通道与路径、人与网络关系、传播权力结构、传播格局均发生了变迁[①]，新媒体社会责任的主体、客体和内容也必将愈加多元和复杂。我国新媒体社会实践的推进，不仅需要学界从理论层面的学理构建，理清新媒体社会责任的内涵与外延，也需要建立新媒体行业内部自律和外部监督的有效机制，构建针对新媒体的社会责任评价体系。唯有如此，才能提升新媒体的公信力和影响力，推进新媒体快速、有序、健康的发展。

（原载《新闻战线》，2015年第5期）

① 彭兰：《从“大众门户”到“个人门户”——网络传播模式的关键变革》，《国际新闻界》2012年第10期。

自媒体传播的道德失范及对策探究

◆ 张　杰

近期，余杭中泰事件、茂名PX事件等群体性事件频发，这些事件的一个共同点就是在信息传播链中，自媒体扮演了重要角色，成为恶意散播谣言、煽动情绪的工具。技术本身是工具和手段，不承载特殊的伦理和道义问题，使技术成为“善”和“恶”的，是创造和使用技术的人①。因此，自媒体道德失范问题归根结底是由使用者和管理者行为不当造成的。

一、传播主体自律不足造成道德失范

(一)个人品行不端

1.利用公器服务私利

自媒体具有平等性和易得性，聚合社会各阶层人群，创造出虚拟公共空间。在这个公共空间中，源自自媒体的公开性表达、公开性评论、公开性监督已经对当前的权力机关和权力个人产生公共性影响②，借助强

作者简介：张杰，2013级新闻传播学硕士研究生。

① 郭庆光：《传播学教程》，北京：中国人民大学出版社2011年版，第117页。

② 张蕊：《论自媒体传播中的公共性缺失》，《理论界》2013年第10期。

大的舆论压力，自媒体成为维护社会公益的利器。但是，自媒体的传播活动以个人为中心，带有明显的私人目的性。当私人利益与社会公益一致时，传播活动利人利己；当二者发生冲突时，个人倾向于维护私利而抛弃公益，借助自媒体的强大力量实现个人私利。

茂名PX事件发生有许多原因，除了人们环保意识和维权意识的增强之外，一些不为人知的私利诉求掺杂其中。事件策划者在事件发生前，利用短信、微信、QQ等自媒体向大量市民传播煽动信息，使恐慌情绪弥漫至整个人群。被煽动的人群处于恐慌状态，极易被周围的风吹草动引爆，诉诸不理智的举动，而这正是幕后策划者所期望的。

2. 传播行为随意

匿名的网络环境使人们试图摆脱社会习俗和戒律的约束，责任感丧失，行为随意。这种随意性在信息传播的不同阶段表现各异：在信息生成阶段随意拍、写，微内容即时生产，缺少谨慎思考；在信息扩散阶段随意转发、分享，较少关注真实性，多基于一时兴趣或心情；在舆论形成阶段随意评论，或顺从自己的情感认知，或追随大众观点。

在2014年4月10日晚9时，“历史作家金满楼”发布一条微博，内容称蛟龙号官微在惊闻MH370的黑匣子落在4000—6000米深的海沟后吓得删光微博，该微博被转发7000多次，1500多人评论，编写、转发、评论的随意性使蛟龙号的声誉严重受损。许多人面对自媒体，潜意识里就有随意倾向，责任感不强，而正是这种松懈心理成为道德问题滋生的沃土。

3. 隐私保护意识淡薄

在社交媒体进行表演并且这些表演的数据与痕迹被纳入数据库的背景下，个人信息无时无刻不被搜索、整理、查询和获取，而且大多数是在用户不知情的情况下①。但是在这种被全景监视的环境中，个人却缺乏隐私保护意识，在自媒体上主动泄露自己和他人的信息。基于社交心态，个人将私人照片等不适宜公开传播的东西鲜有处理就上传网络，被匿名人群浏览，给个人隐私带来安全隐患。此外，人们受好奇心的驱使，借助搜索功能挖掘他人的隐私信息，未经他人同意就将之传播，造成他人隐私泄露。

波士顿爆炸案发生后，社交网站Reddit展开“寻找波士顿爆炸者”

① 刘运来:《社交媒体中自我表演的伦理隐忧》,《网络传播》2014年第1期。

的网络大搜索，这种搜索行为使大量个人隐私曝光，两名高中生被当成嫌犯，照片还被美国权威媒体引用。网民目的虽是好的，但手段却是不道德的，即便取得了积极的结果，也不能改变行为的不道德性，这正如马克思所说的："需要不神圣手段的目的，就不是神圣的目的。"[①]国内微博反腐性质类似，这种建立在侵犯隐私基础上的反腐行为本身带有道德争议，无形中会起到鼓励侵犯隐私的副作用。大数据时代下，网民做到不主动泄露信息、不恶意挖掘信息很重要。

（二）接力传播变形

在自媒体环境下，个人有传播者和受传者双重身份，出现接力传播。自媒体传播形成去中心化的类似渔网的分布式网络，单条传播链的断裂不会影响其他的传播活动，为接力传播提供了良好的传播路径。接力传播并不是单纯地复制原信息，传播者会在信息中加入新内容，随着传播次数的增加，信息会逐渐变形失真。此外，接力传播还出现了跨媒体传播的倾向，几个自媒体平台接力合作，加大了信息传播的深度和广度。

接力传播能使公益信息在短时间内进入公众视野，但也会为谣言传播大开方便之门。在余杭中泰事件中，微博用户"大太阳小绵羊"将微信朋友圈中好友发送的信息截图上传到微博，并在其中添加了新内容，谣言经过人与人的接力传播和自媒体的接力传播，可信度和传播范围都达到了前所未有的程度。谣言止于智者，在接力传播中，个人对信息的甄别很重要，许多网民轻信盲从，结果被谣言钻了空子。

（三）言论缺乏理性

1. 观点受他人牵制

自媒体以对话形式进行信息传播，不同于口口相传的人际传播，在自媒体上发表的言论会被保存下来，不会随时间消逝。这些可见评论会形成某种舆论倾向，对个人意见表达产生影响，个人观点或与之相反，或随声附和，无形中抑制新观点产生。

对于黄海波嫖娼事件，有80%多的网民一反常态表示谅解。事件发生后，多位名人为其求情，从演技、人品等方面将他打造成一个正面人

---

① 马克思、恩格斯：《马克思恩格斯全集》（第1卷），北京：人民出版社1995年版，第296页。

物，占据舆论高地，模糊道德界线。网民被这种错误的舆论倾向所引导，用降低的道德标准来衡量黄海波的行为。但是为“次恶”叫好，就走得太远了，这种“叫好”无论出于什么样的动机，其结果只会拉低社会道德门槛，模糊社会底线，对社会公平正义毫无益处，只会徒增社会的负能量[①]。虽然个人可利用自媒体自由表达观点，但是特定的舆论倾向使自由大打折扣。

2.肆意宣泄情绪

在网络空间中，法律只禁止捏造事实并未对观点表达做要求。宽松的话语环境使各种意见能够充分表达，自媒体已成为政府收集民意的重要平台。但是，自由环境容易使网民言行极端，对外极度维护国家尊严和利益，对内过度批判社会失范现象。这种极端心理容易使个人言论缺少理智，民意表达变成情绪宣泄。情绪化的言论聚集在一起，易形成舆论风暴，危害社会稳定。

“马航事件”发生后，针对马来西亚政府处理事故的行为，演员陈坤在自己的微博中发文称看不起马来西亚政府并抵制有关马来西亚的一切商品和旅游，表达了自己的愤怒，得到众人的大力响应。本来国人对马来西亚搜救航班一事就十分不满，陈坤此言一出，无疑是火上浇油，激化了国内舆论。这种做法虽宣泄了自己的情绪，但是作为公众人物，其号召力和影响力之大，给我国政府处理事故施加了巨大舆论压力，十分不利于两国关系的发展。

二、外部他律缺失造成道德失范

（一）“公民记者”“职业道德规范”缺失

伴随自媒体产生的公民记者属于新生群体，国家对他们的管理尚处在摸索阶段，还未形成具有针对性的道德规范，致使传播者无规可循。国家虽从法律方面做了规范要求，但一些言论问题并不受法律限制，只能依靠道德规范来约束。此外，自媒体运营商一般只会在注册时提供公约、协议，内容过长，用户一般会直接跳过，且协议可操作性不强，大

① 财经网：《解读：李克强政府报告中的“互联网+”是什么》，http://economy.caijing.com.cn/20150305/3832729.shtml.。

多是运营商的免责条款，这就使得公约协议形同虚设。这些情况导致自媒体用户似乎时刻都在受到规范约束，而实际上却又没有具体规范可循。

在这种情况下，网民倾向于用现实中的道德规范来约束自己在虚拟空间中的行为，但是网络环境更为复杂，这些道德规范高度远远不够，低道德尺度容易纵容甚至鼓励不良行为。余杭中泰事件的造谣者虽将微博内容删除，但产生的影响已无法消除，最终推动事件恶化。虚拟空间和现实生活对于道德水平的要求显然不在同一个高度上。

（二）自媒体运营商把关无力

自媒体平台对信息的把关主要通过事前关键字过滤和事后内容删除。事前设置敏感关键词过滤，不对内容做过多干涉，不良信息很容易逃脱限制。事后发现不实信息，后台虽能及时删除内容，却不易删除影响。此外，自媒体平台企图利用公众的互证和监督实现内容自净。但是，这种自纠是建立在个人自觉基础上，是非强制性的，不能保证有错必纠，效果也不好。加之，自媒体运营商终极目标是追求利润，难保不会为提高用户量宽松管理，纵容不良行为发生。

新浪微博针对信息真实性问题采取过多种措施，除了限制敏感关键词搜索、暂时冻结发布敏感内容的微博账号以及对某些微博进行全部删除等基本手段外，还成立了微博辟谣小组，推出辟谣账号和不实信息曝光专区，鼓励网友主动举报。但是，两三百人的过滤团队对于海量信息来说只是杯水车薪，不实信息曝光区更新慢，微博辟谣账号辟谣时间差大，针对账号的强制性惩罚只起到个人警告作用，总之，这些措施并未起到实质作用。“秦火火”在新浪微博前后共申请过11个账号，造谣时间长达一年多，造成恶劣影响，足以说明运营商把关不力。

三、道德失范规避对策

（一）政府完善法规，形成最基本的法律防线

首先，政府要协同自媒体行业尽快制定出规范用户行为的道德规范要求，加强有关网络道德的教育。自媒体用户数量呈爆发式增长，使自媒体道德规范制定势在必行，尤其是伴随网络原住民的成长，在他们的

价值观形成过程中，加入关于网络传播的道德规范教育，对有序传播具有重大意义。

其次，政府要紧跟自媒体发展步伐，填补空白地带。在法规方面，自媒体出现时间较晚，针对它的法规数量较少，而已有的法规不一定适合自媒体的特点，因此，政府需要逐渐填补法规空白。在管理方面，政府要跟随自媒体的发展脚步做到未雨绸缪，避免出现管理缺位。

（二）传播主体加强自律，确保传播内容自净

强制性的他律，即行政管理和法律并不能完全解决网络传播的种种复杂情况，而且如果过度使用，也有损网络传播互联和共享的基本价值以及信息传播自由，阻碍网络资源的有效利用和开发。因此，自律作为一种软性手段成了必要的补充，甚至是更有效的方法，为世界各国所重视[①]。著名的"崔克坦法则"也提到，前期规定得越多，个人责任感就越有可能被扔掉。因此，外部他律干预作用有限，个人自律才是解决问题的根本所在。

首先，作为公民记者，个人要自觉接受传播伦理道德的规范和要求。与现实环境相比，自媒体环境更为复杂和难以预测，在此环境下的个人行动必然要受到更多的限制和约束。个人从事信息传播活动，就要恪守传播伦理道德的基本要求，向专业记者的职业道德规范靠拢。其次，个人要提升媒介素养，增强甄别信息的能力。在网络时代，信息可信度降低，个人对信息要保持怀疑态度，做到不轻信、不轻传，对于阻断谣言传播具有重要意义。最后，个人要自觉遵守有关互联网的法律法规，增强在虚拟空间的法律意识。网络空间与现实社会并无差别，都是权责相对的，网民没有绝对自由，享受自由就必须遵守规则。

（三）运营商改进把关机制，自觉承担社会责任

首先，运营商可细分化求证小组，切实发挥辟谣功能。面对海量信息，自媒体平台自身缺乏有效的求证途径，与事实之间存在距离，是谣言肆意传播的重要原因。运营商可在各地、各行业均设立监测小组，实行细分化管理，在信息监控过程中，一旦出现异常的舆论聚集现象，对口小组可就近出击，探清事件真伪，缩短对谣言的反应时间，尽快切断

① 苏宏元：《网络传播学导论》，北京：中国社会科学出版社2010年版，第158页。

谣言接触大众的渠道。

其次，自媒体平台可实行分级管理原则，加强对账号的管理。运营商可根据粉丝数量对用户设置不同管理级别，对大粉丝量用户给予更高的关注度。还要严格审查账号申请条件，确保用户资料完整，通过降低账号易得性来提高账号质量。对于不守规则者要坚决予以惩罚，不能因用户量的关系而姑息违规者。此外，将本平台的操作规则放在方便可得之处，以便用户浏览，增强行为自觉性。

（原载《新余学院学报》2015年第1期）

“互联网+”背景下主流媒体舆论引导探究

◆张　杰

在2015年3月召开的第十二届全国人民代表大会第三次会议上，“互联网+”作为一项重要的国家战略被正式提出，李克强总理在政府工作报告中提出，“制定‘互联网+’行动计划，推动移动互联网、云计算、大数据、物联网等与现代制造业结合，促进电子商务、工业互联网和互联网金融健康发展，引导互联网企业拓展国际市场。”①“互联网+”战略实现了互联网和传统产业的紧密结合，网络购物、网络旅游、网络打车、网络视频、网络通信等基于互联网的新生活方式不断被创造出来，大众在网络空间中行动越来越活跃，对于网络空间的依赖越来越强，互联网生存逐渐成为大众日常的生活图景。网络成为民众获取信息、舆论表达的重要途径，打破了原有的信息传播格局，全新的信息传播模式正在形成。在这个过程中，社会舆论环境发生了重要变化，借势于互联网，公众舆论力量逐渐强大，成为影响社会稳定的重要因素，作为舆论引导的中坚力量，主流媒体原有的舆论引导格局面临挑战，如何在“互联网+”背景下优化升级舆论引导战略格局成为主流媒体面临的重要课题。

作者简介：张杰，2013级新闻传播学硕士研究生。

① 财经网：《解读：李克强政府报告中的“互联网+”是什么》，http://economy.caijing.com.cn/20150305/3832729.shtml。

一、主流媒体与舆论引导

“主流媒体”概念源于美国麻省理工学院乔姆斯基教授发表的《主流媒体何以成为主流一文》，我国学界对于主流媒体的概念界定和划分标准尚未统一，从政治宣传、市场占有等不同角度划分的主流媒体包含的媒体类型和数量都不尽相同。一般来说，在我国主流媒体指的是那些针对社会主流人群，反映社会主流意识形态，代表社会主流发展方向，关注社会发展基本问题的权威媒体①。对于主流媒体的划分标准，新华社“舆论引导有效性和影响力研究”课题组提出的“六条标准”比较有影响力，简单概括为权威性、主流价值观和主流意识形态、影响力、公信力、记录社会历史、受众广泛②。政治权威性和市场占有率是主流媒体具备的两大重要特征。笔者认为，虽然网络媒体已经成为信息传播的主要渠道之一，但是能达到政治和市场标准的却在少数，当前的主流媒体包括传统主流媒体及其开辟的网络传播平台。具体来说，主流媒体主要包括党报、电台、电视台等传统媒体和这些媒体在微博、微信、客户端等网络空间建设的传播平台。

所谓舆论引导，就是运用舆论操纵人们的意识，指引人们的意向，从而控制人们的行为，使他们按照社会管理者制定的路线、方针、规范从事社会活动的传播行为③。舆论引导是主流媒体的重要职能，对于社会舆论的走向具有重要的导向作用。主流媒体不仅承担现实空间的舆论引导职责，而且还要承担起虚拟空间舆论引导的重任，保证大环境舆论走向符合社会主流意识形态和主流价值观的要求。

二、当前舆论环境的新特点

（一）舆论主体范围扩展，表达意愿增强

舆论有三级主体：公众是舆论的基础与支撑者；舆论人作为舆论的鼓动者，维持舆论的活力；舆论领袖是意见的生产者，成为公众的代言

① 赵克强：《主流媒体与媒体主流化》，《新闻知识》2006年第3期。

② 胡瑛、陈力峰：《论主流媒体的评价标准》，《新闻传播》2009年第12期。

③ 童兵：《关于当前新闻传播几个理论问题的思考》，《新闻与传播研究》2013年第1期。

人[①]。在网络传播出现之前，由于传统媒体资源稀缺，能够接近和使用媒介进行舆论表达的公众数量有限，少数精英阶层和媒介机构垄断舆论表达渠道，以舆论领袖的角色引领大众的日常关注议程，成为舆论传播的主体。网络媒体尤其是自媒体的出现推动了个人传播时代的来临，自媒体作为个人媒体，具有可接近性和易得性，打破了原有的媒介垄断，普通民众实现人人手握麦克风，拥有了传播自己声音的渠道和平台。根据《第35次中国互联网发展状况统计报告》数据显示，截止到2014年12月，我国总体网民规模达到6.49亿，微博用户规模为2.49亿[②]。个人媒体的出现使得舆论主体的范围扩展到普通公众，所有网民都成为舆论表达的潜在主体，成为舆论主体的中坚力量，数量优势使得普通网民的舆论影响力与日俱增。

此外，互联网出现之前，大众民意表达渠道十分有限而且多处于不畅通状态，互联网的出现为大众提供了有效的民意表达渠道，大众被压抑的表达权在网络空间得到释放，与西方民主国家相比，中国网络空间承载着更多的网民期望，舆论传播活动也更加活跃，没有哪个国家的互联网承载了这么大的显示民意的功能[③]。伴随着大众公民意识和权利意识的觉醒，加之民意表达渠道的可得畅通，大众对于社会公共事物的关注和表达意愿明显增强，调查显示，有43.8%的网民表示喜欢在互联网上发表评论，其中非常喜欢的占6.7%，比较喜欢的占37.1% 。网络空间已经成为人们发表言论的重要场所[④]，呈现出众声喧哗之势，成为推动民主政治建设的重要力量。

（二）舆论客体多样化和平民化

舆论的客体主要是指舆论所要针对的客观事物，包括涉及公众切身利益的公共事务和各种现实社会问题。在传统媒体时代，由于媒体空间和时间有限，媒体舆论关注的焦点主要是涉及最广泛群众的最基本利益的国家大事和公共事务，距离普通民众的实际生活较远，国家性和公共

---

① 人民网：《舆论主体、舆论泡沫与舆论领袖的历史之境》，http://media.people.com.cn/n/2014/0826/c388272-25540350.。

② CNNIC:《第35次中国互联网络发展状况统计报告》。

③ 贺卫方：《中国公众参与的网络依赖症》，http://past.nbweekly.com/print/article/1884_0.shtml.。

④ CNNIC:《第35次中国互联网络发展状况统计报告》。

性十分明显。在网络传播环境下，舆论客体出现了多样化、平民化的转向，更加贴近普通民众的日常生活，不仅国家大事会引起民众的大讨论，不起眼的日常小事也能在网络空间引发一场舆论风波。甚至，舆论客体范围逐渐扩大到私人领域，公共性不强的私人事务也成为公众舆论关注的焦点，网络公共空间出现了私人化转向。例如，一些网民在网络空间抱怨批判去政府部门办事被要求办各种奇葩证明，一时间引起大量网民的共鸣，对于个别政府部门形成舆论压力，推动政府部门改革简化办事流程。越来越多的平民小事在网络空间不断掀起舆论风波，成为社会进步的动力，平民化、多样化的舆论客体反映出社会各方面存在的具体问题，从具体问题出发不断完善我们生活的世界的边边角角，民众能够从中直接受益，这是传统媒体时期舆论表达所难以达到的效果。

（三）借助于网络空间，民间舆论逐渐显现

在传统媒体时代，由于资源有限且分配不均，只有媒介机构及少数精英阶层能够将自己的舆论观点以文字、声音、视频等具体形式展现出来。普通民众主要通过信访形式进行民意表达，有限的民意传播渠道使得民众即使对社会事务形成自己的观点看法，也只能存在于个人心中或与他人的话语交流中，很难能够以文字、音频、视频等形式具体呈现出来。媒介舆论虽具有一定的代表性，但与现实社会舆论存在一定差异，现实世界里民众的普遍沉默并不代表民众没有舆论，只是缺少舆论呈现的平台。由于较少受到社会习俗和制度化的政治权威的限制，互联网使得中国原本隐身的民意变得高度可见。如果说，在现实世界里，很多中国人属于“沉默的大多数”的一部分，那么，在互联网上，他们获得了发言的机会，并且，采取着自己认为应该采取的行为[①]。互联网的出现为民间舆论提供了表达平台，网络舆论就是部分民间舆论在网络空间的具体呈现，民间舆论场在网络空间中被逐渐勾勒出来，撼动了传统媒体官方舆论场的霸权地位。通过微博、微信等自媒体，网民可以发表关于社会事件的具体看法，这些有形的舆论观点逐渐成为政府工作的重要参考，网络空间也成为政府民意收集的重要渠道。

（四）民间舆论场力量强大，与官方舆论场展开竞合

清华大学刘建明教授最先提出舆论场定义，他认为“所谓舆论场，

① 胡泳：《众声喧哗：网络时代的个人表达与公共讨论》，桂林：广西师范大学出版社2008年版，第311页。

就是指包括若干相互刺激的因素，使许多人形成共同意见的时空环境。”当前，大众传播环境和网络传播环境成为公众舆论表达的两个重要空间，进而形成了两个有区别的舆论场。新华通讯社原总编辑南振中认为，在当下中国，客观存在两个舆论场：一个是党报、国家电视台、国家通讯社等“主流媒体舆论场”，即官方舆论场，它忠实地宣传党和政府的方针政策，传播社会主义核心价值观；一个是依托于口口相传特别是互联网的“民间舆论场”，人们在微博客、BBS、QQ、博客上议论时事，针砭社会，品评政府的公共管理①。依托于互联网的民间舆论场打破了官方舆论场独掌舆论的局面，两个舆论场处于一种竞合状态，有和谐一致的一面，也存在分化对抗的一面。例如在纪念抗日战争胜利70周年之际，两个舆论场表现出空前的一致性，对于纪念活动表示支持、民族自豪感充满两个舆论场。但是，在涉及国内具体事务，尤其在涉及官民关系、权利、金钱等敏感因素时，民间舆论场很容易与官方舆论场发生对立，主流媒体的舆论观点在网络空间常常遭到网民的调侃和对抗解读。网络舆论中经常出现的一个现象，是网络舆论主体发表观点意见时通常用逆反思维来思考问题，这种逆反思维主要表现为对正统思想文化和主流价值观念的怀疑、批判与反对，尤其表现为对官方政策、政府机构与精英言论的不信任②。导致两个舆论场对抗分化的因素有很多，既包括社会层面上的发展不均、政府部门的不作为，又受到主流媒体公信力缺失的影响。

（五）干扰因素增加，舆论环境可控性降低

在互联网出现之前，媒介机构独享舆论霸权，媒介机构及其从业人员在舆论表达和舆论引导过程中具有专业性和稳定性。由于代表政府的立场和态度，营造的舆论环境也具有稳定性，干扰舆论环境的不利因素较少。互联网的出现打破了传统媒体的舆论霸权，形成了全新的舆论格局，舆论主体和舆论客体范围扩大，舆论传播渠道得以拓展，舆论数量和质量都在发生变化，新的舆论环境渐趋复杂，影响舆论环境的不稳定因素也大大增加。政府、网民、平台运营商、技术进步、社会矛盾等都会对网络舆论产生重要影响，网络舆论的不稳定性会扰乱整个社会舆论

---

① 人民网：《两个“舆论场”的张力与融合》，http://media.people.com.cn/n/2013/0107/c192362-20120766.html.。

② 曹桂华：《论舆论引导中主流媒体作用的发挥》，《鲁东大学学报》（哲学社会科学版）2012年第4期。

环境，导致舆论环境变得越发难以控制。

三、主流媒体舆论引导的现状

主流媒体的舆论引导能够帮助公众形成关于公共事物的正确态度和价值观念，为公众提供正确的行为依据。网络传播的出现打破了原有的舆论格局，全新的舆论环境正在生成，在这个过程中，主流媒体原有的舆论引导模式与当前的舆论环境不相适应，导致主流媒体的舆论引导出现诸多缺陷和问题。

（一）反应滞后，低空喊话

主流媒体对于突发事件反应滞后，从事件发生到作出反应的时间差太长。一方面，传统媒体在多年的运作过程中已经养成严谨的习惯，内容必须通过层层把关才能发表，耗费时间较长。另一方面，主流媒体代表官方的立场和态度，必须对网络舆情事件进行谨慎的价值判断，不会轻易做出决定。然而，微博、微信、QQ、论坛等“黄金四小时媒体”能够迅速对突发事件作出反应，在短时间内形成关于事件的舆论倾向，占领舆论高地，对于之后的公众舆论表达产生指引作用。反应滞后的主流媒体丢失舆论高地，只能在低空喊话，影响范围小且容易被优势舆论盖过，难以打破首发舆论对公众态度的影响，主流媒体扭转错误舆论倾向难度较大。

（二）重堵轻疏，招致反击

每当舆情事件爆发时，主流媒体通常会以评论形式、严肃生硬的口吻对舆情事件中公众的不理智言论和行为进行批判，强硬灌输主流意识，期望通过批判的方式来矫正公众的错误态度，堵住负面舆论的传播。主流媒体在舆论引导过程中，集中于做正误评判，缺少对公众舆论和行为进行有效的疏通引导，使公众陷入迷茫，激起公众的逆反心理。在网络时代，公众舆论表达渠道畅通，自主性空前增强，主流媒体重堵轻疏的生硬评判会使网民产生反感，招致激烈的舆论反攻，结果反而推动错误舆论倾向走向极化。在诸多舆情事件中，主流媒体义正言辞的批判性评论不仅没能起到扭转舆论倾向的作用，反而成为网民调侃和攻击的对象。

（三）网络空间力量薄弱，缺少定制内容

伴随着网络媒体的发展，网络舆论力量越来越强大，成为社会舆论的重要组成部分，对社会稳定发展产生重要影响。但是，主流媒体对网络舆论的引导起步较晚，相应的网络空间建设较为落后，用于微博、微信、客户端等网络空间建设的人力、物力资源有限，难以实现对网络舆论的有效引导。主流媒体网络空间建设落后的一个重要表现就是不同客户端缺少专属定制内容。主流媒体在微博、微信、客户端等平台建立自己的空间领地，这些平台具有不同特性，面向不同人群，且网民使用习惯也不同，内容应该具有独特性和定制性。但是大多数主流媒体只是将网络端看做内容的分发渠道，并未作为特定平台进行经营，内容源于传统媒介，各个端口内容相同，很多采用简单介绍加链接的方式，直接指向传统媒体原内容。无差别的重复内容会招致用户反感而被忽视，一旦被选择性过滤掉，舆论引导效果也就无从谈起了。

（四）舆情感知敏感度不高，舆论引导被动

在互联网出现之前，主流媒体独霸舆论主导权，由于缺少有效竞争舆论，主流媒体的舆论引导一直处于主动状态，主动设置议程，主动表达媒介舆论。但是，当前主流媒体的舆论引导陷入被动状态，尤其是对网络舆论的引导。由于网络舆情事件具有偶发性，主流媒体网络力量有限，对于舆情环境变化感知敏感度不高，不能对网络舆论的爆发提前做好有效的防备工作，主流媒体舆论引导的主动性大为削弱，只能被动地跟随网民设置的议程，被动地应对网络舆论。主流媒体被动等待网络舆情事件发生的现状使其很少主导发起网络舆情表达，主流媒体陷入被网络舆论牵着鼻子走的怪圈，疲于应对各种偶发舆情事件，这种被动状态大大削弱主流媒体在网络空间的存在感和话语权。

四、如何增强主流媒体的舆论引导力

（一）建立覆盖线上线下全方位的舆论引导体系

在新时期，主流媒体仍然是舆论引导的主力军，面对网络舆论场的

崛起带来的全新的社会舆论格局，主流媒体在坚守现实空间舆论引导任务的同时，更要肩负起虚拟空间舆论引导的重任，建立起覆盖线上线下全方位的舆论引导系统。首先，主流媒体加强线下舆论引导能力，借助于自身的专业性、权威性和公信力，着力发挥内容优势，加强深度报道和深度评论，奠定事实和价值基础，为后期舆论引导提供坚实的基础。其次，加强主流媒体网络空间的建设，及时入驻微博、微信等各大社交平台，着力开发移动客户端，精细化经营管理各个网络平台，因地制宜，结合不同平台所具有的独特性，在特定的网络空间形成专属的舆论引导力量和模式，转变在某些网络空间的话语缺位现象。再次，主流媒体舆论引导的线上力量与线下力量要互动合作，充分发挥线上力量的敏锐性和线下力量的深度性。传统主流媒体发挥内容优势，为网络空间提供真实信息和正确的舆论方向。主流媒体的网络力量要充分发挥时效性、接近性优势，为传统媒体提供舆论热点，及时占领舆论高地，为后续舆论引导奠定基础。

（二）重视民间舆论力量，以协商方式引导正确的舆论方向

依托于网络空间的民间舆论场力量逐渐壮大，成为推动社会发展的重要力量。主流媒体必须尊重和重视民间舆论场，当媒体的官方舆论场与其出现分歧冲突时，主流媒体必须丢掉自我良好的优越感，要意识到官方舆论也会存在不足，民间舆论也有其价值，避免做出一刀切的正误判断。主流媒体要改变以往强硬灌输的态度，转而以协商的方式与民众进行沟通，充分尊重公众的自主性和主动性。尤其是在网络空间，主流媒体要以协商姿态与网民进行互动，在互动过程中，将舆情事件解剖给网民看，通过摆事实、讲道理让网民自发做出判断，进而实现扭转错误舆论倾向的目的。主流媒体互动协商式舆论引导能够最大限度地降低网民的逆反心理，避免主流媒体遭遇民众的舆论反击。

（三）利用大数据技术，对网络空间实施舆情监控

网络舆论力量强大，不仅会扰乱网络空间秩序，而且会转移到现实空间，威胁社会稳定，对网络舆论进行引导控制成为主流媒体面临的严峻挑战。主流媒体要想有效引导网络舆论，必须对网络舆情事件具有高度的感知敏锐度。首先，微博、微信、QQ、论坛等网络自媒体是民意表达和聚集的重要平台，主流媒体不仅要在这些平台部署舆论引导力量，更要与平台运营商合作，获取用户信息和舆论走向数据，建立对自媒体用户的舆论监控体系。其次，利用大数据技术对于收集的用户和信息数据进行过滤分析，通过数据分析理清当前网络舆情的特点、网民舆论表达行为的特点、网民当前关注的舆论焦点及舆论动向，并对可能爆发的舆情事件进行预测。大数据技术能够增强主流媒体感知舆情的敏锐度，主流媒体对于可能爆发的舆情事件主动设置议程，提前释放公众的情绪，减少舆情事件的突发性对社会产生的冲击力。

（四）加强与草根意见领袖合作，培植网络空间的舆论引导队伍

在网络空间中，意见领袖不仅包括主流媒体和少数精英阶层，还包括一些人气较高的草根民众。由于草根意见领袖与普通网民具有天然的接近性和同源性，用网民来说服网民，很容易取得网民的信任并说服网民发生态度转变，对网民舆论引导的作用甚至超过主流媒体和精英阶层。网络空间的草根意见领袖突破地域限制，分布在社会各行各业之中，对于特定问题具备一定的专业能力，能够形成较为中肯的舆论意见，同时又具备一定知名度，可以发展成为主流媒体在网络空间的舆论引导同盟。首先，主流媒体要寻求与志同道合的草根意见领袖合作，依托于网民对于草根意见领袖的信任度，以平台加内容的方式进行合作互动。平台加内容的合作模式可以有两种操作方式：主流媒体提供平台，草根意见领袖提供舆论观点；或者草根意见领袖在自媒体平台中援引主流媒体内容。其次，主流媒体也要着手培育自己在网络空间的意见领袖，形成一支隐形的网络空间舆论引导队伍，以普通网民的身份呼应主流媒体的舆论走向，避免主流媒体机构在网络舆论引导过程中单打独斗。

（本文获安徽省社会科学界第十届学术年会论文一等奖）

新媒体的良知

——对“娱乐化”浪潮中网络媒体的伦理审视

◆ 王夕予

一、“娱乐化”浪潮肇始及对网络媒体蔓延

20世纪90年代以来，随着改革开放的深入，传统媒体纷纷转型，在市场化、大众化、商业化方面下足了工夫。我国传媒业伴随着国内消费市场的逐渐打开，在传播方式和传播内容方面都发生了深刻的变化。传媒“娱乐化”的浪潮就此席卷而来，从主流媒体到新兴媒体都未能幸免，大多为了迎合市场需求开启了娱乐化模式。

传媒业立足的根本是为了给公众提供一个获取信息的平台，新闻报道的目的是为了满足公民知情权的需要，而并非为了娱乐大众。反观今天的媒体——尤其是新兴的网络媒体——却将精力更多地放在追逐娱乐圈的是非变幻、明星的奇闻轶事，有些媒体甚至不惜以公信力为代价报道耸人听闻的假新闻。

二、网络媒体“娱乐化”成因

(一)从社会背景来看

改革开放以来随着我国国门的打开，西方国家盛行的消费主义涌入内地。新千年我国加入世贸组织，进一步地受到外来经济、文化的影

作者简介：王夕予，2013级新闻传播学硕士研究生。

响，国内媒体呈现出日益浓重的消费主义倾向。消费主义文化几乎将所有的文化体验都卷入了商品化的漩涡中，作为消费者的受众和作为生产者的媒介之间形成了单纯的买卖关系。在这种关系下，受众的消费欲求主宰了媒介的生产、流通过程。于是，网络媒体从其发展之初，就带有了浓重的商业运作色彩和竞争色彩。在这种媒体围着受众转的消费经济下，受众的欲求被媒体无限地放大，产生了为迎合受众口味和眼球的“娱乐化”内容。但受众所求与真正所需之间是存在距离的，而我们的媒介却有意无意地忽略了这一点。

(二)从媒介竞争来看

随着互联网技术的迅猛发展，网络媒体如雨后春笋般大量涌现。面对残酷的市场竞争，后发的网络媒体为了生存千方百计寻找“卖点”吸引受众。在与传统媒体的竞争中，网络媒体虽一路高歌猛进，但同时也有着致命的软肋，就是新闻采集这一块短板。网络媒体为了克服这种“先天不足”，充分调动其自身优势，不仅体现在信息传播的即时性和信息内容的广泛性，更体现在信息表现形式的多媒体综合性。网络媒体综合了迄今为止所有传统媒体的信息传播方式，集文字、声音、画面、影像等多媒体于一身，这样的特点更适合传播富有趣味性和人情味的软新闻。同时，随着大数据时代的来临，网络媒体能够更精确地把握住其受众的喜好，各种奇闻轶事、家长里短、明星八卦类软新闻充斥在网络媒体的主要页面。受众越是喜欢什么，网络媒体就提供什么，人类天性中的猎奇心理在网络媒体越来越娱乐化的版面中得到满足。

(三)从受众角度来看

首先，从受众心理角度出发，“本我”的窥私欲促使网络媒介在新闻报道中时不时地逾越道德与伦理底线。遵循着“快乐原则”的信息接受倾向，受众往往愿意接受一些被正统的社会观念与道德规范所不容的信息内容。例如通过明星隐私绯闻的报道，人们会发现平日里光鲜亮丽遥不可及的明星也不过是芸芸众生。受众在媒体对明星生活的悲欢离合的演绎中，求得暂时的心理上的平衡与认同。其次，从受众参与行为的角度来看，随着微博、微信等社交平台的广泛应用，平民的话语权在这些没有门槛限制的社会化媒体中得以充分体现，更多人有机会参与信息的生产传递之中。在新浪微博的热门话题榜中，占据头条位置的往往是文体娱乐圈各类明星的“大事件”。具有代表性的当属2013年末单纯由于网民热议而产生的关于“汪峰上头条”的热门话题，这一话题历时一年多至今仍有余热。一方面网络媒体传播的信息引导着受众的审美与文化交流，另一方面，受众自身的兴趣偏好，也影响着媒体传播的内容和方向。

三、网络媒体“娱乐化”滋生诸多伦理危机

20世纪后半叶，媒介环境学派的代表人物尼尔·波兹曼就在其著作《娱乐至死》中对电视的娱乐化表现出了忧虑，“我在这里想说的不是电视的娱乐性，而是电视把娱乐本身变成了表现一切经历的形式。……我们的问题不在于电视为我们展示具有娱乐性的内容，而在于所有的内容都以娱乐的方式表现出来，这就完全是另一回事了。”[①]今天网络媒体的娱乐化非但没有减轻反而加重了我们的忧虑。在全民娱乐的氛围中，以往在传统媒体中以严肃形式呈现的硬新闻被网络媒介所“软化”，印刷时代培养的线性思维方式被“读图时代”的跳跃性思维所取代，所有内容包括严肃的政治都被以娱乐化的方式呈现在受众的面前。人们一面沉浸在喧嚣的娱乐化信息中欢呼雀跃，另一面却不知不觉被娱乐化信息“异化”成了“单向度的人”。

在这种娱乐化浪潮中，网络媒体不仅作为参与者起到了推波助澜的作用，其自身也是娱乐化的受害者，滋生了诸多伦理危机：

其一，人本主义和人文关怀遭遇异化。媚俗的娱乐化传媒，缺乏对人本身价值的深层次的探索与尊重。特别是面对社会重大、突发事件中的生命时，媒体首先考虑的不是他们存在的社会价值、引起的社会反思，而是他们能为传媒带来什么“猛料”，以资炒作。对2014年3月马航客机失联事件的报道中，在真相久拖未明的情况下，许多媒体开始将目光转移到对失联乘客家属的报道上，将失连乘客家属的担忧、恐惧、甚至声嘶力竭的哭喊画面曝光于媒体之上，甚至有媒体从业者未经授权便擅自闯入官方与乘客家属的会谈场所偷拍，这一系列的行为不管动机如

---

① [美]尼尔·波兹曼:《娱乐至死》,章艳译,桂林:广西师范大学出版社2004年版,第114页。

何，首先就没有表现出对灾难事故中受害人及家属最起码的人文关怀和人格尊重。

其二，煽情主义泛滥冲击新闻专业主义。客观公正一直是新闻专业主义的首要要求，而在网络媒体高度发达的今天，速度和可读性超越了以往一以贯之的新闻底线，发端于19世纪末的“黄色新闻”在网络媒体平台上找到了其“最佳归宿”。耸人听闻的大标题，配以鲜活的大量图片，严重挤占了本应是严肃硬新闻的地盘。在“读图时代”中，图片新闻成为大批受众的宠儿，各大网络媒体也是争先恐后的刊登“独家”图片，各路记者不惜在医院门口等待数月只为抢拍明星初生儿女的第一面。受众喜闻乐见，媒体便争相报道，不管这种报道是否触碰了道德底线，遑论新闻专业主义了。能拍到“独家”新闻的网站往往点击量惊人，而这背后则是各大广告商的金钱诱惑。商业利益驱动下的娱乐化使得受众在不知不觉中就成为了广告商口中的“猎物”。

其三，泛娱乐化导致媒体公信力缺失。网络媒体的公信力不足一直是其难以逾越的障碍。伴随着现代化生活节奏的加快，短暂的“微阅读”成为社会主流人群获取新闻信息的首选方式。在短暂的碎片化阅读中，许多硬新闻都被进行了泛娱乐化的呈现，受众也很难从中获得有深度的理解。此外，网络媒体的把关不严进一步加剧了网络信息鱼龙混杂、真假难辨的困境。在一种无能为力而又无可奈何的情境下，网民只有选择接受无关痛痒的娱乐信息以逃避真相谣言混杂的严肃地带。而网络媒体追逐受众需求的本性又进一步加剧了娱乐化信息的提供，当网络上充斥着铺天盖地的“黄色新闻”时，网络媒体便一步步走上了“娱乐至死”的道路。

其四，社会价值观引导上的反道德化。从哲学的角度审视，娱乐化体现了网络媒体的后现代性。后现代主义的基本立场就是解构，反对任何道德权威，这种“去中心化”的特质与网络媒体“去中心化”的传播方式不谋而合。面对严肃的社会道德问题，许多网络媒体采取的做法是“一笑了之”，将深层的道德问题向浅层转化，让大众沉浸在毫不费力的娱乐化信息中，无所顾忌的接受他们提供的真、善、美与假、丑、恶。随着网络媒体的迅猛发展及个人普遍性地参与传播，网络媒体对人们日常生活的渗透越发深入，人们对网络媒体的依赖性也逐渐增加。网络媒体的传播内容和方式直接影响着当代网民的生活方式和思维习惯，并间接改变着整个社会的道德走向和评价标准。然而，网络媒体当前这种在社会价值观引导上的反道德化对于转型期中国社会主流价值观念的形成是极为不利的。

四、网络媒体“去娱乐化”与伦理道德回归

转型期的中国面临着较为严峻的道德现实，经济和文化全球化带来的冲击使得旧有道德体系面临崩溃的边缘，而适应新常态的道德评价标准和价值规范体系尚未建立完善。就此，朝气蓬勃的网络媒体完全可以扮演一个更为积极的角色，现实却与人们的期待相距甚远。如何让“娱乐化”的网络媒体回归社会守望者并正确发挥其道德建构和舆论引导功能是我们面临的一大难题。

首先，从结构主义角度考虑，网络媒体这一存在并不是孤立的，它是社会的有机组成部分，它的生存、发展、变化都依赖且受制于社会总系统与其他社会子系统。中国特色的媒介生态是由本国的政治、经济、文化等体制间相互作用而成。因此，要改变网络媒体的过度娱乐化倾向不能只靠媒体自身的完善，更要从整个媒介生态环境的优化入手。

其次，要想充分发挥网络媒体在价值导向和舆论引导方面的功能，我们还应该看到网络媒体与社会舆论之间存在着的一种互动关系：一方面，网络媒体承担着舆论引导的角色；另一方面，网络媒体在舆论导向中的立场又与社会意识形态和受众趣味密切相关，即社会意识形态会影响传媒的价值取向，而公众的趣味也会影响网络媒体的呈现风格。在自由竞争的市场环境中，网络媒体谋得生存的基础是浏览量和点击率，而这能为网络媒体赢得广告商的青睐。在没有财政补贴的情况下，广告对网络媒体的生存发展来说至关重要。在这种生存环境下，网络媒体往往逐受众兴趣而动，极力迎合网民的信息需求。由此分析，网络传媒不甚高雅的格调很大程度上是由受众的品位决定的。而网络媒体在娱乐化这条道路上越走越远，其实质是为了获取大量的浏览量和点击率，用其吸引广告商从而获得让自身得以生存发展的经济支持。从这个维度进行思考，不难发现：当前的网络媒体在选择娱乐八卦、奇闻异事等内容来吸

引受众时，已不仅是网络媒体格调高低的问题，其本身就是一个值得关注的社会问题。

在价值观的导向问题上，媒体本身并不能制定全社会的道德标准，相反，社会生活对道德标准的型塑还将直接影响媒体对善恶的理解。当前，我国社会正处于价值多元的转型时期，道德评价体系亟待建构和完善。因此，新兴的网络媒体理应承担起必要的社会责任：一方面，网络媒体的发展日臻成熟，相较于传统媒体存在巨大的优势。其广泛的覆盖面、强大的影响力以及尚未开发的巨大潜能使得人们对它寄予厚望。但另一方面，网络媒体树立正确的价值导向的根本在于整个社会的道德体系重建。仅仅单方面强调网络媒体的去娱乐化并不能真正解决社会道德失范问题，而重塑整个社会的道德规范体系，同时强化新媒体环境下公众的媒介素养教育才是解决问题的根本。因为在传媒领域存在着一个影响力互动的问题，即在传媒影响公众的同时，公众也影响并导引着传媒。只有在社会整体价值体系不断完善、社会公众整体文化品位不断提升的情况下，网络媒体的文化品位才可能真正提升，并自觉排斥娱乐化倾向，完成伦理道德的回归。

（原载《新闻世界》2015年第5期）

典型报道：主流媒体的法宝

——以《光明日报》"培育和践行社会主义核心价值观"专栏为例

◆ 王雯雯

十八大报告提出："倡导富强、民主、文明、和谐，倡导自由、平等、公正、法治，倡导爱国、敬业、诚信、友善，积极培育和践行社会主义核心价值观。"这是对社会主义核心价值观的最新概括。2014年2月12日，《人民日报》《光明日报》等中央主流媒体和地方省级党报，均在显著位置刊登了社会主义核心价值观基本内容：富强、民主、文明、和谐；自由、平等、公正、法治；爱国、敬业、诚信、友善。笔者发现，《光明日报》自2月10日开始，就在头版开设了"培育和践行社会主义核心价值观"专栏，通过各类典型报道来讲述和思考这一时代性课题。

一、报道的数据来源和内容分析

（一）来源和思路

典型报道是对社会生活中具有代表性的有普遍意义的事物所做的新闻报道。通过对典型人物、事件、问题、经验的剖析，教育人民，指导工作。典型报道多数是正面宣扬先进的人和事，也有对反面典型的揭露和批评。社会主义核心价值观作为全社会最广泛认同的主流价值，对我们传统美德的传承和精神世界的向导都发挥着不可替代的作用，无时无

作者简介：王雯雯，2012级新闻传播学硕士研究生。

刻不滋润着我们的心灵，渗透在我们每个人的生活轨迹中。而典型报道让这种主流价值通过实际案例传递到读者身边，摆脱了宏大叙事，感受着那份存在和真实。

笔者采用内容分析的方法，对《光明日报》头版“培育和践行社会主义核心价值观”的新闻报道进行了系统、定量的分析，时间限定为2014年2月10日至2014年3月31日。从时间、区域、角色、主题等不同维度来分析《光明日报》是如何通过典型报道来培育和践行社会主义核心价值观。

（二）内容分析

为了全面展现《光明日报》在头版关于“培育和践行社会主义核心价值观”专栏的议题建构，笔者对专栏的标题和时间作了详尽的统计，如表1。

表1 《光明日报》头版“培育和践行社会主义核心价值观”专栏标题一览

序号	标题	时间
1	《最是文化能致远——浙江建设农村文化礼堂纪实》	2014年2月10日
2	《凝文艺激情，圆百姓梦想——河北文艺志愿者服务基层百千万工程纪实》	2014年2月11日
3	《“老牛，永远在路上”——追记海南省儋州市雅星镇原党委副书记、纪检书记牛开成》	2014年2月12日
4	《山区小城何以成“文明摇篮”——福建三明三十年文明创建的故事》	2014年2月13日
5	《常州：让道德光芒照耀幸福家园》	2014年2月15日
6	《这堂课，一讲就是30年——青岛“每周一讲”为何能办1200多期》	2014年2月16日
7	《嘉兴：“道德讲堂”构筑精神高地》	2014年2月16日
8	《“邻里守望”暖人心》	2014年2月17日
9	《泊头唱响正气歌》	2014年2月17日
10	《宝塔山下，“东方魔力”在延续——武警陕西省总队延安市支队党委践行党的群众路线纪事》	2014年2月19日
11	《“你是郭毅力的女儿，不是司令员的女儿”——郭毅力先进事迹感动西藏军民》	2014年2月19日
12	《他踏访了全国五百所麻风村——记“国际甘地奖”获得者、麻风防治专家张国成》	2014年2月20日

续表

序号	标题	时间
13	《践礼修德，从小抓起——江苏省出台全国首个未成年人文明礼仪规范》	2014年2月21日
14	《“小V蜂”插上新媒体翅膀——北京市丰台区创新志愿服务动员管理机制纪实》	2014年2月22日
15	《文化暖心，艺术化人》	2014年2月23日
16	《凝聚崇德向善的正能量——全国各地积极培育和践行社会主义核心价值观》	2014年2月25日
17	《指尖传递正能量——郭明义微博粉丝突破2000万》	2014年2月26日
18	《老红军余新元的雷锋情缘》	2014年3月3日
19	《津沽大地处处可见“天津好人”》	2014年3月15日
20	《上海铁路局有个“雷锋服务站”》	2014年3月15日
21	《共青团引领青少年发挥生力军作用》	2014年3月15日
22	《重庆巫溪：好人引领新风尚》	2014年3月16日
23	《太原铁路局：涓涓细流汇江河》	2014年3月16日
24	《妇联：各显身手竞芬芳》	2014年3月16日
25	《残疾人孙启梅20余年诚信还债140万元》	2014年3月17日
26	《“乡村好声音”——广西容县农民杨万宗义务广播30年》	2014年3月20日

1. 时间分析

从表1可以看出，2014年2月10日，《光明日报》在头版开设了“培育和践行社会主义核心价值观”专栏，刊登了一篇名为《最是文化能致远——浙江建设农村文化礼堂纪实》的典型报道，较之社会主义核心价值观基本内容的提出早了两天。接下来每天陆续刊登1—3篇有关“培育和践行社会主义核心价值观”的报道，但是大家会发现，3月3日至15日这个时间段没有刊发此类报道，因为这个时间段，全国政协十二届二次会议、十二届全国人大二次会议正在召开。

2. 区域分析

专栏报道所涉及的区域各不相同，其中包括浙江、河北、海南、福建、江苏、山东、陕西、西藏、北京、天津、上海、重庆、山西、广西等省、自治区、直辖市。小到村镇，大到省市，26篇报道就有26个地区，没有限定在某一个省份，而是由点及面、多方位地去考察和报道。

3. 角色分析

在这26篇典型报道中，所选取的主人公不仅包括公民个人，而且包括各类组织、集体。其中个人7篇，集体19篇（表2）。

表2 《光明日报》头版“培育和践行社会主义核心价值观”专栏的角色分布

角色	名称
个人	牛开成
	郭毅力
	张国成
	郭明义
	余新元
	孙启梅
	杨万宗
集体	浙江建设农村文化礼堂
	河北文艺志愿者
	福建三明
	常州“道德讲堂”
	青岛“每周一讲”
	嘉兴“道德讲堂”
	湖北武汉百步亭社区“邻里守望”
	河北省泊头市富镇
	武警陕西省总队延安市支队党委
	江苏省
	北京市丰台区——“小V蜂”志愿服务团
	文化工作者
	“天津好人”
	上海铁路局“雷锋服务站”
	共青团
	重庆巫溪好人
	太原铁路局
	妇联

4. 主题分析

十八大报告用24个字，分别从国家、社会、公民三个层面，提出了反映现阶段全国人民“最大公约数”的社会主义核心价值观，为培育和践行核心价值观奠定了基础。这些典型报道或多或少都反映了富强、民主、文明、和谐；自由、平等、公正、法治；爱国、敬业、诚信、友善这一基本内容。笔者对这26篇报道的内容进行了阅读分析，关键词分布如下（图1）：

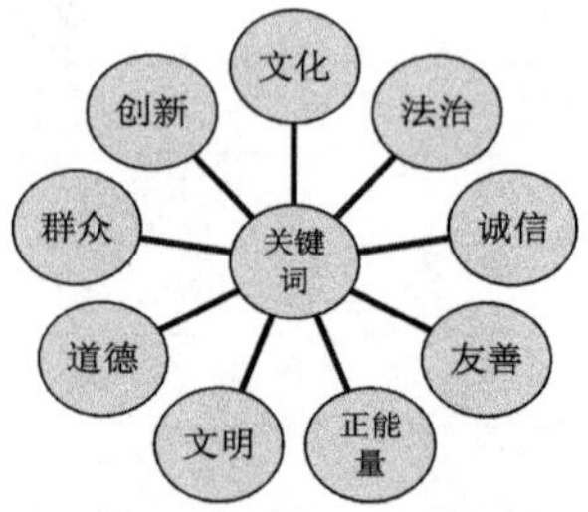

图1　《光明日报》头版“培育和践行社会主义核心价值观”专栏的关键词分布

其中占了比较大比重的有文化、道德等关键词。说到文化，《光明日报》开辟“培育和践行社会主义核心价值观”专栏的第一篇报道就是《最是文化能致远——浙江建设农村文化礼堂纪实》，通过乡村文化礼堂来寻求家与国、古与今、内与外的结合，构建真正的精神家园。2014年2月23日，《光明日报》刊登了名为《文化暖心，艺术化人》的文章，讲述了在推出更多精品的同时，近年来我国公共文化服务均等化进程不断推进，为社会主义核心价值观的培育和践行提供了更多的载体和窗口。随着广播电视“村村通”、乡镇综合文化站、农家书屋等重点文化惠民工程的顺利实施，越来越多的基层群众享受到便捷、高效、优质的文化服务。第二个关键词是道德。《光明日报》接连两天以城市为出发点，让道德教育深入人心。2014年2月15日刊登的《常州：让道德光芒照耀幸福家园》介绍了在江苏常州，每周一次的“道德讲堂”已成为老百姓生活中不可或缺的“精神食粮”。2009年，常州在全国首创“道德讲堂”，以“身边人讲身边事、身边人讲自己事、身边事教身边人”为主要形式，用社会主义核心价值体系引领社会思潮，为公民思想道德建设提供了范本。2月16日，《光明日报》随即又刊登了《嘉兴：“道德讲堂”构筑精神高地》，“道德讲堂”的开讲内容包括社会公德、职业道德、家庭美德、个人品德等多个层面，讲堂的宣讲员来自各行各业。像这样的讲座，嘉兴每年举办场数不下10000场，“道德讲堂”已成为嘉兴传承中华文化的重要阵地。

当然，除了“文化”“道德”这两个关键词外，还有其他的主题不同层面地反映了社会主义核心价值观的基本内容，这里就不作赘述了。

二、报道的优势所在和经验总结

（一）提前报道，先声夺人

信息化时代到来之后，媒体拥有一份独家资料是多么的可贵，传统主流媒体在时效上可能不会与网络媒体并驾齐驱，但是如果编辑记者能够另辟蹊径，具有敏锐的新闻感也不失为另一种抢占先机的方式。《光明日报》在社会主义核心价值观的24字基本内容刊发前两日，便在头版开辟了“培育和践行社会主义核心价值观”专栏，刊发了《最是文化能致远——浙江建设农村文化礼堂纪实》典型报道，并发表光明专论《积极培育和践行社会主义核心价值观，推进国家治理体系现代化》，用了第1版将近一半的篇幅进行核心价值观的报道和宣传。（如图2）典型报道以文化先行，以农村礼堂为落脚点，讲述了“作为群众集会、观影的公共场所，农村礼堂，是一个时代的记忆。”“一座座见证了沧桑的农村礼堂，重构乡村新型共同体与农民精神家园，搭建培育和践行社会主义核心价值观的平台。”[①]

光明日报

汝信：信守真理追寻美

最是文化能致远

——浙江建设农村文化礼堂纪实

积极培育和践行社会主义核心价值观 推进国家治理体系现代化

图2 《光明日报》2014年2月10日第1版书影

① 严红枫、叶辉、严蓓蓓：《最是文化能致远——浙江建设农村文化礼堂纪实》，光明日报2014年2月10日第1版。

《光明日报》通过典型报道和专论结合的方式，在后期各大媒体铺天盖地的价值观学习和报道中先声夺人，脱颖而出，并以专栏的形式刊登出来，给读者留下了深刻印象。

（二）抽象精神，具象落地

党的十八大提出的“三个倡导”的24字社会主义核心价值观，是马克思主义与社会主义现代化建设相结合的产物，与中国特色社会主义发展要求相契合，与中华优秀传统文化和人类文明优秀成果相承接，是我们党凝聚全党全社会价值共识作出的重要论断。我们反复强调培育和践行社会主义核心价值观，却不知这简单的24字如何落实到实处，高深隐晦的话语方式难以让读者深刻体会到价值观的真正内涵。如何将抽象的精神转化为具体的形象是每一个媒体人需要思考的问题。《光明日报》所刊登的26篇典型报道正是“接地气”的表现，这一篇篇鲜活的事例和人物原型让读者感受到了社会主义核心价值观的强大号召力，鼓舞人们崇德向善，取得了良好的社会效应。2014年3月20日刊发的《“乡村好声音”——广西容县农民杨万宗义务广播30年》介绍了一位普通的农民播音员杨万宗自1984年开始在家里义务办起了广播室，每天准时用当地方言播报新闻、宣传政策、传达通知，或者根据村民需求播放歌曲、戏曲等，成为“乡村好声音”的故事。“一个农民，就像一条纽带，将大山和外界连在一起；一个广播，就像一座桥梁，将各级精神贯彻到最基层。杨万宗和他的广播，是新时期加强农村宣传舆论阵地建设的成功典范，也是践行社会主义核心价值观的典范。”①

（三）结合评论，深度解读

这里的评论包括典型报道后的短评、光明专论以及第2版《评论·观点》。光明专论更多的是站在方法论的角度来解读社会主义核心价值观，较为严肃；第2版《评论·观点》着重于对建设路径和具体案例的思考，更为平实；而典型报道后的短评注重时效性和引导性。例如，2014年2月26日，《指尖传递正能量——郭明义微博粉丝突破2000万》报道后添加了《克服“本领恐慌”，敢到“网上冲浪”》的短评，从对郭

① 刘昆、周仕兴：《“乡村好声音”——广西容县农民杨万宗义务广播30年》，《光明日报》2014年3月20日第1版。

明义微博粉丝数现象的描述，到“郭明义这个典型和郭明义微博何以能成为‘恒星’，持续发挥引领作用”的疑问，再到“郭明义用真性情、真行动呈现了一个可亲、可敬、可信、可学的道德典型”的问题解答，三个层次环环相扣，深度解读了社会主义核心价值观传达给我们的精神。只要我们不断增强开拓新领域、利用新技术的能力，大胆创新、不断探索，就能克服“本领恐慌”，不断取得新胜利。

三、主流媒体的问题反思和报道路径

通过《光明日报》所做的系列典型报道，可以清晰地看出典型报道在宣传政策性文件和价值观时所发挥的关键性作用。主流媒体走在众多媒体的前列，它的权威性和特殊性让其报道内容在社会主义核心价值观的培育和践行中可谓掷地有声。但是，我们不禁要反思这类典型报道为何能够在各种报道形式中脱颖而出，而它又存在哪些局限需要主流媒体对自身的报道路径做出正确有效的应对呢?

(一)摆脱空洞说教,注重实质内容

1997年，美国麻省理工学院的教授诺姆·乔姆斯基在*Z Media Institute*杂志发表了一篇题为《主流媒体何以成为主流》(*What Makes Mainstream Media Mainstream*)的文章。他指出主流媒体又叫“精英媒体”或“议程设定媒体”，这类媒体有着丰富的资源，设置着新闻框架，其他媒体可以在这个框架内运作筛选新闻[①]。引用这个例子不是抬升主流媒体的地位，而是应关注主流媒体的责任。新闻是人们认识世界的窗口，如果媒体只是一味在说教，就难免落入宏大理论的误区。主流媒体既是社会主义核心价值观的解读者，更是引导者和践行者。新闻业的“杀手锏”是典型化，从业人员通过生产调度，在合理的时空安排下，用读者易于接受的方式作用于枯燥的理论，使报道有血有肉，理解更加清晰。在内容和意义的叙述上，典型报道有自己的特殊需求，注重内容的普遍性和特殊性，典型并不是说与众不同，而是在鲜明的个性烘托之下反映出共同的价值取向。

---

① 陈力峰、左实:《主流媒体的价值与要素解析》,《今传媒》2008年第7期。

（二）延伸平民视角，贴近群众生活

所谓平民视角就是运用人们生活中所熟悉的情节将典型人物带入读者的视野，使读者引起共鸣。典型报道追求典型，是与我们的生活息息相关，不是格格不入。那些假大空、高大上的报道不是典型的诉求，而是脱离了客观真实的低级趣味。新闻首先注重的就是客观性与真实性，典型报道更是如此，延伸的平民视角是让典型人物更加可敬亲切。《光明日报》中选取的每一位典型人物或者组织都是来自于平平凡凡的老百姓中，从构筑精神高地的道德讲堂到插上新媒体翅膀的“小V蜂”志愿团队，从麻风防治专家张国成到“乡村好声音”杨万宗，每一个平凡岗位上的人用自己的点滴力量带动了社会风气好转。他们从群众中来，到群众中去，通过报道让我们一起见证了社会主义核心价值观的平民化实现路径，做到了“贴近实际、贴近生活、贴近群众”的原则。

（三）加强媒介融合，建立长效机制

媒介融合是现在媒介发展的大势所趋，不仅指同一媒介之间，而且更多的是指不同媒介之间。对于《光明日报》，同一媒介就包括纸媒间的相互沟通与学习，不同媒介涵盖广播、电视、网络等媒介之间的融合。随着新媒体的发展，受众接受信息的渠道越来越丰富，如果光靠传统媒体自身的单一报道，很容易受到时间、版面、公众舆论的限制而丧失关注度。依靠媒介融合，可以让受众多层级、多角度地去接收信息并参与互动。新媒体是互动的一种非常有效的方式，传统媒体可以通过自己的客户端传递信息，这样受众的数量和互动率都会有所提升。什么叫建立长效机制？培育和践行社会主义核心价值观不是做一个时间段的版面或者专栏就草草收尾，应该建立长效机制①，用版面来进行宣传报道，报道之后随时跟踪动态，定期进行考核与问题反馈，使读者实实在在得到助益，提高主流媒体的公信力。

（原载《合肥学院学报》（社会科学版）2014年第4期）

① 杜莹、孙荣欣：《媒体助力培育和践行社会主义核心价值观研究》，《河北广播电视大学学报》2013年第6期。

从央视新闻类节目改版看电视新闻价值新取向

◆ 马丽好

改革开放特别是进入新世纪以来，随着世界一体化的进程和我国经济的快速发展，文化生产—消费市场迎来大繁荣态势。同时，传播科技的不断创新、新媒介手段的日新月异，对报纸、广播、电视等传统媒体的生存造成了极大冲击；过往以时新性、重要性、接近性、显著性、趣味性为核心的新闻价值观，已经不足以成为当下新闻选择的标准。本文以央视新闻节目改版为案例，试图探讨当代电视新闻价值的新取向及其可能的发展路径。

一、央视新闻类节目改版评述

（一）央视新闻类节目改版的动因

中央电视台自成立以来不断发展，已经成为中国电视中具有品牌竞争力、公信力、影响力的第一台，龙头老大地位几乎不可撼动。它的新闻类节目更是一块金字招牌，在数量、质量和收视率上一直遥遥领先其他类别节目；作为电视新闻的典型代表，央视新闻类节目在现代社会急

作者简介：马丽好，2013级新闻传播学硕士研究生。

速转型中也在不断变革，以求打造品牌节目。从新闻频道的创建、新闻内容的局部调整，到新闻类节目大面积的改版，对于中央电视台而言，这一系列动向既是出于社会变革和中国国情的需要，又是应对国内国际市场的激烈竞争的结果。事实上，央视新闻类节目的改版已是大势所趋。全球化视野下，公众对于新闻的需求不同往常，传统的电视新闻由于内容枯燥、形式死板，几乎让观众大失所望，而央视新闻类节目大面积改版后彰显的新闻选择标准，让新闻节目符合新闻价值规律，并能在纷繁多样的电视节目中葆有“常青树”的地位，这一转变过程值得探究。

（二）央视新闻类节目改版的历程

首先是新闻频道的改版率先吹起了新闻改革的号角。央视新闻频道从开播以来历经数次改版，不停调整节目，力求打造和完善新闻频道品牌。新闻频道从2003年到2011年间的五次改版拉开了新闻改革的序幕，作为新闻改革的排头兵，从最初的新闻专业化到民生化，到与新媒体的竞合之路，到注重尝试与国际接轨、走国际化路线，新闻频道在改版上可谓是干劲十足。2013年，新闻频道在屡次改版之后，中央电视台综合频道的改版也紧随其后，其中包括老牌节目《新闻联播》内容升级改版，以及新闻评论类电视节目《焦点访谈》在开播20年之际迎来的首次全面改版。《新闻联播》《焦点访谈》的改版，不可避免的将新闻改革推向高潮。

2012年下半年以来，《新闻联播》的节目内容和节目编排就在逐步改变，2013年之后，其改版力度进一步增大，新生代播音员相继亮相。除却《新闻联播》，像新闻频道的王牌栏目《朝闻天下》更是在2009年就悄悄改版了，作为央视改革的第一步，《朝闻天下》的变化可谓是在无声中完成的。当时的改版主要集中于主持人和栏目包装上面。虽然《朝闻天下》形式上的改版给了观众最明显直观的感受，但内容上的变动却直接彰显了新闻价值的变迁——着力于拓展选题范围，确保原有重大国内、国际新闻报道权威的优势不丢，加大观众收视意愿更强的社会新闻、文化体育新闻和天气出行资讯、生活服务资讯的报道量，新闻的服务性大大增强。有人表示，“改版以后的央视新闻比之前好看了，新闻的密度加强了，新闻变得比较专业了”①。

图1 2013年1月1日《焦点访谈》节目全新改版界面②

图2 2013年1月1日《新闻联播》全新改版界面③

二、央视新闻类节目改版的价值转向

（一）青睐普通民众，宣扬平民英雄

传统新闻价值侧重伸张在名人身上出新闻，然而央视新闻类节目改版以来青睐普通民众、宣扬平民英雄的意识越来越强。《新闻联播》改版

① 宋显华：《央视新闻频道改版分析》，《新闻传播》2011年第1期。

② 图片来源于网络：主持人劳春燕以站姿播报，节目时长也增加至17分钟。

③ 图片来源于网络。

后陆续推出“寻找最美乡村医生”“寻找最美消防员”“最美乡村教师”“最美基层干部”和“凡人善举”等版块，将镜头对准了广大劳动者和普通老百姓，真实地记录了他们的生活和工作情况，向观众展现了他们真、善、美的可爱形象，体现了主流媒体“以人为本”的报道态度。同时，关注的行业也越来越多、越来越细，在2013年4月5日，清明节第二天，节目对殡葬师这一行业进行了特写报道，展现了该职业鲜为人知的一面，很多人通过节目理解并认可了殡葬师这一职业，并在微博上引发热议。同样的，这一点在《焦点访谈》的改版后也体现的尤为明显，比如2013年4月2日播出的节目《寻找菊美多吉》是对《新闻联播》中“最美基层干部”作的专题篇章、4月27日播出的芦山地震系列节目介绍了一位普通的救灾前线医生高家蓉、6月21日播出节目《谁是我们身边的英雄?》播出的是快递职员关键时刻挺身而出营救从窗户口掉落小女孩的新闻。这样宣扬平民英雄的新闻在《焦点访谈》节目中屡屡播出，还包括6月28日播出的《平凡人不凡事》、7月12日播出的《女侠见义勇为》、7月30日《高压线上的“烤”验》以及8月16日播出的《见义勇为好邻居》等等。平凡人身上英雄事迹的宣扬反映了社会生活中的新风尚、新道德、新思想，实属社会正能量的传播，也使得新闻价值凸显。

（二）新闻纪实性增强，民众参与性提高

2013年《焦点访谈》改版后第一期节目《从“新”开始》，聚焦两个焦点话题：第一个话题是今年开始实施的新规新法，节目从百姓角度解读这些法规，将其对百姓的影响概括为“生活有尊严，合法多攒钱，家庭常团聚，出行更安全”，无形之中宣传了法规，既贴近观众，又体现节目的宗旨。此外，综合运用背景音乐和动漫形式，让观众倍感亲切有趣。第二个话题是“百姓连连拍”。节目采用普通人采访普通人的方式，回顾2012展望2013，将镜头伸入“寻常百姓家”，记录平常百姓真实感受和最想说的话。这不仅增强了新闻纪实性，更提高了民众参与性，使得节目具有很强的亲和力。不仅如此，在2013年的《新闻联播》和《焦点访谈》栏目中，不断在新闻事件中插播网友点评、网友热议等内容，点评均来自新浪微博和多方论坛，又或直接进行街头随机采访，将普通民众对新闻的观点纳入节目中，将观众作为新闻接收的主人，观众有了

参与热情，必然会关注每天的节目。

（三）连续时新并重，贴近民生接地气

传统新闻价值的第一条便是讲究时新性，新闻注重时效性一直以来是一条不容打破的定律[①]；在徐宝璜的《新闻学》中就提到"新闻如鲜鱼，登载稍迟其价值不失亦损"[②]。而随着近年来不断增多的新闻事件，新闻人的观念也在实践中趋于开放，连续报道日益增多。一方面连续的新闻报道恰恰体现了追踪新闻事件最新进展的时效性；另一方面，对过去至今新闻的连续性回顾成就了一种全新形式。比如，每逢两会，《焦点访谈》所做的《两会特别节目》，芦山地震之后《焦点访谈》播出的《直击芦山》系列节目都是连续报道的典型代表。2014年1月31日至2月1日的《焦点访谈》连续播出的《马年春节记忆》五期节目就是对以往马年春节期间新闻的一个回顾，既有对比也心怀展望，事实上《马年春节记忆》的一部分新闻素材来源是《焦点访谈》1月份的节目征集，这使得新闻更接地气。同样《新闻联播》从2012年播出"你幸福吗"专题、文氏四兄弟寻找母亲的"寻人启事"，到2013年开年即被热议、转播的多条新闻，《新闻联播》也越来越贴近民生，注重百姓诉求，回归平民视角，得到了观众的初步认可。

（四）新闻细节灵化，新闻内容鲜活

长久以来，主流媒体的新闻常常围绕领导人新闻事件，《新闻联播》更被一些媒体人戏称为"三段论"。然而改版后的《新闻联播》在新闻节目的细节方面也算做足了工夫。2013年跨年夜，康辉在"新年述评之一"《中国梦：朝着百姓的美好向往，走起！》里，字正腔圆地提到那个2012年最火的姿势："如果说什么动作最能够代言2012年中国的姿态？最具人气的选择，也许莫过于航母舰载机起飞瞬间的那个'航母style'。正是带着这份自信和乐观，朝着老百姓的美好向往，中国，走起。"无独有偶，2013年12月31日《新闻联播》的结尾的那句"人们说2013就是爱你一生，2014是爱你一世，新闻联播和你一起，传承一生一世的爱和正能量"，更是在微博上引来大批人的追捧，让人们惊叹《新闻联播》也

---

① 李良荣：《新闻学概论》，上海：复旦大学出版社2011年版，第23页。

② 徐宝璜：《新闻学》，北京：人民大学出版社1994年版，第25页。

终于赶了回潮流。在2014年春节长假最后一天，央视《新闻联播》在结尾时晒出了向网友征集的全家福照片，而在此之前，初六的《新闻联播》结尾，温馨提醒大家注意安全，初五则播出“四只萌物熊猫大拜年”的“最萌结尾”。《新闻联播》春节“卖萌”结尾被赞“史上最暖心”。几十年来，《新闻联播》一直都以沉稳庄重的风格出现在大家面前，作为党和政府的代言人，《新闻联播》也时常被百姓调侃官话套话泛滥。但是改版后的《新闻联播》让人耳目一新，活泼轻松的风格让更多人对《新闻联播》今后的节目充满期待，这样在新闻细节上下工夫，在新闻内容上注入鲜活血液的做法，无疑会让新闻节目更温暖、更人性。

（五）满足观众需求，服务新闻增多

传统新闻价值理论告诉我们，从传者的角度出发，传递更多重要的新闻，新闻的播出与完成就是一次完整的新闻生产过程。然而，随着现代新闻价值理论的诞生，“传、受双方的共同认可，是新闻价值理论得以产生的第一个前提。”[①]人们越来越意识到，以受众的需要为出发点，是“好新闻”生成的基础。新闻价值理论的变化，不停推动着新闻人探索更符合新闻传播规律的新闻报道思想和方式。由此次央视新闻类节目改版可以看出，服务性新闻占了很大一部分。2013年1月11日，北方地区雾霾天气开始严重，《新闻联播》进行了连续追踪报道。7天里，《新闻联播》关于雾霾和PM2.5的报道累计时长34分57秒，平均每天4分54秒。其中，1月12日与1与13日的报道比重，已经接近以往绝对主导地位的“时政新闻”。在连续7天包含21条空气质量的报道里，《新闻联播》播出了4条服务性新闻，提醒人们出行小心、不要依赖口罩、大雾天气开车注意事项，主播张宏民在提要里还略带调侃的劝道：“专家提醒，没事儿啊，最好宅在家里，少出门儿。”在另外17条报道里，关于雾情、雾霾影响以及各地防治措施的新闻有13条，关于PM2.5的背景知识介绍3条，唯一一条评论“既然同呼吸，那就共责任”里，则是更多地提出了应对建议，这样的新闻报道实用性大大增强，观众通过新闻获取服务信息的需求也得以满足。

（六）重视国际新闻，树立国家形象

《新闻联播》在改版之初就提出除了继续保持“国家发言人”的新气

---

① 陈力丹：《新闻学理论十讲》，上海：复旦大学出版社2008年版，第28页。

质外，将继续加大民生和国际新闻的报道量。而这一点在2013年的新闻中体现尤为明显。

表1 2012年12月21日—30日《新闻联播》播出内容一览

内容数量 / 播出内容	2012年12月21日—30日	2013年12月21日—30日
国内政治	51条	53条
国内经济	18条	14条
民生新闻	18条	35条
国际新闻	19条	38条

由表1可以看出，国际新闻的数量的确有上升。同类情况在《焦点访谈》节目中也有所反应，比如2013年6月17日节目《透视“棱镜”》就是针对棱镜门事件进行独家报道，并回顾了整个事件的来龙去脉。作为我国舆论宣传利器的《焦点访谈》以往很少涉及国际事件，此次对棱镜门的报道体现了对国际新闻事件的重视。

三、电视新闻类节目的价值平衡与效果优化

电视新闻类节目演进至今，已经走过了飞速发展的时期。如何在新闻报道中通过创新采编、制作，达到新闻价值与社会效果的平衡和优化，成为信息化、全媒体时代电视媒体人必须探索的新议题。新闻报道应注重社会效果的优化，在社会效果与新闻价值中找到平衡点，最大限度地做出好新闻，满足受众需要。具体来说要做到如下几点：

（一）延展宣传方式，扩大新闻视野

2013年4月29日的《焦点访谈》节目中就把央视热播的老年电视剧《有你才幸福》作为新闻关注对象。这种跳出传统新闻的做法，一方面对电视剧的播出起到了推波助澜的作用，另一方面也切合观众的兴趣，进而达到双赢效果。异曲同工之妙的还有在2013年3月26日的《新闻联播》节目中，在报道习近平在坦桑尼亚的演讲时，提到了电视剧《媳妇的美好时代》在坦热播，随后《新闻联播》便播出了该电视剧的斯瓦西里语版片段。习近平说，中国的电视剧《媳妇的美好时代》在坦桑尼亚热播，也让坦桑尼亚老百姓了解到中国老百姓生活的酸甜苦辣。这条新

闻的趣味性，也随着短短几句新闻点而引发观众兴趣，不再是之前老套的领导人新闻。

不但新闻视野在扩大，新闻报道方式也越发注重全方位、多渠道的策略。2013年5月23日，《焦点访谈》通过官方微博公布官方微信号，搭建广阔新闻平台。2013年2月12日，央视《新闻联播》也开始了新浪微博的推广，节目结束前，新闻主播们多了一项举动——提醒观众关注其官方微博。尽管只是一句“如果你还想获取更多的新闻资讯，可以关注我们的官方微博央视新闻”，却足以显示出了宣传方式的延展。

（二）聚焦舆情热点，抓住公众话题

《新闻联播》《焦点访谈》等新闻节目的改版，显示出了新闻价值的新取向，并且初期效果有目共睹；但在聚焦社会舆情热点上，还存在成果不够显著的缺憾。以《焦点访谈》为例，笔者根据近年相关统计资料，结合互联网舆情分析报告，整理出表2。从表2中可以看出，《焦点访谈》在改版上初衷、愿望是好的，但就是否符合公众舆论焦点来看，不尽如人意，甚或说有不小的差距。

表2　2011—2013年《焦点访谈》事件报道情况分析

年份 / 事件报道	2011年	2012年	2013年
网络热点事件数量（件）	20	20	20
焦点访谈报道数量（件）	4	6	6
报道热点事件比例	20%	30%	30%

抓住公众话题是新闻价值实现的必要路径，也是新闻效果得以优化的前提条件；因此，通过多渠道获取新闻，关注网络舆情热点，显得尤为重要。

（三）服务观众为主，引导观众为辅

首先，从新闻选题上看，要做到越来越接地气，贴近群众实际生活。如果能切实贴近群众实际生活，播出观众喜闻乐见的新闻，增强新闻报道的亲和力、吸引力、感染力，这无疑将达到资源优化的目标。

其次，在新闻内容上有选择的播出进而起到引导观众的目的，执意灌输会起到适得其反的效果。引导观众要旁敲侧击，而不是一味播报主

线新闻，比如前文提到的借助热播电视剧的方法传播主流道德价值观不失为一种好方法。

最后，由需要性代替重要性，把服务观众作为主要目标。观众看新闻，第一目的是获取信息，观众需要获取的信息才是重要的信息，由需要性代替重要性，通过新闻信息服务观众，观众借助新闻获取了更多的服务性信息便会给予节目认可。

央视这一主流媒体的改版，被认为是中共十八大后转变工作作风的八项规定在传媒领域的一次具体落实，从中共中央总书记习近平在新当选政治局常委的记者见面会上平易近人的讲话开始，执政者话语上的新气象让人耳目一新，而主流媒体的新闻变革，折射出新闻选择标准的新变化——力求达到贴近群众的目标，紧随时代潮流，聚焦民生热点，同时寻求新闻报道形式的多样化，与国际接轨，增加国际新闻报道量。迎合这种新闻价值的新取向，做出符合大众心理需求的新时代新闻，将新闻做细做深，是所有新闻媒体人肩负的重担，更是不可推卸的责任。

（原载《电影评介》2014年第4期）

媒体的无形引导与受众偏向的调节
——以近几年城管和扶老人事件的报道为例

◆ 代晓利

引　言

近几年，新闻媒体对“城管”的负面报道不绝如缕，公众谈“城管”色变，对“制服”反感。早在2006年“彭宇案”之后，“扶老人”事件持续成为媒体报道热点，但其中所包含的矛盾并未随报道增多而愈辩愈明。一方面，因“扶老人”而“惹麻烦”的事件不断出现；另一方面，跌倒老人因无人扶助而出现生命危险的事件也越来越多。2014年央视春晚，又把这一现象搬上了银幕，小品《扶不扶》再现了这一矛盾，这个小品也被评为年度春晚最佳语言类节目。

一、媒体对城管和扶老人事件的报道

（一）媒体对城管的报道

“城管”近几年来是媒体关注的热点，在对城管的报道中，如：武汉城管“摆摊体验”“连云港城管执法冲突”“延安城管踩人”“临武城管打死瓜农”等。城管的媒介形象呈现负面化，城管似乎掉进了“塔西佗陷

作者简介：代晓利，2013级新闻传播学硕士研究生。

阱”。

自从有了网络，对城管的口诛笔伐更上升到一个前所未有的高度。在网上搜索“城管打人”或者“暴力抗法”等关键词，就能找到上万条关于这方面的报道。

（二）媒体对扶老人的报道

早在2006年“彭宇案”之后，“扶老人”事件即持续成为媒体报道的热点，但其中所包含的矛盾并未随报道增多而愈辩愈明，因“扶老人”而“惹麻烦”的事件不断出现。在江苏南通，大巴司机在立交桥上发现骑三轮车的老太太倒在了路上，前去搀扶，却被老太太污蔑为肇事者等等一系列的关于搀扶老人而被污蔑的报道不断出现。

在2014年央视的春晚上，作品《扶不扶》以小品的形式展现了好人郝建扶起自己摔倒的老人，而被污蔑的情景。央视马年春晚小品《扶不扶》在各大门户网站推出的“最满意”“最受欢迎”节目票选中稳居语言类节目第一。摔倒老人讹人的现实版小品还在各地不断上演，有人说现在的社会不是老人变坏，而是坏人变老，有人揶揄这个小品是“全球老太太讹人教学录影带”的嘲笑言辞。

老人原本并没有这么坏，只是掌握着话语权的媒体太过热衷于描述救人被讹的冤屈，这种放大化的报道，无形中误导了人们认知世界的方式。

二、媒体报道与受众观念的形成

小品《扶不扶》将当今社会热议的“老人摔倒扶不扶”的问题推至风口浪尖。2014年2月17日，在深圳市又发生一起摔倒没人扶的悲剧。2月17日上午10点29分，在深圳地铁蛇口线水湾站的C出口，一名女子倒地50分钟没人敢扶。在地铁人员和警察赶到时，女子已当场死亡。当时市民从旁边经过，则看了看就走了。大众的这种冷漠的态度，着实让人感到心寒。

夏俊峰，一名小摊贩，与执法的城管发生冲突，杀死了两名城管，并且造成一名城管重伤。但是，由于被杀的是城管，大众对其有很大的偏见，网民和一些微博“大V”就说，夏俊峰不能被判死刑。

人的行为活动是建立在对环境认知的基础之上。在传统的社会里，人们了解环境，是靠自己“第一手”的信息，然而随着交往范围的逐渐扩大，在这个“地球村”里，人们往往会通过大型的媒介系统，来了解周围的大事。大众传播是以传达信息，提示外界信息变化的社会信息系统，而由于其活动规律和内部组织结构的制约，它向人们提示的环境并不是客观环境本身，而是经过加工、处理、组织的环境，是现实环境的再现，这可能就与本身的客观环境有了区别①。而这一变化也将给人们的环境认知和环境协调活动带来前所未有的新的变化与挑战。受众认识城管和老人的外在形象与行为，往往大多通过媒体获得，而媒体对现实的环境并没有进行完全真实的还原，导致受众对城管和老人形成固定化的偏见。

任何的新闻媒体都有自己的行为准则、价值观和立场。所以媒介在对新闻事件进行报道的时候，会依据自身的立场、利益，对事件的特定的属性做淡化或者凸显的处理。媒体对这两类事件的报道中，选择对其负面进行报道，对其正面的形象进行淡化或者不予以报道，把事件的负面的“主导属性”传达给受众，从而影响受众对事件的认识、判断和态度。大众媒体对城管的负面的妖魔化的报道，对扶老人遭讹诈的反面报道，充斥着荧屏，就会让大众认为，这些就是真实情景。大众往往会根据媒体对现实的报道，来确定周围的环境，协调自己的行为。这些过多的负面报道，会导致受众对社会的不信任，从而选择远离麻烦，树立起一种事不关己，高高挂起的冷漠态度。

三、媒体片面报道的原因

（一）媒体的商业化竞争

从某种程度上说，“收视率是万恶之源”。现如今，媒体高度发达，新媒体发展迅速，媒体面临着严峻的挑战与压力，为了在激烈的竞争环境中不被淘汰，媒体普遍需要提高自身的收视率来获得生存。因此，今天的媒体提供给公众的信息不是以“公众需要看”为标准，而是以“读者和观众想要看”为标准，只要能抓住读者和观众的眼球，或者能够抢

① 郭庆光：《传播学教程》，北京：中国人民大学出版社2009年版，第108-111页。

在第一时间报道，媒体就会对这类事件进行大篇幅的报道[①]。在现如今白热化的竞争中，媒体需要的是受众的眼球，如何获得公众的眼球，最有效的方法是让公众愤怒，公众的愤怒就会引起人们对事件的关注与评价。媒体不再是依靠新闻事实来引导公众，而是靠情绪来引导公众。新闻策划者就是利用和操纵公众情绪，策划人尽量按公众的感情来制造观点和言论。如果公众讨厌某人物，策划的言论和观点使公众更加厌恶这个人物。在对“扶老人”和“城管”的报道上，新闻媒体的负面报道，完全可以吸引大众的眼球，激起大众愤怒的情绪，以达到预期的传播效果。

（二）媒体从业人员的职业道德低下

新闻报道首先要做到真实和客观，一切都要以此为基础。真实的含义并不是说只是细节方面的真实，更重要的是要做到总体真实，客观地反映事件全貌。无论从事何种媒介的新闻从业人员，对他们的素质都有共同的要求，他们要严谨，客观，公正[②]。随着媒介竞争的愈演愈烈，媒体从业者之间的竞争越来越激烈，他们盲目追求新闻的时效性而放松了对新闻的把关，导致新闻没有经过认真的核实就传播给受众。另外，为了盲目追求收视率，新闻从业者在新闻策划时，故意掺入主观情绪，具有煽动性，增加新闻报道的关注度。在对城管和扶老人的报道上，媒体从业者故意夸大双方的矛盾，对城管，不加以区分，统统进行污名化报道，在扶老人的事件上只报道扶老人受讹诈，而对那些正面的事例却不去关注和报道，最终导致舆论的一边倒。

（三）主流媒体话语权偏置

作为具有公信力和权威性的主流媒体，在社会舆论中极易形成意见领袖，具有其他大众媒体所不具备的强有力的话语权，影响公众的思想与态度[③]。因此，主流媒体具有确定正确的舆论导向的职责，同时在面对由案件引发的民愤和民怨时，在尊重事实上，应对广大观众的不满进行疏导，这也是媒体的责任。而事实上，媒体在对这两类事件的报道上，却都是以反面、负面的报道为主。在2014年的央视的春晚上，将“扶不

① 李希光：《媒体商业化与新闻幻象化》，《人民网传媒视线》2004年第9期。

② 李良荣：《新闻学概论》，上海：复旦大学出版社2011年版，第26页。

③ 严晓青：《媒介社会责任研究：现状困境与发展》，《当代传播》2010年第2期。

扶”这一全民困惑的话题再一次呈现出来。此次仍以反面来呈现，老人的讹诈语录引发了观众一阵阵的笑声与掌声，在笑过之余，相信观众得到的认识，那就是老人扶不得。央视通过小品呈现的态度，更加剧了大众的偏见心理。

四、调节大众的偏向

(一)科学合理地调配媒介力量

就人与媒介的关系而言，媒介是由人创造的，并且是为人服务的，媒介的一切活动理应以人为中心。当媒介以它的力量发挥了改造、重塑人类生存环境的时候，自然应当引起人们的关注。虽然说媒介最终服从于发明它的人类，但不是所有的人都有意识和能力利用媒介为自己服务，大部分人都没有能力去驾驭媒介①。受众只会通过媒体的报道来确定周围的环境状况，明确自己的行动方向。在媒体对城管大量的污名化报道以及“扶不扶”的负面报道中，受众混淆了真实的环境和媒体构建的拟态环境。所以，专业的传播机构和职业传播者的责任在于合理地调配媒介力量，不能将所有的媒介力量都放在负面信息的报道上，这既不符合事件发展的真实的形态也不利于舆论的健康发展。正面、负面的报道要以事件的真实发生频率相一致，来安排相应比例的版面和报道的时间。这样的安排才能使得媒体报道构建的拟态环境与真实的环境相一致，媒介的生态环境才会更稳定。

(二)收集各方信息,兼顾矛盾双方

任何的事物都具有两面性，当然新闻事件也是如此，而且一些新闻事件的对立面非常明显。面对新闻事件中对立的双方，新闻报道者首先自己必须要冷静，不能抓住自认为吸引眼球的一点不放，更不能感情用事，掺杂自己的情绪。报道者必须要全面了解各种情况，分析事件对立双方的利与弊，用分析比较的方法收集信息进行报道。面对新闻事件，受众会有自身的态度、看法与评论。媒体只需要客观真实地呈现事件，真实地再现矛盾的双方。另外，在版面编排和报道时间上，也要注意平

---

① 段京肃:《大众传播学:媒介与人和社会的关系》,北京:北京大学出版社2011年版,第102-105页。

衡原则，即在同一版面和一定的报道时间内要安排同一主题的各种不同的信息，而不是一味地进行负面的具有煽动性的报道。

（三）给被批评者以申辩的机会

虽然新闻报道应该具有舆论导向性，但在针砭时弊、批评个体的时候，不能将被批评的个体一棍子打死，应该给被批评者申辩的机会，提供一些版面发表他们的辩解或反驳意见。只有这样，才能最大程度地还原新闻事件的真相，给读者一个全面了解事件的机会。在对城管、扶老人的报道中，或许媒体应该再听一听被批评者的话语，而不是不给他们申诉的机会，一味地进行打击性的宣传报道。也就说，新闻报道必须掌握批评分寸，确保报道客观公正。否则，就很容易出现一边倒的局面，进而导致新闻报道的失衡与失实，十分不利于全社会舆论的引导和社会道德的健康发展。

（四）开展深度报道

近年来，以多版一题为表现形式的深度报道为实现报道平衡提供了一种可能。而要实现深度报道需要达到新闻信息的高度饱和和新闻分析的高度饱和。新闻信息的高度饱和，即在新闻事件特别是重大新闻事件发生以后，新闻媒介特别是报纸不惜篇幅用多个版面报道同一事件，全方位、多角度提供充分满足受众需要的新闻信息[①]。新闻分析的高度饱和，即是想方设法地将新闻的“五W　II”这六要素充分延伸和拓展。然而媒体在对“城管”和“扶不扶”两类新闻事件的报道中，焦点过于集中于对责任方的认定，而忽视了探究事件背后深层次的原因。如果媒体能把焦点集中在这些事件发生的深层次的原因上，那大众会随之把关注点放在事件的深度原因的探究上，这样不仅可以向大众展现事件的真实形态，还能有效地引导舆论，有效地促进事情的解决和社会道德的健康发展。

（原载《新闻世界》2014年第11期）

① [美]詹姆斯·波特:《媒介素养》,李德刚等译,北京:清华大学出版社2012年版,第5-8页。

当代少数民族地区
新闻传播与国家认同研究

◆ 张　荻

一、当代少数民族地区新闻传播对国家认同的影响

在当今全球化通信的新闻传播背景下，少数民族国家认同的动机、特征和方式都发生了显而易见的改变，人们面临的是“民族问题国家化、经济问题全球化、宗教问题政治化的大环境”①，对此少数民族地区新闻传播对国家认同的影响已不再简单的表现为国家概念介入、意识形态宣传或社会情绪控制。

首先，少数民族地区的民族认同如果比国家认同强势，那么便可能会出现凌驾于国家利益之上的民族分裂运动，反之民族地区拥有稳定的国家认同，国家便具备了抵抗各种民族灾难而维持人民统一团结的能力。因此，少数民族地区新闻传播构建国家认同的基础是“共生论”而不是“冲突论”，在过去印刷媒介占领绝对传播地位的时代，新闻传播可以通过政治宣传在国家认同中扮演重要角色，而现在以电视、互联网、

作者简介：张荻，副教授，博士，硕士生导师，主要研究方向：播音发声、创作基础、电视播音主持、现场报道、口语表达主持人语用研究、播音规范研究。

① 杨娜：《大众传媒与政治的关系》，《中国社会科学》2013年第2期。

新媒体技术为主体的大众传媒将信息“受众”变成了“公众”，强化少数民族的国家认同意识必须在政治和文化两个方面同时发力，传媒生态的变化为少数民族国家认同带来的最大优势是各民族同胞文化交流越来越活跃。当代少数民族地区新闻传播有机会超脱政治功利性的传播标准来营建“草根式”的平凡而优秀的公民形象，让国家制度与社会主义核心价值观以一种更具亲和力、更贴近民族生活的方式表达出来，基于构建值得信赖的社会协作基础来弘扬少数民族公民为国家服务的真实形象。

其次，新闻传播要遵循新闻价值的基本规律，少数民族新闻传播的视角如果仅仅“依靠国家建设成就和民族团结报道的‘感恩意识’来创造中华民族共同体的光辉形象”[①]，是对新闻价值的消耗。真正具有持久影响力的新闻报道不是商业宣传、文艺宣传或军事宣传，新闻传播价值的最终实现需要表现为广泛的民众参与。随着民族地区教育质量的飞跃，语言文化水平的提高，少数民族母语与主流媒介语言的距离正在缩小，无论是新闻语言本身还是非语言的民族习俗、宗教信仰、社会偏见都要接受各民族读者、听众、网友以不同思维方式的信息置换与解码，新闻传播随时都面临着“误读”。过去的少数民族新闻传播时空是恒定的，很少具有真正意义上的“跨文化”传播出现，而当代少数民族新闻传播的地域局限性被突破，传统民族文化赢得了宝贵的移植空间。“误读”带来的是更多的民族话语权以及民族文化再生机会，它们共同创造了国家认同的前提，即语言文化群体的交流基础，促使少数民族文化可以借助新闻传播在国家现代化进程中找到自身的位置，真正融入中华民族大家庭的多样性与丰富性之中。

再次，国家认同是科学的新闻观念建构的结果，在认同多元化的时代，少数民族地区面临的认同困境多种多样，民族认同、宗教认同、国家认同等。对此保守和落后的新闻观念倾向于通过排斥一种认同来达成另一种认同，这对一个多民族国家而言只会制造出更多的争端和矛盾。当代科学新闻观念指导下的新闻传播体例视国家认同为一种结果，少数民族社会的宗教认同和民族认同是走向国家认同这一根本结果的过程，顺应宗教认同与民族认同中的群体意识规律，以优秀的事实选择和民族经验分享将共同的民族情感联系在一起，这是当代少数民族新闻传播区

① 白瑞生:《中国少数民族新闻传播史》,北京:民族出版社2008年版。

别于计划经济时代的新闻特质，即不以任何灌输说教的方式，润物细无声地启迪民智，“在各族人民平等参与信息传播及国家活动的基础上发展出统一的公共文化”①，达成国家认同。

二、当代少数民族地区新闻传播与国家认同现状

在传统社会向现代社会转型中，新闻传播面临的从人际传播向大众传播过渡的历史任务，对此我国少数民族地区直到二十世纪初才开始办报。地理环境和生活方式的制约让民族地区在较长历史时期依靠人际传播来接收信息，例如早期西北少数民族农牧社会，新闻信息的流传方式基本处于口头和“新闻纸”阶段，渠道的单一性和媒介生态的缺乏离当代大众传媒所奉行的开放精神相去甚远，人们认知图景的受限造成“民族是民族，国家是国家”②。现代化和新媒体技术的发明突破了民族地区在媒介功能与表达领域的自我受限，在庞大多变的信息环境和传播格局中，少数民族认知民族国家的主体能动性觉醒，当社会信息不畅的鸿沟被技术逾越，原先保守稳定的社交网络开始扩大化，但“少数民族知识生产与更新的基础将不是原生态的初始信息，而是被多次加工、制造和使用的信息”③。这时候少数民族城镇与农村、较发达地区与贫困地区、老年人与青年人的新闻受众差异便显现了出来，相较主流社会的新闻受众差异剧烈得多，其社会经济结构、知识人口的严重不均衡急切需要当代少数民族地区新闻传播具备以国家为主体的多层次信息分流的传播体系。

新闻传播的起步晚、媒介融合度低，意味着少数民族新闻报道的协调力量较弱，民族社会的国家认同总是与民族认同、宗教认同交织在一起，三者的价值协调是可塑的、动态的、共存的。少数民族国家认同与身份属性、阶级属性以及信仰属性无关，而与民族文化现象和社会生活变革有关，它并不是一种类似于“身份定位”的标识，以此反观当代少数民族新闻传播构建国家认同的方式都在倾向于给出“认同”一个明确的标准。例如藏族是一个古老的民族，西藏新闻传播倡导藏族非物质文

① 李世举：《传媒生态变迁背景下少数民族新闻传播的价值取向》，《当代传播》2013年第4期。

② 刘珊珊：《中国少数民族新闻传播政策研究》，北京：中央民族大学硕士学位论文，2012。

③ 袁俊辉：《浅淡电视媒体在思想政治工作中如何发挥主阵地作用》，《民族研究》2011年第8期。

化遗产保护是对藏族文化生活独立性的重视，体现了国家对藏族群众的尊重，在这一点上新闻传播通过肯定民族来认同国家，但反过来行不行呢？例如“西藏新闻报道中经常树立孔繁森等先进人物形象”[①]，孔繁森是时代的楷模，但打造孔繁森的国家公仆形象并不能引导藏族群众“成为一个什么样的人”，它已经超出了普通藏族群众的现实生活经验，因此“身份”标志不能成为国家认同的渠道。当代少数民族新闻报道怎么回归新闻本身，从“身份定位”的困局中走出来，将报道对象由国家活动转向少数民族的民众活动至关重要。

另外，我国少数民族新闻传播市场化运作的弱势制约了国家认同的构建。改革开放以来，中国社会发展最为迅速的基础是与市场经济紧密相连，市场经济的自由、开发以及竞争形态使媒介的作用被放大和提升，全球化和新媒体技术让“少数民族风俗习惯、饮食文化、服饰特色、精神生活的曝光与汉族信息传播处于同一水平”[②]，再偏僻的民族地区新闻也可能借助市场化运作成为国家乃至世界的事件。然而，当前少数民族地区新闻传播的生存模式却并没有跟上市场化运作的轨道，地方媒介在同时兼顾“国家喉舌”和经济创收者的双重角色时力不从心。特别是西部少数民族传媒业所在地区的城市化水平低，广告资源贫瘠、社会受众群明显小于东部传媒集团，市场化运作能力的低下促使信息发生的频率、速度以及传播范围赶不上国家主流社会经济的发展趋势，意味着“少数民族地区新闻传播对民族国家的双向监测功能滞后”[③]。长此以往将直接影响国家信息传播的共享性、扩散性与普适性，使少数民族国家认同的发生、发展回到计划经济时代的意识形态教育框架中去，少数民族新闻传播的社会控制方式没有进步反而倒退了。

三、当代少数民族地区新闻传播的国家认同路径

由当代少数民族地区新闻传播对国家认同的影响和现状可见，在全球化通信和现代化进程的新闻传播形势下，少数民族地区新闻传播与国

① 杨保军：《简论新闻观念对政治观念的能动作用》，《理论视野》2013年第6期。

② 邓备：《我国少数民族新闻传播研究状况分析》，《西南民族大学学报》（人文社会科学版）2013年第11期。

③ 陈海华：《论少数民族的民族认同与国家认同的统一性》，《贵州民族研究》2014年第3期。

家认同的关系不再局限于意识形态的舆论引导，反而更多的呈现出一种去政治化的言谈形式，对此改变传统少数民族新闻报道的单一化格局、调整新闻传播的价值取向，提升地方媒介的市场化运作能力是对当代少数民族新闻传播的基本要求。

首先，少数民族新闻传播起步晚、媒介融合度低的单一传播格局无法应对少数民族城镇与农村、发达地区与贫困地区、老年人与青年人的新闻受众差异，急需具备以国家为主体的多层次信息分流的传播体系。十九世纪到二十世纪的国家意识渗透只要拥有传播渠道便已足够，而当代少数民族新闻传播需要的则是传播布局。例如互联网与新媒体技术丰富了少数民族地区的新闻传播渠道，但网络新闻传播对少数民族贫困地区或农村老年群体却并不应景，反而是少数民族乡村生活中的某些仪式化生活为新闻传播的国家认同构建创造了机会。以维吾尔族乡村为例，维吾尔族包括宗教仪式、娱乐仪式、节庆仪式在内的乡村活动非常多，近些年来电视已在维吾尔乡村得到普及，村民亲自参与仪式活动的在场性与电视节目录制、现场直播仪式内容的表演性可以同时进行，将维吾尔族乡村生活世界中的族群仪式植入电视媒体的作用并不在于让人们通过电视再次收看仪式内容，而是按照新闻媒介的现代化信息传播方式来组织少数民族乡村群体“与国家各种仪式庆典、奥运会、国庆阅兵等重大国家事件的电视体验同步”[①]，通过少数民族村民仪式生活重构发挥整合民族活动与国家活动的双边功能。

其次，当代少数民族地区新闻传播对民族认同、宗教认同、国家认同的价值协调要回归新闻本身，从“身份定位”的困局中走出来，聚焦民族地区的公民生活，促使国家活动与民族活动在新闻传播中呈现相互统一的价值，表现为“公民新闻”的道路探索。尤其对于贫困地区的少数民族而言，他们并不是没有参与公共事件的热情，而是许多公共新闻充斥的精英色彩与少数民族生活经验相隔太远，较难在普通少数民族群众中获得共鸣，走出“劳模”“精英”的新闻宣传怪圈、隐藏国家意识的灌输意图才能弱化民族主义的心理猜度。对此，“公民新闻”视觉的国家认同途径是关注民生，将国家路线与少数民族社会的民生问题紧密结

① 黄嘉树、刘文树：《台湾民众国家认同变迁中的新闻传播因素分析》，《北京联合大学学报》（人文社会科学版）2012年第4期。

合，例如对少数民族贫困地区的扶贫工作报道，公众并不需要媒体来告诉他们有多贫困，接受了国家多少帮助，但很乐意透过媒体的眼睛去看看发生在自己身边的那些令人心酸或温暖的故事。从官方扶贫的角度报道新闻不如从微观的角度去听听当地群众的声音，只有他们被新闻"邀请"，才能真正成为新闻中心，投入到国家公共事务的参与中去。因此，公民新闻负载着国家认同的思想内涵，却并没有淡化族群身份和民族宗教信仰，而是强调个人与国家之间的关系，通过鼓励少数民族参与弱势群体关怀、生态环境保护、现代法制建设等诸多国家议题来争取公民权利，维护民族自由与信仰自由，实现民族认同、宗教认同、国家认同的价值统一。

最后，我国少数民族新闻传播在市场化运作的弱势地位制约了国家认同的构建，地方媒介在同时兼顾"国家喉舌"和经济创收者的双重角色时显得力不从心，为此少数民族地区的传媒业要融入社会主义市场经济体系当中去，"确立市场化与非市场并存的双轨制模式"①。一方面是市场化，少数民族地区新闻传播的市场化是指"按照市场生产要素来搭建新闻传播的运作骨架"②。对此，全球化时代什么样的新闻传播成本最低呢？答案是互联网。网络可以成为少数民族地区新闻报道市场化的助推器，利用网站为载体，少数民族地区实现对外文化交流的服务类型被拓展了。例如主流媒介、社会大众、摄影爱好者、出版社及企业对少数民族当地新闻图片的需求，少数民族地方新闻机构以往要通过广告业务来获得推广与传播资金，现在实行网站签约代理便能成为图片中介，达成利益共享，同时媒体间的合作机会增多有利于外来文化与主体文化之间的适应，是多民族国家文化交往与融合的基础。另一方面是非市场化，即依靠国家固定的媒介资源配置来"改变东西部媒介生产成本和利润的迥异现状"③。少数民族地区新闻传播的市场环境还不成熟，分层次、分种类、分时、分批步入市场是少数民族媒介经营的必然之选，对此国家政策对民族新闻事业的支持体现为"赋予少数民族新闻机构率先

① 周德仓：《民族区域自治与西藏新闻传播事业的构建》，《西藏民族学院学报》（哲学社会科学版）2011年第S1期。

② 南长森、南冕：《当前少数民族新闻传播的研究视域与拓新领域》，《当代传播》2013年第3期。

③ 周德仓：《民族区域自治与西藏新闻传播事业的构建》，《西藏民族学院学报》（哲学社会科学版）2011年第S1期。

报道国家重大事件的优先报道权”[①]，改善西部少数民族地区的人文生态环境，辅助高品位的国家读物独立发展，防止公共信息知识生产被破坏。

（原载《贵州民族研究》2015年第11期）

① 张斌：《大众传媒与少数民族乡村政治生活》，武汉：华中科技大学博士学位论文，2012。

提升法治叙事能力　拓展媒体生存空间

——话语权语境下中国法制类节目的升级与转型

◆ 陈接峰　胡　虹

虽然借助网络技术的发展，网络新媒体对传统媒体长期累积的话语影响力形成了巨大的挤压，但是，到目前为止，电视依然是各种媒介手段中最擅于叙事的工具，这使得电视媒体依然保有巨大的优势。在这场新旧媒体话语影响力的争夺中，法制类节目无疑成为电视媒体张扬叙事技巧、提升叙事能力、拓展生存空间的重要内容产品。

一、法制类节目目前存在的问题

以1985年东方电视台创办《法律与道德》、中央电视台《规矩与方圆》节目为发端，电视法制节目以一种独立的电视节目样态出现在中国电视荧屏已有30年。1999年中央电视台的《今日说法》节目正式开播，标志着中国法制类节目从专题节目样态进入常态节目样态，成为迄今为止中国在播时间最长、收视率最高的日播类法制节目。以北京台《法治进行时》为标志，电视法制节目在激烈的内容竞争中成为保持和赢得观众注意力的重要节目样态，甚至成为推动诸多地方电视台或者电视频道稳定和提升收视的重要手段。以法制为特色的电视频道大量出现，到

作者简介：陈接峰，副教授，博士研究生，硕士生导师，主要研究方向：传媒经营与管理，媒体内容策划与创新。胡虹，安徽师范大学美术学院助理研究员。

2014年底全国各类法制特色频道超过40家，法制栏目接近300个。但是纵观这些法制栏目，繁荣的背后也普遍存在一些问题[①]。

（一）以案说法类节目样态创新不足

以案说法类节目简单粗糙，由于《今日说法》开播后收视节节高升，以案件为核心的法制评论类节目成为各级各类电视媒体效仿的节目样态。广东珠江台的《今日关注》、太原电视台《百姓说法》、重庆卫视《拍案说法》、天津电视台的《案与法》、江苏电视台的《法案现场》《法眼观察》、福建电视台的《与法同行》、大连电视台的《法治天地》、四川新闻频道的《案件聚焦》、重庆新农村频道的《现场说法》、昆明综合频道的《风雷说法》、长沙政法频道《方圆之间》、浙江教育科技频道的《法案纪实》、江苏城市频道的《法制现场》等200多个类似的节目蜂拥而上，这类节目的基本样态均为每日一案，举案说法[②]。与《今日说法》不一样的是，这类节目主要依赖放大案件离奇曲折的故事性、追求案件过程的紧张刺激来抓住观众猎奇的心理，节目的样态、节目的题材与形式都大同小异，表现手段单一。

（二）深度报道类节目生产能力薄弱

这主要表现在法制深度报道类节目的生产上，内容与形式均止于猎奇，凸显出法制类深度节目生产能力的不足。虽然中央电视台《新闻调查》《经济半小时》等法制类深度报道节目取得了巨大的社会影响力，但是其他的如广东卫视的《社会纵横》、湖南都市的《警界》、成都电视台的《真相30分》、江苏公共频道的《目击》、中央台法制频道的《真相》、湖北综合频道的《公正路9号》等法制深度节目，均把悬念和故事放在首位，停留在满足观众的猎奇、偷窥心理，而且由于节目资源匮乏，大量的题材通过购买获得，虽然覆盖区域不同，仍然暴露出法制深度报道类节目的困境。

（三）法制纪实类节目可看性不足

法制纪实类节目以北京电视台、上海电视台《庭审纪实》为代表。这类节目以直播方式记录各级法院审理重大案件的庭审过程，深入探访

---

① 黄海星：《电视法制节目的热播、潜在危机与对策》，《中国广播影视学刊》2004年第7期。

② 游洁、郑蔚：《电视法制节目新论》，北京：中国广播电视出版社2007年版。

当事人的庭外境况，就庭审中的法律问题进行解读，结构松散，过于专业，缺乏可看性。

（四）现场新闻类节目受限较多

这类节目除北京电视台《法治进行时》、上海电视台《东方110》曾经创造收视奇迹之外，包括中央电视台新闻频道的《法治在线》在内的全国各地类似节目在新闻的快速反应上受各种因素制约很大，难以发挥电视的优势。

（五）法制综合类节目观众基础薄弱

重庆电视台的《拍案说法》结构上采取章回体的非常态表达、形式上采用独特的编排方式来赢得观众，但是这种外在形式的创新短期内能吸引观众眼球，长期播出缺乏足够的观众基础，后续创新不足节目成长乏力。芜湖生活频道在此基础上创新的《九点升堂》，主持人以包公形象出镜嫁接古装、曲艺、脱口秀等多种形式符号，后被湖北卫视改造成为《包公来了》，虽然这些节目形式可圈可点，但是收视结果均不理想。

二、法制类节目进化的方向

法制类节目经过30年的发展，已经成为中国电视媒体生态的重要“种群”，法制类节目的进化也成为中国电视媒体生态进化的有机组成部分。伴随着中国电视媒体生态的整体演化变迁，法制类节目的创新演进需要在生态学的角度加以梳理，才能找准匹配媒介生态的生存方向，确保“种群”生存延续①。

（一）强化必看性才是出路

法制节目的创新演进不仅仅受制于节目自身的生存环境影响，同时也受制于整个媒介生态竞合关系的影响。一是传统媒体大环境的颓势势不可挡，整个媒介生态遭遇到新物种的严重侵袭，作为整个生态系统的“种群”之一，自然也无法幸免受到波及。一大批优秀的法制节目也出现人才流失，收视下滑，影响力锐减的局面。甚至有些法制频道干脆取消了法制的呼号，改为其他内容播出。二是寻求猎奇与刺激的观众已经大

① 周晓月:《试论中国电视法治节目的发展方向》,北京:中国传媒大学本科学位论文,2009年。

量迁移到网络新媒体，由于早几年监管乏力，网络新媒体在各类案件的报道上，渲染凶杀、暴力、色情、恐怖等情节和场景远远超过电视媒体的边界，网络媒体成为观众首选的满足猎奇、寻求刺激的平台，仅仅提供有一定可看性的节目内容，已经难以保持和赢得观众的注意力。何况不少法制节目由于人力物力的不足，大量采用网络媒体的资料汇编，这也人为地弱化了法制节目的可看性。

提升法制节目在电视媒体的地位，就必须面对节目如何保持和赢得观众的问题。解决这个问题唯一的出路在于强化法制节目的必看性。必看性体现在以下三个方面：一是垄断独家的内容资源，做到内容发布的唯一性，这是强化必看性的基础，内容没有唯一性，什么样的平台都可以获取，渠道多元化了观众就会选择最适合自己的渠道，在方便与可得性上电视渠道没有多少优势。二是打造独家的播出平台，很多电视节目为了所谓的网络点击率，节目播出的同时也上传网络，实际上分流了电视媒体的观众。法制节目独家的内容资源，完全可以凭借自身的内容稀缺性，减少对其他播出渠道的依赖，强化电视媒体的播出效果。三是强化矛盾与冲突，传统媒体遵循的是一对多的传播模式，法制节目的选题难以做到具体而微的针对性，但是，针对多数观众普遍关心的话题展开，依然有很多路径可走，除掉凶杀、偷情等元素之外，法制节目要勇敢面对社会普遍关注的矛盾，矛盾和冲突是法制节目强化必看性的基本内核。

（二）提升有用性才是根本

作为一档电视栏目也许有一定的生命周期，会经历培育期、成长期、高峰期、平台期和衰退期，这与任何产品规律都一样。但是电视节目相对于栏目来说利用率是很低的，很多节目播出一次后就再也没有利用价值，在电视屏幕这个货架上电视节目是“快消品”，转瞬即逝。要提升法制节目的生命力就必须面对如何把“快消品”变成观众的“必需品”。纵观全国300多档法制节目，没有一档节目关注医疗、养老、拆迁、政府不作为等，没有一档节目关注老百姓意见很大的“三难”问题：门难进、脸难看、事难办，没有一档节目揭露身边无处不在的诈骗、传销，观众遇到这样的事件，往往投诉无门、解决无期，对观众没有用处是法制节目缺乏必看性的根本原因。观众对法制节目的需求不会停留在好玩有趣上，如果法制节目满足于好玩有趣，那么也就意味着法制节目失去了对自身进化的追求。法制节目新的生机是需要研究如何对观众“有用”，这是法制节目区别于其他任何节目的精神内核，而这一点恰恰是法制节目最能展现力量的地方，在所有节目都在供人娱乐消遣的时候，法制节目可以做到“铁肩担道义”，这本身就是节目内容差异化的最佳实践。

三、法制节目的功能转换

功能置换①（functional displacement）理论是指当现有的媒体功能被更新的技术所代替，旧媒体必须找到新的功能。这个理论告诉我们，如果广播、电视、报纸想在这些所有的变化之中求得生存，就必须找到自己比其他新兴媒体更好的服务功能。新媒体总是在擅长提供受众想要的东西上获得超越传统媒体的竞争优势，如果在传统媒体的平台上去与网络媒体竞争提供观众猎奇、刺激的需求，将失去竞争优势②。这也告诉我们：媒体融合不是目的，无论内容的融合、渠道的融合、技术的融合、组织和产业的融合，都只是手段和措施，发现自身优势、挖掘受众需求、实现功能转换才是实现媒体实力提升的法则。法制节目在这场巨大的社会变迁中想要谋得生存与发展，就必须紧紧结合当下的法制建设实践，体现老百姓的法治愿望，塑造法制节目的传播力、公信力和影响力。这将成为法制节目发展必须优先考虑的课题。

（一）服务功能将成为法制节目的主要功能

娱乐消遣是电视节目迎合观众需求的选择，帮忙服务是电视节目引导观众需求的选择，这两种不同的节目生产体现的是不同的媒体功能。手机等移动智能终端媒体的快速发展，使得传统电视媒体信息传播功能弱化，如果法制节目还停留在法制新闻和法制故事的层面，无异于将自己进一步推向边缘化。获取这些碎片化的信息最优的渠道已经不是电视

① [美]斯坦利·巴兰、丹尼斯·戴维斯：《大众传播理论：基础、争鸣与未来》，曹书乐译，北京：清华大学出版社2004年版，第49页。

② 胡智锋、尹力等：《电视法制节目：特质、创作与开发》，北京：中国广播电视出版社2003年版。

节目平台，而是移动智能终端设备，过去被忽视的电视媒体的辅助服务功能将得到彰显，法制帮扶将成为彰显社会公正、完善社会公共话语空间的重要内容。围绕这种功能置换，重庆新农村频道的《大律师在线》，已经在尝试把法制帮扶作为节目内容生产的核心。湖北垄上频道的《法案四组》出发点已经转移到“构建田间地头的维权平台”上，把法制节目的服务功能作为提升观众参与和激活观众存量的核心功能。更多的观众希望有人帮助自己维权，有人替自己跑腿，而这是其他节目难以发挥优势的地方。帮忙和服务成为法制节目进化的必选。法制服务功能是围绕内容生产和社会需求这两个核心诉求做出的选择。积极应对社会需求的变迁是法制节目内容与形式的首要诉求，社会需求满足了法制节目的生存根基也就稳固了。

（二）平台功能将成为法制节目的生态功能

媒介生态化发展是近年来学界关注的焦点。尽管新媒体的构建媒介生态上走得很远，但是传统媒体尤其是电视媒体鲜有成功的案例。传统的法制节目生产方式是被动地迎合观众的口味，以猎奇、精彩、刺激等作为卖点，受制于题材、地域以及法律本身的约束，再加上近年来电视荧屏“新奇特”节目不断涌现，法制节目在迎合观众口味的过程中优势不再，已经难以保持和赢得观众的眼球。北京台《法治进行时》高峰期收视份额接近50个点，精心策划的一些事件如：2000年的《绑架幼童勒索案侦破纪实》，2001年的《9万公斤特大毒品案侦破纪实》，2002年的《朝阳7.11枪案》，2004年的《吴若甫被绑架案侦破纪实》等，可以说制造了中国电视节目的地标。一是轰动性事件可遇不可求，二是主持人的人格魅力需要某种天赋，这两个原因使得这档节目不可复制也不可延续。不过另外一个更重要的原因，也常常被业界忽视的是：没有营造自己的生态圈、没有搭建足够的观众维护系统、没有与之匹配的平台支撑系统，来保持和维护观众，一旦没有了节目生产依靠的精心策划的轰动性事件或是主持人离开，观众就出现断崖式分流。因而，构建平台系统是法制节目获得可持续发展的内在需求，节目不是一个孤零零的形态，是一个“种群”需要有自己的平台化生存的技巧和手段，缺乏平台化的生存能力将制约法制节目的发展。

(三)维护社会公正将成为法制节目升级转型的动力

习近平指出，公平正义是政法工作的生命线。法制节目既可以“铁肩担道义”，也可以“妙手著文章”来维护社会公正，让观众切实感受到公平正义就在身边。习近平提出要重点解决好损害群众权益的突出问题，这成为法制节目升级转型的重要动力，习近平提出了四个“决不允许”：决不允许对群众的报警求助置之不理，决不允许让普通群众打不起官司，决不允许滥用权力侵犯群众合法权益，决不允许执法犯法造成冤假错案。这说明我们的身边这类问题已经很多甚至威胁到执政稳定的大局，法制节目如何实践维护社会公正的社会功能？无论节目的内容和形式都要重新检视，来积极应对媒介环境的变迁、社会需求的变迁。维护社会公正和改善公共话语空间，需要依靠民主与法治的保障，民主与法治的认知需要借助故事的表达，传统电视媒体是目前为止最擅于叙事的媒介手段，法制节目应该在如何具备中国法治的叙事能力上做文章，才有巨大的前景。

四、结语

中国社会开始进入法治化轨道，这是与新技术的高速发展和城市化进程的加快同步的，这些巨大的社会变迁直接导致了观众的媒体需求变迁。但是，无论媒介形态如何变迁，只要主流社会的话语体系不变，电视媒体就依然具备推进国家法治进程的使命，法制节目也依然是推进国家法治进程的重要传播手段。

（原载《电视研究》2015年S1期）

重塑知识生产者形象

——公民新闻时代专业记者的再定位

◆ 张泉泉

新媒介技术的发展，极大地解放了公民的信息生产能力，冲击着专业新闻生产和新闻消费的各个环节。专业媒体面临的挑战除了“来自新媒体技术与媒介融合趋势下的媒体转型压力”，就是“社会化媒体以及公民新闻对专业媒体的传统地位与业务模式的冲击”。[①]“公民新闻与专业媒体平分秋色”是“社会化媒体影响下的新闻生产模式”，“专业媒体仍然需要坚持自己的‘专业优势’”，在对公民新闻价值的尊重基础上“对自己的专业角色与职责重新定义”[②]。近年来，在“重新定义”专业媒体的探讨中，关于新技术因素对传媒业影响的讨论颇受重视，而对新闻生产的主体——新闻记者的职业身份和角色认知缺乏新媒体背景下的再思考。“人人都有麦克风、人人都是评论员”，面对媒介场域内的众声喧哗，专业记者如何发声？其核心竞争力又如何体现？

另一个问题显得有些尴尬：新闻记者是知识分子吗？问题的回答首先取决于对知识分子概念的界定。从一般常识、职业或知识分工等角度

作者简介:张泉泉,副教授,博士研究生,硕士生导师,主要研究方向: 新闻与传播理论、媒介文化批评。

基金项目:省级质量工程项目“融合语境下新闻传播理论课教学模式创新研究”(2012jyxm120);2013年安徽省本科教学质量提升计划核心课程《新闻学概论》建设项目资助课题。

① 彭兰:《记者微博:专业媒体与社会化媒体的碰撞》,《江淮论坛》2012年第2期。

② 彭兰:《社会化媒体、移动终端、大数据:影响新闻生产的新技术因素》,《新闻界》2012年第16期。

对知识分子的理解，新闻记者自然可以归为知识分子群体。但从学术界对知识分子的研究来看，新闻记者又很少明确被列入知识分子行列，或者语焉不详、避而不谈。同时，查阅相关资料可见，关于媒介知识分子、公共知识分子的讨论相当热闹，而专业记者是否可能、何以可能成为知识分子的话题却鲜有提及。新闻学教科书上对于新闻记者的表述无不立论于知识分子传统，传媒也是知识分子“立言”的重要空间，而实际公共领域内对新闻记者身份的讨论却总是有意无意回避，或许可以借用布尔迪厄所言，“知识分子是吊诡的存在者”[①]，新闻记者是吊诡的知识分子。

将上述两个问题联结起来考虑，就是本文所要探讨的问题：对新闻记者身份问题的讨论意义何在？有无历史渊源和现实实践？本文试图对新媒介环境中专业记者进行身份再定位的论证，以期唤起学界和业界对公民新闻时代专业记者主体能动性、可构建性的重视。

一、从知识分子的著名定义看新闻记者的身份界定

一般认为，知识分子是来自西方的概念。最早出现在19世纪的俄国，“不是一个职业性的阶层，而是一个精神性的群体”，“一批与主流社会有着疏离感、具有强烈的批判精神、特别是道德批判意识的群体，当时就被称为知识分子”[②]。知识分子概念的另一个源头来自法国，与著名的德雷福斯事件有关，仍然是指具有正义感和社会良知的人，左拉与他的《我控诉》成为知识分子诞生的标志。

早期知识分子的概念与职业、专业联系不大，以创立“知识社会学”闻名的德国社会学家卡尔·曼海姆认为，知识分子是不安定的“自由漂浮者”，在智力上是“自治”的，在结构上是开放的和民主的，是具有乌托邦思想的自由职业者。曼海姆论证的出发点是知识分子和意识形态的关系。

与之同时代的葛兰西着眼于知识分子的社会职能，对知识分子进行了划分：一种是传统的知识分子，例如老师、教士、行政官吏这类代代

① 吴飞：《新闻专业主义研究》，北京：中国人民大学出版社2009年版，第264页。

② 许纪霖：《中国知识分子十论》，上海：复旦大学出版社2011年版，第3页。

从事相同工作的人，本质上属于社会中游离于体制外的知识分子，代表着社会一般的普遍的真理、正义和理想；另一种是有机知识分子，指的是“哲学家”、艺术家和有品位的人，他们持有一种特殊的世界观、一种有意识的道德行为，因为有助于支持和改造一种世界观，即有助于新的思想方式的形成[①]。这种知识分子作为体制内的有机组成部分，为体制制造意识形态，作为阶级或阶层的代言人出现。

美国社会学家席尔斯的定义是：“知识分子就是在社会中那些频繁地运用一般抽象符号去表达他们对人生、社会、自然和宇宙理解的人。也就是说，知识分子无非是创造或传播抽象的价值符号的一群人。根据这一定义，知识分子包括大学的教授、研究院的人文专家、传媒的从业人员、出版社的编辑以及作家、自由撰稿人等等。”[②]席尔斯的定义从一般社会学的角度出发，更为宽泛。

法国哲学家朱立安·班达对于知识分子的著名定义是：知识分子是一小群才智出众、道德高超的哲学家——国王（philosopher-kings），他们构成人类的良心[③]。班达倡导的是以苏格拉底和耶稣为代表的知识分子形象，用抽象的公正、真理和理性来批判现实。他的代表作《知识分子的背叛》，批判了假借种族主义、民族主义和阶级斗争等背叛了价值理想的知识分子。在他看来，真正的知识分子“他们的活动本质上不追求实践的目的，只希望在艺术的、科学的或形而上学沉思的活动中获得快乐，简言之，他们旨在拥有非现世的善。他们总是说：‘我的王国不是这个世界’”[④]。

萨义德的知识分子论受班达的影响，但更为极端，“根据我的定义，知识分子既不是调解者，也不是建立共识者”。“我把知识分子刻画成流亡者和边缘人（exile and marginal），业余者，对权势说真话的人。”[⑤]按照萨义德的标准，当代社会的知识分子越来越成为“稀有物种”了。

① [美]爱德华·W. 萨义德：《知识分子论》，单德兴译，北京：生活·读书·新知三联书店2002年版，第11页。

② 许纪霖：《中国知识分子十论》，上海：复旦大学出版社2011年版，第8页。

③ [美]爱德华·W. 萨义德：《知识分子论》，单德兴译，北京：生活·读书·新知三联书店2002年版，第12页。

④ [法]朱利安·班达：《知识分子的背叛》，佘碧平译，上海：上海世纪出版集团2005年版，第78页。

⑤ [美]爱德华·W. 萨义德：《知识分子论》，单德兴译，北京：生活·读书·新知三联书店2002年版，第25页、序言第6页。

在著名法学家波斯纳看来，“所谓知识分子，一般可以理解为认真严肃且有能力关注智识问题之人”，他的划分更加细致，说明也更加充分，并且列举出大量名单。他进一步指出“知识分子把一般的思想运用于社会公众关注的问题，其思维过程自上而下，对他所察觉的权力滥用、腐败或者社会不公予以理论思考。他不仅仅是作为一名记者或一位技术人员。因此，有些报刊人士……属于知识分子，而另外一些则不是。”①

在以上诸多关于知识分子的界定中，我们无奈地发现新闻记者在不同界定的圈子里跳进跳出，难有定论。问题纠结在到底对知识分子的界定是职业性社会性的，还是精神性的？或者回到萨义德《知识分子论》最初提出的那个问题：“知识分子究竟为数众多，或只是一群极少数的精英？”这个问题的讨论在现代社会向后现代社会的转化之中，进一步推进到知识分子是否还存在的追问。无论是雅各比“最后的知识分子”，还是利奥塔的“知识分子之死”，从概念的简单界定解读，如何理解他们所指称的知识分子，背后隐含的也是上述的问题。在悲观谈及知识分子的终结问题时，多数理论家站的是精英主义立场，他们的言下之意是批判知识分子死了，传统知识分子死了，死于知识专业化、体制化和有机化的过程中。

由此看来，本文问题的源点就充满不确定性。虽然恩格斯说过“在科学上，一切定义都只有微小的价值”，本文也无意于拟出新知识分子的定义，但是从对知识分子概念简单的历时性梳理中，我们可以为理解新闻记者的身份定位确立一定的话语背景，毕竟只有先解决好“Who am I”的问题，才能回答好“如何”的问题。

二、新闻记者的身份再定位

新闻记者是不是知识分子呢？吊诡之处在于“只有在对纯文化和入世的经典对立进行质疑后，才可能给他一个准确的画像。”②有人借用朱光潜的话，说新闻记者要“以出世的精神做入世的事业”，在某种意义上就表达了新闻生产者身份及职责的纠结所在。

① [美]理查德·A. 波斯纳：《公共知识分子——衰落之研究》，徐昕译，北京：中国政法大学出版社2002年版，第19-22页。

② 吴飞：《新闻专业主义研究》，北京：中国人民大学出版社2009年版，第264页。

首先，大众传媒是社会变迁的工具，是知识生产的重要场域。

芝加哥学派的代表人物杜威把大众传媒看作社会变迁的工具。拉斯韦尔关于大众传播功能的经典论述指出，大众传播承担着“社会遗产传承”的重要功能。施拉姆认为：“采用机械的媒介，尤其是电子媒介所成就的一件事，就是在世界上参与建立了史无前例的宏大的知识产业。”[①]在现代人的社会化过程之中，大众传媒不再仅仅提供信息服务，而是逐渐成为知识产业的重要组成部分。

许纪霖在对现代中国知识分子与公共空间问题的探讨之中，提出一个“知识人社会”的概念。“‘知识人社会’居于国家（上层的国家权力）与社会（下层的市民社会）之间，其中的角色不再是传统士绅，而是现代知识分子，其职业和身份是多元的：教师、编辑、记者、出版人、自由撰稿人等等。他们不再像士绅阶层那样有统一的意识形态，也不再有国家科举制度所认同的正式身份。但正是这些职业与身份多元的现代知识分子，共同形成了一个知识生产、流通的文化交往网络。”“在整个知识的生产和流通过程之中，学校和传媒是两个最重要的核心环节。”传媒作为“知识人社会”的最大的公共网络，“不仅控制了知识的传播与消费，而且生产与再生产现代社会的公共舆论，而后者正是公共权力的合法性来源”[②]。

其次，新闻记者既有知识生产的职业与道德规范，也具有知识精英的传统与现实实践。

不妨列举一下“新闻的十大基本原则”：“1、新闻工作首先要对真实负责。2、新闻工作首先要忠于公民。3、新闻工作的实质是用核实进行约束。4、新闻工作者必须独立于报道对象。5、新闻工作者必须成为独立的权力监督者。6、新闻媒体必须成为公众评论和妥协的论坛和广场。7、新闻工作者必须让重大事件变得有趣并且与受众息息相关。8、新闻工作者应该使新闻全面均衡。9、新闻工作者有责任按良心行事。10、公民对新闻也享有权利和承担义务。”[③]这是西方新闻专业主义语境中的职

① 郭庆光：《传播学教程》，北京：中国人民大学出版社2011年版，第102页。

② 许纪霖：《公共空间中的知识分子》，南京：江苏人民出版社2007年版，第7-8页。

③［美］比尔·科瓦齐、汤姆·罗森斯蒂尔：《新闻的十大基本原则——新闻从业者须知和公众的期待》，刘海龙、连晓东译，北京：北京大学出版社2011年版，第5页。

业要求，是合格的新闻工作者所应该具备的最基本的个人品质。这些与一般知识生产领域的要求相比本质上并无二致，而且因为新闻生产与社会现实的紧密联系，反而是要求更高、责任更大。媒体面对权力与商业的侵蚀、渗透越深，媒体从业者的处境越艰难，对职业规范的坚守越可贵。

中国新闻史和中国新闻实践中也从来不缺乏新闻记者对知识精英立场的坚守，“传统知识精英型”的记者代表有“黄远生、王韬、邵飘萍、储安平、李大同、王克勤以及《南方周末》和《南方都市报》的一批从业者，他们追求‘铁肩担道义，辣手著文章’，系中国传媒业传统士人的社会良知之所在”。[①]姜红和於渊渊对中国新闻人进行了更为细致和鞭辟入里的分析，以王韬、黄远生、邵飘萍、张季鸾为个案，一一分析了他们对新闻记者职业身份的认知和各自的实践。“王韬尽管游学西方数十载并从事出版、印刷、翻译、办报等现代职业，但本质上还是个传统知识分子。黄远生从西方武库中拿来‘个人主义’和‘神圣职业’的武器，试图冲决传统之罗网，付出的代价却是‘无地自由’。邵飘萍自命终生记者，十载辛勤，在将新闻业推向‘职业’的轨道上功德无量，而他极端看重的记者‘品性’恰恰就是儒家传统的‘君子之德’。张季鸾一再自称‘职业报人’，但又有着比‘职业’更高的追求———‘文人论政’和‘训政’。”[②]知识分子这个名词出现的时间虽然不长，但在中西方的历史中都可以找寻出文化传统和精神谱系。中国传统文化中的“士”是现代中国知识分子的前身，如《论语·里仁》中孔子所言“士志于道”。姜红等正是强调中国传统文化基因在新闻记者职业认同中的重要作用，论述了中国新闻记者内化的自我认同和职业认同具有“中西合璧”的观念背景。

回到公民新闻时代新闻记者的身份再定位问题，如果避免建立在是或不是的二元论理解与回答之上，本文认为将新闻记者定义在知识生产者的范畴，是更为合理稳妥的指称。

无论是基于西方新闻专业主义的从业原则和职业规范，还是中国

① 吴飞:《新闻专业主义研究》,北京:中国人民大学出版社2009年版,第123页。

② 姜红、於渊渊:《从“名士”到“报人”:近代中国新闻人职业身份认同的承续与折变》,《新闻与传播评论》2010年卷。

“士志于道”的文化传统，抑或传统文化底色与西方职业理念的融合；无论是黄远生的《忏悔录》、张季鸾的“四不”主张，还是李大同的文人傲骨、胡舒立的“独立独家独到”、柴静的勤于业务总结等等，可以看出在复杂的新闻场域，新闻记者有知识生产者的专业认可标准，也有坚守知识精英立场的历史与实践例证。新闻记者作为大众传媒的生产主体，在这样的知识生产场域，如果不定位于知识生产者，那该是多么巨大而可怕的悖论。商业化、娱乐化等带来的问题，与新闻职业标准之间的冲突，造成了对新闻工作者的信任危机加剧，但不能因为这些而否认这一职业本来的社会属性。

一个社会职业群体内部会自然形成一定的阶层划分，新闻记者也不例外，大体可以描述为金字塔式的结构。塔尖是阶层精英，是知识分子记者，是少数人，但却可以照亮新闻界，恰如普利策所言“船桥上的瞭望者”。塔底是一般的从业者，从事新闻工作更多是“为稻粱谋”，也许曾经有过职业理想，但在混日子、讨生活的现实中日渐放低了追寻的姿态。塔尖与塔底之间应该还有一个广阔的中间地带，这里相对混杂。吴飞把新闻从业者分为四类，即传统知识精英型、士商结合型、政治宣传家型和专业主义型[①]。传统知识精英型和专业主义型属于塔尖，而其他两类可划归中间地带，他们均属于在知识体制化中或妥协、或突围，寻找安身立命的空间，以积极实现自我的职业追求。

公民新闻时代新闻记者身份再定位的意义，首先在于正视专业记者的主体能动性，不要被新技术、大数据、移动互联网等媒介环境因素迷惑了双眼，忽视了新闻生产中“人”的作用。其次，重视记者作为知识生产者的优势所在，挖掘其身份地位的不可替代性，扬长避短应对新环境新变化。

三、重建专业新闻的权威性

公民新闻的兴起，传播技术的突飞猛进，新媒体尤其是社会化媒体的蓬勃发展，对传统媒体的震荡式冲击日益加深。专业化媒体危机四伏，各种“消亡”论不绝于耳，“全媒体战略”成了救命稻草，关于技

① 吴飞：《新闻专业主义研究》，北京：中国人民大学出版社2009年版，第123页。

术、渠道、终端的讨论热闹非凡。"'全媒体战略'的精髓并不在于媒体发布渠道和采用终端的多样化，虽然渠道和终端是这场变革中非常重要的一部分。更重要的是，媒体集团如何借助这些渠道和终端，使原有的资源优势能够更好地转化为竞争优势，为自己的用户提供他们最需要的内容产品。"①专业媒体应对危机的核心任务仍然是内容建设，内容建设的着力点是提高内容生产的专业化水平。"在新媒体环境下，记者编辑的主要职能已经不只是采集新闻，还要对浩如烟海的新闻和信息进行筛选和重新组合，使这些杂乱的信息呈现出相互关系和深刻意义，并使其转化为知识。新闻从业者的工作也因此在某种意义上成为知识生产与管理的工作。"②内容建设的主体——专业记者，需要重塑知识生产者形象以重建专业媒体的权威。

借用英国学者齐格蒙·鲍曼的表述，专业记者作为知识生产者，应该实现从"立法者"到"阐释者"的转变。齐格蒙·鲍曼的这两个隐喻，分别是对典型的现代型知识分子和典型的后现代型知识分子职能的描述。这里借用为对专业记者作为知识生产者角色定位的描述，可以对应的是传统媒介环境到新媒介环境下的改变。"立法者角色由对权威性话语的建构活动构成，这种权威性话语对争执不下的意见纠纷作出仲裁与抉择，并最终决定哪些意见是正确的和应该被遵守的。""阐释者角色由形成解释性话语的活动构成，这些解释性话语以某种共同体传统为基础，它的目的就是让形成于此一共同体传统中的话语，能够被形成于彼一共同体传统之中的知识系统所理解。"③

在当下中国复杂的舆论场中，专业记者可以也必须扮演好"阐释者"角色，这是其身份再定位的真正意义之所在。具体而言，可以在以下三个层面中体现：

第一，在探求真相中发挥专业优势。

公民新闻时代，专业记者受到的冲击最明显的莫过于：新闻报道时效性上的优势不再明显，尤其是一些突发性事件、灾难事件等，"第一时

① 蔡雯：《需要重新定义的"专业化"——对新闻媒体内容生产的思考和建议》，《新闻记者》2012年第5期。

② 蔡雯：《融合·策划·创新——新媒体时代的新闻内容生产》，安徽师范大学讲座稿。

③ 吴飞：《新闻专业主义研究》，北京：中国人民大学出版社2009年版，第259页。

间”“第一现场”“随手拍”的公民记者很容易抢得首发权。当在报道“what”时没有优势，专业记者可以在挖掘“why”方面凸显专业性。专业记者必须重视从报道事实到核实信息、探求真相的转变。所以，作为知识生产者的重要品性之一——强烈的质疑精神，就是核实信息、推动探求真相的原动力。

“新型的新闻工作者不再决定公众需要知道什么——这是古典的把关人的角色。他或她应该帮助受众从信息中理出头绪。这并不意味着只是简单地在新闻报道中加入解释或分析。相反，这种新型新闻工作者（或者是意义赋予者）必须核实信息的可靠性，然后加以整理，使它能被人们迅速有效地理解。”①社会化媒体的碎片化传播，碎片式的证据与推论，不利于新闻的完整呈现。“网络新闻看重的是速度和煽情，而非对事实和准确的追求。”②专业运作是必须的，一要靠专业媒介组织及其信息渠道实现，二要专业记者运用更专业的知识、通过更专业的手段，以更内行的视角处理社会化媒体自发性的海量内容提供。优质的新闻才会最终占有市场，专业记者要在碎片化的信息之后勾连出逻辑线索，在纷繁的表象之下深入调查真相，以专业的信息生产能力打造优质新闻，从而创造出内容优势。这一点也许并不新鲜，但在实践中恰恰非常欠缺。在真假难辨的信息环境中，做负责任的新闻生产者，以准确、可靠、深入等新闻业的核心价值观立足，是专业记者作为“阐释者”基础层面的工作。

第二，在社会协调中采取建设者的立场。

社会转型期利益诉求多样、矛盾容易激化，互联网上充斥的观点大于事实，信息真假难辨、情绪裹挟其中，极端化的表达泛滥。在这样的背景之下，更需要专业记者采取建设者的立场，才能担负起施拉姆所说大众传媒的“社会雷达”功能，真正成为“守望者”“瞭望哨”，促进社会健康发展。

凤凰卫视总裁刘长乐在为凤凰卫视十五周年出版新书撰写的序言中

---

① [美]比尔·科瓦齐、汤姆·罗森斯蒂尔：《新闻的十大基本原则——新闻从业者须知和公众的期待》，刘海龙、连晓东译，北京：北京大学出版社2011年版，第16页。

② 李艳红：《重塑专业还是远离专业？——从伦理和评价维度解析网络新闻业的职业模式》，《新闻记者》2013年第2期。

说："记者不能兜里老是揣着一把小刀，瞅着个空子就扎别人一下。还是要善意。我们有时候会有批判性报道，比如说批评一些腐败现象，但我们的立场是好的，善意的，是代表华人向世界发声，而不是作为旁观者或者敌对者去嘲讽和辱骂。那样的结果往往适得其反。"有人说"激进的总是比务实的在话语上更具有道德优势"，对照当下中国互联网上的几种主流思潮：民粹主义、民族主义、新"左派"、新自由主义等，不难发现专业媒体争夺传播主导权是新传播革命的主要命题。作为知识生产者，专业记者需要在重塑信任、重建价值认同权威的社会协调工作中发挥重要作用。首先，把批判意识建立在积极、善意的态度基础之上；其次需要消除偏见、摈弃刻板成见，在充分理解的基础之上，推动社会实现"此一共同体传统中的话语，能够被形成于彼一共同体传统之中的知识系统所理解"。

第三，在公共领域具有建构对话的能力。

学界普遍认为《纽约时报》是传统报业新媒体转型的成功案例之一，其角色定位从早期的"刊登一切适合刊登的新闻"（All the News that's fit to print.），变为"所有的一切都是关于对话"（It's all about the conversation.）。《纽约时报》口号的变化表明了记者专业路径的另一种变迁，即在公共领域建构对话，或者说以知识生产者的介入意识，实现话语和行动的公共性。

"西奥多·怀特对那些在1960年追踪总统竞选的新闻界团体写道：记者和其他人的对话不只是闲言碎语，它是达成共识的一个重要过程。这个群体成为一个'同业会'（brotherhood），其'影响和立场，超越了所有对于偏见的抵抗或者个人对于事实——他们所写的一切——的热爱。'"[①]专业记者的"阐释者"角色意义要在不同"共同体"之间实现对话的过程中得以充分实现。斯坦福大学新闻传播系格拉瑟教授这样总结"公共新闻"的行动和目标："公共新闻是一种每天都在运行的新闻传播活动，它号召记者（1）将受众作为公民，作为公共事件的潜在的参与者，而不仅仅是（公共事件的）牺牲者或旁观者；（2）帮助解决社会问题；（3）改善公众讨论的舆论环境，而不是冷眼旁观这种环境越变越

① [美]迈克尔·舒德森：《新闻的力量》，刘艺娉译，北京：华夏出版社2011年版，第64页。

坏；以及（4）帮助公共生活走向更加和谐美好。”[①]普通的公民记者可以方便快捷地传播所见所闻，但在上述的行动和目标中所能发挥的能力有限，专业记者则可以大有作为。

在新媒体环境下，专业记者要秉持开放的心态，开发各种关系，达成有效合作，形成合理的沟通渠道，建构理性对话。新闻天然具有公共性的特征，公共领域本质上又是一个对话性的概念，社交化媒体中的意见发表与讨论、质疑与解释、赞成与反对，更加自由也更加混乱，专业记者应致力于发挥媒体的“议程设置”功能，支持有意义的公众讨论，关注对话的质量，通过开放的平台，增强信息的透明度，加强与受众的互动与反馈，在数字环境中重新寻找建立媒介公信力的来源[②]。

四、结语

归根结底，针对新媒体和公民新闻对专业媒体的冲击，首先是如何看的问题，其次是怎么做的问题。国内有学者基于新闻专业主义对“自媒体力量”提出质疑，认为存在对自媒体“力量的想象”，并从理论层面上对相关命题进行证伪，提出：“新旧媒体竞合关系之辩，不是个技术问题，也不是一个专业意识形态问题，而是一个社会问题。而解决这一问题的唯一办法，仍然是结构调整和制度改革，是新闻业社会角色的重新调整，我们需要被新制度重塑的行动者。”[③]这其实亦在强调新闻专业生产的不可替代性，以及指出专业媒体未来发展的可能性路径。

舒德森说：“虽然我们拥有能让每个人都成为平等的信息发送者与接受者的技术，但是如果没有专业化的新闻机构，现代世界仍是难以描述的。”“新闻是文化的一种形式，我在此称之为‘公共知识’。”[④]塔奇曼说：“新闻讲的是社会生活的故事，所以它是一种社会资源。新闻既是一种知识资源，又是一种权力资源，所以说，新闻是观察世界的一个窗口。”[⑤]本文将专业记者定位于相对宽泛的知识生产者范畴，因为立于这

---

① 吴飞：《新闻专业主义研究》，北京：中国人民大学出版社2009年版，第98页。

② 钟克勋：《全民记者语境下培养新闻传播人才的根基与视阈》，《西南民族大学学报》2012年第12期。

③ 胡翼青：《自媒体力量的想象：基于新闻专业主义的质疑》，《新闻记者》2013年第3期。

④［美］迈克尔·舒德森：《新闻的力量》，刘艺娉译，北京：华夏出版社2011年版，第2–3页。

⑤［美］盖伊·塔奇曼：《做新闻》，麻争旗、刘笑盈、徐扬译，北京：华夏出版社2008年版，第200页。

个“观察世界窗口”之后的“瞭望者”群体过于复杂，“金字塔式”的阶层分化描述展示了群体内部不同价值取向造成的若干可能。重塑知识生产者形象是整体要求，塔尖知识精英型的记者群体是行业的引领者，真正发扬知识分子品格的做法会发挥示范效应、起到净化作用，而塔底普通的职业者恪守基本原则就能避免“下沉的声望”。无论新闻是“知识资源”还是“权力资源”，公民新闻时代的专业记者将在更复杂的“规训与抵抗”中重塑知识生产者形象。

（原载《江淮论坛》2014年第1期）

论新闻采访的"意义"探究及其实现途径

◆ 翟光勇

新闻采访是人类认知活动的重要形式之一，它是否能开启对社会世界"意义"的理解？它又如何去探究"意义"世界？带着上述疑问，本文希望从现象学方法论视角、立足新闻哲学层面来探析作为"意义"探究的新闻采访的本质及其实现途径，以期能给相关后续研究抛砖引玉。

一、作为"意义"探究的新闻采访

新闻的本源是事实，事实是第一性的，新闻报道总是第二性的。作为连接事实与新闻报道之间的中介，新闻采访的重要性不言而喻。换言之，新闻采访作为一种主观认识客观的调查活动和认知过程，需要记者深入客观实践的第一线，通过"朝向事情本身"来获取鲜活的"第一手事实"，从而达到新闻的客观和真实。

"朝向事情本身"恰是现象学核心的口号。现象学是一种积极认知世界的观察方式和思维态度，经胡塞尔、海德格尔、梅洛一庞蒂、德里达和舒茨等人演绎派生出众多流派，但都没脱离胡塞尔提出的基本原则："朝向事情本身"。在胡塞尔看来，现象学要从事物本身出发寻求真理。

作者简介：翟光勇，副教授，博士研究生，硕士生导师，主要研究方向：网络与新媒体、传播学、新闻业务、体育新闻。

要对事物本身进行如实描述，要去除各种各样的偏见和成见，要把原先已经形成的各种观点和评价放在括号中悬置起来，并时刻提防自己做出超越事物本身的各种判断，进行“现象学的还原”。[①]“朝向事情本身”意味着摒弃各种偏见和成见，“悬置”并进行现象学“还原”，这跟新闻及新闻采访的本质追求有着很好的契合点。

新闻采访需要“朝向事情本身”，但这还不足以保证准确认知世界。因为，新闻采访还要去探究“行动的意义”。“行动的意义”是舒茨在《社会世界的意义构成》中重点探讨的议题。作为胡塞尔的“传人”之一，舒茨将意识体验区分为有意义的与没有意义的。意义是反省的产物，舒茨将有意义的体验称为“行为”。行为是非计划期待下的结果，一旦透过计划而被有意地产生出来的是“行动”。舒茨希望强调：一是行动的意义在于它事先被构想，也就是它是行动者本身所赋予的；二是这项构想构成了行动的统整性（Einheit），而这个统整性则是别人理解该行动意义的依据[②]。从“行动的意义”视域来看新闻采访，不难得出如下结论：记者采访所获得的“事实”（包括文本与情境）是由被访对象主观建构的结果，一定是被受访者赋予了意义的产物。新闻采访不应仅仅止于获得表层事实，更应尽可能感知和洞察被访者赋予其话语和情境的意义。即作为“意义”探究的新闻采访不仅是收集新闻事实的过程，更是一种调查研究过程。或者说“新闻采访的基本性质，是向客观事物进行调查研究的一种活动。”[③]

新闻采访如果缺乏对“意义”的探究，记者假如不能洞察被受访者主观建构的“行动的意义”，自然很容易成为被利用的工具，最终落得被当事人愚弄的尴尬境地。因此，作为“意义”探究的新闻采访，必然要求记者具有较强的新闻判断力与信息鉴别力，唯有如此新闻的真实性才能够得到必要的保证。否则，现实中必然会引发诸多“断章取义”式或“有闻必录”式的假新闻。

① 张庆熊：《“朝向事物本身”与“实事求是”——对现象学和唯物论的基本原则的反思》，《哲学研究》2008年第10期。

② [奥]阿尔弗雷德·舒茨：《社会世界的意义构成》，游淙祺译，北京：商务印书馆2012年版，第8–13页。

③ 蓝鸿文：《新闻采访学》，北京：中国人民大学出版社2006年版，第97页。

二、新闻采访“意义”探究的途径

通过新闻采访现象学分析可知，记者获得的“事实”是由被访者赋予意义的，新闻采访必须探究“意义”才能避免“有闻必录”式假新闻。问题是，新闻采访中如何把握“行动的意义”呢？

（一）悬置的态度

新闻采访中的“悬置”意味着记者必须尽量放弃原先持有的成见或偏见，甚至是其以往认识社会世界的习惯性信仰和认知框架，真正地做到“朝向事情本身”。换言之，当记者进入第一现场，他应抛弃前述的“成见”和“偏见”，全神贯注地去感知被访者的各个侧面，以便探究被访谈对象所赋予事实的“意义”。因此，肯·梅茨勒希望记者成为公正的倾听者，他强调新闻采访中不带个人判断的提问，因为“这种职业性并不要求你赢得一场辩论或者表现出道德上的高尚。”[①]即记者应成为“价值无涉”的倾听者和观察者，而不应成为道德法官或是非裁定的裁判。只有这样，记者才能成为那个能够从被采访对象处获得对受众具有知晓价值信息的公正、客观的新闻见证人和信息收集者。

记者采访中缺乏“悬置”态度，将个人情感或价值判断带入采访的不乏其例，较极端的例子有美国著名电视谈话节目《奥普拉脱口秀》主持人奥普拉·温弗利。有一次，奥普拉在节目中电话采访一位猥亵儿童者，她谈话中明显表达出对此人的蔑视态度，后者于是提出抗议说，“你根本就不让我说话。”奥普拉随即大喊道，“你真是卑鄙无耻！”现场观众爆发出响亮的掌声，奥普拉的这次采访却被美国新闻学教材当成了反例“记录在案”[②]。奥普拉的那次采访显然缺乏“悬置”的态度，没能做到“朝向事情本身”，这才导致她的那次采访最终除了展示 “审判”和道德优越感外，并不能使观众获得有关被采访对象的更多信息。

《东方时空》的前总制片人陈虻同样强调新闻采访中的“悬置”，他在谈论电视新闻的纪实性时说，“我们的记者做新闻，他到现场去感受生活发生了什么的时候，他可以告诉我们很多有意思的东西。而现在的情

① [美]肯·梅茨勒：《创造性的采访》，李丽颖译，北京：中国人民大学出版社2010年版，第2、9页。

② [美]肯·梅茨勒：《创造性的采访》，李丽颖译，北京：中国人民大学出版社2010年版，第2、9页。

况是，我们很多的记者在没有到现场之前，就已经预设了那条新闻要表达的是什么，并不是在现场发现什么。”陈虻强调，只有改变这样的“主题先行”和预设偏见，“你才有可能开始真正意义上的新闻报道。”[①]

(二)感知与洞察

“感知”（Perception）与“洞察”（Insight）都是现象学使用的概念。胡塞尔认为，感知是原本意识，因为感知所统握的是感觉材料，即体现性的、自身展示性的内容。因此，作为直观行为的感知与同样作为直观行为的想象相比，是最原本的，是一种“当下行为”（呈现行为），而想象是“当下化行为”（再现行为）[②]。胡塞尔的阐述显然给“意义”探究的新闻采访提供了一种方法论的基础，即记者要认识和把握的重点应是被采访者“体现性的、自身展示性的内容”。这些不仅是被访者表达的言语文本，更包括非语言符号。

需要说明的是，“悬置”是新闻采访“感知”有效性得以成立的基础和前提，“洞察”则是“感知”的目标和结果。就是说，新闻采访中“洞察”意味着“悬置”并“朝向事情本身”，通过感知那些“体现性的、自身展示性的内容”以达到胡塞尔所强调的“直观”的“明见性”。这自然有异于主观的想象或主观化判断，因为新闻采访要感知与洞察的是“当下”的呈现行为，而非想象“当下化”的再现行为。新闻采访要想通过感知与洞察来探究“意义”，自然离不开观察与核实。观察本来就是“感知”的重要手段之一，核实则是“洞察”得以实现的必要保证。这里的核实不仅包括记者采访后的信息验证行为，同样包括记者采访中根据个人的知识积累的信息鉴别过程。正如前文所述，“事实”（包括文本与情境）是被当事人赋予了意义的产物，所以一些貌似重要的材料很可能是错误的，如果将这些材料放进报道并不能推卸记者报道失实的责任。“一名好的记者不会因为别人告诉他一些材料，就不去观察，不去核实。”[③]

(三)我群关系

“我群关系”（We-relationship），又译“我们-关系”。舒茨认为，个

---

① 徐泓：《不要因为走得太远而忘记为什么出发：陈虻，我们听你讲》，北京：中国人民大学出版社2013年版，第110页。

② 杨善华：《感知与洞察：研究实践中的现象学社会学》，《社会》2009年第1期。

③ [美]布雷恩·布鲁克斯等：《新闻报道与写作》，范红主译，北京：新华出版社2007年版，第89页。

体通过与一个具体同伴共处于同一个时空共同体之中、因相互关注对方形成“面对面情境”便形成“我群关系”。[①]通俗地说，“我群关系”指日常生活中的行动者直接经验的社会关系，一种“共时性”和“共空间性”的面对面关系。舒茨强调，主体只有在“我群关系”中经验到的彼此客观意义与主观意义才能不断进行印证与纠正[②]。

新闻采访中的“我群关系”，首先要求尽可能的第一现场采访，这也是为何电话采访或邮件采访等方式无法完全取代现场采访的原因。其次，就如何经验彼此“客观意义”与“主观意义”而言，新闻采访意义上的“我群关系”还应包括记者对被访者“地方性文化”与“生平情境”的把握。从组织层面看，这是媒体重视记者的部门专业化和设立“跑口记者”的原因；从实践层面看，这好比记者新闻采访前的“做作业”。对被访者“地方性文化”或“生平情境”的把握，不仅有利于采访中建立双方互信的融洽关系，更有利于记者采访中的提问更具有新意和针对性。新闻采访中“我群关系”的建立，同样有利于记者理解被访者赋予文本和情境的“意义”。传播学认为传播得以成立的重要前提之一是传受双方需要有“共通的意义空间”，常人方法论创始人加芬克尔则强调日常生活中的沟通具有“索引性”，其实说明的都是同样的议题。

新闻采访的“我群关系”同样印证了舒茨“主观意义”与“客观意义”区分的价值。“主观意义”指行动者自身赋予行动之上的意义内容，“客观意义”指观察者通过观察理解他人行动而达成对他人行动意义的看法，后者才是真正的“理解他人”[③]。“意义”探究的新闻采访只有通过“悬置”与“我群关系”才可能有利于记者采访中的感知和洞察，实现对社会世界“意义”的真实把握，或者说使“客观意义”对“主观意义”的呈现越来越接近准确。正是这种“无限接近”可能性的存在，或许才让新闻客观性“是否可能”争议常在，但它依然是那个“不死的上帝”的原因。

（原载《现代传播》（中国传媒大学学报）2014年第5期）

① Alfred Schütz.Collected Papers II: Studies in Social Theory,Martinus Nijhoff,The Hague,1964,p25.

② 谢立中:《日常生活的现象学社会学分析》,北京:社会科学文献出版社2010年版,第44、225页。

③ 谢立中:《日常生活的现象学社会学分析》,北京:社会科学文献出版社2010年版,第44、225页。

媒介批评的话语分析方法

——文化唯物主义视角

◆ 丁云亮

自从1952年美国学者泽里格·哈里斯提出“话语分析”（Discourse Analysis）这一术语以来，作为一种观念、方法或学科，话语分析理论和实践在全球范围内，获得很大的发展。它不止在语言学、修辞学研究领域开辟了崭新的视野、拓展了学术空间，而且也为其他学科重新认识、解读专业内的知识谱系、学术现象提供了“问题意识”。近年，随着大众传媒技术和形态的快速发展、创新，媒介话语的组织结构和表征形式日益受到关注，对大众媒体进行话语分析被广泛引入传播学研究，甚至成为热点。本文从文化唯物主义“总体性”原则出发，探讨现代大众媒介的话语实践和运行机制，力图究明媒介话语在社会结构中的生产性功能，以及对社会关系的协同、调控作用，为建立一种有效的媒介批评的话语分析模式，提供了理论框架和方法论基础。

一、文化唯物主义与媒介话语

在中文世界的学术话语中，“文化唯物主义”（Cultural Materialism）这一概念有两个源头。一是美国人类学家马文·哈里斯的成名作《人类学理论的兴起》及后来的《文化唯物主义》一书。哈里斯在马克思主义

作者简介：丁云亮，副教授，博士，硕士生导师，主要研究方向：新闻传播理论、媒介与文化研究。

社会存在决定社会意识命题的基础上，通过对人类学中既有理论派别的批判性考察，试图建立一种旨在有效分析社会文化现象、具有科学性的研究策略或范式，完成自己新实证主义和新马克思主义理论框架及方法论体系的建构。与流行的"辩证唯物主义"理论不同的是，哈里斯根据现代人类学的最新发展，不再以物质条件作为核心范畴构建历史唯物主义，而代之以人类的文化活动为中心，尤其是将日常生活经验作为主要分析对象，重新发掘历史唯物主义潜含的科学性。譬如，在对语言行为的社会地位的论述中明确指出，传播包括语言，在协调基础结构、结构和上层建筑三者之间起到不可或缺的作用，但语言本身"不能被看作是基础结构、结构或上层建筑所独有的组成部分，也不能被看作是行为或思想所独有的现象"[①]。体现了结构主义和符号学风潮之后，人类学界对特殊文化形式——语言范畴的重视和慎思。

与传统社会理论中的经济基础和上层建筑的二元论相比，哈里斯对人类社会生活作了更为多面、复杂的分析，对历史唯物主义的再造，作出巨大贡献；但整体上看，他并没有解决现代社会日益繁复驳杂的文化的地位问题，相反依然在"二元论"的终极隐喻中寻求对社会文化现象的合理解释。在中文世界，文化唯物主义作为一种思想观念或方法论基础，并被广泛推崇的是英国文化学者雷蒙德·威廉斯。作为英国第一代新左派的中坚人物，他需要在现实的政治实践与理论策略诸方面找到新的学术动力，以便回应工业革命以降引发的种种现代性及后现代性问题。威廉斯认识到，社会政治革命和科学技术革命推动历史发展的规律，得到广泛的宣示和解析，而包括识字、先进传播方式在内的文化革命却并未得到重视，甚或遭到抵制[②]。这既来自对历史现实性的漠视，也根源于对"文化"内涵和外延的精英主义观察方式。他借助人类学视角，强调了文化的日常性、普通性，反对将文化仅仅看成是经济条件、身份地位的折射物，或者统治阶级维护社会秩序的宰制性的工具。所以，重新设立"文化"范畴，并将其置入社会和政治理论的核心，成为"文化唯物主义"理论建设的基石。

威廉斯认为，任何有关马克思主义文化理论的现代探讨，都必须考

① [美]马文·哈里斯：《文化唯物主义》，张海洋、王曼萍译，北京：华夏出版社1989年版，第64页。

② [英]雷蒙德·威廉斯：《漫长的革命》，倪伟译，上海：上海人民出版社2012年版，第3页。

虑到具有决定作用的基础和被决定的上层建筑这一前提，它通常被视为马克思主义文化分析的关键；这些原初论述时使用的隐喻性的词语，在其普及化过程中往往被当作精确的概念或者对社会生活的描述性术语，逐渐脱离了语境上的“关系性”，最终成为相对封闭、抽象的范畴或领域。事实上，真正应该关心的并非“基础”“上层建筑”概念本身，而是“具体的、不可分割的现实过程”。他把这些区别于经典或变化了的思想传统的理论观点、研究原则，称作“文化唯物论”，即“一种在历史唯物主义语境中强调文化与文学的物质生产之特殊性的理论”[①]。威廉斯的文化唯物主义，带来文化研究观念上的颠覆性的转变：其一，经济基础和上层建筑机械的二元论隐喻模式被消解，使历史唯物主义在工业社会、后工业（消费）社会依然具有对社会文化现象的解释能力；其二，包括文学、艺术、传媒在内的符号形式不止是被决定的上层建筑问题，同时也是与经济、科技等生产性力量一样的物质实践问题。

威廉斯的文化唯物主义范式，尽管“没有充分陈述通俗媒介文化在话语方面的开放特性”，可他却通过对媒介、民主和共同体等现代社会诸多重要议题相互关系的论辩与申说，为传播媒介的话语分析方法提供了“当代的批评里所没有的形式”[②]。从普遍意义上看，媒介文化可以从“完整的社会秩序”层面去解释，它是由各种社会活动组成的“秩序”的直接或间接的产物；从个体“信息精神”层面看，媒介文化又构成了各种社会活动的全过程，并通过语言、艺术风格、脑力劳动等具体形式展现出来。对于大众传媒来说，它极度依赖于语言符号等具有表征性的实践意识和动态系统，甚至“本身就是一种公众话语”[③]，这些言语符号以及组合成的话语形式，不再是与“现实”“世界”相分离的、封闭的物质要素，而是流动的现实过程的一部分，既被社会活动所渗透，又渗透到所有社会活动之中，具有物质实践和意义象征的双重属性[④]。因此，媒介

① [英]雷蒙德·威廉斯：《马克思主义与文学》，王尔勃、周莉译，开封：河南大学出版社2008年版，第6、38-39页。

② [英]尼克·史蒂文森：《认识媒介文化——社会理论与大众传播》，王文斌译，北京：商务印书馆2001年版，第45页。

③ [荷]梵·迪克：《作为话语的新闻·中译本序》，曾庆香译，北京：华夏出版社2003年版，第1页。

④ 丁云亮：《作为文化实践方式的大众传媒——论雷蒙德·威廉斯的媒介批评理论》，《安徽师范大学学报》（人文社会科学版）2013年第5期。

话语是“一种能动的社会语言”，一种“经验的接合表述（the articulation）”，一种“显现在这个世界上的社会在场（social presence）”[①]；它隐含着意识形态策略，是权力角逐、斗争的竞技场，并作为文化资本参与社会的生产和再生产。

二、媒介话语的实践意识

在批评理论领域，多利默、辛菲尔德曾在合编的论集《政治的莎士比亚》中，按照文化唯物主义的观念和方法，概括出“历史语境、理论方法、政治倾向和文本分析”相结合的“综合”的批评原则，通过关注莎士比亚和早期现代戏剧的各种“机制”（institutions），分析政治的、社会的、经济的、剧场演出等各种各样的权力关系[②]。以此为出发点，我们根据作为一种文化实践方式的大众传媒的独特性征与批评方略，可以从物质技术、历史变迁、传播属性等不同层面，重新阐释传播体系规制下媒介文本的生产机制与意指实践，并探究其具体的话语表征功能。

（一）话语活动的物质性

对新闻传播技术的考量，是媒介批评有别于文艺批评、哲学批评及社会批评的重要标尺之一。无论是传统媒体还是新兴媒体，语言符号行为和话语组织过程都面对一个共同的变量，即技术性的物质手段。在媒介话语分析中，技术视角包含话语本身的技术性勘察和媒介技术操作方式的不同带来的话语组织的异质性。从泛媒介论的批评理论看，一切人工制品，不管是口头的、书面的，还是电子的或人体器官直接间接生产的人工制品，都是技术；这意味着，话语的生产、传播和接受也是一种物质性技术，更确切地说，是一种技术化的表达实践与符号理解。对于不同历史阶段主导性话语生产机制的差异，沃尔特·翁作过细致的区分，他认为言语为核心的口语文化里拥有独立的话语，如套语、箴言和预言等，但整体对人而言“完全是自然而然”的，“是从无意识的深处涌入意识的”，而文字就像柏拉图说的是外在的、异己的技术，“完全是人

① [英]雷蒙德·威廉斯:《马克思主义与文学》，王尔勃、周莉译，开封:河南大学出版社2008年版，第6、38–39页。

② 许勤超:《政治的莎士比亚——文化唯物主义莎评概述》，《宁夏社会科学》2008年第2期。

为的东西”，“把言语转换为文字的过程受到有意识制定的、说得清楚的规则的制约”[①]。同时，翁也强调了口语文化的社会性，尤其是口语文化中暗含的规则、语法，直接影响到不同群体话语的组织模式和表达机制的形成；不过与之相比，文字的物质技术特性、并作为“独立的话语”更为显见。

随着大众传媒物质手段的演进和发展，媒介话语日益呈现多元化的色彩。新闻、广告、公共关系、娱乐等不同领域的话语，相互借鉴并日趋丰富，既给媒介话语分析带来鲜活的资源，又让话语分析的批评模式走出单一化、封闭式的格局。以媒介技术的操作方式和话语的应用特征为例，即便在“读图时代”，报刊话语依然凭其“文字性”和深度写作策略，在媒体市场占重要地位，并能满足传统型受众的阅读需要；而在现代社会具有统治力的电视媒介，以其对语言符号、非语言符号的综合把握和运用，在信息传输和娱乐消遣方面，为社会大众提供精彩纷呈的栏目，电视画面的真切性、流动性和延续性赢得广泛受众，电视话语的表达方式、叙述结构融汇了书面文化和口语文化的某些精髓，尤其是对日常生活话语的灵活使用，使得媒介话语与普通人的生活方式联系得更加紧密；在数字媒介出现并繁荣之后，语言生活不再是传-受式的习得、模仿，而真正成为互动式传播、交往行为的创造性领域。总之，媒介技术的不断更新，媒介形态的分殊乃至融合，促成话语技术的多样化和异质风格。

技术决定论者常常将技术的演进，看成是社会关系、传播模式、话语实践的重要变量，或者说，因为科学技术的发展，自然会有新的媒介形态出现，进而产生特定的文化形态和语言生活。事实上，话语本身的技术性和媒介技术引发的话语风格的异质性，是以相互交融的方式存在于具体的媒介实践和意义生产过程中。就像电报的发明，既是电子技术创新的结果，同时由于按字计费的经营方式，鼓励了一种“简约主义”的话语风格，最终形成非个人化的、商业和规则驱使下的语言组织模式。这些多种力量的牵扯、缠绕，来自社会环境的整体性变动，按照威廉斯的说法，是“社会意向”运作的结果。在某一特定的社会阶段，政

① [美]沃尔特·翁：《口语文化与书面文化：语词的技术化》，何道宽译，北京：北京大学出版社2008年版，第62页。

治、经济、文化与科技之间形成互动关系，科技是否获得有效使用得益于由个人意向汇集而成的社会意向，并通过优势团体塑造、推广①。媒介话语也是如此，社会环境的变迁带来生活方式的变革，大量表征新的社会经验的话语陆续涌现，借助多元化媒体的组织、接合和传播，又重新型构实体性的社会生活和家庭关系。那些更具民主潜力的新兴媒介，大众对话语组织、模式建构的参与度越高，其风格与日常生活经验就更为接近。

（二）话语秩序的历史性

语言符号与意识活动有着同样长久的历史，根植于人类相互交流、交往的需要。在整个物质生产和传播实践过程中，言语、语言或话语，既是传递意义的载体和工具，又是传播媒介本身，是社会中的核心活动要素之一。文化唯物主义是与语言联系在一起的思想方法和研究策略，作为“在创造的手段和环境中，对所有的意指形式的分析”，是以隐喻性文本的理解、阐发为基础。因此可以说，充分的历史语义学“等同于文化唯物主义”②。在人类出于生存、发展需要建立的各类书写、传播形式中，话语的叙述与表征都占有极为重要的作用，尤其在大众传媒兴盛、发达的20世纪至今，媒体语言一直是人际沟通行为、社会结构秩序的“显示器”。语言形态、语义应用的更新与嬗变，能够直接窥见“现实”“世界”“人类”“自然”等范畴关系的重构、理解的迁移。在现代中国的报刊媒介中，“无产者”“干部”“生产劳动”“阶级斗争”“工农联盟”等一度是热门或流行词汇，在各类媒介话语秩序中占有独特位置，但随着当下思想观念的解放、市场经济的推进，逐渐很少作为关键词语出现；还有的词汇，如“革命”“家庭出身”等，则在话语使用中转换了之前狭隘政治化语义。凡此，都反映了媒介话语的语义变迁和语用涵化。

词项组合、词汇意涵的变化，并不只来自于概念在使用过程中意义的自然延伸，或语言政策规制、引导下的语义复制，更是特殊历史情境带来的“感觉结构”（structure of feeling）、经验模式的表征。那些重要的语篇形式、言语行为，在媒介机构、公众生活中被广泛应用，并成为日

① ［英］雷蒙德·威廉斯：《电视：科技与文化形式》，冯建三译，台北：台北远流出版公司1992年版，第32页。

② 傅德根：《简论历史语义学》，《马克思主义美学研究》2001年卷。

常交际行为和大众传播实践里共享的象征性符号，与社会情势、时代风尚交相呼应，“蕴含了一种不仅是思想的而且是历史的结构”[①]。媒介话语的结构性征及其意义生产机制的演变，既是现代社会鲜活的语言发展史，又是一部价值观念史。所以，媒介话语分析，需要在把握表层的词义转换、变异的基础上，还要更加深入地理解文本结构、话语秩序背后的动力机制和影响因子。语言或话语实践的这种历史性，有时是通过漫长的进化过程实现语义转变的，有时是经由大的历史变局或科技革命完成的。像晚清到民国初期，白话报刊的大量涌现、启蒙主义话语方式的建立，正是社会结构、政治生态面临重组的趋势的呈现；而当下网络媒介中不断滋生的新语汇、新的话语表达行为，也是媒介技术快速发展之后，社会价值取向消费化、娱乐化乃至民主化的表征。

对媒介话语历史层面的重视，还体现在传媒的本体意义上。对新近发生的事实的报道，是新闻内涵的一般性界定；这意味着，新闻报道文类属性中包含着时态性和事态性，或者说，能够被称作“新闻”的话语结构，既明确区别于编年式、纪传式的历史文本，又与历史叙事有着相同的属性。今天的新闻事实，必然会成为明天的旧闻抑或历史，所以说，“历史是过去的新闻，新闻是将来的历史”[②]。分析新闻和历史的核心命题——真实性问题，都必须研究叙述话语的结构模式和修辞策略。在传统新闻观和历史观中，叙事被看作中立、客观的事实的“集装箱”，报道与陈述模式依凭自然化、通俗化的话语方式直接呈现，新闻或历史事实本身就是由“真实的”“生动的”故事构成；这种对“真实性”事件的认知和理解，忽略了故事的话语性征与叙述过程中的策略应用，难以真正把握客观事实讲述、再现媒介葆有的限制功能。正如海澄·怀特所言，“叙述说明不会仅仅包括对事件的表述（单纯存在事物的陈述）和争论，它们还会包括一些诗意的和修辞的因素，只有通过这些手段才能使一系列的事实转变为一个故事”[③]。和历史话语一样，媒介话语是通过对已发生事件的“去陌生化”处理，揭示或提炼大量表象中的真实境况。

① [英]雷蒙德·威廉斯:《关键词——文化与社会的词汇·导言》,刘建基译,北京:北京三联书店2005年版,第4页。

② 林帆:《历史与新闻》,《新闻记者》2007年第5期。

③ 李宏图:《表象的叙述——新社会文化史》,上海:上海三联书店2003年版,第178-179页。

（三）话语传播的经验性

大众媒介是现代社会最重要的文化实践方式之一，话语分析就是对这种文化实践活动的拆解、把握和判断。在20世纪“语言论”转向之后，语言及其作为话语结构的具体运用，不仅是语言学、修辞学学科内部的操作技巧行为，也是集中体现社会文化结构、日常生活现象的符号象征领域，话语组织与社会文化之间形成超越“反映论”模式的修辞性的互动关系。在此意义上，媒介话语被视为建构性的（尤其在批判的语言学知识谱系中），既建构社会主体、社会关系、知识和信仰体系，又通过日常经验的再现和表征实践，完成文化再造过程中意义的共享与传播。各类话语在不同的语境下、利用不同的媒质，像报纸新闻话语、广告劝服话语、电视娱乐话语等，都通过自身的优势展示话语形式的丰富性、多变性乃至经由媒介融合建造新的、复杂的话语生态系统。以广告话语为例，作为文化形式的广告，其早期主要是通过商品信息传递获得社会的认可，话语编码是直接的、简约的；在广告越来越成为大众媒介的经济支柱、成为商家企业发布和推销产品的重要方式，广告话语的意义陈述与产品实体之间，渐渐出现某种“间性”；当生产型社会被消费型社会取代，大众的日常生活日趋艺术化、美学化，广告文本更多地利用设定性、煽情性话语方式和修辞策略，达致同一性文化趣味、价值观念的构建。

媒介话语的修辞功能或社会作用，更多来自其蕴含的意识形态和权力结构。在大众传媒体系中，话语的意义生产和社会效果，需要通过规制化的组织、机构完成，不同社会领域或机构背景中，会因政治的或意识形态的“介入”，出现不同的话语类型，进而形成习俗化、标准化的语言规范和编码程序，以建立、培养、维护和改变个体对世界的意义体系。同时，媒介话语的意识形态的型构过程，又是借助特殊的权力关系运作的；如同词语表达所包含的意思那样，“政治实践和意识形态实践不是相互独立的，因为意识形态作为权力实施和权力斗争的一个方面，是在权力关系中产生出来的意义”①。这种权力曾经是党派争讼、政治攻讦的工具，是知识、“真理”的象征性表达，如今日益微观化、经验化，进

① [英]诺曼·费尔克拉夫：《话语与社会变迁》，殷晓蓉译，北京：华夏出版社2003年版，第62页。

入大众社会中的日常生活实践。媒体权力不仅通过媒介机构的文本制作制度、意义生产方式呈现出来，还经由迎合、塑造社会中普通个体的言谈、举止及价值、趣味予以实现。在消费主义逻辑中，媒介话语的权力结构因与日常生活的接合，逐渐弱化了灌输性、指使式的意指实践，而是在集束符码的传输中，使得文化权力和身份意识常识化，成为差异化社会生产和再生产的最隐晦、又是最革命的结构性力量。

话语与意识形态、权力的融解、媾和，无论从心理认知逻辑还是表征实践领域，都改写了有关传播媒介的语言符码的传统观念。就像保罗·吉所说的，“交流信息”是语言至关重要的功能和目的，但绝不是唯一功能，通过社会实践才能产生意义的语言，还具备支持社会活动的开展和社会身份的确定，维持不同文化、群体和机构中人的归属的根本功能[①]。媒介批评中的话语分析模式，本质上是一种关于社会实践的理论和方法。在现代社会中，经由政治的民主化、传播的多元化，先天性的身份地位、种族区隔已经日渐淡化，但社会结构中依然存有严格的层级划分，拥有社会文化资本的权势阶层或群体借助既得的财富、权力，掌控着社会生产和再生产的运行机制和分配规则，并通过交际和话语的方式施行、维护甚至建立有利于自身的意识形态框架。阶级话语、种族话语和性别话语，作为文化场域的主要不平等机制产生的实践形式，也在各种媒介话语表征中呈现。权势阶层以“文化霸权”（Hegemony）的方式，占据了媒体话语的主导权，协同、调控着思想舆论、价值理念、审美趣味的生成、延展和稳固，同时其压迫性和固有的偏见，也不断遭遇被压制群体或弱势群体，从不同信息渠道表达意见的话语、修辞行为的抵御和反抗。媒介话语体系里蕴含的冲突、平衡和斗争关系的研究与阐释，正是“分析社会历史中的挑战和变革的条件之一”[②]。

三、媒介话语分析的在地思考

当代媒介话语分析的普遍性观念，源自批评的话语分析或者批评语言学的知识与实践，研究者大都将话语、权力和意识形态作为核心概念

① [美]詹姆斯·保罗·吉：《话语分析导论：理论与方法》，杨炳军译，重庆：重庆大学出版社2011年版，第1页。

② [荷]冯·戴伊克：《话语 心理 社会》，施旭、冯冰译，北京：中华书局1993年版，第170页。

和解释框架，吸纳结构主义、后结构主义及符号学思想，透析包括日常交际、情景会话、大众媒体在内的语言文化形式的建构主义功效。这种批评模式，对于传媒业背后支配性的生产方式、受众在特定社会情境中的意义理解行为等，有着全面、不乏深刻的洞察。近年中国媒介批评领域，通过借用一般性话语分析理论解析本土媒介事实或案例，业已取得较为丰硕的成果，使媒介分析在传统的实证研究和批判分析之外，获得新的阐释原则和探究路径。

但是，媒介话语与社会变迁、文化结构之间的关系，并非任何一种现成模式所能涵盖；相反，它依赖于媒介文本、媒介现象得以生成、具体的历史语境和创生机制。即便在当下传媒技术高度发达的信息社会，“西方媒介理论已经成为全球媒介霸权的一部分，媒介理论以及媒介实践仍旧反映出了一些其他传统”，“因为文化以及长久以来的历史经历具有根本性的不同”[①]。像话语行为中词项的选择、语义的生发乃至修辞伦理等，在相异的民族传统、制度安排中，都会同中见异。像当代中国的口头、书面乃至视觉话语的结构模式、语义空间及认知逻辑，都深深烙下文化积淀、体制变革和社会转型的印记；尤其是汉语言的语用传统，仍然是言语传达和理解的基石。这意味着，媒介话语的分析模式必须在经济文化一体化的大背景下，更加重视对话语组织、修辞策略“在地性”（Locality）实践及其变动机制的研究，对话语的社会政治、人际传播及文化传承等功能，在准确把握的基础上总结其独特性征和意指实践。

作为一种多学科或跨学科的批评行为，话语分析注重对传播过程中超句单位的宏观语义分析，尤其强调“结构”“语境”“理解”三个方面，是整体性的语用材料及生产过程的研究[②]。这种对语言社会实践性的偏好，与文化唯物主义不仅具有“家族相似性”（Family resemblance），而且后者还能够为前者提供更加开阔的视野和理论资源。文化唯物主义是“一种关于语境化的理论”，它试图在社会结构理论的“内部批判”与文化斗争理论的“历史根基分析”之间架设桥梁，辨明文化产品赖以制造和流通的各种关系渠道，在此，“文化不是生产的反映，其本身就是一

① [英]丹尼斯·麦奎尔：《麦奎尔大众传播理论》，崔保国、李琨译，北京：清华大学出版社2010年版，第10页。

② 胡春阳：《话语分析：传播研究的新路径》，上海：上海世纪出版集团2007年版，第43页。

种生产实践”①。人类在借助传播媒介交际传播的过程中，话语的生产组织、结构模式和意义理解本身，都带有语境化或“在地性”的社会实践特征。无论是媒介话语的技术性编码、不同媒介技术引发的话语形态变迁、乃至话语领域中的权力斗争，必然是具体的、与其他实践领域（如政治、经济、文化等）形成有机联系的互动过程。而且，现代传播的话语实践，就是文化实践最重要的方式之一，对于特定时期的社会关系、生活方式、知识信仰，不只具有型构力量，也是客观的表征形式。

媒介批评中话语分析方法的文化唯物主义重构，意味着话语分析对新闻传播领域的深度介入。从国内过往话语理论和方法的应用情况看，“新闻传播学的实践性及其内含的科学性和独立性，决定了不能满足于对新闻传播话语进行一般的话语分析”，“因为每个学科产生的环境、存在的理由、自身的特色，都决定了我们不可能不加区分地将其他理论与方法尽收囊中”②。文化唯物主义视角，有助于我们在“媒介全球化”的进程中，按照中国新闻学、传播学及媒介学的学科独特性和发展逻辑，重新认识“汉语世界”媒介话语的结构、机制和功能，尤其通过对本土传播话语的物质性和实践性的动态分析，有效揭开特定社会语境下大众传媒的权力的面纱，为建立和谐传播秩序和共同文化愿景，开辟平等、参与性的公共话语空间。

（原载《东南传播》2014年第5期）

① [英]阿兰·斯威伍德：《文化理论与现代性问题》，黄世权、桂琳译，北京：中国人民大学出版社2013年版，第80页。

② 赵为学：《新闻传播学研究中话语分析的应用：现状、局限与前景》，《上海大学学报》（社会科学版）2008年第4期。

媒体融合永远在路上

◆ 汪家驷

2014年8月18日，中央全面深化改革领导小组第四次会议审议通过《关于推动传统媒体和新兴媒体融合发展的指导意见》。习近平总书记强调，要加快传统媒体和新兴媒体融合发展，充分运用新技术新应用创新媒体传播方式，占领信息传播制高点。中共中央政治局委员、书记处书记、中宣部部长刘奇葆在《人民日报》发表题为《加快推动传统媒体和新兴媒体融合发展》的文章，对习近平总书记重要讲话和党中央的战略部署进行了全面阐释。

一年后的8月19日，2015媒体融合发展论坛在深圳“论剑”，探索传统媒体和新兴媒体在内容、渠道、平台、经营、管理等方面深度融合、优势互补、一体发展。9月11日，中国报业协会主办的首届中国传媒融合发展年会在青岛“论道”，同时举行“中国传媒融合发展奖”评选和“新媒体与技术应用论坛”，力推媒体融合加快提速。

其一，为何融合？媒体融合，无疑是形势所迫、大势所趋、规律使然。深受新兴媒体的冲击，传统媒体舆论引导力、传播力面临严峻挑战，不走融合发展之路，将被边缘化、丧失话语权。由此，融合是媒体

作者简介：汪家驷，安徽省委宣传部原副部长，现任中国报业协会常务副理事长，安徽师范大学新闻与传播学院院长。

自觉，是变革图存，是转型增效，是互补共赢。

其二，融合什么？从媒体融合实践来看，一是理念融合，二是组织融合，三是内容融合，四是技术融合，五是渠道融合，六是平台融合，七是经营融合，八是管理融合。

其三，怎样融合？一是规划为先。顶层设计，战略谋划，把握规律，科学融合。二是资源为本。整合挖掘，优化配置，开发利用，有效融合。三是科技为要。充分利用大数据、云计算、物联网这三种新技术，优化媒体内容制作、存储、分发流程，提升专业化、规模化的数据处理能力，为内容生产和传播提供强大支撑。同时，还要充分利用互联网技术、4G技术，加快融合发展。四是体制为重。理顺体制、创新机制，破除制约融合发展的壁垒，着力解决功能重复、内容重质、力量分散、资源浪费问题。要走出媒体圈子里的“小我”整合，实现跨媒体、跨行业、跨地域的“大我”融合。五是人才为上。突破人才瓶颈，着力培养一批既有传媒素养、又掌握新媒体技能的全媒体采编人才，一批具备较强研发能力的新媒体专业技术人才，一批熟悉市场规律的经营管理人才，一批熟悉资本运作的投融资人才。

“不积跬步，无以至千里；不积小流，无以成江海。”媒体融合永远在路上，每一个坚实的脚印必将延伸至前方的风景。

（原载《中国报业》2015年第17期）

从传媒语境看报业集团融合发展

◆ 桂万保

传播技术的变革推进了新媒体集群的快速成长，传统媒体的生存与发展遭遇挑战，报业集团寻求转型升级，此乃必然。由报纸办网到报网融合，开展媒介融合、走全媒体之路，中国报业在理论和实践两方面积极探究发展之道。媒体社交化、终端移动化，对传统媒体形成真正冲击，有些报纸因此停刊。

2014年8月18日，中央全面深化改革领导小组第四次会议通过了《关于推动传统媒体和新兴媒体融合发展的指导意见》，力主传统媒体与新兴媒体深度融合，坚持优势互补、一体发展。报业集团基本上以党报为核心，其所属媒体有传统与新兴之分，也有事业属性和商业属性之别。面对这一复杂的内部媒介生态环境，报业集团融合发展如何进行？专家认为，传统媒体与新兴媒体的融合，最终目标是“你就是我，我就是你”的高度融合[①]。就报业集团而言，即实现多种媒介的平台聚合与资源共享。然而，报业集团融合发展需考虑诸多方面，不仅要遵从新闻媒体发展的自身规律，还有政治因素考量。本文认为，报业集团的融合发展不能脱离当下中国现实的传媒语境，应找准关键所在，遵从其逻辑起

作者简介：桂万保，副教授，博士，硕士生导师，主要研究方向：新闻理论与实务。

① 杜飞进：《关于推进媒体融合发展的若干思考》，《新闻战线》2014年第9期。

点，从媒体基因、属性偏向和理念整合三方面来着手研究。

一、媒体成长的关键所在——媒体基因

社会化媒体的兴起，在一定程度上颠覆了传统的新闻传播理论，传统媒体时代的新闻生产理念与机制，在新媒体传播语境下会“水土不服”。传统媒体面临困境，必须正视媒介技术变革，寻求媒体创新，实现突破性发展。基于战略层面的报业转型成为时代性课题，传统纸媒不能自绝于数字化传播趋势，理应主动拥抱新媒体时代，寻找适合自身发展的成长路径。然而在新闻传播实践中，拥有政治资源、新闻资源和人才资源等优势的传统报业，其转型即媒介融合发展之路并不十分顺畅，并没有把资源优势成功移接到新媒体创建上，甚至有时成为“包袱”，制约了新媒体的自如发展。如2009年浙江日报报业集团曾和阿里巴巴集团合办了《淘宝天下》，当时浙江日报报业集团全心投入，采编人员都由集团派出，但最终这次合作还是受挫了，浙江日报报业集团撤回全部采编人员。总结这次失败的经验后，2011年浙江日报报业集团启动建设新媒体创业孵化器“传媒梦工场”，以全新的理念和人员打造一支深谙互联网传播之道的新媒体团队，此举效果显著，取得了一系列成果，孵化出一批新媒体项目，包括知微、优微、虎嗅网等。为何前后两次结果不同？根本原因是后者培育了互联网基因[①]。不同形态的媒体，其差异性不仅体现于外在形态，更为深刻的是内在基因，而新闻传播理念与机制，应与媒体基因相契合。如上两个案例的结果不同，正是缘于前者以传统的新闻传播理念做新媒体，而后者认识到媒体基因的存在，遵循新媒体传播规律。彭兰在《再论新媒体基因》一文中认为，新媒体的核心要素是：终端、内容、关系与服务，而在这其中，内容尤其是新闻内容也许是同质性最高、不可替代性最弱的一个要素。同时，新媒体具有“江湖”属性文化特质：开放性、分权性、共享性、容错性、戏谑性[②]。与之相对，传统媒体居于“庙堂”之上，体现在严肃性与权威性，重视内容，行文严谨，而传播的互动性不强。

---

① 陈国权：《浙报集团：寻找报业转型基因变革之路》，《中国记者》2013年第9期。

② 彭兰：《再论新媒体基因》，《新闻与写作》2014年第2期。

因此，拥有传统媒体和新媒体两类传播集群的报业集团，在媒体融合发展时应基于不同媒体的基因，探究个体的差异化，实现优势互补和一体化发展。在报业集团中具有重要地位的党报，强调新闻报道的严肃性和权威性，重在弘扬主流声音，所以党报应发挥政治资源和人才资源优势，立足时政新闻，做强深度报道和新闻评论，重视核心读者群的信息需求，避免“人人喜爱”的陷阱，着重挖掘主流读者群体的潜在价值而不要盲目追求长尾效应。主打市场的商业化报纸虽然重视发行量，追求经济效益，但作为传统媒体，商业化报纸缺乏新媒体的海量信息和互动性传播优势，只能基于自身媒体基因，放大纸媒自身优势，找准受众定位，把报纸内容与版式做到极致。打造一份优质报纸，为特定受众提供精品信息，贴近百姓、服务民生的媒介定位与内容生产是关键。报业集团的新媒体集群发展不能局限于过去的报网互动思维，因为报就是报，网就是网，二者具有不同的传播特性。而作为独立形态的新媒体，自身就是一个开放型的传播平台，又体现出极强的信息聚合与细化功能，这是传统媒体所不具备的媒体基因，如媒体官方微博与微信公号，其信息生产与传播必须遵循社会化媒体传播规律，尊重用户体验，满足用户需求。信息生产角色模糊化和内容需求可定制化，能够让用户在参与互动中感受到自我的主体性，自觉融入传播网络中，媒体黏性也得以增强。如新浪微博“@人民日报”已有3000多万粉丝，在网络舆论传播中发挥着积极作用，成为报业开办官方微博的成功案例，这正是凭借人民日报的资源优势和品牌价值、遵循社会化媒体传播规律的结果，而《东方早报》的“澎湃新闻”项目取得成功，亦同此理。

由上可知，传统媒体与新媒体的基因差异，决定了他们的传播理念和传播规律的不同，在寻求各自的发展路径上，应基于自身媒体基因，将自身优势极致化。在当下中国的传媒语境下，党报的政治传播功能是其首要职责，而新媒体发展是趋势所向，报业集团融合发展难以做到媒介形态的同一化，传统媒体与新媒体都有存在的空间与价值。因此，报业集团融合发展不能漠视不同媒体的自身媒介特性，个体的差异化与全盘的一体化在媒体融合发展时并不矛盾，可以做到资源共享、优势互补而媒介形态独立。在新闻传播实践中，新闻从业人员是行动主体，对其职业素养的考核，应加入媒体基因认知这一要素，从而保证报业集团在融合发展中能够把合适的人安排到合适的岗位上。

二、媒体定位的制度现实——属性偏向

2011年5月，《中共中央办公厅、国务院办公厅关于深化非时政类报刊出版单位体制改革的意见》发布，推动非时政类报刊先行改制，各省和省会城市报业集团所属的非时政类报刊也在其列，而党报是党和人民的喉舌，自然属于时政类报纸。新闻媒体生产的产品较特殊，具有意识形态属性和商品属性，这决定了新闻媒体不可能纯粹是经济主体，还是上层建筑的一部分，是社会主义事业的一部分，其事业属性和商业属性并存。作为单个的新闻媒体，一般情况下难以做到仅仅具有某一属性，也很难真正做到两种属性的平衡，多数媒体会在传播理念和实践中偏重某一属性（在特殊社会环境下新闻媒体也可能只体现某一属性，如完全计划经济时代我国不实行市场经济，新闻媒体的商业属性没有体现出来），对于这种情况，本文称之为新闻媒体的属性偏向。现阶段我国报业集团所属媒体较复杂，在媒介形态上有传统媒体和新兴媒体之分，在属性偏向方面也存在差异，即分为偏向事业属性的新闻媒体和偏向商业属性的新闻媒体。

我国政治经济制度和现实传媒语境决定了，新闻媒体的两类属性偏向是一个刚性的存在，尤其党报作为党和人民的喉舌，明确偏向事业属性，当然，在市场经济环境下也有商业属性；非时政类报刊则偏向商业属性，但不可否认它同样具有意识形态属性。从专业视角来说，属性偏向与媒介定位紧密相关，如党报就是党和人民的喉舌，这决定了其内容选择与定位，以时政新闻为主，重在传播和解读国家的大政方针，满足人民的信息和文化需求，服务大局，做好上下沟通的桥梁；以评论为旗帜，做好言论多元生态环境下的舆论引导，平息社会情绪，弘扬主流声音，构建和谐社会。与此相对，偏向商业属性的新闻媒体，市场需求和资本逻辑基本主导其新闻生产和产品运营，服务用户信息需求，挖掘信息市场价值，延伸产品价值链条，追求资本利润空间，这些是优先考虑因素。报业集团的组建，走增量化改革之路，体现了不同媒体属性偏向的现实考虑，“母报交给党、子报找市场”这一说法的提出，虽有不恰当

之处，但从侧面证明了属性偏向的存在。报业集团开展新闻业务时，自觉遵守了新闻媒体属性偏向的要义，党报体现严肃性、权威性，重在硬新闻，商业化报纸则重在软新闻。当然，偏向商业属性的新闻媒体也要考虑新闻产品的意识形态功能，除了在媒介定位上更多考虑用户需求之外，还应发挥新闻媒体的社会监督功能，推动社会进步。

报业集团的融合发展，应遵循现实的传播制度，明确其所属每个媒体的属性偏向，进而正确定位每个媒体，这是新闻媒体创办之初必须解决的问题，是其存在与发展的基础，即为发展的逻辑起点。因为媒体属性偏向不明确，则其功能定位与内容定位就会模糊，这对单个媒体而言，其特色和品格无法彰显，对报业集团来说，体现为无顶层设计，资源内耗，难以形成传播合力。再者，制度的刚性决定了报业集团的融合发展，必须正视不同媒体所承载的传播功能。社会化媒体时代，碎片化信息分割了人们的闲暇时光，浅阅读取代深阅读，新闻娱乐化现象较为普遍，但党报应避免受到这一风潮的影响，彰显属性偏向，“面对席卷而来的互联网大潮，党报要站稳主流媒体的立场，在思想和胆识上更‘硬气’”①。虽然新媒体传播具有容错性和戏谑性，但由党报转型而来的新媒体，既要遵循新媒体传播规律，又理应秉持党报一贯的属性偏向，如上海报业集团的“上海观察”，就明确提出四个目标：“1.在主流价值观主导下生产适合互联网环境的内容；2.在众声喧哗中体现党报的独特作用；3.承接纸媒迁移读者；4.实现党报采编团队内容生产观念和方式的转型。”②对于偏向商业属性的新闻媒体，则细分受众，为互联网时代用户小众化的信息需求提供服务，感知用户体验，依据大数据进行精准传播，追求经济效益的同时也要考虑社会效益。

总之，在媒体融合语境下，报业集团所属新闻媒体的属性偏向不能在融合中模糊化，而是在差异化定位中彰显特色与品格，寻求个体发展，发挥每个媒体应有的传播优势，打造整体影响力。

① 林晖:《互联网时代需要更硬气的党报》,《中国社会科学报》2014年3月21日第A07版。

② 马笑虹:《“上海观察”:探路报网融合》,《中国报业》2014年第11期。

三、媒体形象的统一建构——理念整合

中央全面深化改革领导小组通过《关于推动传统媒体和新兴媒体融合发展的指导意见》，强调传统媒体与新兴媒体融合，不仅事关传媒产业的发展，还有更深层次的政治考量，“即对新媒体作为先行者的探索经验予以放大和扩散，在‘治理党政’和‘党政治理’两个层次上形成相互促进的价值，最终以传播力量对国家治理能力现代化形成独特的影响。”[①]再者，从大众传播功能的角度来说，不论是拉斯韦尔的“三功能说”：环境监视、社会联系与协调、社会遗产传承，还是施拉姆总结的政治功能、经济功能和一般社会功能，都体现了大众传播对国家发展与社会进步的重要性。因此，报业集团在融合发展之路上，要抓住根本——以传媒发展推动国家和社会的进步，而不能只追求市场占有与资本增值。

报业集团所属媒体较多，媒介形态各异，属性偏向不同，在开展多媒介传播时，应强调价值理念的整合，共同建构报业集团的良好形象，提升整体的美誉度和公信力，形成核心竞争力。如果报业集团所属媒体传播的价值理念不同或相悖时，会造成受众的困惑，他们会把其所属某一媒体的声音归结上升为报业集团的“官方声音”，这可能让受众对以党报为核心的报业集团产生认知错乱，最终会损害党报的权威性和公信力。如2013年12月，中央重点新闻网站国际在线发布了一条新闻：“老外街头扶摔倒大妈遭讹”，现场图片、权威信源，信息的可靠性似乎得到保证，于是各媒体官方微博（包括党报官方微博）竞相转发该新闻，然而后来证实这是一条假新闻。因社会化媒体有其自身媒介特性与传播机制，各媒体官方微博在转发新闻时，有时不可避免会传播一些不实信息，当然，社会化媒体传播的透明化机制，能够进行信息“自我净化”，可以迅速纠正错误。但在受众眼中，媒体官方微博是传统媒体的网络延伸，代表官方声音，如党报官方微博，则代表党报的声音，一旦党报官方微博传播虚假信息，造成负面影响，则会伤及其背后的党报，破坏其权威性和公信力。因此，报业集团所属媒体的官方微博要秉持严肃谨慎

---

① 朱春阳：《政治沟通视野下的媒体融合——核心议题、价值取向与传播特征》，《新闻记者》2014年第11期。

的传播理念，在转发信息或发布原创性信息时，应考虑集团的整体形象建构。

进一步说，报业集团融合发展，不仅是外在资源整合，还包含传播理念的整合，形成一个真正的价值共同体，这对媒体发展及其形象建构具有积极意义，如“人民日报新浪法人微博的表现值得借鉴，它凭借母报专业的评论队伍，使犀利深刻的评论成为其特色标签，增强了核心竞争力。”[①]无疑，人民日报与新浪微博“@人民日报”的优势互补，共同建构了良好的媒体形象，形成传播合力，提升了人民日报的综合影响力。人民日报海外版的微信公众号“侠客岛”，所载文章选题切中时弊，聚焦社会热点，文风生动活泼，可读性极强，但选题策划的方向与该报的性质、身份相契合，都是国际国内重要报道，在传播理念上也能与人民日报相呼应，正如微信公众号的功能介绍所言：“但凭侠者仁心，拆解时政迷局”，以期政通人和、社会昌明。正是这种和谐共鸣，构建了统一的人民日报媒体形象，为国家发展和社会进步做好新闻报道和政策解读。

综上所述，报业集团在融合发展之路上，应基于当下中国现实的新闻传播语境，从逻辑起点出发，立足媒介特性、传播制度和媒体形象三个层面，探究传统媒体与新兴媒体融合发展的可行路径，即实现个体的差异化和全盘的一体化。

（原载《新闻战线》2015年第9期）

① 黄扬略、张婷:《党报微博被关注程度影响因素最优尺度回归分析——以三家党报的新浪法人微博为例》,《湖北社会科学》2014年第9期。

论传统媒体与新兴媒体的深度融合

◆ 肖叶飞

中央全面深化改革领导小组第四次会议审议通过了《关于推动传统媒体和新兴媒体融合发展的指导意见》，意见要求推动传统媒体和新兴媒体融合发展，遵循新闻传播规律和新兴媒体发展规律，强化互联网思维，坚持传统媒体和新兴媒体优势互补、一体发展，确保融合发展沿着正确方向推进。新旧媒体融合发展必须坚持先进技术为支撑、内容建设为根本，推动传统媒体和新兴媒体在内容、渠道、平台、经营、管理等方面深度融合，加快建设形态多样、手段先进、具有强大传播力和竞争力的新型主流媒体①。

目前，我国传统媒体与新兴媒体的融合仍处于初级阶段，传统媒体通过网站、微信、微博、客户端等新兴媒体传播信息，传统媒体在新闻来源、内容传播、受众反馈等方面与新兴媒体互动。而真正实质性融合必须是所有权的融合，即通过并购重组加强传统媒体和新兴媒体的整合，形成信息采集、信息生产、传播渠道以及终端平台的融合，形成融合的组织架构、生产流程与管理体制。

作者简介：肖叶飞，副教授，博士，硕士生导师，主要研究方向：传媒经营与管理、广播电视学、影视艺术、传媒与法以及中外新闻史等。

基金项目：国家社科基金青年项目“媒介融合的政策选择与规制体系研究”（13CXW008）。

① 刘奇葆：《加快推动传统媒体和新兴媒体融合发展》，《党建》2014年第5期。

一、传统媒体与新媒体融合的背景

传统媒体与新媒体的融合是多种因素下产生的，技术进步使不同传媒业之间的边界不断模糊消失，新闻出版、广播影视与互联网在内容生产、渠道传输和接受终端方面出现了融合，这使得传统媒体在受众与广告市场上面临着巨大的压力与挑战，受众的不断流失使主流媒体的话语权逐渐缩小，从壮大主流舆论、稳固宣传阵地角度也需要促进传统媒体与新兴媒体的融合。

（一）技术进步促进传统媒体与新媒体的融合

媒介技术的发展具有生物进化的发展趋势，是新媒介对传统媒介不断补救的过程，同时，媒介的发展也更具人性化，符合人性的需求。传统的新闻出版载体是纸张，阅读散发着油墨香味的报刊书籍成为一种习惯。随着数字技术的发展，手机、互联网、电子阅读器、iPad和个人电脑等各种数字阅读终端不断出现，并从此延伸出网络出版、数字出版、数据库出版以及按需出版等各种产业形态，技术的进步促进了传统新闻出版产业链的升级与改造。作为传统媒体的报刊出版，需要与网络运营商、终端制造商、平台运营商、技术制作商等合作，通过再造平台与终端，延伸产业链，发挥传统的内容优势，实现从纸质媒体出版向多媒体出版的转型。同时，新闻出版要再造出版流程，内容资源的集约式使用与多元化经营。

电视媒介具有声情并茂、声画合一的传播优势，随着数字技术的发展，传统电视单一线性的传播劣势不断显现出来，新的视音频媒介成为传统电视的替代品或互补品。例如，以电视机加机顶盒为终端的数字电视，以互联网为平台、受众上传视频为卖点的视频分享网站，以地面微波为传输平台的车载移动电视，以互联网为平台、个人电脑和电视机为终端的IPTV与网络电视，以蜂窝移动通讯网为平台、以手机为终端设备的手机电视，等等。这些视听新媒体具有互动、延展、即时、融合的特点，与传统电视相比具有明显的优势，从此颠覆了传统电视产业链，破除了传统电视对播出权的垄断。在视听新媒体的冲击下，传统媒体开始向视听新媒体延伸产业链，例如，传统电视台建立网络电视，拓展播出终端，中央电视台建立中国网络电视台CNTV。但是传统电视自办的网络电视在视听新媒体的市场上仍然面临着激烈的竞争，优酷网、土豆网等视频分享网站，PPLive、PPStream等网络电视，乐视网、搜狐视频等互联网视频终端，向用户提供视听新业务，吸引了大量的观众。

媒介融合促使传媒产业链之间出现了分化整合，原来那种独立运营、相互平行的产业链被打破，不同媒体产业链之间相互嵌入、相互融合，形成新的融合产业链，例如，电信运营商制作电视节目，接入电视产业链；移动运营商提供电视传播渠道，接入电视产业链；有线电视运营商提供互联网接入、电话通信服务，接入电信产业链。新的融合产业链消解了不同产业链之间的隔阂，形成了融合内容、融合媒体、融合渠道、融合终端等组成的融合产业链，促进了产业升级。

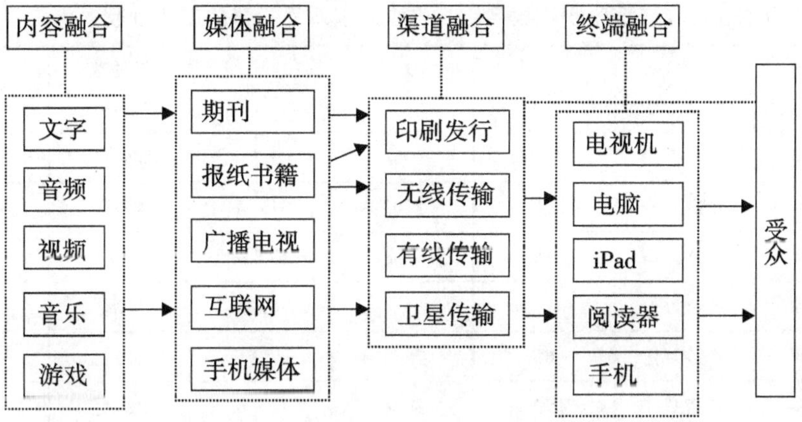

图1　传媒行业的融合产业价值链

（二）市场竞争推动传统媒体与新媒体的融合

2014年7月，中国新闻出版研究院发布的《2013年新闻出版产业分析报告》指出，报纸出版形势相对严峻，多项指标明显下滑。2013年我国报纸出版营业收入776.7亿元，降低8.9%，利润总额87.7亿元，降低11.7%，报纸总印张2097.8亿印张，减少113.2亿印张，降低5.1%[①]。出版发行行业的一般图书、教材教辅、发行收入等增长缓慢，传统出版产品结构单一，盈利风险增大。但是，2013年我国数字出版产值规模达2540.4亿元，同比增长31.3%，保持了快速增长势头，其中，互联网广告

① 吴娜：《新闻出版的"晴雨表"》，《光明日报》2014年7月10日第5版。

达1100亿元，手机出版达579.6亿元，网络游戏达718.4亿元，共占数字出版产值的94.4%，互联网期刊、电子书、数字报纸的产值为62亿元，占数字出版的2.4%，说明传统新闻出版业数字化转型取得了一定的成效，但仍需要进一步深化。

美国报业广告收入自2005年达到顶点以后，出现了逐渐下降趋势，特别是传统的纸质版的广告收入更是受到金融危机以及互联网的影响，2012年与2005年相比，下降了56%，而在线数字广告收入虽然在增加，但是跟纸质版广告收入的减少相比显得微不足道，数字出版广告收入根本拯救不了衰退的报业，而《基督教科学箴言报》《洛基山新闻报》等知名报纸停止生产纸质版报纸，只出版电子版报纸，或者通过网络版收费来维持生存。

表1 美国报业8年来纸质版、数字版广告收入以及发行量的变化（收入单位：美元）

分类／年份	工作日总发行量	变化	在线广告收入	变化	纸质版广告收入	变化
2005年	5335万份	-2.3%	20亿	31.5%	474亿	1.5%
2006年	5233万份	-1.9%	27亿	31.4%	466亿	-1.7%
2007年	5074万份	-3%	32亿	18.8%	422亿	-9.4%
2008年	4859万份	-4.2%	31亿	-1.8%	347亿	-17.7%
2009年	4565万份	-6%	28亿	-11.8%	248亿	-28.6%
2010年	NA	NA	30亿	10.9%	228亿	-8.2%
2011年	4442万份	-2.7%	33亿	6.8%	207亿	-9.2%
2012年	NA	NA	34亿	3.7%	189亿	-8.5%

美国在线视频、手机电视等视听新媒体广告收入增长迅猛，而传统电视的收视率下降明显。2013年美国在线和手机数字广告的收入达430亿美元，首次超过广播电视，而有线电视的订户数和收视率都在下降。2013年2月，在线影片租赁提供商Netflix全力推出了自己的首部原创剧集《纸牌屋》，在取得热烈反响的同时也吹响了自己进军电视市场的号角。

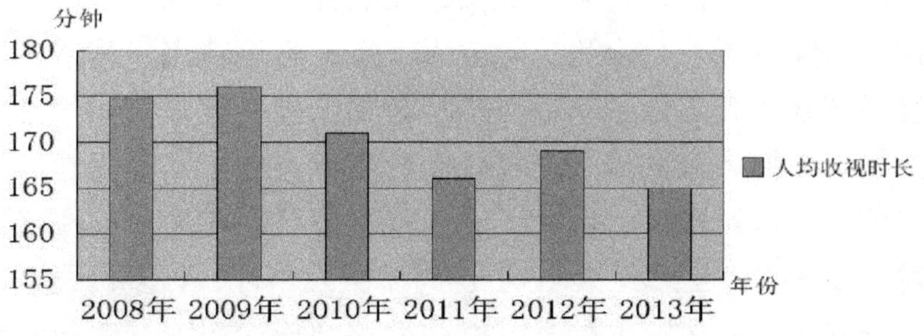

图2 2008—2013年人均收视分钟数

随着新媒体的发展，从2010年开始，各种视听新媒介传播平台以及收看设备的普及，传统电视人均收视时长逐年下降，在2011年跌落至166分钟，达到了十年来的谷底，青年观众的收视量呈现逐年下降的趋势。与此同时，35—64岁观众人均收看分钟数相比2012年也略有下降，电视的忠实观众依然是65岁及以上的老年群体[①]。2013年《大视频时代——中国视频媒体生态考察报告》称，电视、网络、手机、户外视频媒体复合用户规模达20.7亿，视频消费量爆炸性增长50%—70%。报告还显示，2013年电视广告收入1119.26亿元，增幅69.7%，网络广告市场规模达到1100亿元，在线视频广告市场规模达128.1亿元，增长41.9%。

（三）巩固舆论阵地需要传统媒体与新媒体的融合

意识形态工作事关党的前途命运，事关国家的长治久安，也关系到国家的凝聚力与向心力。传统媒体实行事业体制，受宣传部门的直接领导，舆论引导较易受到掌控。但是随着网络技术的发展，传统媒体的舆论阵地逐渐失去，年轻受众读报、看电视的人急速减少，传统媒体的滞后性和单向性不能满足受众的多元化需求，而新媒体的受众则呈爆炸式增长，并成为生成舆论、影响舆论的重要阵地。截至2014年7月，我国网民数量超过了6.32亿，手机网民的数量超过了5.27亿。QQ月活跃账户数达到8.08亿，最高同时在线账户数达到2亿，其中手机QQ用户的贡献较大。2014年第二季度新浪微博月活跃用户1.57亿。

由于新媒体传播具有信息源的不确定性、信息传播的快捷性、信息流向的无序性、信息通道的互动性、信息流通的海量性、信息表达的立

① 杜宇宸：《2013年电视收视市场回顾》，《收视中国》2014年第2期。

体性、社会参与的广泛性、主体成员的复杂性及开放性、平民化、隐匿性、门槛低、成本低、分众化、效应大、监控难等特点，其诸多功能又不同程度地契合了公共危机事件对信息传播的种种要求，如信息报道的高度时效性、传播内容的极大丰富性、社会成员的广泛参与性、信息受众的多层面和多区域性等，因此，新媒体目前已经成为大传播格局中的主力，对社会舆情产生了巨大影响[①]。许多突发事件，许多网民都是通过互联网、社交媒体首先获取信息，并在网络上形成舆论，致使网络舆论在网上不断发酵，甚至与现实暴力相互影响，对社会稳定产生不利影响，从舆情掌控等角度看，需要传统媒体与新媒体融合。

二、传统媒体与新媒体融合的路径

传统媒体与新媒体的融合主要是所有权的融合，这种以产权为交易对象的融合方式是企业资本运营的主要手段，也是形成媒体核心竞争力的有效途径，只有所有权的融合才能形成真正的跨媒体的融合传媒集团。

（一）传统媒体与新媒体并购重组的类型

并购重组是重要的资本运营手段，也是企业通过外部扩展的方式做强做大的重要手段。近年来，我国文化传媒板块各个领域出现了并购重组的浪潮，不仅出现传统媒体对新媒体的并购，而且新媒体之间的并购重组也在加快进行。

从方式来看，并购重组也可以细分为兼并、收购、重组等不同的资本运营的方式，兼并就是一个企业通过产权交易获得另外一个企业的全部产权，获取被并购企业的控制权并且使被并购企业丧失法人资格，两家企业融合为一体。例如，天舟文化收购神奇时代的100%股权，踏入移动互联网和手机游戏领域。收购一般是一家企业购买另一家企业的股票或者资产，获取被并购企业的部分产权或者全部产权，但是被收购的企业一般仍然保留法人资格，收购分为资产收购或者股权收购，例如江苏凤凰传媒为了打造全产业链，收购上海都玩网络和上海慕和网络的股权，以及传奇影业的资产，进军游戏、影视与新媒体产业。

资产重组是通过联合、合并、分类、出售和置换等方式，实现资产

① 宋振文：《新媒体：公共危机舆情管理的机遇与挑战》，《学术论坛》2011年第12期。

主体重新选择与组合，资产重组是实现低成本扩张的重要方式，是优化企业资产结构的重要方式，也是企业调整经营结构、实现从单一媒体业务形态向多元化业务形态转变的重要途径。重组可分为股份重组、资产重组与负债重组。2013年粤传媒通过重大资产重组，将所有可经营的优质资产注入上市公司。重组一般是基于战略转型考虑，拓展市场空间，转变经营思路，长城影视通过资产置换借壳江苏宏宝上市，重组完成后，江苏宏宝的主营业务将转变为电视剧投资、制作与发行及其衍生业务。又如，新华传媒通过重组实现业务转型，从新华书店与传统都市报向数字媒体、电子商务、文化地产、影视院线等多元化战略转型。剥离与分立也是重组的重要手段，主要是为了调整经营结构，剥离非相关的产品，使主业更加清晰，提高核心竞争力。

从产业链的结构来看，并购重组又可分为横向并购、纵向并购与混合并购，横向并购主要是为了降低生产成本，发挥规模经济效益，扩大生产规模。2011年上海解放日报报业集团和文汇新民报业集团合并，主要就是为了提高规模经济效益，减少同质化的竞争，并且在新媒体方面有所拓展。纵向并购就是在产业链的上下游并购企业，减少交易成本，完善产业链，防止经营风险，例如，乐视网作为一个播出渠道，购买花儿影视100%的股权，可以增强影视版权方面的实力，形成内容加渠道的纵向产业链。混合并购主要是为了防范经营风险，通过多元化生产提高范围经济效益。对于传统媒体来说，跨媒体混合并购是必然的趋势，我国一些传统的新闻出版企业在传统业务低迷的情况下，采取并购策略，例如浙报传媒、博瑞传播、凤凰传媒都已进入互联网、游戏等新媒体业务领域。

（二）我国传统媒体与新媒体并购重组的特点

近年来，我国传统媒体与新媒体的融合出现了新的动向。首先，传统媒体并购互联网、游戏等新媒体的增多，主要原因是传统的新闻出版产业的产品结构和盈利模式单一，对未来的发展造成了不确定性，经营风险增大。而新媒体是新兴产业，发展势头强劲。例如，中国游戏产业2013年产值达到1230亿元，数字出版产业达到2540.4亿元，并购新媒体可以分散经营风险，实现经营领域的扩展，完善产业链，打造全产业链。

其次，传统媒体与新媒体跨地域、跨行业的并购重组增多，通过跨地区和跨行业的资产流动和重组整合，实现协同效应。例如，江西出版集团与宋庆龄基金会联合重组了中国和平出版有限责任公司，江西出版集团控股80%。中文传媒重组了新华联合发行有限公司；时代出版与北京幸星公司合资成立了新公司，并收购了安徽人民出版社。《环球时报》宣布完成对陆川导演的独立电影制片公司“川制作”的股权投资，成为第一家以入股方式进入电影产业的传统媒体。

再次，我国传统媒体开始筹划走出去战略，在版权贸易、数字产品出口、对外投资等方面积极作为，增强国际传播力。例如，时代出版成立了俄罗斯新时代印务公司等一批海外文化产业实体和基地，收购了拉脱维亚S&G印刷公司。民营控股及中小板上市公司加快并购重组步伐。例如，影视领域，华谊兄弟收购手游企业银汉科技、华策影视收购海宁华凡、光线传媒收购新丽传媒等。

（三）传统媒体与新媒体并购的策略

传统媒体与新媒体的融合可以提高传统媒体的运营效率与获利能力，拓展新产品与新业务，实现业务的优势互补，带来经营协同效应和财务协同效应，调整产品结构，降低成本和费用，提高经营效率，以实现价值增值[①]。

传统媒体与新媒体的融合要提升传统媒体的主业，增强核心竞争力。传统媒体要向电子图书、网络报纸、网络视频、手机媒体等新媒体领域扩张，传统媒体具有品牌优势、内容优势、人才优势等，可以为新媒体提供大量资源支持。新媒体具有渠道优势、技术优势、成本优势和传播优势，可以促使传统媒体实现数字化和网络化转型，完成产业升级。例如，纽约时报公司斥资4.1亿美元收购About.com网站，借此平台推广和销售公司更多的信息产品。

传统媒体与新媒体融合需要形成“多介质、全媒体”产业链，在数字技术领域有所开拓，打造数字内容业态和全媒体终端平台。例如，皖新传媒努力开拓“教育与科技融合”的新方向、新业务，基础教育云平台的应用和传统教育项目向数字出版、互联网和互动多媒体等新载体演变，搭建数字出版平台和电子书包。中南传媒与华为技术战略合作，打造数字出版平台和电子书包基地；与中国联通合作，推进悦读平台基地建设；与中国移动合作，构建手机报网络。长江传媒以数字版权运营、

---

① 李曜：《公司并购与重组导论》，上海：上海财经大学出版社2010年版，第41页。

手机媒体开发、数字教育服务为重点，通过整合集团内品牌、内容与渠道等优势资源，推进长江传媒转型升级。

传统媒体与新媒体的融合需要实现内容的多层次开发与融合新闻生产。传统媒体要向电视剧、电影、动漫与游戏等相关产业发展，发挥协同效应，降低经营风险。例如，博瑞传媒收购腾讯旗下的网页游戏公司北京漫游谷；长江传媒涉足影院运营；凤凰传媒收购软件公司和游戏公司进军游戏领域，实现数字化发展战略；浙报传媒斥资32亿收购盛大网络旗下的两家游戏公司，在边锋平台上推出云阅读和视频类产品，推动平台的媒体化；时代出版、中文传媒、出版传媒等已开始涉足动漫、影视、视频等领域，加大向视听领域的投资。

三、传统媒体与新媒体融合的规制

传统媒体与新媒体融合的梗阻主要原因是传统媒体定位于事业单位，而非市场化主体，所以很难通过并购重组等资本运营手段实现所有权的融合，特别是我国的新闻出版、广播影视分别根据《出版管理条例》和《广播电视管理条例》等进行分业规制，跨媒体的融合面临管理上的一些限制。

（一）传统媒体与新媒体融合的梗阻

并购重组是实现融合的根本途径，是传统媒体提高核心竞争力的根本手段，也是传统媒体实现转型升级的有效方式，但是我国传统媒体与新媒体的融合仍存在许多问题。

首先，我国传统媒体没有根本上解决条块分割、地区分割和行业分割的问题，跨区域、跨行业的融合仍然受到很大的限制，如何打破这种区域、行业的进入壁垒，实现优质传媒资源与生产要素向优质企业、优势产业集聚，这需要传统媒体转企改制，成为市场主体，只有成为市场主体才能实现跨界的并购重组。目前我国一些传统媒体之间的融合主要是基于行政力量的撮合，而非基于市场力量的驱动，例如牡丹江传媒集团、佛山传媒集团等，这些区域式的传媒集团甚至会加重区域市场的垄断行为，不利于舆论多元化的发展，对地方广告主也会造成广告价格的垄断行为。世界上大部分国家对同一个地域的传媒所有权的多元化要求很高，特别是对跨媒体所有权的融合。

其次，我国传统媒体与新媒体的融合大部分是强弱联合，强强联合并不多见，特别是针对跨地区、跨媒体的强强联合基本没有。我国媒体的综合实力弱，市场集中度低，融合的主要目的是增强核心竞争力，提高市场集中度，增强在国际上的竞争能力。我国鼓励资源相近和业务相近的报刊出版企业的并购重组，促进资源整合和综合利用。国际上传媒并购强强联合较多，2013年，贝塔斯曼集团与培生集团签署合同，合并各自旗下的图书出版公司兰登书屋和企鹅出版集团在全球的业务，成立新的公司企鹅兰登书屋，这就是出版集团强强联合的例子，合并后将增强在世界范围内业务的竞争能力。

再次，传统媒体与新媒体的融合没有处理好“做强”与“做大”、专业化与多元化的关系。媒介融合时代要通过并购重组实现“全介质、全流程”发展战略，达到内容的多层次开发和多元升值。一些传统媒体主要是对游戏产业进行并购，对传统的新闻业务没有形成资源互补与产生协同效应。例如，博瑞传播坚定向新媒体转型，特别是游戏产业的并购较为频繁，但是其主营业务仍是印刷与广告。浙报传媒收购了游戏企业，在移动互联网和互联网电视方面布局影视投资，还在新闻传媒、互动娱乐、影视方面做一些文化产业的资产整合，使公司真正成为全媒体、全产业链的文化传媒企业。但“做强”与“做大”的关系仍需研究。

（二）传统媒体与新媒体融合的前提

放松经济性规制是融合的前提，经济性规制主要指政府通过价格、产量、进入与退出等方面对企业决策所实施的各种强制性制约[①]。放松经济性规制的背景是：规制导致企业的低效率，同时产生大量的规制成本，甚至是官僚机构的寻租行为，抑制了企业的创新。可竞争理论认为，政府规制的底线是不破坏市场秩序，维护市场的公平竞争，使市场在资源配置中起到关键性的作用。在媒介融合的语境下，放松新闻出版、广播电视、电信产业与新媒体之间进入壁垒，特别是针对可经营性资产，通过并购重组促进产业融合，建立跨媒体、跨行业、跨地区的融合传媒集团，共享信息、采编、渠道、销售与广告资源，形成具有可竞

① Viscusi W K, Harrington J E, and Vernon J M: Economics of Regulation and Antitrust, The MIT Press, 1995, p295.

争性的市场结构和产业体系。

传媒行业既具有事业属性，也具有产业属性，事业属性就是为社会主义现代化建设提供政治保证、精神支持和舆论保障，提高新闻宣传引导力与文化传播力，增强公共服务能力，产业属性就是要遵循市场经济规律，提高经济效率，促进经济发展。近年来，我国出版、发行、影视、演艺、广电网络、新闻网站以及非时政类报刊都逐步转制为企业，成为经营性产业与真正的市场主体。例如，出版单位除了少数对外出版、民族出版社和盲文出版社，其余基本实现了转企改制；广播电视则实行制播分离，除播出机构与新闻类节目制作之外，其他类型的节目制作公司则成为市场主体；另外，除党报以外，非时政类报刊成为市场主体。经营性产业放松进入退出规制，形成统一、开放、竞争的传媒市场，通过并购重组等资本运营改变地区分割、条块分割和行业分割的局面。

（三）传统媒体与新媒体融合的组织结构

传统媒体与新媒体融合后，要协调采购、产品开发、营销、财务等各项管理活动，加强各项业务的衔接，要建立融合型、高效率、富有弹性的组织机构系统，形成董事会、监理会、经理会和编委会，健全管理机构，实施传媒职业经理人制度。企业并购重组要加强文化整合，不同的企业有不同的经营方式、管理制度、组织结构和企业文化，整合不好则增加经营与管理成本。美国在线与时代华纳并购失败就是一例，在此案例中新媒体和传统媒体的合并没有带来有效的整合，反而因文化冲突造成管理的混乱，2009年拆分为两家企业。

构建融合新闻生产流程，形成多媒体信息的采集、加工、管理、讲述和发布的新的新闻生产模式，通过多信息采集实现资源共享，通过多平台发布实现多元增值，提高了产业绩效。传媒产品具有准公共产品的属性，第一次生产需要投入大量的资源，但是可以发挥多层发布和多元升值的作用。可以说，信息资源的采集与使用既可以作为图书、报刊、电视等传统出版物的投入要素，也可以作为网络、阅读器和手机等新媒体的生产要素，利用信息技术平台发展新闻综合业务，可以降低生产成本。①

（原载《新闻与传播研究辑刊》第一辑，湖北人民出版社2015年版）

① 肖叶飞：《基于SCP范式的传媒产业融合分析》，《北方经济》2013年第1期。

传媒产业融合的动因、路径与效应

◆ 肖叶飞　刘祥平

产业融合是随着科学技术的发展，不同产业之间出现了相互交叉与渗透现象，产业的边界逐渐缩小甚至消失，不同产业逐步融合成为具有新的产业属性与产业形态的产业。产业融合是产业发展的必然趋势，是对产业分立的否定，这种现象不仅出现在传媒产业，而且出现在金融产业和其他信息产业中。作为一种经济现象，产业融合将对产业组织产生影响，也对经济、社会和生活产生深远影响。

随着信息技术和网络技术的发展，传媒产业融合成为产业融合的典型，新闻出版、广播影视、电信与新媒体等原来各自不同的产业可以提供相同或相似的产品，出现了业务融合、市场融合和终端融合的趋势，产业边界在不断模糊与消失，这种现象对产业组织、信息消费乃至社会经济文化发展都将产生深远影响。

一、传媒产业融合的动因

技术创新、放松规制、企业竞合关系、跨行业并购与重组以及市场

作者简介：肖叶飞，副教授，博士，硕士生导师，主要研究方向：传媒经营与管理、广播电视学、影视艺术、传媒与法以及中外新闻史等。刘祥平，贵州民族大学传媒学院，教授，博士，硕士生导师。

基金项目：国家社科基金青年项目“媒介融合的政策选择与规制体系研究”（13CXW008）。

需求的驱动共同推动了产业融合的发展。

(一)技术创新是产业融合的根本动因

技术创新就是新产品、新设备、新系统以及新过程等形式在内的技术逐步商业化，成为不同产业之间通用的技术平台，这种通用的技术消除了不同产业之间的技术进入壁垒，导致不同产业之间的技术边界与生产方式趋同①。首先，技术进步使传媒产品和服务的专属性和差异性降低，改变了产品的特性与市场需求，降低了产业之间的进入壁垒。特别是网络技术和宽带技术的发展使各种媒介呈现出多功能一体化趋势，如三网融合的技术能够提供语音、图像和数据等多媒体综合信息服务，技术的通用性促进了电信产业与有线电视产业之间的融合。其次，技术进步改变了原有产业的生产技术路径和经营方式，不同产业的工艺流程、生产技术、成本结构由于技术进步而变得十分相似，这种关联性或替代性的技术、工艺或产品容易渗透、扩散到其他产业，形成产业融合，反过来，产业融合又进一步促进了技术的融合。对于传媒产业来说，随着数字内容采集技术、编辑技术的发展，出现了多媒体信息采集、多类型故事生成、多平台发布以及多渠道增值的相似的新闻生成流程。再次，替代性或关联性的技术形成了不同产业之间的通用技术平台，这个平台就是传媒产业共同的或相似的技术平台，即以互联网为中心的非专用性的数字化新闻采编与产业运作平台。

(二)企业之间的竞争合作是产业融合发生的重要原因

首先，企业之间的协同竞争比原来各自独立竞争有着更好的经营效果，使更多的资源在更广阔的范围内合理地支配和利用，生产的产品和服务更加具有竞争力和市场空间。例如，报网融合、台网融合、广播电视融合和报纸杂志融合等，信息资源以不同的形态在不同的媒体中呈现。其次，由于传媒产品的成本弱增性特点使其能够以较低的边际成本销售产品，企业为了追求范围经济效益，进行多元化和多品种经营，把更多的成本分摊到更广泛的产品当中。例如，第一财经为了降低生产成本，把经营拓展到广播、电视、报纸、网站等领域。再次，产业融合后的新产品和服务改变了市场需求，也改变了市场竞争状况和价值创造的

① 郑明高:《产业融合:产业经济发展的新趋势》,北京:中国经济出版社2011年版,第91页。

过程，特别是一些交叉产品与服务，刺激了市场需求。例如，传统媒体与互联网交叉处的新产业形态成为新的经济增长点，随着网络视频和手机电视的迅猛发展，2012年数字出版的产值超过传统出版达到1935亿元。这些协同竞争方式能够提高信息资源的综合利用率，促进资源的集约式开发，改善企业的经营效益，也促进了产业融合。

（三）放松规制是产业融合的外部条件

放松规制就是政府放松对自然垄断或其他产业的进入退出、价格等方面的行政或法律的监管，使不同的产业之间可以相互进入、渗透和竞争，加强市场竞争。放松规制是对规制失灵的一种矫正，主要原因是技术的发展导致自然垄断不断消失，市场不断扩大，而放松规制可以吸引新的厂商、扩大供给和满足不断增长的需求，形成可竞争性的市场。另外的原因是规制失灵，规制失灵导致行政部门规模的庞大，行政支出与规制费用的不断上升，财政赤字的不断增加，规制的巨大成本导致反规制运动，用规制失灵去替代市场失灵不是明智的选择。卡恩对美国放松规制的实证分析的结果表明，放松规制促使大量新企业参加，加剧竞争，降低收费，提高企业的效率与活力，扩大需求和投资，使服务多样化，从而使经济增长率得到提高①。

（四）跨产业的并购与重组是产业融合的催化剂

跨媒体、跨产业的并购在西方成为一种常态，例如，美国1996年的《电信法》放松规制促使了有线电视与电信的并购，美国最大的长途电话公司——美国电报电话公司（AT&T）先后并购排名第二和第四的有线电视公司TCI和Media one集团，进军有线电视和市话市场。最大的有线电视公司康卡斯特合并AT&T旗下的宽带公司进入互联网接入市场，还收购通用电气（GE）拥有的全国广播公司—环球影业公司，进入产业链的上游内容创意和生产领域。跨国并购成为促进产业融合的另一个因素，数字化和信息化为跨国公司的一体化生产创造了条件，跨国公司的技术开发、投资、生产、制造、贸易和售后服务等融于一体，跨国公司成为全球产业融合的重要载体。

---

① [日]植草益:《微观规制经济学》，朱绍文、胡欣欣等译，北京：中国发展出版社1992年版，第181-184页。

（五）受众的需求是产业融合的内在要求

随着社会经济的发展，人们追求快节奏、低成本、高效率的消费方式，需求呈现出高端化和舒适化的趋势，这种消费结构的变化为融合新产品、新业务提高了市场基础，促使企业转型升级。另一方面，产业融合的技术结构、产品结构和资产结构等供给方面的变化，也引导了需求结构的变化。媒介融合时代消费者在信息接受和商品消费上的分众化、便捷化和多样性的新特征促进了需求融合，改变了传媒媒体的信息生产方式。反过来，需求融合促进了供给融合，替代性和互补性的供给导致业务既差异化又融合化，引导了受众的消费，促进了市场融合。

二、传媒产业融合的路径

产业融合是主导技术、组织结构、运行平台、生产流程、商业模式和管理制度等全面调整与变迁的过程，而我国条块分割的传媒产业结构与融合的技术、市场、需求不相容，阻碍了产业发展，也损害了消费者利益，要利用政府、市场和企业等多元因素共同促进产业融合，发挥市场在资源配置中的决定性作用。

（一）传媒产业融合的演进路径

经历了技术融合、业务融合到产业融合的过程。产业分立的一个原因就是存在技术壁垒，从而形成了不同的产业边界。随着数字技术和网络技术的创新扩散，产业分立时代的报刊出版、广播影视以及新媒体之间出现了共同的融合技术，不同产业能够提供相似或相同的产品。例如，数字出版、手机电视等都是传统媒体业务在新媒体上的呈现，产业边界模糊，各种媒体都可以通过融合终端提供数字化融合业务。另外，网络通信技术的发展，不同的网络都能够提供多元化的信息服务，消费者可以通过一个终端上网、看电视和打电话，以及获取各种在线信息、咨询、娱乐、教育和商务功能，这种替代性产品和服务的出现导致了不同产业之间的业务出现延伸和拓展，形成了新的融合业务市场。业务融合促使原有产业的生产技术、业务流程、管理组织等发生了变化，扩大了业务范围，资源可以在更大的市场范围内进行配置，使产业之间的竞争不断增强，并促进了产业之间的并购与重组，最终导致产业融合。

（二）传媒产业的融合路径

横向融合、纵向融合和混合融合。进入垄断以来，西方资本主义国家经历了六次较大规模的企业并购浪潮，横向并购（1897—1904）、纵向并购（1916—1929）、多元集团化（1954—1965）、杠杆收购（1981—1989）、超大型并购（1992—2000）、跨国并购（2004—2007）①。从并购特点来看，前四次主要发生于产业内部，而第五次和第六次并购浪潮发生于不同产业内的企业之间，促进了产业融合。

我国传媒产业融合分为横向融合、纵向融合和混合融合等三种途径。横向融合是横向扩展企业的经营规模，提高市场竞争力与发挥规模经济效应。当企业的内部管理成本小于市场交易成本时，就适宜扩大规模。纵向融合是在原有的业务基础上，形成产供、产销或供产销一体化，是企业在供应链两个方向上纵向扩展经营业务的一种战略行为。纵向融合是为了降低市场交易成本，通过交易内部化规避交易风险，削弱供应商或消费者的价格谈判能力，通过纵向融合获取企业的异质资源，形成核心竞争力，如电视台的自制剧。混合融合就是扩大经营范围，多元化生产，使自身生产、技术、资金等迅速扩大，增强企业的竞争优势，发挥范围经济效应。

近年来，我国传媒产业融合主要表现为同一个地区的横向融合，跨地区与跨行业的纵向融合和混合融合并不多见，报刊出版、广播电视和电信之间基于市场驱动的融合很少出现，例如，出版企业中南传媒与湖南教育电视台签署战略合作协议，双方拟合资创立“湖南教育电视传媒有限公司”，中南传媒仅是后者广告公司的市场经营主体，核心业务采编并没有出现融合。

传统媒体与互联网、手机等新媒体的融合较多，通过并购与重组实现“全介质、全流程”发展战略，达到内容的多层次开发。例如，报刊出版上市公司并购手机游戏和网页游戏公司的较多，凤凰传媒收购手游公司慕和网络64%的股权；天舟文化收购移动网游企业神奇时代100%股权；浙报传媒收购东方星空44%的股权；博瑞传播收购成都梦工厂全部股权等。影视产业方面，华谊兄弟以股权转让方式收购张国立旗下浙江常升影视制作公司70%的股权，加强自己在电视剧制作方面的能力，收

① 李曜：《公司并购与重组导论》，上海：上海财经大学出版社2010年版，第28页。

购银汉科技50%的股权，增强手机游戏业务；乐视网购买花儿影视100%的股权，实现纵向一体化，有力提升乐视网精品剧制作能力。

传媒产业融合应如图1的路径进行，即在传统的传媒行业剥离可经营性资产的基础上，加强传媒跨产业的并购与重组，形成产权交易市场，促进产权交易。

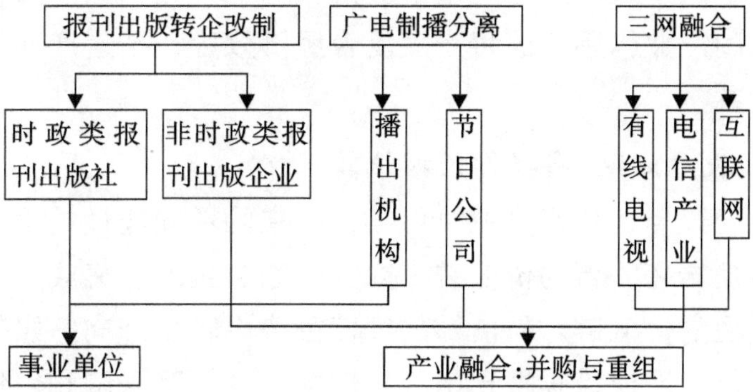

图1　我国传媒产业并购路径

（三）传媒产业融合的形成路径：并购与重组

并购与重组是产业融合的形成路径，兼并就是通过产权交易获取其他企业的产权，从而使被并购企业丧失法人资格，获取被并购企业的控制权的经济行为；收购是一家企业通过现金或有价证券购买另一家企业的股票或资产，获取该企业的全部资产或者某项资产的所有权，或者该企业的控制权；重组则是对公司所有权或控制权结构的重新安排，分为资产重组、负债重组和股权重组。并购与重组的主要形式包括，一是全资兼并，例如2009年时代出版以现金收购安徽人民出版社100%股权。二是控股收购，支付的方式有现金支付、混合支付和股票互换等手段，安徽出版集团认购科大创新定向发行股份，成功控股上市公司，实现出版业务的整体上市。第三是整体合并，2013年7月，培生集团与贝塔斯曼集团签署最终合同，合并各自旗下的图书出版公司——企鹅出版集团和兰登书屋在全球范围内的业务，新企鹅兰登书屋将成为全世界最大的图书出版公司。四是合资新建，2011年凤凰传媒与天舟文化合资建立了凤凰天舟新媒体发展公司，致力于打造图书、动漫、网游和玩具等全产业链。五是合资收购，如前进国际公司和英国的EMI公司共同投资3亿英镑收购了英国的第二大连锁店瓦特斯通连锁书店，组成了HMV媒介集团等[①]。

三、传媒产业融合的效应

传媒产业融合就是对产业分立时代的技术边界、业务边界和市场边界的突破，不同传媒产业之间相互交叉、相互渗透和相互融合，形成新的产业形态和产业体系，这将产生复合经济效应，推进产业的变革与社会生产的发展。

（一）拓展产业链，实现价值增值效应

产业融合以后，传媒产业价值链由原来的单向线性的价值链向交叉立体的价值链转变，新的价值链由内容策划、生产、集成、传输和终端组成的复合型的价值链。价值链的经营围绕内容生产向跨媒体、跨行业的价值链延伸，形成跨越报刊出版、广播电视、互联网和电信产业的多层次的价值链。产业链的纵向或横向延伸，在传递环节和传递规模上都有拓展，意味着产业链上下游都有巨大的机遇，具有更高的附加值和更大的利润空间。例如，三网融合产业链是由服务链条上各环节无缝链接组成，由原来的纵向单一的产业链向融合产业价值链演进。产业融合导致产业链的重构与整合，这就需要形成基于新的产业链的竞争合作机制、沟通协调机制、利益分配机制等相关运营机制，促进产业结构的调整和升级。

（二）节约成本，改善产业绩效效应

产业融合使业务流程、生产组织等方面进行全面的整合和协调，对企业的管理和流程进行再造与创新，实现资源共享，使产品和服务成本出现结构性的缩减，从而节约了交易成本和生产成本。传媒产业融合的协同效应主要是共享硬件资源和软件资源，硬件资源包括基础设施、制作设备、场地等资源，软件资源包括技术资源、人力资源、客户资源、信息资源和品牌资源等。传媒产业拥有共同的基础设施资源，原来的专业平台向非专业平台转变，低带宽向高带宽转变，在采购、生产、销售、广告和售后服务价值链上发挥协同效应，实现生产要素的立体开

① 肖叶飞：《并购与重组：非时政类报刊出版企业的扩张之路》，《中国报业》2013年第1期。

发，改善绩效。例如，美国计算机、通讯以及其他电子产品行业融合发展的绩效明显好于其他融合不明显的产业，产业绩效与技术融合呈现出正相关性，美国信息产业内部的相互融合和信息产业对传统产业的融合对经济的贡献率在20世纪后5年平均达到33%以上，给美国的“新经济”带来了巨大的增长效应[①]。

（三）产业间的竞争协同效应

产业融合使新的参与者进入市场，进入这一产业的企业不断增多，例如电信运营商、IT企业、互联网企业都进入传媒领域，增加了产业竞争性。同时，产业融合使产业之间的并购与重组增多，提高了市场集中度，达到了规模经济和竞争活力的一种平衡，形成了有效竞争的市场结构。另外，产业竞争协同还表现为在位企业与替代品企业之间形成了持续的竞争，例如，纸质报纸与手机报、iPad报之间的竞争，传统音乐与数字音乐之间的竞争，传统出版与数字出版的竞争，传统电视与手机电视、网络视频之间的竞争，不同产业之间的资源、技术、物质和人力不断的交换和互动，产生了竞争协同效应。又如，产业融合促使电信的通信业务、广播电视的娱乐业务和计算机的数据业务等出现了融合，不同产业都具有传递文本、音视频、数据等相似的功能，市场、需求、供给出现了融合，促进了竞争协同。

（四）产业结构优化升级效应

产业融合使纵向分立的产业结构向横向分层的产业结构演进，市场结构由高度区域垄断向全国性的垄断竞争转变，产业内的竞争向产业间的竞争转变，这就改变了同质化的同位竞争，出现了交叉竞争，形成了有效竞争的市场结构。这种市场结构优化升级将重塑传媒产业乃至信息产业的结构形态，其中，吸收性新产品延长融合了相关产业的生命周期，提高了整个产业的收入，体现了产品结构或特定的行业结构的升级；拓展型产业融合意味着填补空白，拓展巩固上下游关联企业，最终形成融合型的产业新体系。产业结构优化升级使产业从低技术水平向高技术水平演进、由低附加值向高附加值演进、由劳动密集型产业向资本和技术密集型产业演进、由不断衰退的产业向不断创新的产业演进。

---

① 余东华:《产业融合与产业组织结构优化》,《天津社会科学》2005年第3期。

产业结构的优化升级是在提高资源利用效率和扩大网络经济效果的基础上重新均衡的过程，促使产业结构向合理化、高度化方向发展，合理化就是资源在不同部门之间的流动降低了经济的非均衡程度，改善部门之间的联系而对总生产率的影响，高度化就是资源从生产力低的部门流向生产力高的部门导致的不同生产力部门比重的变化对总生产率的影响[①]。

（五）促进产业创新效应

产业融合促进技术和技能创新、产品和服务创新、流程和管理创新，从而提高了产业竞争力，进而推进产业结构优化与产业发展，促使产业结构在企业竞争合作关系的变动中不断趋于合理化。产业融合后的新技术、新产品、新服务具有数字化、智能化和网络化的特点，具有较高的产业成长性，客观上提高了消费者的需求层次，改变了人们的消费方式，刺激了市场需求，促进了产业创新。另外，产业融合的创新还出现在价值链和产业链的创新，这种创新促进了经济持续发展，以及产业结构的升级[②]。

传媒产业融合需要新的制度供给、新的传媒规制框架和顶层设计，以及政府放松经济性规制，加强传媒可经营性资产的“转企改制”，清晰界定传媒产业产权，促进已“转企改制”的企业之间的并购与重组。同时，政府保障传媒公共产品和服务的供给，健全公益性传媒事业的治理结构，确保传媒公共服务均等化。另外，传媒产业融合容易造成垄断，要在基于区域市场和产品市场的基础上防止市场垄断，保护信息资讯的自由流通和舆论生态的多样性，保护本地的文化与节目，防止过度商业化对公共利益的损害。

（原载《现代传播》（中国传媒大学学报）2014年第1期）

① 吕铁、周叔莲：《中国的产业结构升级与经济增长方法转变》，《管理世界》1999年第1期。
② 胡永佳：《产业融合的经济学分析》，北京：中国经济出版社2008年版，第171-208页。

媒介融合与规制融合

◆ 肖叶飞　刘祥平

中央《推动传统媒体和新兴媒体融合发展的指导意见》要求促进传统媒体和新兴媒体融合发展，坚持先进技术为支撑、内容建设为根本，推动传统媒体和新兴媒体在内容、渠道、平台、经营、管理等方面深度融合，加快建设形态多样、手段先进、具有强大传播力和竞争力的新型主流媒体。[①]目前，我国传统媒体与新兴媒体的融合仍处于初级阶段，例如，传统媒体通过网站、微信、微博、客户端等新兴媒体传播信息，在新闻来源、内容传播、受众反馈等方面与新兴媒体互动，但是未在采编业务、组织架构与资本结构等方面全方位深度融合。而实质性融合需在"转企改制"基础上形成产权融合，即通过并购重组加强传统媒体和新兴媒体的深度整合，形成新闻采集、信息生产以及终端平台的融合，创建融合型的组织架构、生产流程与管理体制，构建融合规制体系。

作者简介：肖叶飞，副教授，博士，硕士生导师，主要研究方向：传媒经营与管理、广播电视学、影视艺术、传媒与法以及中外新闻史等。刘祥平，贵州民族大学传媒学院，教授，博士，硕士生导师。

基金项目：国家社科基金青年项目"媒介融合的政策选择与规制体系研究"（13CXW008）。

① 刘奇葆：《加快推动传统媒体和新兴媒体融合发展》，《党建》2014年第5期。

一、传统媒体与新兴媒体的产业链融合

媒介技术进步使得不同传媒产业之间的边界不断收缩与消失，同样的内容可以通过不同的媒介进行传播，不同的媒体服务平台可以传播同样的内容。新闻出版、广播影视与互联网在内容生产、渠道传输和接收终端方面出现了融合，导致产业分立时期泾渭分明的产业链开始重新分化组合，在横向产业链和纵向产业链方向不断延伸与拓展，这改变了传媒产业链、市场结构以及产业格局。

（一）新闻出版与新兴媒体的产业链融合

传统新闻出版产业链是由采编、出版、印刷、发行等构成的线性产业链，产品是纸质形态。媒介融合使新闻出版产业链延伸至数字出版、网络出版、按需出版与数据库出版等新型业务，受众通过手机、电子阅读器、iPad和个人电脑等终端阅读，促进出版产业升级，改变了产业结构。媒介融合背景下报纸与出版行业面临着挑战，纸质出版收入下降明显。例如，2013年报纸广告营业收入776.7亿元，下降8.9%，利润总额87.7亿元，下降11.7%，2014年报纸广告收入降速加快。我国出版与发行产业的大众图书、教材教辅、发行收入等增长缓慢，传统出版产品结构单一，盈利风险增大。另一方面，我国数字出版一直保持高速增长，2013年产值规模达2540.4亿元，同比增长31.3%，保持了快速增长势头。其中，互联网广告收入达1100亿元，手机出版达579.6亿元，网络游戏达718.4亿元，共占数字出版产值的94.4%。但是，互联网期刊、电子书、数字报纸的产值为62亿元，仅占数字出版的2.4%。这说明传统新闻出版业数字化转型虽取得了一定成效，仍需要加强媒介融合，促进产业升级。

新闻出版产业需要构建融合出版产业链。首先，再造出版流程，将不同形态的出版物融合到出版流程中来，使内容资源集约化使用和规模化经营，提高资源利用率，降低生产成本。其次，新闻出版需要与技术商、平台商合作，优势互补，实现内容、渠道与终端的对接，完善产业链。再次，新闻出版转型升级要再造传输网络平台，扩展阅读终端市场，运用互联网思维，借助大数据准确掌握渠道和用户资源，实现从文化产品制造商向互联网服务提供商的转变。

（二）广播电视与新兴媒体的产业链融合

随着数字技术的发展，音视频传播载体不限于传统广播电视，出现了许多新的互补品与替代品。例如，IPTV、互联网电视、网络视频与手机电视等视听新媒体，它们具有交互、即时、融合与延展等新功能，超越了传统广播电视单一线性的传播方式，成为传统广播电视的互补品，甚至是替代品。近年来，网络视频、手机电视等视听新媒体广告收入增长迅猛，而传统电视的广告收入增长趋缓。2013年电视广告收入1119.26亿元，增幅6.97%，在线视频广告市场规模达128.1亿元，增长41.9%。2013年网络广告市场规模达到1100亿元，从增长速度来看，2014年网络广告收入将达到1500亿左右，毫无疑问会成为第一媒体。从收视深度来看，2009年到2013年我国人均每日电视收视时长是176、171、166、169、165分钟，电视收视向中老年人倾斜，年轻人看电视的越来越少。[①]无独有偶，2013年美国在线和手机数字广告的收入达430亿美元，首次超过广播电视，而美国有线电视的订户数和收视率都在下降。

媒介融合颠覆了传统广电产业链，传统电视对播出权与产业链的垄断被打破，视听新媒体不断涌现。例如，以电视机加机顶盒为终端的数字电视，以地面微波为传输平台的车载移动电视，以互联网为平台、电视机或电脑为终端的IPTV，以蜂窝移动通讯网为平台、以手机为终端设备的手机电视，以互联网为平台、电脑为终端的网络视频，等等。传统电视没有坐以待毙，通过创建视听新媒体，开始向网络视频、互联网电视与手机电视方向延伸与拓展产业链。例如，中央电视台创办CNTV、湖南电视台创办芒果TV等网络电视。传统电视还与运营商合作，例如，中央电视台与中广传播、中国移动等联手搭建内容、渠道、运营一体化的移动多媒体产业链，推出视听新业务。但是，视听新媒体领域民营资本实力强劲，资本运营风起云涌。例如，百度收购PPS与爱奇艺，苏宁联合弘毅收购PPTV，优酷土豆互换股份，乐视网成功上市等。

（三）构建跨界的融合媒体产业链

传统媒体的产业链相互平行，独立运行，产业链上下游垂直纵向链接，分工明确。随着传媒产业融合的发展，产业链之间相互嵌入、相互

---

① 杜宇宸：《2013年电视收视市场回顾》，《收视中国》2014年第2期。

联结，形成融合产业链。例如，电信网络运营商为电视节目提供内容传播渠道，制作广播电视节目，接入电视产业链；有线电视运营商提供互联网接入、电话通信服务，接入电信产业链；移动通信运营商为数字出版、手机电视提供传播渠道，接入出版与电视产业链。

融合媒体产业链的变动发生在多个产业、不同形态的产业链之间，消除了不同传媒产业链之间的隔离，如图1所示，形成了内容融合、媒体融合、渠道融合、终端融合等不同节点构成的多媒体融合产业链。例如，《人民日报》除了纸质形态的报纸，形成了《人民日报》电子版、手机人民网、人民电视、人民网、人民微博以及人民日报客户端等新业态，实现了内容融合与媒体融合；中国电信、中国移动与中国联通均成为固网与无线网络运营商，中国有线电视网络公司也成为互联网接入、电话、有线电视传输等全业务固网运营商，甚至将成为第四家无线网络运营商，实现了以互联网为核心的全业务运营的渠道融合；电脑、电视机、手机以及iPad等多功能一体化智能终端形成了“四屏合一”的终端融合。媒介融合时代传统媒体必须构建融合产业链，与产业链中的战略合作者建立竞争合作机制、利益分配机制和沟通协调机制，实现融合新闻生产以及产业升级。

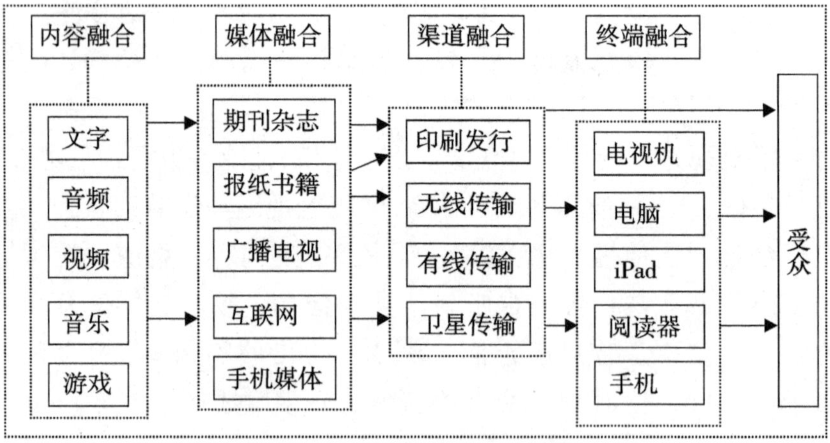

图1 传媒产业的融合产业价值链

二、规制融合的原则

媒介融合时代按照新闻出版、广播电视和电信业等分业管理的方式已经不合时宜了，必须建立适应媒介融合的规制政策以及更具融合性的市场准入制度。按照传媒产业与传媒事业分类运营的原则，放松经济性规制，降低进入壁垒，加强产业交易。同时，强化社会性规制，维护公共利益，形成融合规制体系。

(一)坚持公益性事业与经营性产业分类规制原则

传媒行业既具有事业属性，也具有产业属性。事业属性就是为社会主义现代化建设提供政治保证、精神支持和舆论保障，提高新闻宣传引导力与文化传播力，增强新闻出版与广播影视方面的公共服务能力；产业属性就是要遵循市场经济规律，提高经济效率，促进产业经济发展。规制融合要按照传媒产业与传媒事业分别监管、分类运营的原则建立规制框架，传媒事业归政府管理，产业则成为市场主体，同时处理好行政管理和产业规制之间的关系，逐步实现从行政管理向行业规制转变，“归政府的严管，归市场的松绑”，政府与企业均按照各自的规则行事。

近年来，作为文化产业核心的传媒产业实行“转企改制”，出版、发行、影视、演艺、广电网络、新闻网站以及非时政类报刊逐步转制为企业，成为真正的市场主体。例如，出版单位除了少数对外出版、民族出版和盲文出版社，其余基本实现了“转企改制”；广播电视实行制播分离，除播出机构与新闻类节目制作之外，其他类型的节目制作公司则成为市场主体；另外，除党报以外，晚报、都市报、行业报等非时政类报刊成为市场主体。这些转制的传媒企业，可引入战略投资者，实现股权多元化，设置“特殊管理股”制度，实行“一股多票”或“一票否决权”制度，强化国有股东的决策权与话语权，加强舆论引导。经营性产业要放松进入退出规制，形成统一、开放、竞争的传媒市场，通过并购重组等资本运营改变条块分割的局面，促进产业结构升级。公益性事业实行激励性规制，加强政府公共服务功能，弥补市场失灵。例如，针对农村、少数民族地区和边远地区的广播电视信号传输，政府开展“村村通工程”与“西新工程”建设，保障弱势群体、农村地区受众的收视权利，加强对纪录片等正外部性节目的扶持，等等。

(二)坚持放松经济性规制、强化社会性规制原则

经济性规制主要指政府在价格、产量、进入与退出等方面对企业决

策所实施的各种强制性制约。[①]近年来，世界上出现了放松经济性规制的浪潮，其背景是：规制导致被规制企业内部的低效率；规制导致规制成本大量增加以及官僚机构的膨胀，必须放松规制；规制抑制创新，产生大量的寻租行为；可竞争理论也成为放松规制的理论旗帜，竞争机制可以使被规制企业资源配置达到最优。政府经济性规制的底线是不能破坏市场秩序，维护公平竞争的市场秩序，保护消费者与投资者的合法权益。

在媒介融合的语境下，放松新闻出版、广播电视、电信产业与新媒体之间进入壁垒等经济性规制，特别是针对可经营性资产，通过并购重组建立跨媒体、跨行业、跨地区的融合传媒集团，共享信息、采编、渠道、销售与广告资源，形成具有可竞争性的市场结构和产业体系。例如，我国的浙报传媒、凤凰传媒、博瑞传播、粤传媒等新闻出版上市公司通过并购游戏公司、影视公司以及互联网企业，成为跨界的全媒体集团，产生了规模经济与范围经济效应。另外，放松经济性规制要从区域市场和产品市场角度防止垄断行为的出现，特别是建立区域性的垄断传媒集团要慎重，促进跨区域的并购。跨区域的业务虽然增加了经营的成本，但是保证了全国市场的完整性，形成有效竞争的局面。

社会性规制主要是针对外部性问题，对产品与服务的质量制定一定的标准，保护消费者利益。社会性规制包括积极的规制与消极的规制。积极规制就是提高信息的质量，以及保护文化的多样性、公民的接近权等；消极规制则是对隐私权、名誉权与版权的保护、对淫秽有害内容的防范等。例如，美国2005年开始实施《广播电视风化法》，对广播电视机构淫秽、下流、猥亵等负外部性的内容实行经济惩罚，最高可罚款32万美元。英国《广播电视守则》第二部分“伤害和侵犯”对广电节目内容涉及暴力、危险行为、自杀以及驱魔、神秘和超自然等进行了约束和限制。我国对传统媒体和新兴媒体都实行社会性规制。例如对电视实行“限娱令”等强制配额规制，保证信息、教育、文化和服务类等正外部性节目的数量。针对新兴媒体实行最低限度的内容规制，例如，保护未成年人利益、个人隐私、国家安全、消费者权益和知识产权，抵制各种淫秽、色情等内容。

---

① Viscusi W K, Harrington J E, Vernon J M: Economics of Regulation and Antitrust, The MIT Press, 1995, p295.

（三）坚持从纵向统合型规制向横向竞争型规制转变原则

传统的分业规制以行业为基础，分为新闻出版、广播影视、电信和互联网等不同的行业。但是不同的技术平台可以提供相似或相同的业务，分业规制出现了规制重叠和阻碍竞争的现象。融合规制需要从纵向统合规制向横向竞争规制转变，建立基于内容、服务、网络、终端等横向市场的融合规制。例如，促进有线电视网络、电信固网、无线网络、卫星网络等网络间竞争，实行技术中立、互联互通的网络政策，防止垄断行为和不正当竞争。内容服务规制分为传统的媒体服务与通信服务，通信内容规制涉及秘密权和通信自由，对其内容尽可能不进行干预；媒体服务涉及表达自由、知情权的维护，从公共利益、舆论引导等出发点对内容进行必要的规制①。

横向竞争型的规制要促进信息传播产业链上的各主体之间不断竞争与优化组合，减少垄断和行业壁垒，实现资源在产业链上的优化配置。横向竞争型规制建立以后，竞争不再是传统意义上垂直统合下的各种媒介市场内部的竞争，而是同一水平层面的各个主体之间的竞争。这就需要针对水平方向上的各种市场主体分别制定规制政策，建立起能够促进水平分层、开放竞争的政策框架。

三、规制融合的理念、主体与手段

媒介融合打破了过去边界清晰的媒介市场，形成了有效竞争的局面。媒介融合促进了规制融合，而规制融合是真正实现媒介融合的前提。规制融合就是成立融合规制部门，树立融合规制理念，消除媒介融合的政策梗阻，通过多元化规制手段促进不同传媒产业之间的融合竞争，满足受众多元化的信息需求。

（一）规制理念

保持公平与效率的平衡。融合规制需要处理好公平与效率的关系。规制公平原则要坚持如下几点：信息的普遍分享与均等化原则，保证所有地区的人都能够享受到信息服务，减少地域、群体的信息差距现象，

① 肖叶飞：《广播电视规制研究》，芜湖：安徽师范大学出版社2013年版，第283页。

消除“信息沟”；信息的自由流通原则，建立信息的自由市场，促进信息的繁荣；信息传播的安全可靠原则，营造一个健康绿色的信息传播环境，保护消费者和公民的权益；信息的公益性原则，促进文化多样性与政治民主的发展，保障受众的接近权与话语权。规制效率原则就是维护市场秩序，形成全国统一开放、公平公正、富有活力的市场体系，消除产业、地区和媒介之间的壁垒，放松市场准入的限制，鼓励跨行业、跨地区、跨媒介、跨级别的并购重组，促进传媒产业的发展。传统的媒介市场是交叉禁入的，融合规制就是要打破行业垄断行为，促进不相关联的信息产业之间在内容、渠道、终端等多个市场立体化竞争，增强市场的竞争程度，降低产品与服务的价格，使消费者获得更好的服务。

(二)规制主体

构建融合规制主体。根据行业不同的分业规制出现了管理上的交叉这一现象，需要进行融合性规制，建立独立的融合规制部门，消除规制冲突与盲点以及行业壁垒，减少不同规制机构的协商成本。新闻出版总署和广电总局的合并为两大产业业务上的交叉、融合，乃至产权上的兼并重组创造了条件，行政机构的调整将引发所管辖的媒体组织机构及业务运营的变化，有利于构建跨越报刊、出版、广电的全媒体集团[①]。署局合并是顺应数字信息技术革新的结果，从管理体制和行业制度层面，为多种媒体在内容、网络、终端、资产、运营、管理等方面的融合铺平了道路。但是，署局合并后的新闻出版广电总局与文化部、工信部等部门在互联网管理、三网融合问题、文化市场环境管理、文化安全等问题上，存在一定的职责权限交叉。例如，基于广电与电信的IPTV，基于广电与互联网的网络视频等带来监管冲突，需要对规制部门进行进一步的归并整合。未来有可能出现新闻出版广电总局与文化部合并，强化文化领域大部委管理体制；工信部等有关部委职能中相关文化内容安全的职责部分，归并至大文化部委。大部合并，就是要合并功能重叠部分，提高效率，增进效益，为媒介融合创造良好的条件[②]。

世界上三网融合规制机构分为三种类型。以英国为代表的完全融合

① 吴锋、屠忠俊：《我国新闻出版与广电业行政管理体制改革的回顾与前瞻——2013年“署局合并”之透视》，《现代传播》(中国传媒大学学报)2013年第5期。

② 本刊记者：《组建国家新闻出版广电总局：是整合更要融合》，《编辑之友》2013年第10期。

的规制体系，例如英国的融合规制机构通信办公室Ofcom，各部门职责消除了电信和广电分块管理的痕迹；以美国和日本为代表的统一规制主体下的分业规制的模式，在统一的法律框架和规制机构下，设置不同的部门对广电和电信进行规制；以德国和法国为代表的分业规制模式，不同的规制机构分别监管内容和网络，依法统筹不同部门之间的关系。在三网融合的背景下，我国新闻出版广电总局对广播影视及有线电视运营商进行监管，工信部对互联网及电信进行监管，并形成了过渡性机构——国务院三网融合工作协调小组。待条件成熟后，我国需建立类似Ofcom模式的独立、统一的融合规制机构，提高规制的专业性和有效性。

（三）规制手段

多元化的规制措施。采取多元化的规制措施促进媒介融合。规制内容方面，放松经济性规制，鼓励跨界的并购重组，形成全国的统一市场，发挥市场在资源配置方面的作用，加强社会性规制，对各种违背公共利益、违法犯罪行为加强监管。规制方式方面，减少直接规制，加强间接规制，实现“管办分离”，减少以各种行政方式对行业进行规制，将一些规制交给行业协会、中介组织，间接规制要维护市场竞争秩序，不直接介入市场主体的决策。规制目的方面，既要加强竞争性规制，促进市场竞争，也要加强保护性规制，维护公共利益，促进公共服务。规制性质方面，既要采取积极规制，引导市场主体的行为，也要加强消极规制，例如反垄断、反不正当竞争等规制从反面限制或矫正市场主体的行为。

规制时间方面，减少事前规制、事中规制，加强事后规制，并协调三者的关系，事前规制，重在防范，例如广电节目审查和书报送审制度。事中规制要防范与矫正并重，事后规制重在惩罚与补救，例如，对涉嫌虚假新闻、有偿新闻、新闻敲诈等行为的查处。规制的着力点方面，逐步放松结构规制，加强行为规制，结构规制主要是控制市场集中度和市场结构，防止滥用市场权力，行为规制则是对特定市场竞争行为的禁止或限制，例如卡特尔合同或协议、歧视行为、不正当交易等。在经济全球化的背景下，产业规制逐步从结构规制向行为规制转变，发挥规模经济效应，增强本国企业国际竞争力。规制领域方面，加强立法规制，健全《新闻法》《出版法》等法律法规，形成以法治业的法制环境。减少行政性规制，在市场竞争机制能有效调节的领域，政府要退出，凡可以采用间接管理方式或事后监管的事项，不设前置审批。新闻出版广电总局“三定”方案取消职责20项，涉及广电领域7项、出版领域13项，削减数量为本轮改革六部门之最。

总之，传统媒体与新兴媒体融合是信息传播通道多元化下的新运营模式，是把新闻出版、广播电视等传统媒体与互联网、手机、手持智能终端等新兴媒体有效结合起来，实现资源共享，并衍生出不同形式的信息产品，再通过不同的平台传播给受众。传统媒体与新兴媒体“融”的是理念和思路，“合”的是内容和技术，“做”的是协调和互动，“求”的是再造和双赢，在技术和平台等物理层面实现融合并不难，难的是真正实现在理念、规制、内容和传播方式等方面的融合。[①]

（原载自《现代传播》（中国传媒大学学报）2015年第3期）

① 沈正赋：《媒体融合视域下的报纸转型》，《安徽师范大学学报》（人文社会科学版）2014年第5期。

三网融合时代有线电视网络的竞争格局与运营战略

◆ 肖叶飞 汪晓华

三网融合加速了有线电视的网络整合以及数字化和双向化的改造，推动了有线网络进入三网融合业务，促进了许多有线电视网络公司进入资本市场融资。但是有线电视网络公司也面临着诸多挑战，例如，传统电视受众收视时长的逐渐减少，互联网电视、手机电视的强势崛起，电信企业IPTV的强势竞争。有线电视网络公司要加强网络整合、完善产业链、实施多元化战略等，以提高核心竞争力、营利能力和发展能力，成为具有融合性业务的下一代广播电视网（NGB）。

一、有线电视网络的发展现状

在三网融合的推动下，全国有线电视用户和数字电视用户增长迅速，截至2012年底，全国有线电视用户数达2.15亿户，同比增长6.14%；截至2013年8月底，数字电视用户数1.53亿户，有线数字化率约为71.42%，其中，双向网络覆盖用户超过8000万户，开通双向业务用户

作者简介：肖叶飞，副教授，博士，硕士生导师，主要研究方向：传媒经营与管理、广播电视学、影视艺术、传媒与法以及中外新闻史等。汪晓华，安徽工程大学发展规划处，讲师。

基金项目：国家社科基金青年项目“媒介融合的政策选择与规制体系研究”（13CXW008）。

超过2000万户。五年来，全国有线电视用户年均增长率为7%，数字电视用户年均增长率为33.3%，数字化渗透率由2008年的27.6%增加到2013年8月底的71.4%。与此同时，有线电视网络的收入也不断增长，从2008年的369亿元增长到2012年的661亿元，年均增长率为15.65%[①]。我国的有线电视网络服务质量和品质不断提升，有线网络产业发展进入快速发展阶段，表现在如下方面。

（一）加强网络整合

相比电信运营商，广电网络很分散，面临整合的任务。截至2013年底，全国各省通过各种途径基本完成了有线电视网络整合，实现了“一省一网”。例如，湖北广电通过定向增发等措施整合省内其他有线电视网络公司资产，以非公开发行股份的方式向楚天视讯、武汉市台、中信国安等15家单位，购买其旗下的武汉广电投资、荆州视信和十堰广电100%的股权，同时非公开发行股份配套融资金额约7.94亿元。深圳广电集团向天威视讯注入有线电视资产，天威视讯向大股东深圳广电集团等对象发行不超过8500万股，购买预估值13.07亿元的有线电视网络资产，本次交易完成后，深圳全市有线电视网络实现整体上市。四川省对参与整合的公司依法依规进行资产评估、资产重组和股份制改造，形成省市县118个国有广电网络机构资产入股，形成了省、市、县、乡、村五级贯通的全程全网新格局。

湖南电广传媒等一些有线电视上市公司进行跨区域的整合，已经通过增资、收购股权等方式，参股了云南广电网络、河北保定和青海有线电视等项目，同时，投资天津和新疆有线网络公司，促进公司在全国的网络布局，实现经营协同和优势互补。

（二）加快双向化、数字化改造

完成模拟电视到数字电视的整体转换和网络的双向化改造，这是有线电视网络开展综合信息业务的基础，是网络升级的中心工作，也是适应点播电视和互联网等双向业务的需要。目前，上海、青岛、杭州、深圳、长株潭等试点地区已基本完成模拟电视到数字电视的整体转换。截至2012年底，全国双向网络覆盖用户超过7000万户，但只占有线电视用

---

① 庞井君：《中国广播电影电视发展报告（2013）》，北京：社会科学文献出版社2013年版，第92页。

户的32%。国家管理部门对试点城市的要求为：数字化率达90%，双向化率达70%。

面对新形势，我国各省都加强了有线电视的双向数字化改造。例如，浙江省整体转换率为97%，省内大中城市有线网络双向化改造达到98%。对于全国而言，截至2012年底，天津、内蒙古、浙江、湖南等省数字化率达到90%以上，基本完成数字化，北京、天津、浙江和广西等省和自治区双向网络覆盖率接近或超过80%。改造和整合后的有线网络成为适应三网融合业务的高速宽带、高清互动、智能化、多功能的重要支撑平台，也成为家庭信息与物联网技术支持平台。

（三）开发有线增值以及三网融合业务

各地有线电视网络在提供基本数字电视服务以外，大多发展高清电视、3D电视、互动电视以及多种信息服务，其中双向高清成为主流，满足了受众的多元化需求，增强了有线网络的竞争优势和赢利能力。2012年，新增有线电视用户中，近30%为高清电视用户。天威视讯依托先进数字电视技术平台，向市场推出交互数字电视、高清数字电视和数据广播等一系列增值业务，并陆续推出电视银行、电视游戏等创新业务，这些业务的推出将进一步丰富服务产品种类，满足用户日益增长的多元化、个性化服务需要。

有线电视网络大力开展视频、数据和语音等三网融合业务，加强与电信的竞争，实现利润和收入的多元化。例如，长株潭地区是国务院三网融合试点地区，电广传媒率先在此开展有线电视网的互联网接入业务、互联网数据传送增值业务、国内IP电话业务等三网融合业务。陕西广电网络现有数字电视广播、交互数字电视（包括VOD、时移、网络录像等）及宽带上网三大主营业务，通过建设多媒体、多业务平台，推动三网融合的业务创新及应用，实现数字电视、宽带数据和语音业务的一体化运营。南京有线电视网络提供三网融合全方位的服务，研发第三代数字电视“云媒体电视”，开展互联网业务、视频业务和通讯业务。

（四）积极进行资本运营

我国已经有北京歌华有线、陕西广电网络、湖南电广传媒、湖北广电、深圳天威视讯、吉林吉视传媒、浙江华数传媒、上海东方明珠等近

10家有线电视上市公司，市值超过600亿人民币，仍有近10家广电网络公司期待上市融资。有线网络公司通过借壳上市、资产重组上市、IPO上市等手段，进入资本市场实行融资，实现全业务运营，提高核心竞争力。例如，深圳通过上市公司天威视讯购买有线电视资产实行整体上市；湖北广电通过定向增发、非公开发行股票的方式购买其他有线电视网络公司的资产；东方明珠向文化休闲娱乐、媒体广告、传输通讯和对外投资等四大主业多元化拓展，公司收购东方有线网络公司10%股权，完成后占股49%，实现产业结构优化和业绩快速发展。

二、有线电视网络的竞争格局

随着网络技术的发展和三网融合业务的快速推进，有线电视的收视市场和传输市场面临复杂的竞争格局。电视收视市场方面有线网络面临着IPTV、互联网电视、网络视频、移动多媒体电视等竞争，在网络传输市场方面有线网络面临电信、无线广播电视、直播卫星等的竞争。

（一）传统电视的受众群体流失

在三网融合和新媒体的冲击下，我国广播电视受众不断流失。根据索福瑞调查数据，受众规模在逐年缩减，2009年平均每天有74.5％的观众收看电视，2012年每天只有68.4％的观众收看电视；从收视深度来看，2008年到2012年人均每日收视时长是175、176、171、166、169分钟，电视收视向中老年人倾斜，年轻人看电视的越来越少①。这是因为平板电脑、智能手机等播放视频的终端不断增多造成的。

在美国，有线电视的用户数和收视率也在下降，将近500万有线电视订阅用户在最近5年中转向了其他平台。例如，时代华纳有线电视公司在2013年第三季度失去了30.6万个电视订阅用户，以及2.4万个宽带订阅用户，受众转移到iPhone和Android等移动媒体以及iPad等其他平板电脑。美国最大的有线电视网络运营商康卡斯特推出网络视频、电影下载等多元化服务，以避免订户流失，通过机顶盒向订户提供电视剧点播服务。

---

① 吕一丹:《竞争格局稳中有变 节目内容触点延伸——2012年电视收视市场回顾》,CSM央视索福瑞媒介研究公司,http: //www. csm. com. cn/index. php/SinglePage /index/cid/9.Html.。

（二）来自IPTV、互联网电视、网络电视、CMMB的挑战

IPTV、互联网电视、网络视频等新媒体层出不穷，光纤入户、宽带接入等新的技术不断涌现，给广电网络带来了极大的挑战。例如，中国电信集团公司获准从事互联网视听节目服务、IPTV传输服务和手机电视分发服务经营许可。其中IPTV集成播控平台与第一批、第二批大部分试点地区所在省份平台完成对接。流媒体网数据显示，截至2012年底，国内IPTV用户已达2300万户。从全球来看，市场研究公司Infonetics的数据显示，过去一年，全球IPTV用户增长6%，而有线电视用户则下降了1%左右，增长出现了分化趋势。

互联网电视简称OTT TV，是指通过公共互联网面向电视机或其他终端传输IP视频以及互联网应用的融合服务，相对于传统有线电视和IPTV采用的内容提供商、网络运营商和用户捆绑的运营方式，互联网电视的发展更具有开放性和吸引力，将有更多的网络运营商、内容提供商、设备制造商、技术主导商加入互联网电视阵营。互联网电视的终端包括互联网电视一体机、连接OTT TV机顶盒的普通电视机、PC、iPad、智能手机等多种智能终端。过去一年，谷歌、苹果、微软、索尼均利用自己的技术开始大举推广互联网电视，国内的联想推出互联网概念电视，据统计，中国互联网电视终端接近2000万。

网络电视方面，互联网市场上迅速崛起的网络视频点播（iVOD），这是一种更加灵活的视频点播技术，对有线电视VOD的付费电视市场形成威胁。例如，2012年底，全国5.64亿网民当中，网络视频用户3.72亿，占比66%。网络视频不仅从内容资源方面侵占传统电视的领地，而且从收视行为方面分化传统电视的领地。美国市场机构NPD的Group的“用户对媒体的依赖性调查”统计，2010年内iVOD用户看直播电视的时间减少了12%，看直播电视的人群比例在下降，看iVOD的人群比例在上升，年龄集中在25岁到45岁之间。

移动多媒体（CMMB）发展迅速，覆盖全国336个地级以上城市，覆盖人口超过5亿人。2012年全年累计发展用户4700万人，其中付费用户2300万。中广传播与中央电视台、中国移动等联手搭建渠道、内容、运营为一体的CMMB全产业链，以用户需求为目标推出新业务，增强了移动多媒体广播电视的吸引力，分化了有线电视受众。另外，直播卫星得

到了大规模推广，服务区域覆盖用户超过5000万户，安装开通用户约640万户，这些都分流了部分有线电视用户。

（三）来自三网融合业务的竞争

电信网的业务主要包括基础电信业务与增值业务，近年来，电信网加快了宽带化、智能化的发展，由电信运营商向综合服务提供商转变。电信的固网宽带用户数量超过了数字电视的用户数，对有线电视业务构成激烈的挑战。2010年国务院批准了12个三网融合试点城市，标志着三网融合的启动，到2012年3月，全国三网融合试点地区的IPTV用户已经达到1558万户，而有线电视网发展的互联网接入用户仅600万户，两者的差距很大。三网融合带来的竞争将会越来越激烈，有线网络亟需重点针对数据专网、宽带服务等增值业务或新兴业务，凭借培育多业务捆绑客户等市场营销手段，通过高性价比的服务才能确保广电网络企业巩固现有市场，并争夺新兴市场。

（四）有线电视收入来源单一，经营风险大

有线电视主要依靠收视费、广告费、数据费、安装费等单一的收入来源，除了电广传媒有线电视的收入占45%以外，其他的上市公司主营比重均是近100%。如表1所示，一些上市公司的资产负债率较高，其中电广传媒、广电网络的资产负债率高达67%、60%，而净利润率偏低，经营风险大，核心竞争力不强。图1中6家有线电视上市公司中只有东方明珠和电广传媒主营业务比例低于50%。有线电视公司除广告、基本收视费收入外，还应开拓三网融合业务、节目制作等多元化经营及衍生业务，降低经营风险。

表1 2012年我国有线电视6家上市公司财务情况①

类型 / 名称	歌华有线	广电网络	电广传媒	湖北广电	天威视讯	东方明珠
营业额（元）	21.8亿	17.2亿	40.6亿	10.6亿	9亿	31亿
净利润（元）	3亿	1.4亿	4亿	1.8亿	1.28亿	5.5亿
主营比重	99%	99%	45%	100%	97%	43%
资产负债率	47%	59.9%	67%	34%	22%	30%
净利润率	13.5%	8.1%	14.4%	17%	14%	17.5%

① 肖叶飞：《广播电视规制研究》，芜湖：安徽师范大学出版社2013年版，第137页。

三、有线电视网络的运营战略

面对激烈的竞争，有线网络应该发挥内容优势、网络优势和系统优势，通过技术与管理创新来构建新的网络体系、服务体系和管理体系，完善产业链，提供融合媒体业务，推动广电网络朝着融合化、智能化、规模化的方向发展。

（一）整合战略

采取行政、法律与市场手段加强网络整合，鼓励有条件的有线网络公司通过兼并重组、股份制改造、增资扩股等多种手段实现整合，不断提高广电网络基础设施的利用率、综合服务功能和应用服务水平。一是加快推进省级网络整合，实现全程全网，坚持行政推动、市场运作、存量保值、增量分成的原则，尽快实现一省一网，实现各地网络、业务和运营支撑的互联互通。二是加快培育全国统一的市场主体，推动全国有线电视网络互联互通、资源共享，培养有市场竞争力的产权多元化的市场主体，建立高效的组织管理、强大的资金实力和科学的运营方式的现代企业管理机制。三是加快组建国家级有线网络公司，成为能够与电信、移动和联通相抗衡的“第四张网”，负责全国有线电视网络的升级改造和移动多媒体广播的建设推广。

（二）联动战略

广电网络企业必须秉承积极合作的姿态，内联外引，加大与战略伙伴的合作力度，实现跨媒体、跨行业、跨所有制的经营与合作，提升广电企业竞争实力。一是加强网台联动，广电网络与电视台合作，充分与付费频道及其他内容提供商进行资源整合，甚至进行资产整合，建立广电网络企业和电视台之间合理的交易结构和利益分享机制，解决好台网之间的支付结算体系等问题，形成网与台业务项目的优势互补和协同发展。二是加强网媒联动，推动广电网络与新媒体的发展，特别是有线网络要融入互联网电视、移动电视、网络视频等视听新媒体业务。三是加强与电信企业的联动，与电信企业开展战略合作，依托丰富的接入网和管线资源，发挥自身资源优势，展开错位竞争，实现共赢。例如，12个试点城市广电、电信等运营商之间，不仅在传统产业展开合作，而且在IPTV、手机电视、互联网视频业务等特色产业等领域展开合作。

（三）融合战略

广播电视网络要在巩固和优化传统的广播电视视频传输业务的基础上，积极拓展许可开展的电信业务，构建融合型全媒体业务，将广播电视网打造成为互联互通的智能化、多媒体终端，以互动电视和宽带互联网为核心，集文化娱乐、信息服务、社会服务于一体的绿色互联网。

培育三网融合业务体系。一是大力发展互动电视业务，这是有线电视业务的基石和核心竞争力，要稳定广电网络视频服务市场，化解电信IPTV业务分流广电网络客户的危机。二是大力发展宽带接入业务，抢占电信宽带接入业务，推进宽带数据基础平台建设，这是广电网进入电信业务的重点。三是加快建立全国有线电视网络内容分发交换平台。建立国家视频数据中心、全国有线电视网络内容分发交换中心和视频资源互联互通的城域网络，实现省和全国之间的信息交换。四是发挥广电网高带宽、可管控等优势，积极发展个人点对点视音频等增值电信业务，这将成为未来更加普及的消费模式。五是积极开发新型服务业态，把内容创新、业态创新放到更加突出的位置，研发高清电视、视频点播、金融支付、电视商务、家庭智能化等新业务。

（四）多元化战略

我国的有线电视上市公司经营相对单一，而一些影视企业通过并购和重组完善产业链，实现多元化营收，防范经营风险。例如，华谊兄弟2012年收入13.9亿元，净利润2.44亿元，以股权转让方式收购张国立旗下浙江常升影视制作公司70%的股权，加强自己在电视剧制作方面的能力，收购银汉科技50%的股权，增强手机游戏业务。乐视网购买花儿影视100%的股权，实现纵向一体化，有力提升乐视网精品剧制作能力。有线网络企业中，电广传媒多元化经营较为成功，截至2013年上半年，电广传媒前6个月主营收入10.8亿元，占45%；广告收入8.5亿元，占35%；艺术品经营2.5亿，占10%；旅游业收入1.27亿元，占5.3%；影视节目制作收入2700万元，占1.1%。电广传媒选择体育、电影、综艺、财经、音乐等商业化内容，并建立起集内容制作、包装、分销、播出为一体的产业链，整合品牌、频道资源，实施多元化战略，拓展发展空间。

总之，有线网络应立足视音频服务核心业务，扩展互联网接入和数据业务，通过网络融合和业务融合不断开创新的业务形态，拓展新型增值业务，构建起以广电网络为核心的资源互补、利益共享、共同发展的产业体系，提升产业链整体竞争力。同时，以体制机制创新为核心，以融资方式创新为动力，发挥广电系统内容制作优势，培育广电网络业务的竞争力，推动下一代广播电视网建设，为国家信息化水平建设和文化生活的繁荣做出更大的贡献。

（原载《中国有线电视》2014年第2期）

新媒体背景下城市台的转型之路

◆马　梅

当前，各城市台都面临着巨大的生存难题，危机重重。在所有发展障碍中，最为严峻的是新媒体在覆盖、内容与形式上带来的挑战。新媒体在信息海量、实时性、互动性、便捷性、多元化、个人化、碎片化等方面的优势给城市台带来很大冲击。

一、多元化、一体化、碎片化的深度融合

危中有机。以覆盖而言，新媒体既带来了冲击，也带来了机遇，因为借助新媒体，城市台也可以实现覆盖上的全球传播，并弥补作为传统媒体的一些不足。

（一）出口的多元化

众所周知，城市台的广播对象主要是出租车、私家车的使用人群，电视覆盖主要是通过城区的有线电视和农村区域的无线电视实现。但是，这一状况现在发生了改变，大量人群通过IPTV、互联网电视、视频网站、网络电视台、手机电视等观看视频节目，通过电台网站、网络电

作者简介：马梅，教授，博士，硕士生导师，主要研究方向：新闻传播理论与实务、广播电视新闻学、电视纪实节目、纪录片艺术、媒介文化等。

台等收听音频节目。

现在不少城市，网络运营商的套餐服务中往往包含了IPTV，于是就无需再接入有线电视，而城市台一直通过有线电视进入城市市民家里。在安徽某市，接入有线电视的户数有40万户，而通过中国电信收看IPTV的用户也有20万户，目前该城市台的各频道节目没有通过中国电信的IPTV入户，也就意味着这20万用户流失了。

截至2014年6月，中国网络视频用户规模达4.39亿，较上年年底增加1057万人，增长率为2.5%。网络视频使用率为69.4%，与去年年底基本持平。其中，我国手机视频用户规模为2.94亿，与2013年底比增长了4709万人，增长率为19.1%。网民使用率为55.7%，相比2013年底增长6.4个百分点[①]。

因此，传统广播电视台，尤其是城市台必须与本地各网络运营商合作，进入IPTV，进入更多本行政区域的用户家庭；必须积极地拥抱互联网、手机媒体，创新性地利用网络媒体、手机媒体，抢占渠道高地，为自己的发展进行系统布局；善于借船出海，和主流视频网站、大型网络电视台建立联系，进行各种层次的合作；将本台节目在互联网络的覆盖率、影响力作为重要评价标准。

（二）一体化发展与组织流程再造

目前，城市台的网站并没有针对互联网、手机收看尤其是下载收看的特点进行重新编辑；内容的更新频次、直播点播的观看流畅程度、网民在观看时通过“一键分享”以实现向其他社交媒体平台的转移和推荐的方便程度很少有做到位的。这些都强烈需要从管理层到一线员工具有一体化发展的理念和行动。

为此，可以分几步走：

一是在各频道内部设置专门负责与网站、微博、微信对接的精干人员（小组），可以暂且称为“新媒体小组”，建立节目生产与新媒体加工传输之间的有效联动机制。

二是实施节目组或项目组制度[②]——根据节目采编生产流程，建立各大中心，如新闻采编中心，节目研发中心，各终端（频道、网站、手机

① CNNIC:《第34次中国互联网络发展状况统计报告》。

② 刘奇葆:《加快推动传统媒体和新兴媒体融合发展》,《党建》2014年第5期。

客户端、微博微信账号）运营中心等，在这些中心以外成立一个个节目组（项目组），由节目组（项目组）负责利用各种信息制作出一个个节目、栏目，执行一个个线上线下的项目。各个节目组（项目组）公开组合、公开活动，内容互不重叠，只负责相关节目生产或活动执行，由终端运营中心决定这些节目、项目在什么终端播发以及在各终端播发时该如何加工、包装、推广与营销。

这样可以有效避免各频道恶性竞争、节目类型单一、频道频率与新媒体之间两张皮、新媒体内容与形式简单乏味的种种弊端。当然，在考评机制上得有顶层设计，针对不同节目要有全面的、全新的节目考评体系——兼顾收视率、社会效益、发展潜力、艺术水准的综合考评体系。

(三)碎片化时间要求短视频

当前，人们更多的是在等人、等车、候机、课余、会间小憩等时间内，用手机、平板电脑及其他手持终端收听收看节目、获取信息。正因如此，时长短的微视频、微电影、微音频等深受欢迎。据此，城市台的节目制作栏目设置可以以20分钟左右的栏目为主，即便是较长的栏目，也可以采用板块化设计，将其分为几个段落，使每个段落时长较短、符合人们碎片化的时间使用规律。如2013年下半年在全国掀起收视狂潮的《爸爸去哪儿》在网上传播、微信传播时，就有几对父子的某小段特别有感染力的视频片段、某个特别有趣味的细节，每小段只有一两分钟。

二、实时性、交互性与“到位服务”的社区台理念

网络信息多、散，国家级台为了大覆盖面，观照全国，无法实现地方性服务，这就给城市台大力发展精准服务的服务类节目提供了契机。同时，网络与其他新媒体的重要优势是信息发布的实时性、互动性与便利性，这些城市台无法追赶，但是城市台离受众最近，这要求城市台扬长避短，着力从到位的服务上做起。

湖北荆州电视台《垄上行》栏目的发展就是一个典型案例。该栏目因为农民服务，为农业生产、农民生活、农村建设作出了积极贡献，升级为垄上频道。一个服务栏目促生了一个频道，带火了整个台，进而促进了一个省的传播生态的改变。与受众同呼吸、共命运、心连心的节目

是能够永远立于不败之地的。

城市台做到位的服务也和全球传播的“社区报”理念与实践异曲同工。城市台由于覆盖、资金、人才、素材资源等原因，实际上在广播电视台序列中的地位类似于报纸中的“社区报”。而美国“社区报”理念和成功的实践证明：接近性或者相关程度跃升为社区新闻价值标准的第一要素。[①]这些“社区报”的成功做法还包括：不断强化利益共同体概念、鼓励读者贡献“冰箱新闻”、让社区居民称为供稿者、举办让社区居民广泛参与的活动等。

（一）利益共同体与受众参与

首先是让受众到现场参与节目录制，参与节目讨论，为区域发展贡献力量。“社区报”的首要职责是力保当地政府机构的透明运作、鼓励公众参与讨论，让民意在最大程度上得到体现，帮助公民用好手中的选票，选出负责任有能力的政府班子，带领全社区发展。[②]城市台也要利用其接近性，开办广电问政节目，对关乎地区发展、群众利益的问题，进行梳理、反映和解决。

其次是多做微海采、节目连线，让受众就各种新闻话题、社会话题发表意见。为了最大可能让受众参与互动，利用接地气的优势，深入大街小巷、田间地头、厂矿企业进行大量的微海采、做民调，多就各种问题，尤其是争议性话题，随机采访居民给受众以话语权。

第三，让受众成为节目选题源、节目素材源。如通过电话热线、网络论坛、媒体微博微信、栏目的微博微信、主播主持人的微博微信，征集节目选题、参与嘉宾和观众听众，获得节目线索和素材，用居民提供的图片和视频做节目，特别是开办订单式服务节目。从本地受众生活出发，策划各种活动，让活动与节目形成良性循环关系。

第四，深度服务受众，城市台和新媒体联动，线上线下联动，提升影响力。美国的“社区报”不仅是居民的新闻信息和社区活动信息的来源地，也运作各种增值服务。荆州电视台《垄上行》开展便民超市、农资超市；苏州广播电视台打造了“无线苏州”APP客户端，囊括了资讯、直播、微博圈、报料、天气、路况、公交、地铁违章查询、公交自

① 陈凯:《走进美国社区报》,广州:南方日报出版社2011年版,第10–11页。
② 陈凯:《走进美国社区报》,广州:南方日报出版社2011年版,第166页。

行车、打的、智慧电力、TV购、寒山闻钟等功能模块，成为城市公众生活服务平台和新闻线索来源地。

（二）从内到外地尊重受众

城市台在采访报道方式上，要采用体验式的、与受众互动、受众参与的方式，突出记者的参与和发现，多让百姓露面。在符号元素上，要突出被采访者的影像和同期声，突出群众人性的、个人的、人格的魅力，而这些不同被采访者的多种话语样态和风格正构建了以民为本、平等、丰富多彩的话语场，是一种信息结构。在主持语言、记者报道和解说语言的气质上，要采用平民的、亲切的、娓娓道来的话语风格。央视CCTV-4套《远方的家》、北京台《四海漫游》、荆州台《垄上行》中，各种各样的普通群众成为节目的主要符号元素，在节目中说话和行动，主持人、记者和他们在真正平等地交流，普通群众成为节目的主人，他们带领记者去寻找，在寻找中表现出的对本地各方面知识和信息的熟悉令人赞叹，在《垄上行》中，普通农民甚至客串记者现场播报新闻。

（三）开办具有超媒体性的本土文化节目

本土文化节目具有超媒体性。它是城市台在本地域的原住民所熟悉的文化展现，兼具接近性和深度性；是人口流动背景下外地群众了解该地域、迅速融入的重要途径；是本地区在外工作、学习、定居的游子了解故园的重要途径。要做独具特色的文化节目，通过城市台与新媒体的一体化传播，深入到尽可能多的人群。做融知识性、服务性与贴近性、娱乐性于一体的本土文化节目，无疑是转型的一个重要节目类型。新媒体时代，城市台要挖掘本城深厚文化底蕴与文化资源，做出文化含量高、艺术水准高的节目。在形式上可以是文化谈话类节目，也可以是文化旅游体验类节目。

三、大数据、自媒体与专业化的整合解读

新媒体在信息的海量方面的优势非常的突出，甚至出现“信息超载”现象，新媒体尤其是微博微信之类自媒体或曰社交媒体，还有内容的多元化、个人化、碎片化等特性，这几个特性是双刃剑。普通网民的

微博微信，可能因为文本短、写作门槛低、发送容易，也会有很多简单片面的意见。而伴随着信息的“渐欲迷人眼”，人们生活节奏紧张、没有时间细细查找信息、进行判断，这就需要专业化的、负责任的媒体来对信息进行整合和解读。如可以利用大数据，利用各网络搜索引擎，利用百度指数、谷歌指数、360指数、微博上的各种指数来进行信息的解读和数据的视觉呈现。2014年的央视两会报道就推出了“据说两会”，采用360搜索大数据，将其融入到新闻报道内容、报道形式中，观众对这种用数据说两会的新颖方式很感兴趣，认为不仅拉近了与央视的距离，还将老百姓关心的问题更加直观地表现出来。

另外，我国网民具有年轻化、低学历、基层职业多的特征。[①]这可能为某些非理性、情绪化思想的迅速蔓延创造了条件。据此，在新媒体时代，在各种信息内容（广义的大数据）充斥的时代，更加需要有专业媒体进行信息的整合，要求对信息背后的“所以然”进行解释，这就给深度报道、评论性节目、话题讨论类节目、主持人点评的新闻杂志节目、每日要闻回顾和一周要闻回顾类节目带来了发展良机。

城市台无法像央视、央广、省级广播电视台那样有强大的财力资源支持其源源不断请名家大腕来参与新闻谈话类节目，但是我们可以采用“1+1+3”的模式，一个主持人，一个具有较高文化层次的嘉宾（本地口语传播能力强的官员、学者、专家、教师、文化人等），三个普通热心观众，每期节目中具有较高文化层次的嘉宾带来他眼中的本周新闻头条并阐述理由，三个普通热心观众各自带来他们眼中的每周新闻头条，阐述理由，双方在主持人的引导下进行观点碰撞。风格上，节目可以轻松活泼些。这样既能丰富城市台的新闻节目生态，又能有效制造话题，在本地区进行议程设置，有效带动节目收听率。

（原载《新闻战线》2014年第9期）

① CNNIC:《第34次中国互联网络发展状况统计报告》。

学堂　巷陌　媒体

——论部校共建视野下新闻摄影人才培养的现实路径

◆赵　昊

2013年底，中宣部、教育部联合发出《关于地方党委宣传部门与高等学校共建新闻学院的意见》，并在上海召开部校共建新闻学院现场会，会议指出："要把部校共建作为战略任务、基础工程，遵循新闻教育规律、遵循新闻人才成长规律，发挥业界学界各自优势，携手培养有正确立场、人民情怀、责任担当的一流新闻人才。"安徽师范大学新闻与传播学院是安徽省委宣传部与安徽师范大学共建的学院，系我国10个试点先行单位之一。学院摄影专业以新闻摄影为主要方向，学生就业以省内媒体为主，一批批毕业生在《安徽日报》《新安晚报》《大江晚报》等新闻媒体发挥着一定的作用。学院从中国特色社会主义新闻摄影事业的建设者和接班人的角度，从当代摄影专业学生的学习特点出发，对这些将来在新闻媒体工作的学生进行了马克思主义新闻观教育。在新闻教育实践中贯彻马克思主义新闻观，是一个复杂的动态的历史过程。只有依傍着现实的生活实践，并且以科学的方式方法，正确的载体，恰当的时间空间，才能成功地将马克思主义新闻观内化为教师和学生的信念、指导思想[②]。学院进行了广泛探讨与深入研究，在摄影专业教育中展开了学堂、

作者简介：赵昊，教授，硕士生导师。主要研究方向：视觉文化传播、视觉传达、摄影理论。

② 王小节：《当代语境下如何践行马克思主义新闻观》，《中国广播电视学刊》2014年第8期。

巷陌、媒体培养的现实路径探索，树立他们的正确立场、人民情怀、责任担当。本文以安徽师范大学新闻与传播学院摄影专业新闻摄影教育实践为考察中心，研究部校共建视野下的新闻摄影人才培养。

一、学堂讲解：在基本业务培养中确立正确立场

正确立场在学堂教育中通过导向、示范来确立。注重教学导向的方式与方法，结合摄影专业学生专业特点，以丰富适用的教育形式将马克思主义新闻观传递给学生。学习马克思主义新闻观不仅是对理论的进一步了解和掌握，更重要的是把它内化为价值判断和情感取向。如何内化是教学中的难点。首先是教师高度重视马克思主义新闻观在新闻摄影实践与教学中的重要指导作用，注重对马克思主义新闻观的学习、认知、研究、理解，并在备课、讲课上下足工夫，以马克思主义新闻观统领新闻摄影教学始终。新闻摄影学堂教学以理论讲解与图片解析为主，需着力选择新闻价值高、形象价值高、充分反映时代精神的新闻摄影作品进行讲解，先从图片视觉形式上打动学生，再从图片思想内涵上感染学生，再进行主题选择、拍摄方法上的教育；着力选择优秀事例进行阐述，告诉学生优秀新闻摄影记者应具备的思想品格与职业素养。

通过对每一幅具体作品的解析使学生理解马克思主义新闻观的内涵，使学生知道在这个时代中，应该拍摄什么，如何拍摄新闻从正面进行宣传。通过潜移默化的导向，学生认识到正确立场的重要性，也明确了面对各类新闻事件应该站在什么样的立场，选择什么样的视角进行拍摄报道。教师在课堂中注重对热点图片的讨论、研判，在研讨中启发学生思考。

根据热点事件，从报刊、网络中选择不同的图片展开讨论，分析不同图片的视觉构成、所传递的思想内涵、所取得的效果影响，由学生阐述自己的观点，试析若是自己会选择的拍摄层面与角度，在总结中指导学生确立正确立场。

在作业的布置中注重导向，按校园新闻、社会新闻命题布置的作业，主要为反映当代学生积极向上精神、和谐社会的构建、改革发展成就等新闻摄影作业，这既要求学生在校园、社会中寻找主题，挖掘典

型，发现问题，又要求学生能正确认识问题，从正确立场上表现主题。在作业的集中指导、点评中，注意比较，命题作业中同学们往往围绕一件新闻事件进行拍摄，经过集中点评，从事件发现、立意表现、主题展现、拍摄效果等方面比较出准、高、深、好，从而进一步确立正确立场。经过讲解、讨论、作业、点评等方式反复的教育学生新闻摄影“拍摄什么”与“怎么拍摄”。

定期邀请媒体记者展开讲座，通过实例解析与互动，具体讲解正确立场的新闻拍摄。学堂讲解范畴还包含了教师作品与事迹的示范，学高与身正是学堂教育中教师对学生的直接影响，教师应注重对学生的示范。在学堂教育中，还注重了大学堂即整体文化环境的教育，学院在发展中形成了“向上、向善、向美”的学院文化，良好的文化氛围始终教育、影响着每一个学生，使学生自然将新闻拍摄的着眼点置于真、善、美的范畴之中。在学堂的讲解中，培养了学生的新闻摄影基本业务，掌握了进行形象化宣传的摄影本领，确立了正确的立场。

二、巷陌实践：在实践水平提高中建立人民情怀

人民情怀对于当代90后的高校学生来说只是抽象的概念，把抽象概念自然转化为真情实感，唯有接地气，在田间地头、寻常巷陌寻访典型的人与事采摄。高校学生们对于广泛接触社会，总感到一定的新鲜感，乐于深入大众，在实践水平提高的同时深刻地感受到人民大众的生活、生存状态，感动于凡人善举，触动于社会问题。

对学生而言，在实践中寻找、采访、拍摄一次凡人善举比多次说教更具教育效果。在深入大众过程中，学生在教师指导下不断调整自己的拍摄思路，同时学会倾听老百姓的呼声，学会使用老百姓的语言与他们交流，在拍一系列典型的点滴过程中内心自然建立起人民情怀。实践表明，学生建立起人民情怀，越是深入人民生活之中拍摄，所拍摄的形象越是生动、鲜活，新闻摄影水平越是能够得以快速提升，学生也越来越愿意深入人民群众中寻找拍摄题材，这正是一个双向互动的良好发展。

近来，学院学生拍摄成果丰硕，均为充满人民情怀的正能量的影像。学院建立了“课程实验、实验课程、联合作业、专业采风、课堂联

动、专业实习、毕业创作”七位一体的实践教学体系，全面、系统地开展了学生社会新闻摄影实践教学，组织了“美丽中国”“我的中国梦”等专题采风教学实践，在实践中，通过大力弘扬主旋律，着力表现大好河山、发展成就、和谐社会、幸福生活等主题来进一步确立正确立场，来建立人民情怀。每年暑期，学生们在教师的带领、指导下，深入到各地进行社会实践，寻访、拍摄好人好事，传播正能量。学院从学生培养阶段开始就注重基层实践意识，学生将实践落实到寻常巷陌，教师亦将学问做到田间地头，在实践教学中带着问题到基层，在基层中发现新问题，在基层中解决问题。正是在实践中的一件件事例，一次次拍摄，使学生建立起人民情怀，致力于为人民拍摄。

三、媒体传播：在综合素养提升中树立责任担当

学堂教育、巷陌实践、媒体传播是渐进且循环的过程，学生在学堂教育中萌发了成为中国特色社会主义建设的宣传者、广大人民群众的代言者的初步想法，在实践中进一步认识到自己应用相机来表达正确的社会认识，当自己拍摄的新闻摄影作品通过媒体传播后，责任担当的意识逐渐真正建立起来。作品在媒体发表，有的还引起了一定的关注，进一步树立学生正确的拍摄导向，也激发了学生专业学习与实践拍摄的热忱，对自己拍摄的意义也更为重视，对拍摄方向更为明确，拍摄内容的选择更为清晰。学生在选择图片、撰写说明、进行投稿中，既是提升综合素养，同时在所摄图片的选择与文字撰写过程中，对学生又是一次马克思主义新闻观的深入学习，是一次思想的自我教育，将拍摄人民的自发行为转为自觉行动，深刻理解自己在实现伟大中国梦进程中应该担当的媒体人的责任。媒体传播还包括了学生在媒体进行实习，拍摄作品进行传播，期间跟着媒体的记者们一同深入生活，感受他们的责任担当，从而深刻理解自己所担负的重任与应尽的职责。

在部校共建视野下探索新闻摄影人才培养的新路，力求培养政治强、业务精、视野广、纪律严、作风正的新闻摄影后备人才。通过学堂、巷陌、媒体，使摄影专业学生深刻领会马克思主义新闻观内涵并外化于行，充分意识到自己在实现中国梦进程中所肩负的使命与责任，树

立正确立场，努力学习摄影技术，用镜头来反映社会、表现人民，这样的中国特色社会主义新闻摄影教育才能真正达到预期的效果与目标。

（原载《新闻世界》2015年第1期）

社交媒体对大学生的影响分析

——基于安徽高校的调查

◆ 袁立庠　刘 杨

社交媒体（Social media），又可译为社会化媒体、社会性媒体，指允许人们撰写、分享、评价、沟通的网站和技术。在《什么是社会化媒体》(what is social media）的电子书中，作者安东尼·梅菲尔德（Antony-Mayfield）将社交媒体定义为一种给予用户极大参与空间的新型在线媒体，具有以下几个特征：参与、公开、交流、对话、社区化、连通性[①]。基于UGC（用户创造内容）和CGM（消费者产生的媒体）这两个关键词的社交媒体的形式主要有：微博、QQ、微信等即时通讯工具和BBS、SNS、博客等。

大学生对于新媒体有着天然接受力和较强使用能力，因此，大学生逐渐成为社交媒体中活跃的主角。对智能手机的超前适应性也使得他们比其他群体在社交网络中花费更多的时间和精力。社交媒体的兴起改变了大学生传统的交往方式，在社交网站中大学生通过对个人主页的管理，进行"选择性暴露"和"自我印象塑造"，创建了一个网络中的"拟态的自我"。大学生通过"拟态的我"与"拟态的他"彼此认知、互动并带来心理需求的满足。然而"拟态的自我"并不等于真实的自我，"社交

作者简介：袁立庠，教授，硕士生导师，主要研究方向：新闻学、传播学、大众文化。刘杨，南京大学新闻传播学院，硕士研究生。

① 曹博林：《社交媒体：概念、发展历程、特征与未来——兼谈当下对社交媒体认识的模糊之处》，《湖南广播电视大学学报》2011年第3期。

媒体依赖症”引发的自恋自怜、孤独寂寞、爱慕虚荣、焦虑不安的现象随处可见。这已成为关注大学生群体健康成长道路上不得不正视的问题。

我们无法阻止网络的发展、社交媒体的普及。如何发挥社交媒体的优势，扬长避短，是我们研究这一问题的意义所在。

一、大学生使用社交媒体的现状调查

（一）调查方法

为了实际掌握大学生使用社交媒体的状况以及深入了解社交媒体对大学生日常生活、社会交往、人际关系等各方面的影响，笔者围绕着大学生使用社交媒体的时间、频率以及使用社交媒体所带来的心态变化等一系列问题做了问卷调查。选择了皖北（淮北师范大学、安徽财经大学）、皖中（安徽大学、安徽农业大学）、皖南（安徽师范大学、安徽工程大学）等安徽省内不同区域的六大高校作为样本地，随机选择了100名在校大学生，通过面对面发放问卷和邮件发放问卷两种方式展开调查。希望通过调查，了解在智能手机、手提电脑高度普及的大学校园里，社交媒体对当代大学生产生的影响。本次调查从2014年2月初开始实施，实发问卷100份，收回的有效问卷90份。

（二）调查结果

通过对收回的有效问卷进行数据统计、整理，得出结果如下（表1）：

表1 大学生使用社交媒体的现状调查结果

1. 您拥有几种社交媒体的账号？（QQ、微信、微博、人人网、开心网以及各大论坛账号）			
A 没有（0）	B 1—2种（6）	C 3种（17）	D 4种及以上（77）
2. 您经常使用的社交媒体有哪些？（多选）			
A QQ（75）	B 微信（61）	C 微博（52）	D BBS（19）
E 贴吧（39）	F 人人网（33）	G 其他（6）	
3. 您更青睐哪一个社交媒体			
A QQ和微信（61）	B 微博（37）	C BBS和贴吧（2）	D 其他（0）
4. 您经常在哪一时间段集中使用社交媒体？			
A 早上（15）	B 中午（2）	C 晚上（73）	
5. 您经常使用哪种工具登录社交媒体？			

续表

A 手机（66）	B 电脑（19）	C iPad等移动平板电脑（5）	
6. 您平均每天使用社交媒体的时间？			
A 1小时以内（9）	B 1—2小时（16）	C 2—3小时（22）	D 3小时以上（43）
7. 您是否认为社交媒体占用了你大量的课余时间？			
A是（62）		B否（28）	
8. 有没有过在社交媒体上聊得很好但是现实中见面却不会打招呼的情况？			
A有过（39）	B没有（51）		
9. 您有坐车、吃饭、上厕所、睡觉前玩社交媒体的习惯吗？			
A有，经常（67）	B没有（1）	C偶尔（22）	
10. 最频繁使用社交媒体的哪几项功能？（多选）			
A 和朋友交流（79）	B 交友（50）	C 分享生活点滴（71）	D 浏览新闻、搜寻资料（38）
E 玩小游戏（25）	F 其他（19）		
11. 长时间使用社交媒体后，是否会感到现实交流有障碍？			
A会（6）	B有点（31）	C不会（37）	
12. 您认为社交媒体对您的日常生活重要吗？			
A 不重要（5）	B一般（10）	C 重要（63）	D 非常重要（12）

据此，可以发现：

1. 社交媒体已经成为高校大学生的一种生活方式

在被调查的90名大学生中，有77人表示拥有四个以上的社交媒体账号，这个比例已经达到了85%，并且有接近一半的学生每天使用社交媒体的时间在3个小时以上，78%的大学生使用社交媒体聊天、交友、分享生活点滴……可见社交媒体已经渗透到大学生日常生活的方方面面。

2. 大学生社交媒体依赖现象普遍

在调查对象中，认为社交媒体对自己生活重要和非常重要的人占到了83%，认为社交媒体对自己生活并不重要的只有5人，并且有74%的被调查学生在吃饭、坐车、上厕所等碎片化的时间里使用社交媒体，68%的学生认为社交媒体占用了自己大部分的课余时间，很多学生即使明知自己对社交媒体的依赖，却无法放弃使用。QQ、微信、微博等已经成为生活中不可或缺的一部分，使用惯性迫使很大一部分大学生把闲暇时间无目的性地花在社交媒体上。

3. 社交媒体“移动化”成为常态

调查中，从社交媒体工具使用情况看，大学生使用手机登录社交媒体的比例多达73%，而使用电脑登录的比例仅为21%。值得注意的是，有近6%的大学生是使用平板电脑来登录社交媒体。从PC客户端兴起的社交媒体在手机、平板电脑等移动客户端得到了迅猛的发展，人们更倾向于快捷、及时的信息沟通交流，而智能手机、平板电脑等工具的普及正满足了人们的这一需求。随着智能手机、WiFi以及4G通讯技术的飞速发展，社交媒体的移动化趋势会越演越烈。

二、社交媒体的积极影响

（一）对外：即时交流、拓展人脉

移动化的社交媒体在信息传递的时效性方面优于传统电子媒介，甚至要高于其他的新闻网站。不管是2011年“7·23动车事故”还是2013年的“雅安地震”，事件发生的当时，都是当事人通过微博在千里之外向亿万微博用户发送关于现场的情况，传达了第一手的信息。社交媒体的及时性、共通性、裂变性总是能为其用户带来最新的资讯。

据笔者调查，安徽省各大高校在大一新生入学前都会建立官方QQ群，通过录取通知书或学校论坛公布出来，新生通过入学新生群无障碍沟通，人脉圈不再仅限于班级，而扩大为全院、全校。

目前，微信、QQ等即时通讯工具都已开通了境外服务，只要你能上网，就可以免费和远隔万里的好友发信息、通话、视频。社交网络发展的当下，传统媒体环境中形成的以地域、血缘为代表的群体关系被打破，人们越来越依靠兴趣爱好来划分成新的群体。如微博、QQ中的兴趣标签，可以方便地找到同样爱好的人成为朋友。再如一些社区、论坛、豆瓣小组等，因为共同的兴趣爱好而加入同一个群组的人们可以来自五湖四海，现实的距离被社交媒体平台拉近。

（二）对己：自我表达、满足需求

社交媒体中的传、受双方的地位发生了改变，开启了“人人都有麦克风”的时代，受众逐渐掌握了话语权，传统媒体作为传播主导者的现象发生了改变。以90后为主体的大学生个性强，渴望发出自己的声音。他们通过社交网站发表观点，期望更多人与之互动并接受自己的观点，在观点的建构—解构—重构的过程中，得到更多人的认同，从而实现自我表达。

从马斯洛需求层次理论来看，大学生在基本的生理和安全需求能够得到满足的情况下，开始寻求更高的社交、尊重和自我实现的价值需求，而社交媒体的兴起正顺应并延展了这种社交需求，在上述的调查中，聊天、交友、分享生活点滴已然成为大学生使用社交媒体的主要功能，可见通过社交网络进行社交活动、与他人进行精神交往是当代大学生实现自我价值的时尚选择。

三、社交媒体的消极影响

（一）社交媒体依赖症

对许多人而言，社交媒体已经深深浸润于日常生活中，他们整天紧盯着自己的手机或电脑而无法自拔，这种无法控制自己而不自觉过量查看移动终端的行为被称为是社交媒体依赖症。笔者以“微博控”“灌水党”作为社交媒体依赖症的两个典型案例稍加说明。

1.“微博控”

“微博控”指的是对微博极度喜爱的人。随着微博的火爆，越来越多的人见面就聊起微博。这些人无论是坐公交坐地铁、走在上学上班的路上，甚至是上厕所都会利用一切碎片时间来刷一刷微博。“有时候也并没有发生什么重大的事件，就是觉得不刷微博不舒服。”“每晚睡前最后一件事一定是要再刷一次微博，就是已经成为了一种习惯。”一些自称“微博控”的朋友这样说道。“微博控”自2010年出现到今天，数量一直在持续增长。许多“微博控”几乎把所有的剩余时间都给了微博而忽视了与身边人的直接交流，“微博控”现象引发的社会问题值得我们关注和深思。而这两年，人们又戏称一下子进入到了“微信时代”，各种场合都能看见低头族拿着手机刷屏看微信，每天睡前、起床后都会抓起手机看一遍朋友圈和各个群。这似乎又成了时下人们手机生活的新常态，这种类似“微博控”的现象同样值得我们重视。

2.“灌水党”

“灌水党”是指那些无时无刻不出现在BBS中，通过手机、电脑向论坛注入大量且多为无用信息的群体。“灌水党”的依赖症表现与“微博控”基本相同，只是有一点需要注意的是“微博控”刷微博的驱动力主要来自微博中丰富的信息以及社交需求，而“灌水党”不停灌水的驱动力则更复杂一些：一是无聊，打发时间；二是发泄，吐槽；三是恶作剧，在匿名的社交网络里，开开玩笑寻个乐子；四是出风头，获得更多的关注；五是恶意灌水，这样的行为多半是有目的性的，纯粹是为报复某人而采取的一种极端手段。在社交网络中异军突起的水军们除了以上五种灌水的原因外，还有一种是最多的，就是连自己都不知道自己灌水的目的何在，这也许就是网络综合症的前期症状吧。

社交网络在占用人们宝贵时间的同时也促成了这些水军们虚荣心、表现欲的高涨，在BBS或者贴吧里水军经常因为极小的事情打起口水战，极不利于互联网络空间健康有序地发展。

（二）碎片化信息泛滥引发“肤浅阅读”

在现代化快节奏的都市生活中，私人时间碎片化导致媒介使用的碎片化。当浏览到一则信息时，由于时间的有限性，人们总是选择性地接受、理解、记忆信息，只会获取对自己有用的或者自己感兴趣的部分，这使得本来完整的事件变成了一个个的片段，每个人即使接触到的是同一个信息，而最终消化吸收的却不是同一点。碎片化时间不允许每个人对事件有着完整准确的认识。

社交媒体在媒介碎片化信息泛滥中起到推波助澜的作用，以微博为例，只能发140字以内的“只言片语”，每个人分享的事情很大程度上都是碎片化的、零碎的、被过滤了的，某些信息只发送了自认为重要的不完整版本。人们的关注点像不断切换的镜头，在不断涌现的新事物之间切换。碎片化阅读带来的是娱乐性和游戏性的感受，它也许能够为你提供许多新鲜的信息，但是却不可能为你提供深度阅读的体验，因此也就剥夺了你思考的深度。相比之下，读书是一种完全不同的思维方式，深度阅读需要你专注、集中，边看边想，把它消化成你的内在的东西。

当今世界，信息碎片化是一种不可逆转的趋势，我们无法阻挡碎片化发展的大潮，如何呼唤深度阅读，成为当前阅读环境中必须思考的问题。

（三）社交媒体依赖带来的大学生心理健康问题

早在1922年，著名政治评论家沃尔特·李普曼在其《公众舆论》一书中就提出了“拟态环境”的概念。而在如今的社交媒体时代，媒介影响的不仅是人们对外部的社会环境的认知，更包括对社会主体的人自身的认知。社交网络时代人们通过主宰自己的社交媒体展示页面（QQ空间、微信朋友圈、微博主页等）创造出了“另一个自我”，虽然这一自我是在现实的社会关系基础上，并且也会或多或少地包含自己的真实信息，但“网络中的自我”无法等同于现实中的真实的自我，社交媒体中通过各种展示页面呈现的自我是每个个体经过自己的信息过滤之后呈现出来的“拟态的自我”。比如女生都会选择漂亮的照片放到自己的社交媒体相册中，每个人都倾向于把好的、完美的一面展现给社交网络中的观众，有意识地隐藏不完美的一面。

基于社交媒体中的“拟态的自我”和“真实的自我”之间的关联和矛盾之处，笔者试图分析社交媒体对大学生心理健康带来的负面影响。

1. 自我意识的膨胀

“拟态的自我”是基于“真实的自我”之上的自我生产和自我更新，社交网络的发展给了普通大众一个展示自我的平台，是青春洋溢的大学生天然的舞台。在社交网络上，年轻人乐于将生活细节等展示在他人面前。在前面的“最频繁使用社交媒体的哪几项功能”的调查中，有79%的同学会在社交媒体上分享生活点滴，在与被调查的大学生聊天的过程中笔者注意到，有不少人会将诸如今天午餐吃了什么、哪条街新开了一家好喝的奶茶店这种生活琐事分享到自己的社交媒体中；很多人在吃饭、逛街之前都要先拍张照发到社交网络上，并且已经形成了一种习惯。

这种习惯并不是无害的，过分的自我展示会进一步膨胀其自我意识，在某某餐厅吃顿饭就一定要广而告之，以期得到粉丝和好友的关注，不断更新有关自我的信息，高转发率和高评论率是他们所欣喜看到的。吸引眼球的指数成为自我肯定的因素，因而发布的内容越来越倾向于猎奇性、低俗化。日积月累的自我暴露，使大学生的自我意识在社交媒介使用过程中潜移默化地过度膨胀。虚荣、自负、傲慢等性格的弱点被放大，这使得大学生的室友关系变得不那么融洽。近几年，在大学校园频频出现的室友之间由于一点儿小矛盾而最后酿成大悲剧的例子比比皆是。90后本来就是极具自我意识的一代，社交媒体更是膨胀了他们的自我意识，谦虚谨慎的良好品格却越来越弱化。

2. 线上虚荣、线下孤独

大学生在社交网络中的自我表露不是完全将现实生活复制到个人空间，他们倾向于向好友展露自己更有吸引力的一面，以求塑造自己的"完美形象"，这大大满足了人们与生俱来的表演欲和虚荣感。

日本传播学者中野牧在《现代人的信息行为》一书中描述现代人的形象时提出"容器人"概念，意指在现代的大众传播环境，人们的内心世界犹如封闭的容器，是孤立的，封闭的。人们为了摆脱这种孤独状态渴望与他人交流，可是由于容器的局限，这种交流很难深入到彼此的内心。社交媒体的使用正好迎合了人们的这些心理需求，它的匿名状态可以使人随心所欲地呈现自己，一方面满足了自己的表现欲，另一方面也满足了对他人的窥视欲。好奇心很强的大学生群体，在这种窥探他人和展现自我的交错中获得社交媒体带来的快感。问题是，在社交媒体上交流、碰撞的是一个个的"容器人"，这些"容器人"在"伪真实"的社交网络里遨游，无法实现心与心的交流。

曾在社交网站广为流传的一段话说进了很多大学生的心坎里："如果关了电脑关了手机，我们还认识吗？"在本次调查中，43%的学生表示遇到过在网上聊得很好但现实生活中见面却形同陌路的情况，41%的学生表示长时间使用社交媒体后，现实交流却产生了一些障碍。匿名性、私密性的网上聊天给交往镀上了保护色，真正在现实生活中的交往失去了匿名性和私密性的保护，变得无法正常进行下去。打开社交媒体，人们为维护自身美好形象而忙得不亦乐乎，关闭社交媒体，空虚孤独感袭来，变得无所适从。

3. 社交媒体催生了焦虑心理

社交媒体中的海量信息带给人无形的压迫，每个人都或多或少产生信息焦虑，并且越是精英阶层信息焦虑感越强。聚焦于大学生，在自我呈现异化的状态下，原本健康的心理状态会发生一定程度的扭曲。为了得到肯定和关注，土豪同学炫富、学霸同学炫成绩、情侣同学炫幸福……不是所有人都能达到最美好的状态，在各种光怪陆离的表演中，很多大学生内心产生了极大的自卑焦虑，社交媒体在无形之中催生了他们的心理压力。

相对于“观众”而言，“表演者”自身也可能会产生更大焦虑，他们的焦虑是一种“反馈焦虑”。炫富、炫成就、炫幸福者渴望关注的心理得不到满足就会产生一定的焦虑情绪。在无数少年投身网游世界无法自拔的今天，有很多大学生如同游戏上瘾一样患上了“社交媒体依赖瘾”，他们不断刷新屏幕，渴望更多的回应，渴望更高的人气，在享受目光和承受失落之中似乎变得更加敏感脆弱、虚荣落寞。

四、如何引导大学生更好地使用社交媒体

面对社交媒体种类、功能不断发展的态势，如何更好地发挥其优势，避免其带来的不利影响，是我们必须关注的。消除社交媒体对大学生产生的不利影响，要靠政府、社交媒体开发者以及用户自身等多方的共同努力。其中最重要的还是大学生自身要树立正确的媒介使用观，认清虚拟和现实的区别。

（一）社交网络：将“把关”进行到底

网络的匿名性给人们提供了言论自由的“隐身衣”，网络谣言、网络诈骗、淫秽信息、信息泄露等乱象频现，严重威胁着我国互联网的健康发展。秦火火因利用互联网蓄意制造传播谣言，2013年8月被北京警方刑事拘留，2014年4月17日一审获刑三年。至此，那些故意编造散布我国政府花2亿元天价赔偿“7·23”动车事故外籍旅客、雷锋奢侈生活、地方公务员被迫捐款红十字会等曾在社交媒体上引起疯狂转发和激烈民愤的谣言才逐步大白于天下。在这些谣言的传播中也不乏“热心于秉持正义”的大学生的身影。由于一些利用谣言来谋取不义之财的不法分子混迹于社交媒体中，各大社交媒体自身的把关系统显得尤为重要，社交媒体上的信息传播以裂变速度增长，如何在谣言产生的开始就有效遏制其大规模扩散，避免谣言产生恶劣影响，是各大社交媒体必须高度重视的问题。此外，在开放的互联网平台，还存在着推送信息重复率过高的

问题，如何净化社交媒体平台，传递正能量，避免受众因信息过剩浪费宝贵时间也是各大社交媒体的应尽职责。

（二）政府：立法监管两手抓

在网络环境的监管领域，政府有着义不容辞的责任，现实生活中因为沉迷网络而荒废学业、游戏人生的大学生不在少数。对此，人们在为大学生感到惋惜的同时，对互联网立法的呼声也日益高涨。党的十八大提出“推进网络依法规范有序运行”，目前我国正在加快互联网立法进程，这既为公民在网络上行使权利和保护合法利益提供法律依据，又有利于政府部门依法管理网络传播。社交网络是整个互联网络的一个分支，只有整个互联网络健康运行，社交网络才能更好地发展。

同时，对于社交媒体对大学生产生的种种不利影响，政府也应予以重视，对社交媒体中不良信息的传播应责无旁贷地进行监管，以期让社交媒体更大程度地发挥积极作用。

（三）高校：以关爱的名义引导

校园是大学生每天生活学习的场所，是大学生健康成长的摇篮，如何适应潮流更好地引导大学生树立正确的人生观、世界观、价值观是高校亟待解决的难题。笔者认为首先高校非常有必要设立大学生心理健康中心，给予大学生心理问题一个可以咨询、排解的窗口；其次，各种学生社团组织如学生会等，要举办有关健康使用社交媒体的活动，如健康小贴士、有奖竞答等，积极引导大学生正确使用社交媒体；最后，各个院、系应该多组织一些健康向上的集体户外活动，加强人际沟通充实课外生活，让同学们发现真实社交的乐趣，自觉远离虚拟社交世界。

（四）大学生：变“依赖性”为“工具性”

只有大学生自己深刻认识到社交媒体对自己身心的负面影响并及时纠正，才能更好地利用社交媒体。大学生在社交媒体依赖性向社交媒体工具性的转变上主要可以参考以下几种措施：

1. 控制自己登录社交媒体的时间

社交媒体依赖症的突出表现就是无时无刻不挂在社交网络上，要想真正走出社交媒体依赖症需要大学生对自己的课余时间有着合理的规划，每天抽出一段固定时间登录社交媒体浏览信息、回复留言和与朋友聊天，把零碎的时间安排做一些有意义的具体事情。良好的习惯都来自于科学的规划和有效的自控。

2.人际交流为主，社交网络为辅

不管社交媒体如何发展，都不能替代人际交流的真实感，现实的人际交流可以加深感情，交流思想，不一定非要通过虚拟网络加以交流。朋友间如果是分开两地，也可以采用打电话等更为直接的方式。闲暇时间多和朋友、同学去户外走走，开展一些文体活动、读书报告会等，减少对虚拟世界的依赖。

3.善于利用社交媒体学习

英国纽卡斯大学从事教育科技研究的米特拉教授认为，互联网正在颠覆传统的教育模式，“云中学校”是未来教育的趋势。[①]国内外很多高校在社交媒体上免费向公众传递本校的公开课视频，只要你有一颗善于学习的心，社交媒体会成为你进步的好帮手。在大数据时代，数据是无限的，而人能接受的是有限的，如果你只是利用社交媒体娱乐休闲打发时间，那么很多珍贵的业余时间就会偷偷溜走，如果你有效利用社交媒体学习，不仅积累了比别人更多的知识，更比别人多了一种学习的途径。利用社交媒体学习将成为一种必然的趋势。

社交媒体作为信息时代适应人们新的传播方式和生活方式而产生的新媒体，已经渗透到大学生生活的各个方面，在带来促进交流、拓展人脉、增强自信等积极作用的同时也带来了一系列不容小觑的心理健康问题。然而我们没有理由因为一个新事物有缺陷而舍弃它，社交媒体的存在和发展是历史的进步和趋势。我们必须把握潮流迎接挑战，最大限度地趋利避害才是发展之道。只有在政府、社交媒体管理者和大学生自身的共同努力下，才能使社交媒体在大学生中发挥更大的积极作用。

（原载《现代传播》（中国传媒大学学报）2015年第4期）

① 王传军：《社交媒体翻转美国校园》，《光明日报》2013年3月30日第5版。

传播学视域下微博对大学生影响力的生成路径研究

◆ 王晓玲　征　宇

自2009年新浪微博开通以来，微博成为当下非常热门和时尚的网络传播平台，140个字，简洁有力地表达观点、陈述事实，特别适合互联网这种快餐似的消费习惯。根据2013年新浪微博报告，80后、90后的微博用户占了92%，其中，70.8%的用户受过高等教育①，由此可以看出，大学生成为了微博用户中不可忽视的一支队伍，也反映出微博的使用者知识化、年轻化的特征。

微博的出现，使得不少传统媒体遭遇了前所未有的冲击，微博的裂变式和聚合式传播，使得很多第一手新闻在微博上被爆出，不论从速度还是传播程度上都远超传统媒体，这也使得微博成为不少大学生了解社会百态的一个重要渠道。传统媒体版面、时长有限，出版、播出时间滞后，无法满足受众的求知欲和好奇心，微博的出现弥补了这一不足。

作者简介:王晓玲,讲师,主要研究方向:新闻史论与媒介文化。征宇,数学计算机科学学院,讲师,主要研究方向:网络与远程教育。

基金项目:安徽省高校省级人文社会科学研究项目“微博在大学生中的社会影响力研究”(2011sk056);高校省级自然科学研究项目“高校计算机公共课的虚拟社区构建”(KJ2010B365)。

① 新浪微博数据中心:《2013新浪媒体微博报告》,http: //data. weibo. com/report/report Detail/? id=159.。

一、微博对大学生的影响

当代大学生正处在网络技术繁荣的时代，曾有人称“90后”是“衔着鼠标出生的一代”，目前笔记本、平板、手机等移动互联终端在大学生中已经相当普遍，而微博则将这些移动终端与互联网融合起来，在提供给这些时间充裕、情感丰富、渴望接触社会的大学生全新视域的同时，也引起了大学生思想行为的新转变。

（一）海量的信息带来价值取向的多元化

面对微博上纷繁复杂的信息，正处于价值观形成过程中的大学生极易受到其影响，民族主义、自由主义、共产主义，甚至拜金主义、享乐主义、功利主义，都不同程度地冲击着大学生原有的价值观。以往遵循权威、教条的规则，在“把关人”缺失的微博平台上被打破，大学生开始习惯性地挑战权威、怀疑官方、抵制主流，这一现象带来的影响，正如《网络至死》里说的“我们会忘记独立思考，因为我们不再知道什么是重要的，什么是不重要的。几乎在每个领域，我们都服从于机器的权威统治。我们的思想会逐渐散逸，逃离我们内在的自我，依附在电脑键盘上。”①

（二）渴望情感认同带来网络社交的广泛应用

有人说大学是一座象牙塔，困住了青年人的视野和理想，但我更觉得大学是一座玻璃屋，在这里你可以透过微博这扇“窗户”窥视社会，但由于校园规章制度的制约，大学校园生活少了中学时代的同学情，多了疏离和隔阂，特别是在网络游戏的诱惑及社交恐惧症的作用下，出现了不少“宅男宅女”。互联网为他们不能及时宣泄的情感提供了疏通的渠道。近年来社交网站和应用炙手可热，很大程度上体现了大学生渴望情感认同和与人交流的愿望，也反映了不少在“微时代”下人们内心的孤独和空虚。

（三）对社会的关注带来参与意识的增强

大学生生活在校园这个较为密闭的空间中，往往会出现与社会脱节

① [德]弗兰克·施尔玛赫：《网络至死：如何在喧嚣的互联网时代重获我们的创造力和思维力》，邱袁炜译，北京：龙门书局2011年版，第10页。

的问题，同时缺乏社会话语权。通过微博这一平台，他们会关注一些公共事务和社会热点，进而参与，微博能以最短接触路径提供多维视角的信息。诺埃勒·诺依曼的“沉默的螺旋”理论认为：人们在表达自己想法和观点的时候如果看到自己赞同的观点，受到广泛欢迎，就会积极参与进来，快速融合社会场景，构建出一个活跃的舆论场，并快速传播和发散。这能促使他们独立去思考问题，形成自己的认知体系。

二、微博对大学生影响力产生的生成路径

（一）影响力的生成基础

根据传播学中的“使用与满足”理论，媒介使用的动机主要来源于个人的需求，其对媒介的选择与使用具有能动性，媒介能否给受众带来心理或行为上的影响直接制约着媒介的传播效果。所以，对受众选择信息的社会心理根源、需求、期望和满足程度等多方面进行研究分析就成为媒介维系自身传播影响力的重要因素。大学生在使用微博的过程中，极大地满足了自身心理需求及社会需求，这成为微博影响力的生成基础。

1. 信息需求的满足

微博以简单便捷为重要特征，140个字以内的低门槛文字表达，也可分享别人的文字，都大大增强了微博客户使用的便捷，同时微博提供RSS式的信息聚合功能，用户可以根据需求定制自己需求和感兴趣的信息内容，这种按需提供信息的方式迎合了当下人们个性化的信息需求。微博是一个开放式的个人空间，只要通过搜索，进而关注，就可以随时随地了解到你所感兴趣的人、话题和信息，极大地满足玻璃屋中大学生的信息需求。

2. 情感需求的满足

微博为大学生提供了倾诉、宣泄、娱乐的新方式。网络环境下成长起来的当代大学生，其“三观”正处于成长与成熟期，生活、学习和情感中所遭遇的困难、挫折和迷惘在所难免，这就需要提供一个平台使他们能够及时的倾诉、宣泄和娱乐，以便缓解和消除心理和情绪上出现的问题，而微博则提供了这一理想的倾诉、宣泄、娱乐空间。据调查发现，通过微博平台来进行自我情感表达的大学生比重达47.21%，进行娱

乐的比重达60.45%。这可以看出，微博已经成为大学生在学习和生活中倾诉、宣泄、娱乐的主要方式。

3. 交往需求的满足

在当下的互联网信息社会，微博的信息传播交流功能更容易为人们所接受，微博使人际交往变得更加高效、简单，有时甚至可以免去繁复的人际交往所带来的种种不便和弊端。大学生生活在较为封闭的大学校园中，与外界直接的接触交往日趋减少，同时在校期间受生活、学习等带来的快节奏和压力影响，使很多大学生出现了难以与同学、老师、家长顺畅沟通交流的问题。而微博的匿名特征，却使他们能轻易打开心扉，将现实中难以表达的情感和生活中的问题等倾诉出来，与“粉丝”进行交流，从而得到疏导和理解。同时，在微博上，大学生也可以围绕共同的兴趣爱好以及时事热点等开展热烈讨论，现实中的沉寂被微博的热烈氛围所消融。但是，微博的交往毕竟是虚拟的人际交往，过多的沉溺于虚拟社区交往，往往会影响正常的人际交往。

（二）影响力的生成过程

美国学者拉斯韦尔在《传播在社会中的结构与功能》中首次提出了构成传播过程的五种基本要素，并按照一定结构顺序将其排列，这就形成了“5W”模式，即传播者（Who）、信息（Says what）、媒介（In which channel）、受众（To whom）和传播效果（What effect）这五大环节，而微博却打破了其单一的线性传播，呈现出一种独特的传播模式。微博影响力的生成过程与这种传播模式是紧密结合在一起的。

微博是一种新的“自媒体”形式，其信息源于所有的用户群本身，源于其自身个体的表达欲望，通过他们的自采、自编，再通过粉丝、转发等的计数机制将这种表达欲望强化。话语权从精英阶层转向了普罗大众，网络用户内容生产的积极性大为提升，同时强化了自媒体环境下内容互动形式的内容整合。

微博是一种以人际关系为核心的传播网络，人与人之间的交流是以“互粉”为基础的。微博用户自己实时传播信息，微博信息发布者往往是事件的亲历者或目击者，整条信息的传播报道完全由用户自己独立完成。同时，受众也不是传统意义上的被动接收者，他可以关注自己感兴趣的微博，可以有选择性地接受内容信息，有选择性地转向为信息的发布者、传递者，评论和转发功能使得受众可以自由主动地对原始内容进行编辑，加入自己的意见，然后通过转发使内容继续传播出去。传者与受众的身份差别已经变得短暂而模糊，传播过程的双方都是受众，而不再是施拉姆所说的“构成传播过程的双方分别是大众传媒与受众”[①]。

根据中国互联网络信息中心（CNNIC）显示，截至2013年12月，中国手机网民规模达到5亿，年增长率为19.1%，继续保持上网第一大终端的地位。网民中使用手机上网的人群比例由2012年底的74.5%提升至81.0%[②]。以智能手机、平板电脑为代表的移动终端成为发布微博的主要渠道，这一渠道的拓展扩大了潜在的用户群。同时，终端的移动性和伴随性使得用户可以随时随地发表、查收信息，增强了用户间的交互性和黏性特质，提升了用户体验，进而形成了高度个人化的虚拟关系网和去中心化的离散空间，极大地释放了个体话语权。目前，移动终端在高校大学生群体中非常普及，社交网络产生后，大学生群体希望接触更多的社会信息，热衷于随时随地记录日常琐事，抒发个人情感，发表不同观点，喜欢充当意见领袖的角色。“微博拥有很强的对信息的凝聚力和整合力，用户的交流也更接近Anyone、Anytime、Anywhere、Anyway的4A理想状态”[③]，这一平台满足了大学生的信息需求，同时也为大学生提供了更大的舞台空间，他们拥有了更多的话语权，在挑战传统话语权威的同时，建构起属于自己的话语平台和话语规则。

微博信息源的多元化使得信息乃至受众变得更加“碎片化”，传统媒体的议程设置功能被打破，取而代之的是微博用户自定义议程的崛起。微博平台上传者的控制权被消减，打破了传统媒体从媒体到受众这种自上而下的议程设置路径，微博的议程设置路径是自下而上的，是N个微博用户通过信息交流传播的互动，进而将N个议题集中为一个议题的过程。微博比较多地使用了关注、标签、搜索、圈子等技术来进行内容组织，在实现个性化需求的同时，以标签、圈子为基础进行内容整合，这

① 郭庆光：《传播学教程》，北京：中国人民大学出版社2011年版，第4页。

② CNNIC：《第33次中国互联网网络发展状况统计报告》。

③ 喻国明、欧亚、张佰明、等：《微博：一种新传播形态的考察——影响力模型和社会性应用》，北京：人民日报出版社2011年版。

就很容易进行议题的集中，从而形成公共议题。而微博平台通过裂变式的传播方式，即通过粉丝对微博的转发和RSS订阅式分享功能，信息的传播呈几何级数扩散，能够传达到更多的用户，从而引发观点和情绪的共振，形成“蝴蝶效应”，影响力就此生成。

（三）影响力的扩散过程

微博是一种基于“关系网络”的传播，其传播过程并非一次完成。它是一个在初级传播中实现分众传播并且扩大为二级大众传播直至多级传播的过程，因此其产生影响力并非是一个不变的衡量。作为“自媒体”传播形式，微博的传播层级非常分明，由初始阶段的人内“自我”传播，以私语性倾诉为主，粉丝互动后形成了人际传播。在关注某一事件或议题时形成“圈子”，从而发展为群体传播。当一条微博具有相当数量的评论或转发数时，它就具有了大众传播的功能，从单一的网络媒介向社会各种媒介融合，互相影响，共同传播，从而形成微博在传播信息时从点到面，从面到体的形态和规模，进而实现了多级传播，传播效果和影响力得以放大和扩散。

普通微博用户间的交流和互动主要是从点对点的人际传播开始的，因为分属不同的社会群体，其初级信息传播是迅速、快捷而又简短的信息传播，通过其他用户的发表和参与话题，使传播的话题或事件逐渐完整和丰富。信息在微博用户传播、聚合、分享的过程中，通过相互交流和共享带来价值和身份的认同感，达成群体共识，实现了分众传播。

传播者与受众在微博的传播过程中是交互的，信息可以沿着不同的方向流动，通过网络媒体的链接和互动，进行跨越时空和地域的传播。受众群体的人数呈现出几何式增长，传播的范围更大，个体、小群体迅速扩大为大众，点对点的传播迅速扩大为点对面的传播，实现第二级传播，完成传播状态的升级，实现了新一层级的大众传播。传播活动的受众进而转化为信息再次传播的生产者和信息增值的服务者，信息在流动的过程中，经过受众的关注、转发、评论和反馈，初始时简单而模糊的信息快速细化和叠加，多元化、多样态、多层次的传播内容全部迸发，使得线上和线下、网上和网下、传媒与社会、虚拟与现实等得以水乳交融，频繁互动，形成了多级传播模式。其传播过程升级的同时也实现了传播内容、范围、深度、广度和效果的几何级扩大，最终实现了从微博的“微”到影响力“大”的扩散过程。

大学生这一年轻群体的心理和生理都尚未发育成熟，知识储备还非常有限，社会阅历也较为不足，在社会感性文化和快餐文化的熏染下，这一群体的情感更为脆弱、敏感，对外界的情感刺激更易产生强烈的波动，其应激机制迅速而直接。

古斯塔夫·勒庞在《乌合之众》一书中认为“群体的心理过程中并没有多少的逻辑成分，在超出自己熟悉的生活范围之外，他也不具备多少经验和合理的批评能力”，“受众群体”的智力弱于“领袖”个体，他们“冲动、易变和急躁”，“易受暗示和轻信”，群体情绪呈现出“夸张与单纯”，且“群体的这种夸张倾向，常常作用于一些恶劣的感情”①，且随时都可能将其转化为实际行动。大学生群体单纯，判断力弱，更易受暗示和感染，出现一些非理性的行为，而微博强大的影响力更易使其产生群体极化效应，群体感染性更强。

三、对策

（一）大学生自身层面

大学生首先要从自身做起，完善自我，提高个人的媒介素养，增强对信息真伪的逻辑判断能力，规范自己的网络言行。

1.加强自我约束力，遵循网络道德

微博的匿名性和自由性，使得不少大学生肆无忌惮，无法很好地做到自我控制。因为大学校园少了家长老师的监管，难免会自我放纵，沉迷于微文化。为此大学生首先要做到加强自我约束力，严格控制自己的上网时长，群体的行为有时候并不是代表着正确和真理，有些底线问题坚决不能触碰。另外，在微博上还要注意遵循网络道德，有部分大学生在微博上常常因为小事和他人相互谩骂，或者发布一些粗俗不道德的内容，为此大学生在微博上要规范自己的行为，除了不发布不道德的内容外，也不转发那些未经查实的微博段子，避免为坏消息造势。

① [法]古斯塔夫·勒庞:《乌合之众》,冯克利译,北京:中央编译出版社2005年版。

2. 面对微博舆情，密切关注的同时要慎言慎行

微博舆情真假难辨，微博上的用户鱼龙混杂。大学生对于某一时段出现的热点舆情自然要主动关注，不论舆情是否和自身相关，舆情的出现必然会带来网络上一股思潮的出现，在关注舆情的同时，大学生也增长了视野，锻炼了自我判断和主动思考的能力。然而，对于那些富有争议，特别是涉及公共敏感事件的舆情，大学生要做到不造谣、不传谣，慎言慎行，不要觉得自己在微博上的言行无人知晓，转发和散播一条不经过查实而引起恐慌的信息，很可能会给自己带来麻烦。

3. 避免过度依赖微博，也要关注传统媒体的动向

随着移动终端的普及，大学生看报纸、看电视的机会少了，而将刷微博当成获取新闻信息的重要渠道。微博及时、互动的优点背后也隐藏着真伪难辨、良莠不齐的现象，与报纸、电视等传统媒体有严格的把关审查制度不同，微博由于自主性和平民化程度高，许多信息的发布传播只强调一个“快”字，而没有考虑到“真”，等到假信息被辟谣，网络发布源也鲜有相关的道歉声明和惩戒措施。因此，大学生不能将微博视作“信息上帝”，传统媒体虽然时效性不如它，但是经过多方把关，其信息真实性及可查证性要更强，大学生要多关注传统媒体，避免成为施尔玛赫笔下“网络至死”的一代。

（二）高校建设方面

大学校园摆脱了中学时的管理方式，采用辅导员和学生干部监管的形式，由于对网络监管方面的认识不足和管理条约的缺失，高校网络教育方面的举措还是让人感到力度不够。为此，高校应从以下几方面入手制订管理大学网络舆情的对策。

1. 积极主动应对校园网络舆情

高校应建立一支由政工干部、教师、辅导员和优秀学生干部等组成的网络工作队伍，主动充当校园网络舆论领袖的角色。在微博时代，高校各干部、教师、辅导员、学生社团组织等应该开通个人或组织微博，主动发布第一手信息，密切关注学生最新动态，不论是行为上的变化还是心理上的转变，都是关注的对象；其次，在出现网络舆情时，要积极应对、主动发声、正面引导，避免出现学生发泄情绪，主管不管不问的情况，要把微博这个上通下达的工具利用起来，这对建设高校网络舆情来说是必不可少的。

2. 高校要加强对微博平台的监管

大学校园里，学生们经常登录的社交网络主要是微博、BBS论坛和人人网三种，就贴近性而言，BBS论坛主要是校内学生互换信息的场所，不过就影响力和扩散程度来说，最具影响力的当属微博。高校管理者历来对于校园BBS有专门的人员维护运行和监管，但是比BBS更开放的微博却成了高校网络管理的盲区。就目前来看，不少高校都开通了本校的官方微博，可是大部分高校的微博都是用来发布各种会议信息、学术信息，有的甚至少有更新，而将真正服务的对象大学生给忽略了。当出现网络舆情时，特别是关于大学校园的网络舆情，有的信息真假难辨，学生们在发表自己观点的同时，网络上可能有人会趁机煽风点火、扩大舆情，这时候高校的干部、老师就应当主动介入，对信息的真伪进行筛查，避免错误信息对大学生产生负面影响。

（三）课程设置方面

大学里专业众多，每个专业要学习的课程各有不同，除了公共课英语、政治、体育外，对微博等网络教育的课程设置缺乏，虽然有一门公共计算机课，但多数只是学习简单的办公软件和编程语言，并没有涉及网络教育方面内容。网络舆情的日趋激烈与大学生缺乏网络认识有着亟待填补的鸿沟，针对这一现象，高校在课程设置上，应该开设有关网络道德教育和新媒体相关的课程，以便大学生能更好地了解网络上的信息环境，正确看待出现的相关网络信息。课程可以围绕网络环境，开设微博课、舆情课、新媒体课、网络道德课、网络法律与法规课，真正做到让大学生了解网络、认识网络，面对真伪难辨的网络信息，能够做到理性分析、慎言慎行。当然，在课程执行上，可以将课上教学与课后实践联系起来，比如让大学生自己分析某一微博热点话题，还可以让大学生每人充当一天论坛、微博的管理员，让他们亲身体会纷繁复杂的网络环境。

微博的兴起、发展、壮大是互联网媒体技术发展的必然趋势，以微博为代表的“自媒体”带来了现代传播方式的变革，微博拥有不断集聚的圈子受众、不断集聚的个性化声音，通过多级化的传播模式得以有效传播，这使得微博的影响力日趋增强。作为微博的主要用户群体——大学生群体，微博对其产生的影响更是不可小觑，“把关人”的缺失，理性判断的不足往往容易导致“群体极化”的情况。为此，大学生在完善和提升自我素质的同时，高校也应当做好建设和教育工作，从而以双管齐下和正确的方式引导大学生的观念和舆论走向。

（原载《阜阳师范学院学报》（社会科学版）2014年第4期）

新媒体环境下科学传播分析

◆秦　枫

引　言

新媒体的流行与普及，改变了传播路径和受众身份，消解了科学与公众的界限，为科学传播与科学教育提供了便捷的平台和良好的载体。科学传播在新媒体环境下出现了新特点和新形式，科学不再是科学家（科学共同体）的专属，公众也不再满足被科普的受众身份，而是借助新媒体工具自发、自觉地参与科学传播。本文采取对比研究方法，分析新旧媒体的科学传播，重点论述新媒体环境下科学传播与普及的新特点、传播机制及约束因素。

一、科学传播与媒介选择

科学传播与普及的主要任务是促进科学技术的社会扩散和公众对科学知识、技术的分享。若完成这一任务，必须借助适当的传播途径和传播媒体，新旧媒体都承担将科学技术知识和信息转换成适于媒体表达和公众理解的语言。媒体选择对科学的传播可以促进公众对科学的全面理

作者简介：秦枫，副教授，博士，硕士生导师，主要研究方向：新媒体传播、文化产业。

解、提升国民科学素养。

(一)传统媒体与科学传播

在互联网等数字媒体普及之前的其他媒介暂且将之称为传统媒体，主要类别有书籍、报刊、广播电视等平面媒体，或者依赖一定物理空间的场馆。利用传统媒介进行科学传播与普及具有其天然的优势，但随着信息化社会的到来，信息量激增，公众对科学知识、技术的多元化需求，传统媒体显得力不从心。

1. 相对权威性

传统科学传播一般由政府和科学共同体等主导，利用官方专业媒体对科技信息和知识进行严格把关和筛选，信息生产流程和管理体制标准较高，拥有相对较高的权威性，不容置疑或受众很难对其产生质疑。

2. 中心性

传统媒体居于大众传播的中心，以居高临下的姿态向公众传播科技信息和知识，呈现单向度的传播，同时接受公众的仰视，公众很少有机会与之对话互动。公众对官方的专业媒体的认同度也较高，进一步加固其地位的中心性。

3. 滞后性

传统媒体在科学传播的时效性方面明显较差，科技信息更新较为滞后，对新科技知识的传播需要进行一系列的程序，从科技信息收集、编辑到出版发行（播出），再到公众接收信息，需经过很长的时间，这与信息增长速度不能正比，也不能及时满足公众的知识需求。

此外，传统传播方式对文化水平有一定要求（特别是印刷媒体），受众需要具备相应的识字和阅读能力。同时传统科学传播还耗费大量人力物力财力，如科技场馆建设等。

(二)新媒体与科学传播

新媒体相对于传统媒体而言，新媒体是传统媒体的延伸和融合。它是以网络技术为支撑的数字媒体形态——即融合媒体。新媒体作为科学知识的传播载体和媒介，促进科学传播与普及在新媒体环境中呈现出新的特征。

1.融合性

新媒体可以将科学技术知识利用图文、音像等多种符号形态进行传播，将之有机融合在一个传播单元中，使科学技术知识传播更具有综合性、直观性、形象性，符合公众的思维规律，提高科学传播的效果。

2.即时性

新媒体借助数字通信技术的优势，科学技术知识的传播可以实现快捷、高速、高效、即时、远程、异步传输，极大拓展了科学传播空间范围，打破时空的限制。

3.互动性

新媒体最大的特点就是互动。科学传播不仅仅是被动接受科学知识，同时也需要民众与民众、民众与科学的互动。新媒体的运用，传者与受者扮演双重角色，受众不是被动的，而是积极参与科学传播过程，民众与科学家平等交流，实现科学传播与普及的平民化。

4.多中心化

基于新媒体传播的内容来源多元化，内容“把关者”地位弱化，基于话题分类或传播载体不同而实现“多中心化”。传统科学传播主要以某个点为出发点，科技信息和知识进行塔式传播，使得科学知识高高在上，民众无法与之对话。多中心化的科学传播，可以实现点对点、点对面以及多点交叉互动传播交流。

二、科学传播新机制

由新媒体与科学传播契合的特点可知，新媒体环境下科学传播遵循基本的传播规律，其本质是与传统科学传播并无区别，都是为了提高民众对科学技术知识的认知、理解与运用，即科学技术知识的“体”是一脉相承的；其“用”也是使科学为社会公众生产生活所用；其区别在于“相”，即科学技术知识所搭乘的媒介载体之不同、内容表现形式之不同、传受主体之不同、传播的效果之不同。

（一）科学传播内容的新形式

科学传播与普及的本质是让民众认识科学、理解科学，最终使科学技术知识为生产生活所用。其传播内容仍是科学技术知识、科学精神和科学思想，而在新媒体环境下，该内容经过数字技术整合，内容通过不同形态展现出来。

1. 由单一到融合

新媒体强调内容融合。传统科学传播的内容多是通过单一媒介形态表现，或图或文，或声音、或视频影像，具有很大的传播局限性和接受理解局限性。而新媒体技术在传统媒体的基础上，运用数字媒体技术对信息进行传播加工以及新的诠释，将传统媒体单一表现形态的科学内容融合为图文音像为一体的动态内容，同时通过网络超链接和超文本的传输模式，由平面传播发展为立体传播。科学传播利用新媒体使受众对所接收信息的理解更加生动、深入、形象，有更多的选择权利，有视、听、触、嗅等多方位和立体化的体验和理解。

同时新媒体还表现为媒介融合。罗伯特·洛根言到：新媒体是一种融合媒体，将旧媒体融合于一体，不仅对内容融合，且新媒体与传统媒体的复合型组合，决定了科学传播的内容和形式的多样性。

2. 由大众到分众

美国未来学家阿尔温·托夫勒指出当代大众传播的一个发展趋势是："面向社会公众的信息传播渠道数量倍增，而新闻传播媒介的服务对象逐步从广泛的整体大众，分化为各具特殊兴趣和利益的群体。"[①]虽然他论述的是新闻传播，但同样适用科学传播。分众传播，从受众角度，是各取所需。从媒体角度，是不同媒体传播内容各有不同。

依据公众对科学知识量和专业化的需求，科学知识量和公众数量在网络上的逐渐庞大，科学知识分众分类传播成为科学传播和普及的关键问题。随着新媒体技术的进步，知识分类更为便捷。分众分类的思想来源于"社会性书签"服务，其原理是向科学传播参与者提供一种协同构建与共享各自科学知识资源标签的开放式平台，通过公众在网络媒体上制定分类标准和提交资源标签来实现[②]。科学传播在新媒体帮助下，科学技术和知识出现分众化，科学内容传播的大众化到分众化。即科学技术知识由科学家或政府机构"推送"，到公众自行在媒介平台上"拉取"所需知识，或通过RSS对科学知识进行量身定制，强调公众对科学技术知

① 徐耀魁：《西方新闻理论评析》，北京：新华出版社1998年版，第79页。

② 周荣庭、郑彬：《分众分类：网络时代的新型信息分类法》，《现代图书情报技术》2006年第3期。

识需求的个性化、差异化。

（二）科学传播新主体

传统媒体主导下的科学传播，科学的话语权基本掌握在科学共同体和政府手中，缺乏与公众的科学沟通，社会公众作为被动接受者。而新媒体环境中，网络技术使得公众个体、群体、组织机构等各种层次的主体都成为科学传播者，除了专业化职业化的科学传播与普及者，数量众多的非职业群体，也逐渐加入科学传播的队伍，尤其是Web2.0的盛行，使得公众与科学进行对话，拉近科学与公众的距离。每个公众都可能是科学传播的主体。例如公众使用微博的比例非常高，不仅能接收科学普及知识，也能将自己了解的知识领域变为观点进行传播。

在新媒体平台上，每个科学传播者身份都是虚拟的，正如网络谚语所说："没人知道你是一条狗"。即公众均可在新媒体上发表科普文章、传播科学知识，不论你是社会精英，还是草根阶层。每一位社会公众都可以运用自己的闲暇时间和知识盈余在新媒体上发表科学知识和信息，公众既是科学知识的传播者，又是受众，主体身份叠加，改变原有固定的受众身份。充分了解受众"双重身份"的定位以及随之发生变化的信息，对于科学传播主体转变传播策略具有很大的参考意义。

（三）科学传播新路径

新媒体环境中，科学传播与普及的路径逐渐通畅，并形成有效的环形回路反馈机制，增强了公众与科学对话的可能性，加深了对科学的认知和理解。

1. 由塔式传播到点式传播

传统媒体下，科学传播与普及途径，主要是平面大众媒体的单向维度的传播，即塔式传播。处于塔尖的传者具有科学话语权，通过传统媒介向公众灌输科学技术知识，即从传者到公众的知识流动是一个自上而下的单向线性的过程，拥有知识的社会精英"居高临下"向公众灌输科学知识（图1所示）。而新媒体环境中，网络媒介载体凭借优势的传播平台，集个性化分众服务和大众化传播于一体，包容点对点、点对群、群对群的各种传播类型（图2所示），公众按照各自知识需求，通过分类标签引导，形成多中心的科学传播，公众彼此间相互分享各自的科学技术知识，改变被动科普的状态，使得自上而下的线性传播模式与平等交流的非线性传播模式共存，让科学知识在公众中自由流动。

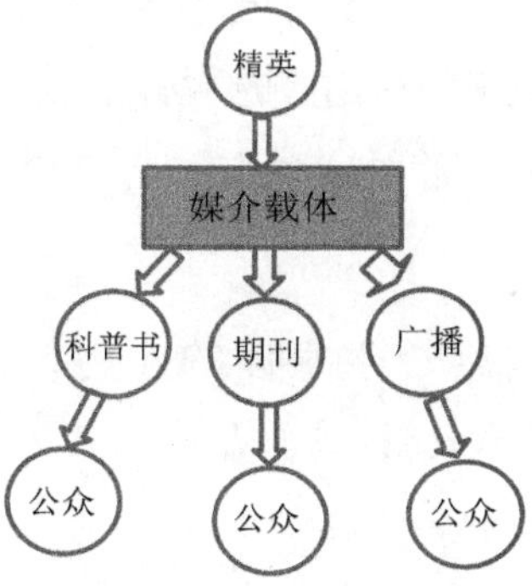

图1　塔式传播

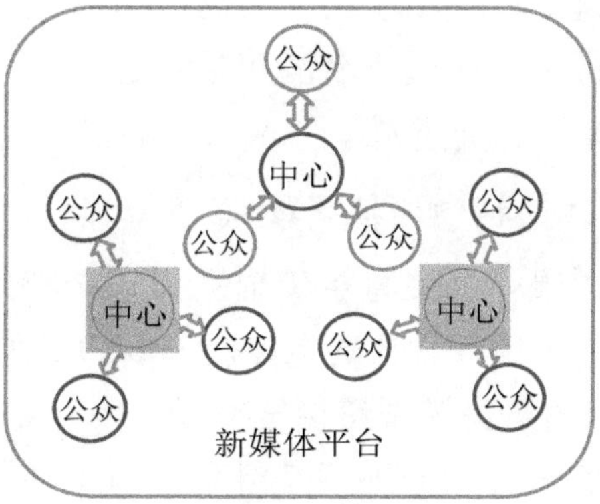

图2　点式传播

2. 由封闭垄断传播到开放互动传播

传统科学传播主导权掌握在少数人手中，只有圈内人士才能更好理解和阐释科学内容，这个圈子也是相对封闭的，门槛也较高，公众很难进入，但也保证了科学传播的权威性；科学传播内容的生产过程也是相对封闭和垄断的，科学传播内容由受过专业训练的人（科学共同体、科技记者等）完成，基本上排除了公众的参与。而新媒体环境下科学传播与普及具有开放性，首先只要具备相应的操作技术的人都可以参与科学传播。理论上说，新媒体平台是对所有人开放的，所有主题拥有平等的传播权利，科学传播特权被消解。同时新媒体环境中科学传播内容被生产出来以后，不是由少数人控制，而是由公众分享、互动，促进了知识学习和问题讨论的深度，也可以让内容生产者感受到胜任感和价值感，获得社会性报酬。

3. 线上线下循环互动传播

新媒体的科学传播另外一个明显的特征就是线上线下循环互动，在新媒体作用下，现实中的很多科学传播活动似乎都可以“移植”到网络空间。传统科学传播，公众只能在线下与科学互动。线下受时空限制，互动效果差，互动规模小，难以形成良好的科学传播效果。而新媒体则将科学传播由物理空间转移到赛博空间，线上与线下交相呼应。公众在现实生活中遇到的科学现象，无法理解或阐释，则可以求助网络虚拟社群。同时可以将网络虚拟空间的科学知识运用到生活实践中，以提高对科学知识的理解与传播。

科学社会学家贝尔纳说："如果不让公民在某些时间亲自参加科研工作，科学就永远不会真正普及起来。"[①]人是知识技能的载体，通过亲身参与体验，促进科学技术知识的扩散与传递，加深公众对科学的理解。

（四）科学传播新模式

新媒体促生科学传播新模式，特别是网络数字媒体的应用，公众成为科学传播与普及的主体，Web2.0更助力科学传播与普及。

1. 由缺失模型到参与模型

缺失模型的观点是科学传播主体具有极强的权威性，科学知识是绝对可靠的知识，不容置疑，而公众需要对科学有充分的理解。新媒体环境下科学传播是一种参与式传播模型，强调公众与科学的交流和对话，平等参与科学传播，直接挑战传统科学传播主体的中心地位，社会精英已不在拥有绝对的科学话语霸权，"权威"精英在科学传播上也偶有"失真""失信""失责"[②]。此时，公众探求事件的科学真相显得尤为重要。同时，社会公众也不是等待科学知识注入的"空瓶"，社会公众在新媒体条件下，可以高效便捷获取科学知识，并积极参与科学认知、科学理解和科学传播过程中来。"参与"并非口号，而是借助Web2.0媒介（博客、维基、SNS等）与精英、科学家、政府建立平等交流和协商的关系，将科学传播从精英主导切实转变为公众参与[③]。极大提升了公众在科学传播与普及中的地位，推进科学传播与普及实践形式的创新。参与模型下的科学传播更强调公众的作用，根据公众的信息需求，确定传播目标、生产传播内容，提高科学传播与普及的实效性。

2. 由议程设置到协同过滤

传统媒体中，科学传播与普及内容由社会精英所设置，他们传播什么，公众则学习与接受什么，他们如何解释，公众则如何理解（如图3所示），科学传播主题完全由社会精英预设和驱动。而在新媒体环境中，科学传播主题则由公众需求驱动，公众在Web2.0平台上，发出科学知识

---

① 任福君、翟杰全：《科技传播与普及概论》，北京：中国科学技术出版社2012年版，第43页。

② 刘伯宁：《新媒体语境下的"草根"科普：体会与建言》，《科普研究》2012年第6期。

③ 周荣庭、何登健、管华骥：《参与式科普：一种全新的网络科普样式》，《科普研究》2011第1期。

需求，其他社会公众（其身份可能是科学家、教师、白领等）根据自己知识特长和实践经验，利用自己的闲暇和知识盈余对问题进行阐释和解答，形成一个科学传播与普及中心（如图4所示），传播中心谁的阐释最科学？即新媒体下谁能保证知识和信息的科学性？协同过滤。由一群“聪明的乌合之众”对科学知识进行审查和过滤，新媒体平台上的每个人都具有自己的知识库，而公众之间的知识有交叉也有互补，恰恰互补的部分正是知识协同的前提。平台之上，每个人贡献一点知识，聚沙成塔，最终会对某一科学现象做出全面的阐释。公众是科学传播内容的主导者、分享的贡献者、也是科学传播与普及的受益者，每个公众的贡献与分享是知识科学化的保障，公众既从平台上获取，又为平台贡献知识（图4所示）。

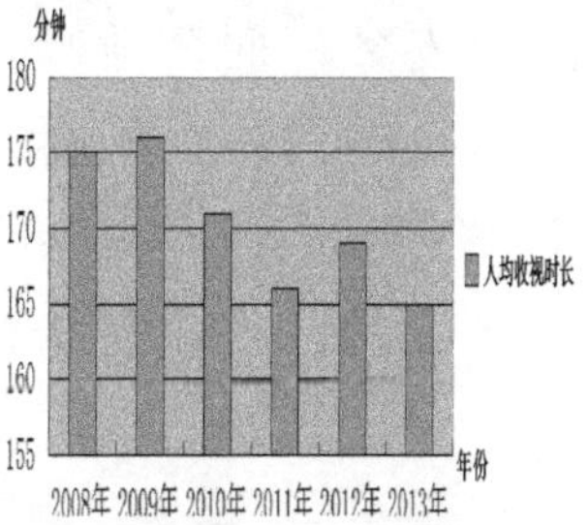

图3　议程设置

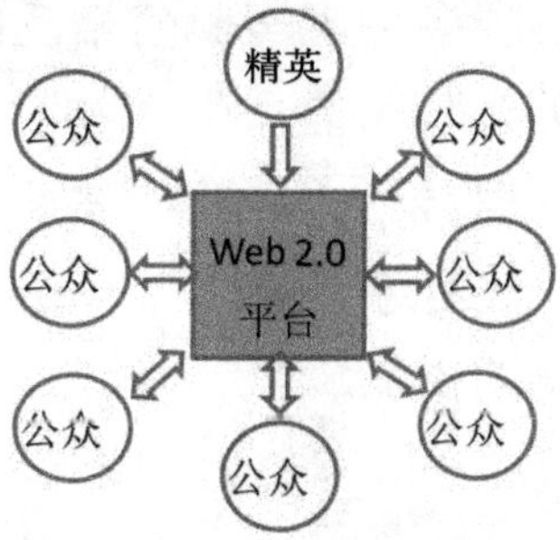

图4　协同过滤

三、新媒体环境下科学普及的约束因素

新媒体为科学普及创造了更多接触公众的机会，科学传播不再依赖传统媒介手段提升科学普及的效果。但是不能忽视新媒体环境下科学普及主客观的约束因素，一是新媒体自身的缺陷，会导致科学传播过程出现异化与偏差。二是参与主体的主观因素，会降低新媒体科普的效率和效果。

（一）缺乏“把关人”

新媒体时代，就科学传播主体而言，不仅仅是科学精英、政府机构，“草根”阶层都成为科学传播的重要参与者。公众参与科学传播的机会增多，信息传播成本几乎为零，均可在“场域内”发言，每个科学问题由“乌合之众”通过自己的认知盈余来完成，其内容准确性和科学性不能保证，虽然上文提及协同过滤，但公众发言到协同过滤之间有不同程度的时间差，新媒体的传播速度、广度是协同过滤始料未及的。新媒体促进科学传播与普及的同时，也带来监管上的问题，不能仅靠新媒体自身对科学传播的内容进行过滤和检验，仍然需要在技术、制度等方面设置“把关人”，对其参与主体进行“监视”、对内容进行把关。

（二）信息“冗余”

新媒体带来的另一个问题——信息“冗余”。每时每刻，网络媒介等新媒体平台上，知识、信息呈现熵增态势，与科普相关的内容亦是如此。公众面对如此庞杂的良莠不齐的信息，加之公众对信息无法全面了解，无法获取有效的科学知识。若是在百度问答内搜寻某一问题的解释，或许会出现多种甚至截然相反的答案陈述。在传统媒体中，公众只能消费“把关人”和信息生产者所生产的内容，而在新媒体中，每一位公众都可以根据自己的经验和需要改变原有的内容，使得内容在数量上不断增加，以致信息“爆炸”。在这种情势中，科学传播与普及，可能会导致科学信息的泛滥，从科学到科学泛化主义，公众无法有效获取科学知识，或者无法获取有效的科学知识。

（三）“江湖”文化

相对于传统媒体的居高临下——“庙堂”文化，新媒体更具有“江湖”色彩，能容纳不同群体发声。没有神圣感的新媒体，使得科技信息和知识鱼龙混杂，以及各种碎片和情绪化表达，某些公众或组织带着自我立场、感情色彩或者特殊目的传播伪科学信息，例如“2012世界末日”论、伪养生专家提出“把吃出来的病吃回去”言论等，抓住公众接收、传播信息碎片化、情绪化的弱点，利用新媒体强大的传播力度，意图造成一定的社会恐慌所散播的谣言。[①]同时新媒体“江湖”没有“庙堂”的约束，即便是严肃的科技信息，也用恶搞方式表达，造成“江湖”文化对主流文化的挑战。

所谓“江湖”文化，也是在新媒体这种宽松的环境中造就的，或者是媒介传播理念所致，科学传播要通过自身制度设计和技术改进，规避

① 罗子欣:《新媒体时代对科普传播的新思考》,《编辑之友》2012年第10期。

文化的影响，并创造良好的传播文化环境。

(四)参与“鸿沟”

纵然新媒体具有诸多优势，科学知识、技术在理论上也能较好的传播，但参与主体的参与意愿和参与能力，是科学传播与普及的主观障碍，即存在着参与“鸿沟”。许多具有相当丰富知识的个体参与科学传播与普及的程度较低，其原因有三：一是精力不够，特别是科学工作者面对科研的压力，很难将时间分摊到科学普及方面；二是主观意愿不强烈，认为自有专门的科普机构去传播和承担；三是媒介使用能力有限，媒体工具已经赋予传播行为的可能性，但媒体工具发展迅速，很多人对此应接不暇，媒介使用率低，甚至不会操作，阻碍了科学知识在新媒体环境中的有效传播。

四、结语

新媒体利用自身巨大优势，促使科学传播与普及的速度、广度和深度都有一定程度的提高，既冲击传统科学传播方式，又是传统科学传播的有力补充。未来新媒体科学传播可能成为主流，但不能替代传统媒体，二者是互动、互补的。重视传统媒体与新媒体的结合，探求传播规律，各自发力，利用新媒体的速度优势，结合传统媒体的权威优势，加强监管，减少新媒体对科学传播的负面作用，使之更好地进行科学传播与普及。同时新媒体的运用、科学知识的认知和理解离不开基本文化知识的普及，所以对提高社会公众的文化知识水平应给予高度重视。

（原载《科普研究》2014年第1期）

突发公共事件网络舆情研究的脉络与趋势

◆ 张军辉　刘　洋

近十年来，我国对突发公共事件网络舆情研究逐年增多，涵盖了多学科，形成了多维度探讨。以CNKI为文献检索源，以“SU=（互联网舆情+网络舆情）AND CSU=（非常规+突发）事件*（突发+公共+群体+公众+危机+紧急+灾难+灾害）OR SU=（危机事件+突发事件）”为检索语法表达式，对2005年1月1日至2013年12月31日的文献进行主题词专业检索，检索日期为2014年4月16日。初次检索获得相关文献780篇，经过人工排查，去除一稿多发、征稿启事、活动报道和与本研究无关的文献后，最终确定509篇文献作为研究样本，其中期刊文献407篇，学位论文88篇，会议文献5篇，报纸文献9篇。然后，结合文献计量分析法和内容分析法，对突发公共事件网络舆情研究的文献增长、期刊分布、主题分布、著者分布、文献来源等方面进行统计分析。在数据的处理过程中选取EXCEL等工具对数据进行汇总统计和预处理，利用SPSS19软件对数据进行回归分析、分层聚类和多维图形描绘等分析，了解突发公共事

作者简介：张军辉，副教授，博士研究生，硕士生导师，主要研究方向：网络传播与新媒体实务研究。刘洋，华中科技大学新闻与信息传播学院，博士研究生，主要研究方向：新媒体与社会治理。

件网络舆情研究的发展现状，分析研究热点，预测研究趋势。

一、文献年度分布分析

通过对获取的文献进行年度分布统计得到表1，可以发现2005年是我国突发公共事件网络舆情研究的肇启年，2008年后研究成果才开始呈现快速稳定的增长趋势。

表1 2005—2013年我国突发公共事件网络舆情文献年度分布

年份	2005	2006	2007	2008	2009	2010	2011	2012	2013
年度	1	2	3	4	5	6	7	8	9
文献量	1	0	6	4	22	72	112	149	143
积累文献量	1	1	7	11	13	105	217	366	509

通过SPSS19软件对表1中数据进行逻辑斯蒂曲线回归（R^2=0. 971）[①]得到图1，表明该研究领域的文献发展符合普赖斯对科技文献增长普遍规律的描述。

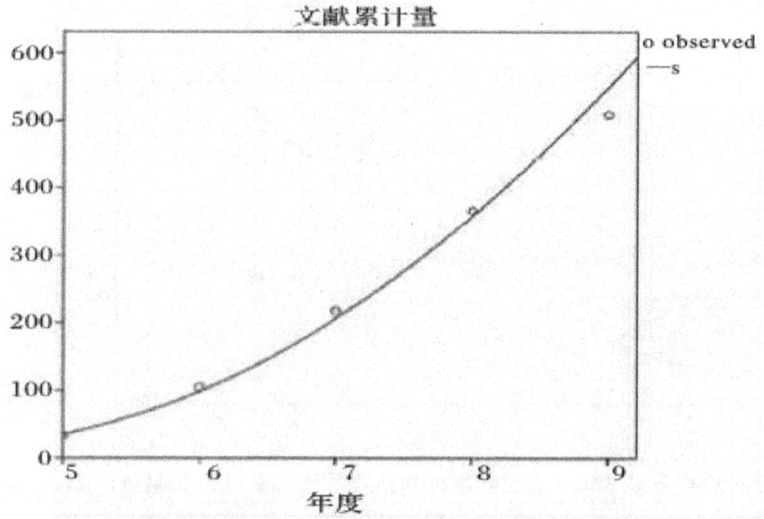

图1 2005—2013年我国突发公共事件网络舆情研究文献增长趋势(R2=0.971)

① R^2表示回归拟合优度,其理论值为1,该值越接近1拟合度越高。

二、文献增长的阶段划分与分析

根据普赖斯的文献增长阶段划分理论和图2，对我国突发公共事件网络舆情研究发展阶段做出初步判断：2005—2008年，突发公共事件网络舆情研究论文数量少（每年均少于10篇），且增长不稳定，这与普赖斯的文献增长阶段理论的第一阶段描述吻合。因此，这一阶段是我国突发公共事件网络舆情研究的诞生阶段。

2009—2013年，突发公共事件网络舆情研究文献数量急剧增加，通过对文献累积数据进行指数模型回归（R^2=0.947）得到图2，这与普赖斯的文献增长阶段理论的第二阶段描述较为吻合，表明这一阶段我国突发公共事件网络舆情研究呈现快速发展的特征，该领域的研究进入发展阶段。

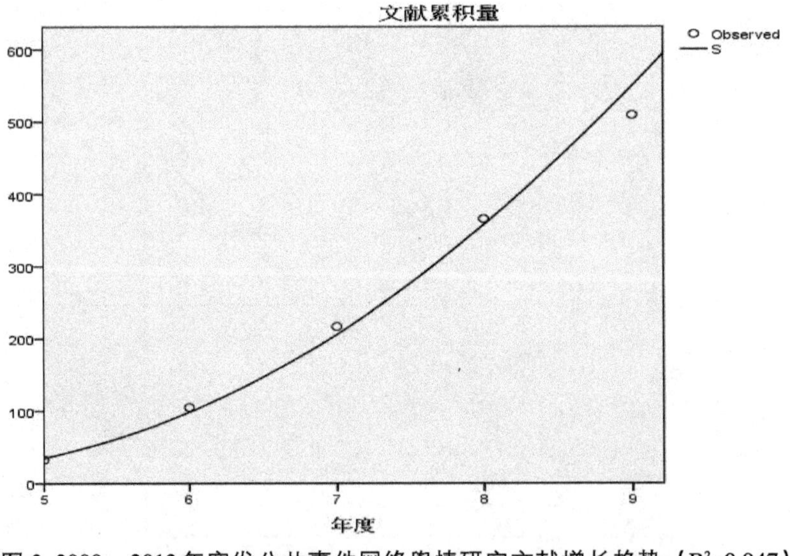

图2 2009—2013年突发公共事件网络舆情研究文献增长趋势（R^2=0.947）

2005年国务院通过《国家突发公共事件总体应急预案》；2008年我国网民数量跃居全球第1，2009年“新浪微博”内测版的推出掀起了社交媒体发展的热潮；2010年后移动客户端、APP应用迅速普及等都为我国突发公共事件网络舆情研究的文献增长提供了需求和动力。

三、文献期刊分布分析

期刊是学术论文的重要载体，20世纪30年代英国著名文献学家布拉德福率先提出了描述文献分散规律和衡量某一领域研究发展状况的“布拉德福定律”。本研究依据此理论对突发公共事件网络舆情文献的期刊分布进行统计，旨在分析该领域研究的学科交叉与渗透情况。

（一）期刊载文量分布分析

通过对509篇文献进行二次人工筛选，本文得到分散在257种期刊上的学术论文共407篇。根据布拉德福定律我们将这些期刊分成载文量大致相等的3个区间（如表2以不同阴影的区隔），各区间期刊种数比为16：45：$196 \cong 1:3:3^2$，基本符合布拉德福定律中期刊分布$1:a:a^2$的关系。通过对表2分析发现：有52.09%的文献集中在23.35%的期刊上，其中载文篇数最多的是1种期刊上集中了31篇文献，文献的期刊分布开始显现集中趋势；其他载文量为1篇的196种期刊（76.65%）提供的文献占47.91%，这与该领域研究的学科交叉渗透较强相符。这也符合布拉德福定律的描述：某一学科的大部分论文往往高度集中在少数期刊中，而其少数论文则分散于大量其他期刊上[①]。

表2 期刊载文量分布

排序	载文篇数	期刊数	累计期刊数	累计期刊数百分比	累计文献量	累计文献量百分比
1	31	1	1	0.39%	31	7.62%
2	10	1	2	0.78%	41	10.07%
3	8	1	3	1.17%	49	12.04%
4	7	1	4	1.56%	56	13.76%
5	5	6	10	3.89%	86	21.13%
6	4	6	16	6.23%	110	27.03%
7	3	12	28	10.90%	146	35.87%
8	2	33	61	23.35%	212	52.09%
共计	1	196	257	100.00%	407	100.00%

① 玄兆国、王琦：《情报分析与预测》，北京：科学技术文献出版社1988年版，第38页。

(二)高频载文期刊分布分析

高频载文期刊代表某一研究领域的核心资源，本研究通过对257种期刊的载文量进行统计和排名得到表3。通过表3发现，共有9种期刊属于CSSCI中文社会科学引文索引数据库收录期刊或中文核心期刊，例外的是《法制与社会》期刊，其刊登了大量政法业界人员和政治管理学科学者撰写的论文，本文认为这与文献分布受人为因素影响相符，即“论文的作者会选择专业相近、声誉较高又‘最省力’能发表的杂志投稿。”①

表3 载文量排名前十期刊分布

排序	期刊名称	载文篇数	数据库收录
1	情报杂志	31	CSSCI中文社会科学引文索引（2012—2013）来源期刊（含扩展板）
2	电子政务	10	CSSCI中文社会科学引文索引（2012—2013）来源期刊（含扩展板）
3	青年记者	8	中文核心期刊（2011）
4	现代情报	7	CSSCI中文社会科学引文索引（2012—2013）来源期刊（含扩展板）
5	当代传播	5	CSSCI中文社会科学引文索引（2012—2013）来源期刊（含扩展板）
6	新闻知识	5	中文核心期刊（2012）
7	情报理论与实践	5	CSSCI中文社会科学引文索引（2012—2013）来源期刊（含扩展板）
8	人民论坛	5	中文核心期刊（2011）
9	新闻爱好者	5	中文核心期刊（2008）
10	法制与社会	5	

(三)期刊文献的学科来源分布

通过CNKI的期刊“学科”分组浏览功能对407篇文献学科来源进行统计整理，得到载文量≥2的学科类目（见表4）。从表4可以看出，期刊文献大量分布在“新闻与传播”学科领域，同时“行政学及国家行政管理”“高等教育”学科领域也有大量研究论文，表明该研究领域受到了多学科的关注，研究的多学科合作的现象已经显现。

① 邱均平:《文献计量学》,北京:科学技术文献出版社1988年版,第200页。

表4 期刊文献学科来源分布（部分）

学科类别	载文量	学科类别	载文量
新闻与传媒	263	计算机软件与计算机应用	3
行政学与国家行政管理	73	预防医学与卫生学	3
高等教育	50	职业教育	3
公安	19	工业经济	2
互联网技术	17	管理学	2
信息经济与邮政经济	15	宏观经济管理与可持续发展	2
社会学及统计学	13	教育理论与教育管理	2
中国政治与国际政治	11	图书情报与数字图书馆	2
诉讼法与司法制度	10	医药卫生方针政策与法律法规研究	2
企业经济	4	政治学	2

四、核心著者分析

研究者是推动科学研究发展的核心力量，对著者进行分析不仅可以把握突发公共事件网络舆情研究的核心力量，也能预测这一研究领域的发展规模及趋势等。通过统计发现，在509篇文献中无作者论文和署名为“本刊编辑部”的共3篇，由于所占比例较小，不会对研究结果造成影响，我们以独著进行处理，结果显示共642名研究者（合计813人次）构成了这一阶段的著者群。核心著者是科研文献的重要贡献者，某一科学领域研究中，一个发表过许多论文的著者比一个很少发表论文的著者更容易再次发表论文，这就是普赖斯曾指出的核心著者的“累积优势分布规律”[①]。我们将表5中的数据代入普赖斯计算核心著者的公式：$m \cong 0.749\sqrt{n_{max}}$（其中$n_{max}$表示发文最多著者的文献数），$n_{max}=11$，$m=0.749\sqrt{11} \cong 3$，由此得出共有37名文献贡献数量≥3的著者组成了突发公共事件网络舆情研究核心著者群。由于篇幅所限，表6只列举了文献贡献数量≥5的著者姓名、单位、所在地区和文献贡献量。

① 罗式胜：《文献计量学概论》，广州：中山大学出版社1994年版，第81页。

表5 文献核心著者分布（部分）

著作	著者单位	所在地区	文献贡献量（篇）
兰月新	中国人民武装警察部队学院	河北省廊坊市	11
王国华	华中科技大学	湖北省武汉市	8
张一文	北京邮电大学	北京市	7
李欲晓	北京邮电大学	北京市	7
方付建	中南民族大学	湖北省武汉市	7
方滨兴	北京邮电大学	北京市	7
曾润喜	华中科技大学	湖北市武汉市	7
齐佳音	北京邮电大学	北京市	6
张玉亮	河南理工大学	河南省焦作市	5
张小明	国家行政学院	北京市	5
徐远平	景德镇陶瓷学院	江西省景德镇市	5
巨乃岐	中国人民解放军信息工程大学	河南省郑州市	5
耿健	景德镇陶瓷学院	江西省景德镇市	5

通过分析表5我们发现：核心著者的专业背景主要集中在信息与管理学科专业和军事专业，研究的视角多从信息安全和管理的角度出发；高校和科研机构已经成为突发公共事件网络舆情研究的核心力量，其中以北京邮电大学、华中科技大学和中国人民解放军信息工程大学最为典型；著者的地理分布主要集中在我国的东部和中部较为发达的地区。

五、研究主题分布分析

关键词是对文献主题内容的概念性概括，通过对关键词的词频和高频关键词的共词图谱分析，可以帮助我们了解公共突发事件网络舆情研究的热点和预测未来研究的动向。在对509篇文献的关键词进行统计时，共有3篇文献没有关键词，由于其在总体中的比例较小，不会影响统计的结果，故以缺失值处理。表6列出了词频排名前30的关键词，依据表6进行分析可以发现，突发公共事件网络舆情的主客体关系、引导策略、预警、管理与应对策略研究是研究的热点内容，研究的维度涵盖了传统媒体、新媒体以及微博等新型社会化媒体，高校、政府成为关注的主要对象。

表6 文献关键词词频统计（部分）

关键词	词频	关键词	词频	关键词	词频
网络舆情	287	舆论引导	24	预警	12
突发事件	165	公共危机事件	20	传统媒体	11
舆情	108	危机管理	20	群体性突发事件	11
网络舆情	37	突发公共事件	19	新媒体	11
互联网	33	应急管理	18	政府	11
高校	32	群体性事件	17	非常规突发事件	10
网络	32	意见领袖	16	高校突发事件	10
危机事件	32	应对策略	16	危机	10
地方政府	29	网络舆情危机	13	指标体系	10
网络媒体	25	微博	13	对策	9

共词分析是一种通过对专业术语共同出现在同一篇文献中的现象的分析，判断学科领域中主题间的关系，从而展现该学科的研究结构的方法①。共词分析一般通过收集多篇文献关键词，建立标准化的共词矩阵，对矩阵进行聚类和可视化操作等步骤而实现②。本文首先建立关键词的原始矩阵，其次利用Ochiia系数将原始矩阵转换成相关矩阵③，其中Ochiia系数=（A、B两关键词共现次数）÷（$\sqrt{A\text{词出现的频次}}\times\sqrt{B\text{词出现的频次}}$），进而用1与全部相关矩阵上的数据相减得到表示两词间相异程度的相异矩阵③，通过spss19的多维尺度分析功能进行可视化描述得到图3。

① 张勤、马费成：《国外知识管理研究范式：以共词分析为方法》，《管理科学学报》2007年第6期。

② Rokaya M, Atlam E,Fuketa M, et al. Ranking of field association terms using Co-word analysis. Information Processing & Management, 2008(2).

③ 邱均平、周春雷、杨思洛：《改革开放30年来我国情报学研究的回顾与展望(三)：情报学的发展阶段及趋势分析》，《图书情报研究》2009年第3期。

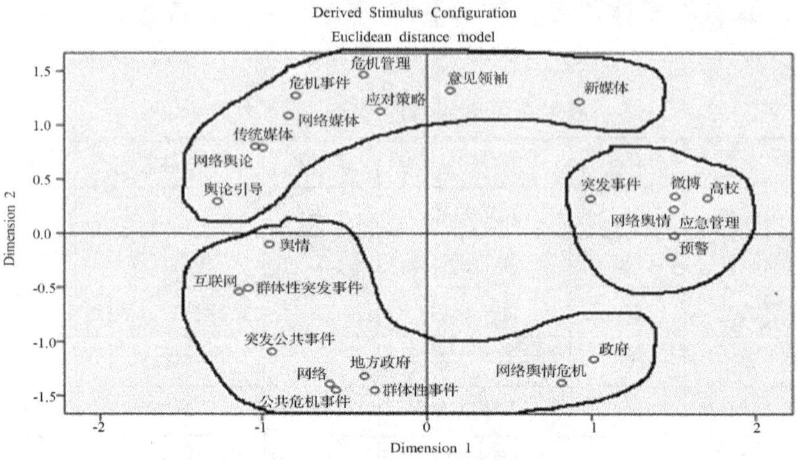

图3 关键词共词多维分析图

根据对图3和文献摘要的分析发现，我国突发公共事件网络舆情现有研究主题主要集中在三个方面：一是借鉴传统的意见领袖、危机传播、管理科学、舆论引导等理论，对新媒体环境下突发公共事件的舆情研究。二是社会转型期网民对民生和政治的关注度持高不下，政府等管理部门的危机管理与应对策略研究成为研究的热门话题。三是90年代，我国高等教育系统快速发展，现代大学已经“仅次于政府成为社会的主要服务站和社会变革的主要工具”①，高校的学术科研、招生培养、校园生活、教务后勤等已经成为突发公共事件网络舆情研究的重要关注对象。

六、研究结论与讨论

通过对2005—2013年我国突发公共事件网络舆情研究文献的计量分析，本文发现该领域的研究呈现出以下特征：

一是研究文献呈曲线增长的态势，当前我国突发公共事件网络舆情研究正处于快速发展阶段，已经受到社会各界的充分关注，在国家社会科学基金、自然科学基金和省部级等各类基金的资助下，我国突发公共事件网络舆情研究成果将继续保持快速增长。根据普赖斯的文献增长规律理论，可以预测随着科研投入的不断加强，该领域研究文献会呈持续增长趋势。

① [美]布鲁贝克:《高等教育哲学》,郑继伟等译,杭州:浙江教育出版社1987年版,第19页。

二是从研究者队伍结构来看，根据统计结果可以发现，一支以高校和科研机构为主的核心研究队伍正在形成并趋于稳定，但从核心著者群的地区分布来看，主要集中在北京及其周边地区、上海、中部部分发达地区，而西部地区较少，这与“网络舆论事件关注度与区域发展程度密切相关”[①]。在今后一段时期内，这种由区域经济发展差异导致的研究地理分布不平衡将会继续存在，但随着我国对西部地区的扶持和优先推进西部大开发战略的推进，针对西部发展实践中日益突出的突发公共事件网络舆情的研究还需要加强。

三是现有研究文献最主要的学科来源是“新闻与传播”，从统计结果可以看出载文量排名前十的学术期刊中有4种属于新闻与传播的专业期刊，显示了新闻与传播学科对突发公共事件网络舆情研究的较高关注度，但核心著者中具有新闻与传播学科背景的学者在数量上并没有优势，这与该领域研究刚进入发展阶段有关。我们可以预测随着新闻与传播学科对该研究领域持续的高度关注和合作研究的深入，一批新的新闻与传播学科领域研究者将会加入该领域的研究，部分影响因子较高的新闻与传播学类期刊也会出现在该领域的核心期刊中。

四是从研究的内容来看，目前的研究对象主要集中在政府、高校和公安部门等，研究主题主要集中在舆情引导、舆情监控、预警指标体系构建等方面，对理论的构建和反思较少。新媒体环境下传媒格局和舆情生态都有重大变化，但在策略研究中大多依然是沿用传统媒体管理的思路，针对新媒体生态的实证研究亟待加强。现有研究中存在术语使用不统一，学理研究不足和概念界定不清晰的情况，这亟待多学科维度的理论反思，构建该研究领域的理论体系也是下一阶段研究的重点之一。随着这一领域研究逐步向成熟阶段推进，研究的多学科融合的深度和广度、科研难度必然会不断增加，可以预测多学科交叉集体的合著成果也会更加丰富。

（原载《安徽师范大学学报》（人文社会科学版）2015年第4期）

① 钟瑛、余秀才：《1998—2009重大网络舆论事件及其传播特征探析》，《新闻与传播研究》2010年第4期。

孔子的文化传播实践及现代意义

——兼论“媒介，人的延伸”

◆ 杨柏岭

科技的发展带来当代媒介的迅猛变革，不断涌现的新媒介改变着人们对媒介服务环境的认知，从而催生了诸如“媒介即讯息”“媒介是人的延伸”等现代传播学的主流论断。尽管这些话只是马歇尔·麦克卢汉的一种比喻，诚如他自己解释的他并非一个技术决定论者，因为“媒介即讯息”“只不过是说：任何媒介（即人的延伸）对个人和社会的任何影响，都是由于新的尺度产生的”①，“说的其实是一套隐蔽的服务环境，由革新造就的隐蔽的服务环境；使人改变的正是这样的环境，而不是技术”②。即便如此，从“新的尺度”“隐蔽的服务环境”等关键词中，依旧可以看出他的认识中具有媒介本体论的倾向。这一倾向直接导致了如媒介的影响大于讯息、工具（或技术）可以改变人类甚至是超过人类的创造等观念的滋生。

我们不回避麦克卢汉“媒介是人的延伸”之论，强调指出人在凭借技术实现身体的延伸，以及媒介并非外在于人的技术工具，乃是对媒介

作者简介：杨柏岭，博士，教授，博士生导师，主要研究方向：中国文艺理论，文艺、文化与传播等。

① [加]马歇尔·麦克卢汉：《理解媒介——论人的延伸》，何道宽译，上海：商务印书馆2000年版，第33页。

② [加]斯蒂芬妮·麦克卢汉等：《麦克卢汉如是说：理解我》，何道宽译，北京：中国人民大学出版社2006年版，第163页。

本质的一种现象学考察，赋予了媒介的新“人学”意义[①]，但毕竟“传播是信息或讯息交换，是一种活动”[②]，人类才是这种活动的真正主体。同时，尤其要引起我们重视的，“所有当代的媒介和传播技术都看作是人类基本的、与生俱来的传播能力的延伸”“现代媒介技术只是最新的技术形式而已，虽然非常重要，但是并未超越远古人类的传播技术形式中已经包括的各种类型的语音、手势、戏剧和社会仪式。”[③]人类在不同时期，都曾凭借“最新的媒介技术”实现讯息的交换，其中也曾有过将这些技术神话的体验与认知，但最终还是回到并守护住了以人为本的媒介本质论。因此，为了科学把握当今新媒体的人学意义，有必要研究历史上的传播现象和传播学者的思想，探寻人类传播行为中具有普遍意义的规律。

通过对孔子文化传播实践的考察，可以全面而系统地认识中国特色的以人为本的传播规律：既重视传播者文化修养的提高与知识结构的优化，也通过言传身教等方式强调“传播者即媒介”的意识；既通过人性与工具性的统一，强调媒介的文化品质建设，也不回避媒介的局限性；既重视传播内容的专业性学习与把握，彰显传播行为的功利性，也重视有利于受众接受讯息为目的的传播方式，强调以人的培育与塑造为己任的功能……孔子这种以人为本的文化传播实践，对丰富“媒介是人的延伸”等现代传播学论断、反思当前社会中“去品质化”的传播现象、加大“传播学本土化”的建设力度、优化当前传播学人才培养方案等，都具有一定的借鉴意义。

一、好学、修德与弘道：传播主体的身份界定

诗人屈原在《天问》中，曾向上苍发出了174个问题，开篇第一问“遂古之初，谁传道之”，便从人类文明史的书写角度表明了对文化传播主体的尊重。在人类文明的历史演变中，那些向人类播撒真善美的传播者总是被奉为带来光明的神灵或圣贤。可以说，传播者的知识水平、品

---

① 梅琼林：《透明的媒介，论麦克卢汉对媒介本质的现象学直观》，《人文杂志》2008年第5期。

② [加]戴维·克劳利、保罗·海尔：《传播的历史：技术、文化和社会》（第五版），董璐等译，北京：北京大学出版社2016年版，序言第2页。

③ [加]戴维·克劳利、保罗·海尔：《传播的历史：技术、文化和社会》（第五版），董璐等译，北京：北京大学出版社2016年版，序言第2页。

德修养直接决定着其传播活动的社会价值、文化品质以及历史意义。历史地看，孔子的身份很多，然究其实质，他是一个深谙文化传播之道，并身体力行的文化传播学者。他自称“学而不厌，诲人不倦”（《论语·述而》），将知识修养的提升与传播有机统一，反映出他作为一个文化传播学者的身份定位。那么，从孔子的文化传播实践中，能获得哪些考察传播者提升文化修养的启示呢？这就是孔子始终通过提高作为传播者的专业性乃至品牌性，强化他作为有效信源的强度，传递他认为有效的信息，实现他作为传播者的时度、信度和效度。

（一）敏而好学、温故知新：传播者的知识素养

积累知识，提升文化素养的好学态度，既是孔子的生活习惯与精神品格，也是他能成为一名文化传播学者的前提。《论语·公冶长》记载，卫国人孔圉死后，谥号“文”，子贡向孔子表示了对这位乡贤谥号的质疑，孔子说，因为孔圉“敏而好学，不耻下问”，懂得如何培养自己的文化修养，“是以谓之‘文’也”。可见，孔子对孔圉的评价，正是夫子自道，与他称许自己的好学精神十分一致。如云“我非生而知之，好古，敏以求之者也”（《论语·述而》）；“十室之邑，必有忠信如丘者焉，不如丘之好学也”（《论语·公冶长》）；“吾尝终日不食，终夜不寝，以思，无益，不如学也”（《论语·卫灵公》）；“学如不及，犹恐失之”（《论语·泰伯》）……在他看来，“好学”是进德修业，避免极端的唯一桥梁。《论语·阳货》中有一段孔子与仲由的对话：

子曰：“由也，女闻六言六蔽矣乎？”对曰：“未也。”“居！吾语女。好仁不好学，其蔽也愚；好知不好学，其蔽也荡；好信不好学，其蔽也贼；好直不好学，其蔽也绞；好勇不好学，其蔽也乱；好刚不好学，其蔽也狂。”

好仁、好知、好信、好直、好勇、好刚等“六言”，乃人之六种美德，然若没有“好学”这个阶梯，则极可能依次滑向“愚”“荡”“贼”“绞”“乱”“狂”等弊病。这段话虽是孔子对子路的因材施教之言，所说的也主要是礼度方面的规范要求，但举一反三，足见孔子对“好学”的重视。

孔子如此好学，除了一般意义上所认为的强烈的求知欲与进取心，以及“君子不器”（《论语·为政》）的人才观等，还有就是出于孔子要成为一名文化传播者的责任感。他有着以周文化的继承者与传播者的自觉意识，所谓“朝闻道，夕死可矣”（《论语·里仁》等，反映出的正是他以传道授业解惑的“师”者身份，对传播者提升文化修养的迫切期待。事实上，正是得益于“学而不思则罔，思而不学则殆”（《论语·为政》）的好学慎思的品行，孔子的知识结构可以说达到了他那个时代最优化的状态。当时人所学的“六艺”，孔子均比较精通，而对诗、书、礼、乐、易的研究更是达到了专业水平。

（二）见贤思齐、择善而从：传播者的道德修养意识

孔子有成为一名文化传播者的自觉意识，其不断提升自己文化修养、道德修养的言行，堪称中国特色的文化传播者的人格典范。在《论语·为政》中，孔子谈及自己一生的修养进程时曾说：“吾十有五而志于学，三十而立，四十而不惑，五十而知天命，六十而耳顺，七十而从心所欲，不逾矩。”可见，孔子历经了从自律到自觉的人生修养历程，这其中除了知识积累、政治觉悟、人生体悟等层面，还有就是道德境界。可贵的是，孔子将人生不断进取的发展意识，视为有品德者提升修养的重要品质——如此自觉、清醒地提升自我道德修养的发展意识，难道不令今人思考吗？

更值得称道的，孔子除了自我修养，还善于向道德者学习，并将此学习习惯视为君子之品质。这其中又分两种情形：一是“见贤思齐，见不贤而内省”（《论语·里仁》），明确表达向那些具有道德典范的精英者们的看齐意识，反之亦然。所谓“君子食无求饱，居无求安，敏于事而慎于言，就有道而正焉，可谓好学也已”中的“有道”，以及“甚矣，吾衰也，久矣，吾不复梦见周公”（《论语·述而》）中的周公便是其心仪的贤者。二是“三人行，必有我师焉。择其善者而从之，其不善者而改之”（《论语·述而》），指出在公众中选择善者的学习态度，反之亦然。所谓“子与人歌而善，必使反之，而后和之”（《论语·述而》），便是这个态度的反映。

在上述所引用语句的语境中，孔子所言“贤者”可谓“旗子”，“善

者”近似于“尺子”，而“不贤”“不善”可视为进德者内省的“镜子”，均是督促自我发展的“鞭子”。不过，在孔子看来，自我的发展又不能“徒欲以多闻多见为学”，他曾批评子张“务外好高”“多闻多见之病”[①]云：“盖有不知而作之者，我无是也。多闻，择其善者而从之，多见而识之，知之次也。”（《论语·述而》）不仅“不知而作”需要杜绝，而且即便择善而从的见闻之知亦为次，因为进德修业者的关键还是在于“能求诸其心”[②]。孔子曾自述其日常担忧之所在：“德之不修，学之不讲，闻义不能徙，不善不能改，是吾忧也。”（《论语·述而》）《四书集注》引尹氏曰：“德必修而后成，学必讲而后明，见善能徙，改过不吝，此四者，日新之要也。苟未能之，圣人犹忧，况学者乎？”[③]这正如孔子弟子曾子所说的“吾日三省吾身：为人谋而不忠乎？与朋友交而不信乎？传不习乎？”（《论语·学而》）的省思精神。

（三）人能弘道，言传身教：传播者的媒介意识

人们常常将媒介视为外在于人的一种载体、渠道或工具，其实，人在创造、运用媒介的同时，始终与媒介处于共生状态，或是媒介的一部分，或直接扮演着媒介。而这正是孔子文化传播实践带给我们的重要启示。他明确指出：“人能弘道，非道弘人。”（《论语·卫灵公》）“士不可以不弘毅，任重而道远。”（《论语·泰伯》）面对“道之不行”的现实，孔子倡导一种主体自觉精神，人既是道的追求者、守护者，更是道的光大者。[④]也就是说，在道与人的互动中，“人”要有成为“弘道”媒介的自觉意识。当然，孔子所谓“人”并非抽象的概念，而是内涵着政治、道德标准的活体。孔子云：“上好礼，则民莫敢不敬；上好义，则民莫敢不服；上好信，则民莫敢不用情。”（《论语·子路》）“君子之德风，小人之德草，草上之风，必偃。”（《论语·颜渊》）强调了政治、道德地位不同的人的影响力的差异性。

由此，孔子构建了以“言传身教”为主要特色的文化传播思想，彰显了儒家对人这个传播媒介的重视。言传身教，建立在孔子知行合一的

① 王守仁撰，萧无陂校释：《传习录校释》，长沙：岳麓书社2012年版，第80页。

② 王守仁撰，萧无陂校释：《传习录校释》，长沙：岳麓书社2012年版，第80页。

③ 朱熹集注，陈戍国标点：《四书集注》，长沙：岳麓书社2004年版，第106页。

④ 朱人求：《儒家文化哲学研究》，合肥：安徽人民出版社2008年版，第83页。

哲学思想之上。不过，在孔子看来，“身教”比“言教”更为重要，故而他更突出“行”的媒介价值。所谓“君子耻其言而过其行”（《论语·宪问》）、“先行其言而后从之”（《论语·为政》）、“古者言之不出，耻躬之不逮也”“君子欲讷于言而敏于行”（《论语·里仁》）……一言以蔽之，“不能正其身，如正人何?”“其身正，不令而行；其身不正，虽令不从。”（《论语·子路》）从这个角度说，文化传播工作者应当是个“师”者。纵观孔子的一生，他对学生的影响与教化，一部分是通过言传，通过学习古代文献、传授各种技艺，而更多的、更为深刻的则是身教。从传播规律上说，这就是将人视为传播的重要媒介，传播者的修养及其“言传身教”的传播方式具有发挥传播者“威信暗示”的意义。事实上，从颜回谓之“仰之弥高，钻之弥坚”（《论语·子罕》）、子贡赞之如日月“无得而逾焉”（《论语·子张》）、孟子评之为“出类拔萃，生民未有”（《孟子·公孙丑上》）等记载来看，孔子的媒介形象已实现了品牌传播的效果。而最形象的说法，则是仪封人叹之曰“天下之无道也久矣，天将以夫子为木铎”（《论语·八佾》），将孔子视为宣布政教法令，巡行振鸣的大铃——此可谓时人对孔子即媒介的典型比喻。

需要说明的是，“言传身教”虽是口语传播时代“人即媒介”的必然反映，但仍具有现实意义。除了具有提升传播者修养的一般意义，在当下，更具有一种特殊的针对性。在网络与社交化媒体占据绝对主导的新媒介环境下，口语传播正以一种视听共赏的方式备受青睐。一些“视频主播”们在网络视频的世界中，自认为的言是“空中语”，身是“虚拟形”，正以另一种“言传身教”方式在娱乐着、诱惑着受众，发挥着一种负面力量。因此，如何强化她们作为非职业的公众传播的媒介意识，我想这正是要关注孔子“人能弘道”“言传身教”媒介思想的意义所在。

二、游说、教学、修书与雅言：人之延伸的媒介品质

文明的演进与传播媒介的发展息息相关。可以说，一部人类文明史就是一部媒介发展史和变迁史。某个时代文化的传播性质和水平，与传播渠道、信道、传播工具等密切相关。在一定意义上，媒介品质决定着文化传播的速度、内容和范围。因此，人类为了使自己的文化“传之久

远”，总是在寻求着最佳的传播方式和传播媒介；一个真正希望传播自己思想，而且相信自己的思想和研究对社会有益的学者，是一定不会忽视他所处时代先进的传播媒介。前文说过的，孔子倡导“言传身教”，彰显“人即媒介”的理念，便是在口语传播时代对媒介建设的体现。除此之外，孔子在选择游说、讲学、修书等传播方式时，同样彰显出对媒介文化品质建设的自觉意识。

先说“游说”。梁启超曾言：“周既不纲，权力四散，游士学者，各称道其所自得以横行于天下，不容于一国，则去而之他而已。故仲尼奸七十二君，墨翟来往大江南北，荀卿所谓‘无置锥之地，而王公不能与之争名；在一大夫之位，则一君不能独畜，一国不能独容’……”①可见，先秦时期的游士学者的游说行为，可谓那个时代最流行的政治文化传播方式，接近上行传播活动，目的在于劝服有权者接纳他们的政治主张。而孔子“率领弟子，周游列国，作政治的活动，这也是后来战国‘游说’的风气的创始”②。

据《史记·孔子世家》载，孔子的游历有两个阶段：一是鲁昭公时期，孔子三十岁前后的两次出访。先是由弟子南宫敬叔的推荐，陪同鲁君由鲁国向西“适周问礼”；次是三十五岁时，鲁国内乱，“平子与孟氏、叔孙氏三家共攻昭公，召公师败，奔于齐”，此后孔子适齐，与齐景公谈了他的政治主张。二是鲁定公时期，孔子率弟子周游列国。起因是孔子为鲁国内政外交做出了成就，由大司寇行摄相事。齐人闻而惧，以为“孔子为政必霸，霸则吾地近焉”，于是设计送女乐给鲁定公，致使定公“怠于政事”。由是，在子路“夫子可以行矣”的建议下，五十五岁的孔子离开鲁国，开始了十四年的游说列国诸侯的活动。

孔子的行进路线由鲁—卫—匡—蒲—卫—晋（临河而返）—卫—曹—宋—郑—陈—蔡—负函—卫—鲁。现在看来，孔子游说历时十数年，足迹不过今天山东省和河南省的范围，然就当时的交通条件而言，仍可谓壮举。通过周游列国，孔子的政治主张、学术思想得到了一定的传播。像卫灵公、齐景公、鲁哀公等执政者向他问政、问礼、问仁、问兵陈等；鲁国季孙氏、孟孙氏等权臣，抑或如晋国叛乱者佛肸等也向他求

---

① 梁启超撰，夏晓虹导读：《论中国学术思想变迁之大势》，上海：上海古籍出版社2001年版，第20页。
② 张荫麟：《中国史纲》，北京：中国和平出版社2014年版，第90页。

教、寻求帮助。值得注意的是，在口语传播时代，孔子选择周游列国传播其政治主张，当是最佳的媒介方式。孔子甚至说过“道不行，乘桴浮于海”（《论语·公冶长》），足见他传播自己政治理想的决心以及对游说方式的重视。

次说教学。学校是培养人才的专门教育机构，学校教育是传播和生产精神产品的基本途径，更是在口语传播时代极佳的媒介方式。据载，我国夏、商朝已出现“庠”“校”“序”“学”“大学”“瞽宗”等学校名称。西周时，学校制度初具规模……包括国学与乡学两个系统，前者设在周王城和诸侯国都中，后者设在郊外的乡、州、党、闾等地方行政区域之中。[①]无论是国学，还是乡学，均是官学，体现的是“官师合一”“政教合一”的办学体制。

西周末期，“学在官府”的局面被打破，渐趋形成“天子失官，学在四夷”的新形势。而开办私学，正是孔子一生最得意之举。凭借这种下行传播方式，孔子的政治主张与学术思想得到了广泛传播。孔子大约在三十岁时便收徒讲学，终其一生，“弟子盖三千焉，身通六艺者七十有二人”，可谓“弟子弥众，至自远方，莫不受业焉”（《史记·孔子世家》）。值得注意的是，孔子在提升“授徒讲学”这个传播媒介的过程中，积累了诸多极具启示意义的经验：一是前文已说的，他通过进德修业的好学精神与言传身教的媒介意识，强化传播者主体的学术水平与文化素养；二是他开创了诸如“因材施教”“不愤不启，不悱不发”等系列教育方法，深入到文化传播中讯息交换方法的本质；三是孔子率众弟子周游列国，既是一个流动的文化传播团体，也是一个流动的课堂，而频繁地在游历中授徒讲学，也是通过情境教学传播信息的一次突破；四是“自行束修以上，吾未尝无诲也”（《论语·述而》），提出并实践了“有教无类”，扩大受众面的教育传播方针。

历来在讨论孔子办私学时，多强调他打破贵族对文化学习的垄断，开启“百家争鸣”局面，彰显思想自由、言论自由的意义。不过，与其他诸子略有不同，孔子授徒讲学的内容，主要“以诗、书、礼、乐教弟子”（《史记·孔子世家》），基本延续了西周以“六艺”为核心的教学内容。孔子的初衷不在开启言论自由，而是扩大受众面，以唤起更多的

① 张岂之：《中国传统文化》（第3版），北京：高等教育出版社2010年版，第167页。

人对周代文化的认同与自信。如此，才能真正把握孔子提倡私人讲学这个传播媒介的历史价值，也才能理解他所谓“默而识之，学而不厌，诲人不倦，何有于我哉”（《论语·述而》），平生以知识的汲取与传播为己任的深层动力。

再次说修书。书籍的起源可“追溯到竹简木牍，编以书绳，聚简成篇”[①]的时代，书籍的出现反映出人们用文字记录知识、传播思想的自觉意识。限于当时生产力的条件，有资格享用书籍这个传播媒介属于小众的权利，但文字毕竟是通过文明存储，实现异地传播，发挥“再现”功能的主要媒介，有着口语传播无法比拟的优势，故而三代时期极重史官文化，强调“动则左史书之，言则右史书之”(《礼记·玉藻》)的记事制度。然即便如此，盖其时还是存在如老子者“不以书籍所传言语为重”[②]的现象。据《史记·老子韩非列传》载，孔子适周，将问礼于老子，老子曰：“子所言者，其人与骨皆已朽矣，独其言在耳。”老子此处所批评的正是以书籍所传之言为重的孔子。

孔子对书籍传播媒介的重视，一则反映在对古籍的整理与研习上。据考证，《诗》《书》《礼》《易》《乐》《春秋》之文古已有之，然“孔子之时，周室微而礼乐废，诗书缺”（《史记·孔子世家》），故而亲自整理，传之于世。从对古籍整理的力度上说，“孔子是历史上已知的最早的书籍编纂者，开山之功不可没”[③]。关于对书籍的学习，《论语·先进》曰：

> 子路使子羔为费宰。子曰：“贼夫人之子。”子路曰：“有民人焉，有社稷焉，何必读书，然后为学？”子曰：“是故恶夫佞者。”

孔子之所以说子路派子羔作费地长官是害人弟子，批评子路“何必读书，然后为学”之论是巧语狡辩之言，均是因为他们不重视对书籍的阅读。又如《论语·季氏》记载，陈亢问于孔子的儿子伯鱼曰：“子亦有异闻乎?”伯鱼回答，其父先是教他要学《诗》，因为“不学《诗》，无以

---

① 钱存训著，郑如斯增订：《印刷发明前的中国书和文字记录》，北京：印刷工业出版社1988年版，第59页。

② 柳诒徵：《中国文化史》（上），北京：中国和平出版社2014年版，第399页。

③ 韩仲民：《中国书籍编纂史稿》，上海：商务印书馆2013年版，第39页。

言”；继而教他要学《礼》，因为“不学《礼》，无以立”。于是，陈亢退而喜曰：“问一得三：闻《诗》，闻《礼》，又闻君子之远其子也。”孔子教子伯鱼与教弟子并无不同，其秘诀都是重视文献的阅读，注重书籍的教育传播作用。二则表现在对书籍文献功能的重视。孔子主张“博学于文，约之以礼”（《论语·雍也》），常征引古代文献说理，曾言：“夏礼，吾能言之，杞不足征也；殷礼，吾能言之，宋不足征也。文献不足故也。足，则吾能征之矣。”（《论语·八佾》）夏礼、殷礼之所以能言，是因为它们的文献相对充足；相反，杞国、宋国的礼制之所以无法证明，是因为文献不足。三则将典籍“教材化”，发挥其教育传播作用。他曾说：“入其国，其教可知也。其为人也，温柔敦厚，《诗》教也；疏通致远，《书》教也；广博易良，《乐》教也；洁静精微，《易》教也；恭俭庄敬，《礼》教也；属辞比事，《春秋》教也。”（《礼记·经解》）像《论语·泰伯》说的“兴于《诗》，立于《礼》，成于《乐》”，便是孔子在专业性的研习基础上，从文化教育的传播角度，为那个时代人才培育设置的核心内容（课程）以及阶段性安排。

第四，无论是游说、教学，还是书籍整理，都以语言为媒介之本。麦克卢汉说，语言是“伟大的、持久不变的大众媒介”“既是一切媒介之中最通俗的媒介，又是人类迄今可以创造出来的最伟大的艺术杰作”[①]。可以说，孔子对语言媒介传播效果极为重视，概括而言，有如下几点：

一则，规范了通行语的传播价值。针对“五方之民，言语不通”（《礼记·王制》）的现象，《论语·述而》曰“子所雅言，《诗》，《书》，执礼，皆雅言也”。郑玄注：“读先王典法，必正言其音，然后义全，故不可有所讳。”[②]所谓“雅言”，即正言，以此作为消解各地方言隔阂的通行语言，增强传播效果。雅言，除了正音、义，还有正名。孔子说“名不正，则言不顺……故君子名之，必可言也；言之，必可行也”，并明确提出了“君子于其言，无所苟而已矣”（《论语·子路》）的语言运用原则。

二则，守住了慎言的传播伦理。孔子屡次批评巧言，指出“巧言令

---

① [加]埃里克·麦克卢汉、弗兰克·秦格龙：《麦克卢汉精粹》，何道宽译，南京：南京大学出版社2000年版，第424页。

② 阮元校刻：《十三经注疏·论语注疏》卷七，北京：中华书局1980年版，第2482–2483页。

色，鲜矣仁”（《论语·学而》）、“巧言、令色、足恭，左丘明耻之，丘亦耻之”（《论语·公冶长》）、“巧言乱德”（《论语·卫灵公》）、“道听而途说，德之弃也”（《论语·阳货》）。与此相对，他认为“仁者，其言也讱”（《论语·颜渊》）、“侍于君子有三愆：言未及之而言，谓之躁；言及之而不言，谓之隐；未见颜色而言，谓之瞽”（《论语·季氏》）……诸如此类，孔子之慎言说明追求传播效果，当以追求客观诚信的传播伦理为底线，这对当今“不好好说话”而一味追求轰动效应的网络用语现象具有积极的针砭意义。

三则，践行了文质彬彬的传播效果。孔子说：“质胜文则野，文胜质则史。文质彬彬，然后君子。”这一人格理想反映在语言媒介的认识上，便是《左传·襄公二十年》所记录的孔子的话：“志有之，言以足志，文以足言。不言，谁知其志？言而无文，行而不远。”这可谓孔子论及语言传播的重要理念，一方面认识到言语是思想传播的最基本的媒介，另一方面指出唯有言语的艺术表达，才能使传播更有效果，提出了寻觅最佳传播方式的需求。如此，我们才能更为准确理解“辞，达而已矣”（《论语·卫灵公》）这句话的深层含义。此句并非反对语言的“文”，而只强调语言为工具的意思，是在强调语言之“达”所需要的修养及其呈现的自由境界。所谓“夫言止于达意，则疑若不文，是大不然”，唯有“了然于心”又“了然于口与手”，“是之谓辞达”，如此，“辞至于能达，则文不可胜用矣”。[①]

至此，孔子或许不像今人如此看重媒介环境的影响力，但他出于扩大受众面的需求，选择游说、教学、修书等当时最先进的媒介，并对语言的传播价值、传播伦理及传播效果予以了深度思考，均可见一名文化传播学者对传播媒介品质的建设力度。然孔子并非媒介决定论者，他看重媒介作为人的延伸的积极意义，但其目的还在于传播以人为本的政治文化思想。

三、播知育德：成人之美的传播内容

历来学人多认为，孔子平生主要工作就是“删《诗》《书》，定

① 苏轼：《答谢民师书》，《苏轼文集》，北京：中华书局1986年版，第1418页。

《礼》《乐》，赞《易》象，修《春秋》，以祖述尧、舜，宪章文、武”[①]，指出他在传先王之道，行仁爱之政上的历史价值。同时，我们也熟知“孔子以诗、书、礼、乐教弟子”（《史记·孔子世家》），乃是“子以四教：文、行、忠、信”（《论语·述而》）的重人伦，倡教化的教育传播。故而，“子不语怪、力、乱、神”（《论语·述而》）、“未能事人，焉能事鬼” “未知生，焉知死”（《论语·先进》），又云“鸟兽不可与同群”（《论语·微子》）……这正印证了威尔伯·施拉姆的名言：“我们既不完全像神，也不完全像动物。我们的传播行为证明我们完全是人。”[②]可以说，孔子的文化传播正是以人生实际问题为内容的，“是世俗的而非宗教的，现实的而非虚妄的”[③]……因而，始终能坚守人的本体地位，作为传播者或受众并没有也不会成为媒介的工具。

（一）言必有中的意图传播

传播意图是传播内容的要素之一，“夫人不言，言必有中”（《论语·先进》），既反映了孔子“慎言”的传播媒介观，更是他关注传播意图的准确性、方向性的体现。在他看来，只有“言必有中”的有效传播，才是传播价值的真正实现。故而，他既说“不言，谁知其志”（《左传·襄公二十年》），给予“言”的地位，然“志”才是“言”以及有文之言的对象，于是他又说 “巧言令色，鲜矣仁”（《论语·学而》），“言”只是媒介，不能以媒介遮蔽其传播“仁”的目的。由此，孔子屡屡批评那些利口善变，却“言不由衷”或“言未有中”者，这其中也包括他的弟子如言语科的高材生子贡、宰予等。如，当他看到宰予昼寝，气愤而言：“朽木不可雕也，粪土之墙不可杇也。”甚至说：“始吾于人也，听其言而信其行；今吾于人也，听其言而观其行。”究其原因，乃是“于予与改是”。（《论语·里仁》）反之，则多加鼓励与褒扬。故当有人说“雍也仁而不佞”，孔子反驳道：“焉用佞？御人以口给，屡憎于人。不知其仁，焉用佞?”

---

① 石介：《与士建中秀才书》，参见四川大学古籍整理研究所：《全宋文》（第15册），成都：巴蜀书社1991年版，第213页。

② [美]威尔伯·施拉姆、威廉·波特：《传播学概论》，陈亮、周立方、李启译，北京：新华出版社1984年版，第39页。

③ 毛礼瑞：《从方法论谈孔子教育思想的古为今用问题》，参见中华孔子研究所：《孔子研究论文集》，教育科学出版社1987年版，第237页。

舆论导向是传播意图的本质显现。孔子生活在诸侯放恣、百家争鸣、处士横议、舆情丛生的年代，若想做到传播意图“言必有中”在方向上的准确性，那就必须控制舆情，掌握好舆情导向。对此，孔子有着清晰的认识。一则十分注重舆情调研，无论是“求之与”，还是“与之与”，“夫子至于是邦也，必闻其政”（《论语·学而》）；而了解人，必“视其所以，观其所由，察其所安”（《论语·为政》）……如此，在引导舆论时便可有的放矢。二则深入认识到舆情产生的社会机制，既云“天下有道，则庶人不议”（《论语·季氏》），又云“邦有道，危言危行；邦无道，危行言孙”（《论语·宪问》）；前者指出庶人之议多滋生于无道之世，后者从君子避祸角度，同样强调了舆情与政治关系。三则明确指出了传播者担负舆情导向的责任，在他看来，“攻乎异端，斯害也已”（《论语·为政》），像前文分析的慎言、雅言等，以及“子不语”之类，均是典型例证。四则我们对孔子通过理性诉求影响受众的接受判断比较清楚，其实，孔子也擅长通过情感诉求直接影响受众的情绪，劝服受众，及时控制舆情走势。[①]譬如，《论语·雍也》记载，孔子求见俏丽风情的卫灵公夫人南子，子路不悦，认为这是不正当之举。于是，孔子连忙发誓说“予所否者，天厌之，天厌之”，试图规避子路所挑起的舆情的风险。当然，孔子通过情感诉求引导舆情的方式，更多的还是一种情中之理的劝服。像“孔子谓季氏：八佾舞于庭，是可忍也，孰不可忍也”的舆情引导，就是典型的案例。

（二）知德并举的品质传播

在儒家传统教育中，传播讯息须遵循真善美的统一。这个传统就是从孔子较早确立的。譬如，孔子在传播《诗三百》时说：“《诗》可以兴，可以观，可以群，可以怨，迩之事父，远之事君，多识于鸟兽草木之名”（《论语·阳货》），典型地揭示出先秦用诗的审美、教育、认识功能。结合孔子文化传播实践，有几点值得关注：

一则遵循“博学于文，约之以礼”的制度保证。孔子曾检验自己教育子路的效果时说：“由，诲女知之乎！知之为知之，不知为不知，是知也。”（《论语·为政》）这种实事求是的求真态度甚至达到了极其谨慎

① 关于情感诉求、理性诉求的劝服受众的话题，可参见卡尔·霍夫兰、欧文·贾尼斯等：《传播与劝服：关于态度转变的心理学研究》，张建中等译，北京：中国人民大学出版社2015年版，第57页。

的地步。这尤其反映在为政之道上，如子张学干禄，孔子教导说：“多闻阙疑，慎言其余，则寡尤；多见阙殆，慎行其余，则寡悔。言寡尤，行寡悔，禄在其中矣！”（《论语·为政》）既要多闻多见，又要搁置不懂之处，只谨慎地传播和践行所知的东西，而不作虚妄之言行。

不作虚妄之言行，仅有求真精神还是不够的，还须有制度保证。《论语·子罕》记载，达巷党人曰：“大哉孔子！博学而无所成名。”子闻之，谓门弟子曰：“吾何执？执御乎？执射乎？吾执御矣。”面对人们对他博学而未能以专学名家的质疑，孔子一个“吾执御矣”的自我调侃，实则透露出他并不在乎凭借博学成名，而在乎他是个敬礼的引领者。明乎此，便可理解孔子告诫弟子们的话：“博学于文，约之以礼，亦可以弗畔矣”（《论语·雍也》）。

可以说，在文化传播实践中，“述而不作”的孔子并不在意控制话语的提出权，但极为注重健全与执行知识传播、引领舆论导向的体制机制，以及掌握辨别是非的解释权。因此，他特别重视“礼”在文化传播中的作用，主张用“礼”来统一思想、引导舆论。在别人看来，“礼”只是空洞的仪式，但孔子认为“礼”是价值观的体现，有着鲜活的生命。而对“礼”的守护，关键在于自己，《论语·颜渊》记载，颜渊问仁，子曰：“克己复礼为仁。一日克己复礼，天下归仁焉。为仁由己，而由人乎哉？”颜渊曰：“请问其目。”子曰：“非礼勿视，非礼勿听，非礼勿言，非礼勿动。”这可谓“约之以礼”的具体说明，同时也从传播制度、机制层面，道出了传播意图所需遵循的伦理规则，如此方不会做出离经叛道之举。

二则践行“道之以德”的教育责任。孔子罕言利，《论语·里仁》曰“放于利而行，多怨”，循利行事，必然会带来天下非议的舆情氛围。不过，孔子在以求真精神传播“真理”的同时，除了重视意图传播的指向性目的，还十分强调传播内容的功用性价值。只是此时的功用性，已非“小人喻于利”的物质之利、私人之欲，而是“君子喻于义”（《论语·里仁》）的行仁义之道的“大利”。如他说：“诵诗三百，授之以政，不达；使于四方，不能专对。虽多，亦奚以为？”(《论语·子路》)这一方面反映孔子尊重当时“用诗”的传统，另一方面说明孔子固有一种学以致用的教育传播观。

这其中，道德教育处在孔子政治思想及文化传播的首位。在他看来，“有德者必有言，有言者不必有德”（《论语·宪问》），始终将发挥道德的引导力量视为传播者的责任。唯有认识到“为政以德，譬如北辰居其所而众星共之”“道之以德，齐之以礼，有耻且格”（《论语·为政》），如此传播才是一种有内涵、有品质的传播。故而，他在传播《诗》时，以标举一义的口吻言道：“《诗》三百，一言以蔽之，曰‘思无邪’。”（《论语·为政》），在“言与德”结构中明确“德”的指向。事实亦如此，如子夏问曰：“‘巧笑倩兮，美目盼兮，素以为绚兮’。何谓也？”子曰：“绘事后素。”曰：“礼后乎？”子曰：“起予者商也，始可与言《诗》已矣。”可见，孔子以绘画为喻，在遵循教学相长的教育传播规律下，秉承美质为先、文饰为后的原则，解读了《诗》的传播内容。如此，孔子的传播虽不一定是《诗》之本义，但确实彰显了一名文化传播者的道德责任感。

（三）尽善尽美的人格传播

孔子有言：“君子成人之美，不成人之恶”（《论语·颜渊》），但并非无原则地投人所好，而是以仁心帮助他人成为仁人。在孔子看来，“当仁，不让于师”（《论语·卫灵公》）、“求仁而得仁，又何怨”（《论语·述而》）……而《中庸》说“仁者，人也”，可见，“仁人”就是孔子心中有完全人格的人。当然，对于极重言传身教，以己为媒介的孔子而言，欲使受众成为“仁人”，作为传播者首先须成为“仁人”。从这个意义上说，孔子平生的传播活动所追求的是一种人格传播。他曾言：“吾道一以贯之。”曾参解释云：“夫子之道，忠恕而已。”（《论语·里仁》）“仁”的内容是“克己复礼”，所以“忠恕”既是为“仁”之方，也是克己复礼之方。[①]如此，我们便能理解孔子所说的“己所不欲，勿施于人”（《论语·颜渊》）的内涵。此句表面上在“反传播”，实则所不欲之己乃是符合“仁人”的标准，反过来说，就是“己欲立而立人，己欲达而达人，能近取譬，可谓仁之方也矣”（《论语·雍也》）。由此，孔子以道德力量引领社会舆论，传播文化，目的是以自我修养实现民众人格的塑造。

---

① 冯友兰：《中国哲学史新编》（第1册），北京：人民出版社1982年版，第151页。

自我完善，直至达到完全的人格，既是孔子文化传播的内容，也是其社会理想的内核。由此，可深入理解传播的人学本质：一方面，媒介是人的延伸；另一方面传播内容是延伸的人。从《论语》来看，他所谓“仁”，“几乎是包括了做人的全部规范，它包括忠、恕、孝、悌、智、勇、恭、宽、信、敏、惠等等”[①]。这些规范乃是孔子对真善美追求的反映。结合《论语》的相关记载，“孔子的人生境界（或圣人的境界）是由‘求真’到‘得美’而‘行善’，即由‘真’而‘美’而‘善’”[②]。这一方面说明儒家的境界观是关于个人的知识修养与道德修养的问题，另一方面也进一步证明了孔子遵循了文化传播的规律。即以讲真事、讲真话、讲真理为前提，通过讲文采、讲趣味，传播符合道德要求的善的文化。

至此，一个具有文化品位的传播行为，其突出的表征应在于负载于媒介符号中的信息价值。由孔子在文化传播实践中，所践行的言必有中的意图传播、知德并举的品质传播、尽善尽美的人格传播，反观当前传媒界某些浮躁的现象，传播内容文化品位的缺失就是突出的表现。就当前新闻传播人才培养而言，提高教学质量的目的，绝不仅仅是向传媒界输送掌握采、写、编、评、摄、播等技术的熟练的工作人员，而是输送具有高水平文化修养的新闻传播人才。如此，才能成为文化的真正传播者。

四、循循然善诱人：直面受众的传播方式

传播是“一个心灵影响另一个心灵的全部程序”[③]，“人在世界上的作用，最重要的是交流”[④]，由此亦可进一步理解“媒介是人的延伸”的传播本质。不过，“主体际困境”一直是人类传播哲学的最大难题之一。在文化传播的实践中，孔子遭遇过“再逐于鲁，伐树于宋，削迹于卫，

---

① 汤一介：《孔子》，参见中华孔子研究所：《孔子研究论文集》，北京：教育科学出版社1987年版，第72页。

② 汤一介：《当代学者自选文库》（汤一介卷），合肥：安徽教育出版社1999年版，第589页。

③ 美国传播学者沃伦·韦弗语，转引自单振运：《新编公共关系学》，北京：中国审计出版社、中国社会出版社2001年版，第366页。

④ [英]特伦斯·霍克斯：《结构主义和符号学》，瞿铁鹏译，上海：上海译文出版社1987年版，第127页。

穷于商、周，围于陈、蔡之间”（《庄子·山木》）等多次的“交流的失败”，甚至被郑人形容为“累累然若丧家之狗”（《史记·孔子世家》）的媒介形象。即便如此，孔子对人类交流的可能始终充满信心，将潜心学习，悉心传播视为自己的人生责任与为人品质；孔子此番努力也得到了受众的礼赞，像颜渊就喟然叹曰“夫子循循然善诱人，博我以文，约我以礼，欲罢不能”(《论语·子罕》)，道出了师生心灵互动交流的一面。

（一）述而不作：秉承传统的文化劝服

孔子的文化传播实践，主要选择了论述、讲授、编纂典籍的传播形式，并将这种传播方式总结为：“述而不作，信而好古，窃比于我老彭。”（《论语·述而》）关于这一点，读者们常常将孔子视为极度尊古守旧之士，然而，孔子信而好古的“述而不作”，实则也是一种“以述代作”的传播方式。可以说，在文化传播实践中，孔子秉承着传承文化的使命感，已经认识到并试图处理好文化认同与文化批判之间的关系。

一方面，孔子“继承、总结了原始社会后期以来和夏商周三代的文化传统”[①]，认为“殷因于夏礼，所损益，可知也；周因于殷礼，所损益，可知也；其或继周者，虽百世，可知也”（《论语·为政》），古今文化制度虽于形态上有所损益，却有内在的连续性。这其中，孔子尤其表现出对周朝文化的认同感，指出“周监于二代，郁郁乎文哉，吾从周”（《论语·八佾》）。然而另一方面，孔子并不认为周制是永恒的，是尽善尽美的，也并没有否定创新，“温故而知新，可以为师矣”（《论语·为政》），要求接受者“告诸往而知来者”（《论语·学而》）。因此，孔子“述而不作”，绝不是简单地重复历史，而是精心选择历史，从古代历史中找到他自己内心中的永恒——“道”。事实亦如此，孔子传承的是周代礼乐文化，但正是由他将“礼”上升为儒家的仁学。

从传播学上说，孔子述而不作的诲人不倦态度，其主要目的在于劝服。劝服，“它是有意图的传播，是由某种信源所作出的单向尝试，以便在接受者方面造成效果。但是由于说服通常是通过人际传播渠道而进行

---

① 张岱年：《孔子与中国文化》，《当代学者自选文库：张岱年卷》，合肥：安徽教育出版社1998年版，第373页。

的，有些来回往返的相互作用便往往发生在说服过程之中。”[①]孔子“吾从周”之“从”，除了顺从，还有传播之意。而孔子选择“述而不作”“以述代作”的文化劝服方式，也是其传播思想的反映，乃是针对当时乱世的社会背景和民众接受心理做出的选择。一则人们总是对已成形历史事物有发自内心的认同感，孔子“述而不作”，便是立足这个心理，借助“重言”，叙说上古帝王贤圣的功过得失，发挥传播的劝服功能。二则，“天下有道，丘不与易也”（《论语・微子》），孔子面临着新旧递变的文化断裂阶段，从而滋生出上天赋予自己“信而好古”、传播文化的使命意识。于是，当他在文化传播中遭遇交流困境时，便说“不患莫己知，求为可知也”（《论语・里仁》），甚至说：“文王既没，文不在兹乎？天之将丧斯文也，后死者（孔子自谓）不得与于斯文也；天之未丧斯文也，匡人其如予何!”（《论语・子罕》）文王既没，大道在我！正是在这种信念的驱使下，他一生致力传播“先王之教”，“笃信好学，守死善道”（《论语・泰伯》）。

（二）诲人不倦：有教无类的传播态度

我们多次提到，孔子谈到自己的社会角色时，屡言自己只不过是一名“学而不厌，诲人不倦”的文化教育传播者，所谓“若圣与仁，则吾岂敢”，“抑为之不厌，诲人不倦，则可谓云尔已矣”（《论语・述而》）。这虽是自谦之辞，但确实道出了实情。若从孔子这一身份的自觉意识出发，我们可以对歧解甚多的《论语・学而》首则作出新释。此则曰：“学而时习之，不亦说乎？有朋自远方来，不亦乐乎？人不知而不愠，不亦君子乎？”我们认为，这是孔子立足传播情境，交代了自己作为传播主体所应有的“君子”式修养境界：首句对眼前的受众而言，说看他们不断温习自己传授的知识所获得的幸福体验；次句就远处的受众而言，说因自己的传播者品牌效应吸引了远道而来的志同道合者所获得的满足感；第三句就传播者而言，说当自己遭遇传播的无效性时所具有的不愠心态……由此可见，“诲人不倦”乃是以受众为本的传播态度，反映出传播者在传播过程中的愉悦感与执着品格。

同时，孔子诲人不倦之精神还表现在“有教无类”（《论语・卫灵

---

① [美]E・M・罗杰斯：《传播学史：一种传记式的方法》，殷晓蓉译，上海：上海译文出版社2002年版，第378页。

公》）的立场上。类，既有类别之意，也有相同或相似的意思。前者侧重在选择受众时的无差别现象，后者指受众在教育传播之后的一致性，合起来就是，孔子主张广泛地选择受众，并通过教育传播，使他们均成为“君子”。对此，孔子表现出极大的热情，化为其诲人不倦精神之动力源泉。于是，当遭遇弟子们怀疑他传播知识有所隐瞒时，他立即回应道：“二三子以我为隐乎？吾无隐乎尔。吾无行而不与二三子者，是丘也。”（《论语·述而》）再次将自己定位为诲人不倦的教育传播者。

有鉴于此，我们完全有理由怀疑孔子“民可使由之，不可使知之”（《论语·泰伯》）之言的真实性。因为发扬诲人不倦之精神，创办私学，坦言“自行束修以上，吾未尝无诲焉”（《论语·述而》）的孔子，不可能说出这类带有愚民政策倾向的言论。抑或此句可句读为“民可，使由之；不可，使知之”或“民可使由之？不。可使知之”，方与孔子思想一致。

（三）因材施教：尊重差异的沟通之道

“对传播的评价不仅取决于传播内容，还取决于受众本来的偏好和传播者表明意图之间的矛盾。”[①]对此，孔子有着深入的认知，也有着丰富经验。或是据受众思想水平、接受能力予以阶层性、类别式的划分，传播不同的内容，采取不同的沟通方式，所谓“中人以上可以语上也；中人以下，不可以语上也”（《论语·雍也》）。或是据传播情境的不同，有意识地控制传播者的媒介形象，以及传播的对象、内容和方式等，所谓“孔子于乡党，恂恂如也，似不能言者。其在宗庙朝廷，便便言，唯谨尔”“朝，与下大夫言，侃侃如也；与上大夫言，訚訚如也。君在，踧踖如也，与与如也”（《论语·乡党》）。

而孔子对受众的关注，最为人们称道的则是他因人而异的传播路径。阅读《论语》便知，孔子十分清楚众弟子的性格、智力、能力、志向、兴趣、专长或不足，乃至学习态度、习惯等。像他对仁、义、礼、智、信等核心思想，多未下定义，而是据不同情境，对不同的人作出不同的解释，目的就在处理好传播者表明意图与受众本来偏好之间的矛盾，追求传播的最佳效果。正是基于这一点，北宋程颐在解释《论语·

① [美]卡尔·霍夫兰、欧文·贾尼斯、哈罗德·凯利：《传播与劝服：关于态度转变的心理学研究》，张建中等译，北京：中国人民大学出版社2015年版，第21页。

为政》“子游问孝”“子夏问孝”时说：“子游能养而或失于敬，子夏能直义而或少温润之色，各因其材之高下与其所失而告之，故不同也。”[1]孔子这种从受众的个性差异出发实施教育传播的做法，乃是其人性论的深入体现，进一步证明人是孔子文化传播的出发点与归宿点。

（四）不失人亦不失言：举一反三的交流之法

孔子主张身教高于言传，“无言”[2]才是他理想的传播境界。然“人”本质上是需要说话者，孔子的“予欲无言”既在强调人之身教的重要性，也是屡遭言之无效的挫败感的反映。从本质上说，传播并非单向度的传者输送与受者接受，而是一种双向交互影响与交流对话的过程。因此，孔子在现实的文化传播实践中，依旧十分重视传播者与受众之间互相“解惑”的过程。孔子曾说：“不愤不启，不悱不发。举一隅不以三隅反，则不复也。”（《论语·述而》）这就是由传播者到接受者以及二者之间双向交流的过程。为了实现这个目的，孔子还提出了一些具体的方法。如，“能近取譬，可谓仁之方也已”（《论语·雍也》），像《论语·子罕》中“逝者如斯夫”的流水，“譬诸德政”的松柏等，以日常生活事例为喻，达到传播与劝服的目的。又如，针对“女以予为多学而识之者与”的疑问，孔子提出的“非也，予一以贯之”的信息提炼办法。“一以贯之”，就是传播者或接受者经过思维的筛选，将所传播或接受的信息提炼成一个精粹的认识。孔子本人极善此道，如以“仁”概括人之美德，以“思无邪”概括《诗三百》等；他的学生也多有高手，如曾参以“忠恕”归纳孔子的学说，子贡以“温良恭俭让”论述孔子的品行，等等。

传播是交流，需要双向的主动性。前文从传播者角度讨论的比较多，其实，“循循然善诱人”的孔子特别重视受众的接受态度与能力，如此才能实现“告诸往而知来者”（《论语·学而》）的传播效果。他曾以“语之而不惰者，其回也与”（《论语·子罕》）表扬颜回，树立了一个倾听者的榜样。而当冉求曰：“非不说子之道，力不足也。”孔子则说：“力不足者，中道而废，今女画。”（《论语·雍也》）这其中既有对冉求

---

① 朱熹：《四书章句集注》，北京：中华书局2011年版，第57页。

② 《论语·阳货》：子曰：“予欲无言。”子贡曰：“子如不言，则小子何述焉？”子曰：“天何言哉？四时行焉，百物生焉。天何言哉？”

的鼓励，也有对冉求将接受困难的原因推向客观的不满。当然，选择受众的对象以及说话的内容，也是有标准的。对此，孔子有过精辟的总结："可与言而不与之言，失人；不可与言而与之言，失言。知者不失人亦不失言。"（《论语·卫灵公》）从不能轻易放弃交流的对象，不可不顾交流对象而胡言，到将尊重交流对象与言语的内容视为"知者"的内涵，可见孔子对言传育人的重视——所谓"不失言"其本质仍在于"不失人"。

诚如梁漱溟所言："孔子以前的上古文化赖孔子而传""孔子以后数千年文化赖孔子而开"[①]，面对文化的传承与创新，孔子述而不作、诲人不倦、有教无类、因材施教，乃至提出"不失人亦不失言"的要求，围绕传播者与受众之间的心灵交流，既塑造了自己，也培育了受众，更是树立了儒学旗帜，延续华夏文化。通过对孔子文化传播实践的考察，可见，人必须生活在文化传统中，接受文化教育的权利是公民的基本权利；"媒介是人的延伸"，但传播者即媒介，传播内容应是延伸的人，传播的目的也是为了人的"延伸"……只有以人为本，才能真正发挥传媒在文化传承与文化建构上的双重功能。

（原载《学术界》2016年第12期）

① 中国文化书院学术委员会：《梁漱溟全集》（第7卷），济南：山东人民出版社2005年版，第296页。

突围与重塑：数字媒介环境与传统文化传播

◆秦　枫　徐军君

一、传统文化的当代困境

英国文化学者雷蒙·威廉斯曾给文化下过三个宽泛的定义："文化是一种发展过程""文化也是一种生活方式""同时文化是作品和实践"①。具体到传统文化，是相对于现代文化而言，它是指历史上形成的各种思想文化、价值观念、风俗习惯、生活方式以及行为规范的总和。中国传统文化源远流长，博大精深，以儒家为内核，兼及道教、佛教等文化形态，涵盖了传统文学、民族技艺、传统音乐戏曲、古代建筑、传统医学、传统节日诸多方面，是一个宏大而磅礴的表征体系。无论是在过去还是当下，它们都深刻地影响着民族精神、社会归属和民族心理，对民族的凝聚与认同起着十分重要的作用。

随着社会进步与经济的飞速发展，以及全球化与现代化的不断加

作者简介：秦枫，副教授，博士，硕士生导师，主要研究方向：新媒体传播、文化产业。徐军君，2009级文化产业管理专业本科生，现为杭州展视网络科技有限公司职员。

基金项目：国家社会科学基金青年项目"徽州文化资源保护与产业融合研究"（14CGL056）。
高等学校省级优秀青年人才基金重点项目"徽州文化遗产资源数字化及其应用研究"（2013SQRW013ZD）。

① ［英］约翰·斯道雷：《文化理论与大众文化导论》，常江译，北京：北京大学出版社2010年版，第2页。

深，人类已经进入一个比以往更高速更便捷的时代。传统文化作为一种“历史的文化”而逐渐褪色，而在市场化、工业化、信息化进程中，传统文化遭遇着一系列的传播、传承困境：

（一）生存土壤的缺失

由于传统文化是生长在传统社会，拥有特定的生成机制和传播方式，但是随着现代化的深入，市场经济与现代法治取代早期传统，“传统文化赖以生成的自然经济、宗法制度、泛神信仰等社会历史条件已经分崩离析，传统文化与社会现实之间的统一性和同一性早已终结。”①在这样一种语境下，传统文化由于缺乏土壤的培育，逐渐营养不良，黯淡无光。比如在传统的乡土中国，社会秩序的维持主要靠的是“礼治”，“礼是社会公认合式的行为规范”②。而随着现代社会城镇化的推进，各种开发区的兴建和新兴社区的形成，“礼”的基础已经丧失，“礼治色彩”日渐式微。

（二）外来文化的威胁

“外来文化”一直是一个值得警惕的词语。全球化的今天，西方发达国家凭借资本与技术优势，不断推行着自己的文化理念和价值观，外国大型传媒集团输出并控制着世界上多数的新闻、图书、电视节目、音像制品、电影等制作机构，拥有着强势的传播资源。除了发达国家文化产品的涌入，文化垄断现象也在全球范围内不断扩充壮大，诸如时代华纳、维亚康姆等公司都是在20世纪90年代以后形成的超级传媒集团。此外，文化的同质化也是一个明显的问题，全世界的年轻人对世界杯、NBA的追逐和狂热就是一个很好的例证。从这个角度讲，文化的个性化与多样化受到挑战。外来文化的大行其道使得本土的传统文化遭受着巨大冲击，本土传统文化所倡导的精神和理念逐渐弱化。

（三）内容和载体的局限

用今天的眼光审视传统文化，其内容和载体无疑是“过时的”，内容和载体的“老化”是传统文化在当下环境里受到冷遇的一个重要原因。

---

① [美]罗杰·菲得勒：《媒介形态变化——认识新媒介》，明安香译，北京：华夏出版社2000年版，第66页。

② 费孝通：《乡土中国》，南京：江苏文艺出版社2011年版，第54-56页。

例如我国的传统戏曲，其中不乏优秀的文化精品，但不受现代人尤其是青年人的青睐；再如文房四宝里的徽墨歙砚，在古代，墨和砚是书写的必须工具，而在今天，书写工具和文字载体早已变更，徽墨歙砚的实用功能已经大不如前。

（四）碎片化生存与混乱解读

碎片化生存是当前传统文化生存的一个特征。传统文化的学习与传播，在古代有专习四书五经的私塾学堂，也有科举考试为其提供制度保障。而如今我们在使用传统文化的时候，大多只是偶尔拾起，一整套的学习方式和使用方式已不复存在。“它已不再是一套完整的安顿人心的意义系统和纪纲世界的价值体系。”[①]对于传统文化的解读，也出现了混乱化的情况。断章取义，割裂历史，不分优劣地加以吸收和运用是其主要表现。

（五）泛娱乐化的解构风潮

当前，娱乐之风劲吹。电视上，历史剧、宫斗剧和“穿越剧”收视率飙升；网络里，继“杜甫很忙”以后，“元芳很忙”让人应接不暇，还有此起彼伏的“网络语言狂欢”——举一个例子，从甲流到H7N9，每次有引人注目的传染病出现，板蓝根都会作为防治药物被推到台前，一时间网友纷纷跟评，“一句诗+一句时事”的语言形式蔚然成风：“洛阳亲友如相问，给他一包板蓝根”“清明时节雨纷纷，全民都喝板蓝根”……传统的语法规范和诗词意蕴在这里被娱乐化、被解构，而新造出的则全然是另一种意义。

（六）教育不力与保护欠佳

传统文化的传承和传播需要教育，也需要保护。纵观当今教育现状，传统文化教育是缺失的，至少是不足的。尽管传统书画、戏剧舞蹈、传统音乐等在一些院校有相关艺术课程，但对社会大众来说，传统文化教育还是不够的。另一个方面，传统文化的保护也由于种种原因而遇到了不同程度的难题，一些文化遗产随着人才流失、材料匮乏和人为破坏而变得岌岌可危。

传统文化面对这些传播与传承困境，如何破除并重新塑造新时代的

① 林华:《中国传统文化研究:现状、定位与发展取向》,《江西社会科学》2009年第5期。

传统文化，是当下社会应当思考的问题。

二、数字媒介环境与重塑可能性

（一）重塑条件：数字媒介环境

罗杰·菲得勒指出："传播技术的发展会带来各种新的媒介形态和传播方式，而新媒介方式的出现总会派生出种种新的文化形态和类型。"[①]在信息化时代，数字化无疑是传播手段最具历史意义、最深刻的变化。当然，数字媒介变革的意义重大，"并不仅限于通信和媒介领域，正如麻省理工学院媒介实验室创始人尼葛洛庞帝所指出的，它通过全面改造创新人类社会的信息传播系统，使我们社会生活的全部，包括工作、生活、教育、娱乐，都进入了一个'数字化生存'的时代。"[②]

简而言之，除了信息的海量化、即时化、便捷化、传播面广这些基本特性外，数字媒介的发展主要还带来了两个巨大的社会变迁。一是传受变迁。在过去，印刷媒介也好，电子媒介也罢，说到底都是"少数人的媒介"，能够使用媒介发布信息的人毕竟是少数。而数字媒介时代彻底颠覆了这一状况。在数字媒介环境里，只需一台网络设备，人人都可以是信息的制作者和传播者。随着数字化媒介的运用普及，以往的单向传播转向互动传播和网状传播，每个人既可以是传播者，同时也是受众，传受双方的界限越来越模糊。

二是文化变迁。在媒介环境学派代表人物波兹曼看来，媒介对整个社会文化具有决定作用。他指出，"一种重要的新媒介会改变话语的结构""媒介即隐喻""媒介即认识论"[③]，文化是以媒介为基础的"会话"，而媒介改变了话语结构，媒介本身也具有隐喻的功能和特性，隐喻是文化的基础，此外，媒介也在不经意间塑造着人们对世界的认识，定义真理的内容，因此，他认为媒介决定了社会文化。尽管波兹曼的理论属于一种人文主义技术论，但是媒介对社会文化的作用的确不容小觑。

---

① [美]罗杰·菲得勒：《媒介形态变化——认识新媒介》，明安香译，北京：华夏出版社2000年版，第66页。

② 郭庆光：《传播学教程》（第2版），北京：中国人民大学出版社2011年版，第27页。

③ [美]尼尔·波兹曼：《娱乐至死·童年的消逝》，章艳译，桂林：广西师范大学出版社2009年版，第5–27页。

每个时代的媒介都与社会文化紧密相关，媒介的更替同样也反映着社会文化的更替。印刷时代，书籍报刊兴起，电子时代，广播电视兴起，都酿就了不同的文化和风尚。而当今的数字时代，以网络文化为代表的数字媒介文化的兴起，形成了一股大潮，自然也在深刻地影响着人们的生活、工作和学习。值得一提的是，书刊文化，电视电影文化、网络文化这些概念本身的命名也体现了媒介作为一种力量或者载体对社会的巨大影响力。

（二）新环境造就新可能性

有人或许会有疑问，数字媒介环境是否也参与了对传统文化的挤压？答案是肯定的。前面也提到过，传统文化的传播、传承载体落后，其在数字化时代是无法和拥有现代数字媒介为中介和载体的当代文化抗衡的。而且，数字化媒介本身所承载的数字媒介文化作为当今的优势文化，更是会将传统文化边缘化。但是正如老子所言：“祸兮福之所倚，福兮祸之所伏”，数字媒介环境给传统文化造成了冲击，但其所带来的一系列传播生态的变革，也给我们传播传统文化、破除传统文化的传播困境以很好的启示。例如美国电影《花木兰》，它把中国古典文学里的人物形象和故事融入了动漫电影，以独特的风格俘获了包括中国观众在内的世界观众的认可，取得了巨大的成功；又如周杰伦与方文山的中国风音乐，中国古典音乐和传统意蕴被现代数字音乐技术和表演形式展现得淋漓尽致，从而带来了中国风的风靡一时。若利用好数字媒介环境的诸多传播优势，通过正确的引导、规范与管理，使传统文化通过与现代的融合得以新生，那么传统文化的突围与重塑就不是难事。为此，下文将对传统文化重塑的传播策略与路径予以分析。

三、传统文化重塑的传播策略与路径

（一）数字化保护和传播

党的十七届六中全会提出要构建现代传播体系。数字化时代，对传统文化尤其是濒临消亡的文化遗产的保护与传播，其重要手段就是进行数字化。在过去，很多传统文化样式由于传播传承方面的局限，一旦遇到社会变迁或转型，就很容易遭受冲击甚至渐渐消亡。而通过借助数字摄影、数字电影、数字音频、新媒体与宽带网络技术，为传统文化的保护、开发与传播提供了强大而稳定的技术支持。通常，采用数字化技术对传统文化进行保护和传播主要有以下几种途径。

建立数据资料库与数字图书馆。建立数据资料库与数字图书馆就是利用数字化技术对传统文化进行专业分类和数字存储，将传统文学、传统音乐戏曲、民族技艺、古代建筑、传统医学、传统节日等的形成背景、内容特征、传承人、技艺形式、表演方式、传播现状等内容，进行数字化编码并建立数据库；把一些珍贵的传统文化的档案、文献资料如影像、书籍、工具等，通过摄像摄影和编辑转化成数字化文本格式，建立数字图书馆。

建立数字博物馆、展览馆。把数字化技术运用于博物馆展示领域，是当今传统文化传承、传播的一项创新举措。通过数字动画、数字音频等技术，受众轻轻点击显示屏，就可以看到动态的传统文化信息，其内容、样式一览无余。数字博物馆、展览馆通过网络传输，可以实现资源共享，打破时空界限。

设立专业网站。十七届六中全会也提出了“实施网络内容建设工程，推动优秀传统文化瑰宝和当代文化精品网络传播。”专业性网站的一个最大优势是提供的信息权威、翔实，通过专业性网站的建立，借助互联网传播的便捷性，提高网民对传统文化的关注度，促进人们对传统文化的掌握和利用。

通过新媒体促进传统文化的交流与传播。新媒体是一个相对的概念，当下的新媒体主要有手机移动媒体、互联网、数字杂志、数字广播电视、触摸媒体等。传统文化的相关机构、传承人、企业应当积极入驻新媒体空间，开展公益宣传和文化普及，争取话语权，扩展生存空间。

（二）教育、规范与净化

在《中共中央关于深化文化体制改革推动社会主义文化大发展大繁荣若干重大问题的决定》中提出：“广泛开展优秀传统文化教育普及活动。发挥国民教育在文化传承创新中的基础性作用，增加优秀传统文化课程内容，加强优秀传统文化教学研究基地建设。”针对当前传统文化教育不足的情况，应当建立国家传统文化教育机构，加大传统文化教育工作的精力和资金投入，传统文化教育资源的整合和倾斜，切实把传统文化教育提上现代学校教育、社会教育中来，制定并颁布开设相关课程的指导性意见，逐步进行传统文化教育基地的建设和教育的试点，推进传统书法、传统戏剧、传统音乐等优秀传统文化成为教育必修的内容。

在保护方面，国家相关部门和媒体应加大宣传优秀传统文化，通过公益文化广告、宣传片等方式弘扬传统美德，引领传统文化健康发展和传播；增加传统文化保护专项资金，对诸如非物质文化遗产传承人和相关机构予以补贴，对相关从业企业或人员实施税收优惠政策、简化有关文化项目的审批程序。对于前文已经提到的传统文化碎片化与混乱解读的特征，国家政府应制定相关文化规范政策，确立文化开发与保护准则，对于积极的传统文化开发应用行为进行鼓励扶持，对于不当的开发行为和不正确的价值导向进行整治和引导。

此外，数字化媒体时代，“人人都有一个话筒”，话语权得到解放，但同时，这也是一个“众声喧哗”的时代，娱乐精神无处不在，泛娱乐化现象侵蚀着传统文化本来就很脆弱的生存空间，对于过度娱乐化的文化解读行为和文化节目，政府应当积极引导，合理宣传，理性利用传统文化。

（三）数字媒介与新学习革命

数字媒介的新传播特性为传统文化的传承和学习带来了一场学习与传播革命。过去的师徒面授、现场观摩等学习和传播方式显然已经不能满足现代人的学习需求，而通过现代化数字媒介，传统文化的信息可以随时随地在网络发布，并通过网络、移动媒体扩散，所有感兴趣的人只要有一台接入设备，便可以任意浏览、学习感兴趣的内容。当然，这也要求在数字媒介环境中，已掌握传统文化知识和技艺的那一批人主动地参与传统文化的解释和新传播，为数字媒介学习搭建平台。以网络公开课为例，当前各大门户网站如新浪、网易、腾讯、搜狐等，都相继推出了网络公开课供大众学习。在它们所提供的公开课中，就有不少来自世界和国内的精品文化课程，涵盖了文化传播、艺术、汉语文学、哲学、古典建筑等学科领域。基于数字媒介的传播特性，有学者甚至提出，在数字化媒介时代还应当“构建常态化学习与传播传统文化机制”，“利用具有便捷性、互动性、可移植性、可拓展性的数字媒体为平台，引导普通民众常态化学习与传播优秀传统文化，是具有可行性的”①。

（四）数字媒介与新呈现方式

凡是文化，都面临着一个呈现的问题，即如何表现或再现，如何让人感知。传统文化在过去主要的呈现方式是通过口头、印刷、舞台、音像等传播给公众。但到了数字化时代，由于新媒介的开发和应用，呈现方式也不断得到创新，数字化媒介环境里的传统文化新呈现方式有两个特征：

一是多媒体多方式呈现，这是就载体而言的。数字化媒介时代，传统文化除了传统媒介的呈现外，还可以通过移动手机、网络、户外广告屏、数字杂志、数字广播、数字电视等来进行传播，这其中尤其重要的媒体是互联网。通过这些媒介，传统文化以文字、图片、音频、视频及其组合的形式出现。

二是创意呈现，这是就内容和形式而言的。这是一个创意传播的时代，只有符合受众心理，抓住受众眼球的东西才能得到广为传播。美国电影《功夫熊猫》，本是一部动漫影片，但它融入了古典音乐、武术等大量中国传统文化元素，从而吸引了众多中国观众，获得了很高的票房；《舌尖上的中国》创造性地展现了传统中国的饮食文化和民俗文化，引起了观众的文化共鸣，备受追捧。

（五）崛起的新经济：文化产业

一个国家的文化实力，不仅表现在文化资源的丰富，也表现在文化产业的发达。当前，国内文化产业蓬勃发展，各类文化企业如雨后春笋般涌现，这无疑给传统文化带来了新的发展和传播机遇。对于传统文化来说，应当保护，而保护不如保护性开发。传统文化里有着取之不尽用之不竭的资源，如古典文学里的人物形象、古典音乐、古代服饰等，通过数字化媒介的转化和其他方式的融合再生，现今都可以作为发展民族文化产业的“资本”。或是搬进展览馆的虚拟体验荧幕，或是声光电效果俱佳的大型舞台，或是电视里的电视节目……传统文化的数字化和产业化不仅有利于助

---

① 井雪莹、陈月华：《数字媒体时代常态化学习与优秀传统文化的传播》，《艺术教育》2012年第9期。

推文化产业的增长壮大，也有利于传统文化的传播与普及。

（六）国家形象与对外传播

"国家形象是国家的内部要素与外显形态的总和，是社会公众通过一定中介形成的对一个国家的总体印象、认知、认同与评价，是社会公众对国家的主观认识，反映了社会公众对一个国家的认同、喜好和支持的程度。"①

文化传播与国家形象的关系可谓紧密相连，文化传播是树立良好国家形象的必要手段。《中共中央关于全面深化改革若干重大问题的决定》提出："提高文化开放水平……扩大对外文化交流，加强国际传播能力和对外话语体系建设，推动中华文化走向世界。"传统文化作为中国文化的一个重要组成部分，由于其历史的厚重感，是国家形象极好的识别标志，因而也具有极其重要的对外传播意义。例如，长城、功夫、孔子、中国菜、昆曲、汉语等传统中国元素，人们一想到它们，就会想起中国。第二十九届奥林匹克运动会开幕式在鸟巢隆重举行，在这场视觉盛宴中，中国的书法、音乐、文字、戏曲、礼乐等传统元素通过先进的数字舞台技术展现在中外友人面前，令世界啧啧称奇。北京奥运会开幕式展示了一个文化大国的雍容和自信，加强了国际社会对中国的认同，提升了国家地位，塑造了一个良好的中国国家形象。北京奥运会传统文化元素应用的成功充分地证明了：数字化媒介时代，技术空前进步，中国拥有一种文化自觉，自信地将中华传统文化传播出去。

四、结语

传统文化面临着诸多传承与传播困境，这已是不争的事实，但也应看到，当今的数字化媒介变革也为文化传播带来了令人欣喜的可能性。充分利用好数字媒介，破除传播困境，对传统文化进行继承、融合、传播和创新。文化是数字媒介发展的核心内容，反之，数字媒介是文化传承和传播的新载体。"传统文化为体，数字媒介为酶"，二者互为表里、相互借力，复兴传统文化，共同促进文化发展与繁荣，提升中国文化软实力。

（原载《内蒙古农业大学学报》（社会科学版）2015年第2期）

① 刘少华、唐洁琼:《中国国家形象:问题与思考》,《湖南师范大学社会科学学报》2010年第4期。

民族化视域中的中国戏曲动画

◆孙　亮

戏曲动画指在题材内容和角色造型、人物表演等表现手法方面依托中国传统戏曲资源的动画片。在各国动画的发展中，依托本国的戏剧资源，不乏成功的先例。传统戏曲与现代动画的融合在日本早有实践。日本漫画家将日本戏曲融入创作之中，以最流行的商业漫画的形式，诠释了日本本土戏曲艺术的特有韵味；美国迪士尼动画，长期以来都将百老汇歌舞剧式的美国戏剧风格贯穿于其创作中[①]。中国动画与传统戏曲的关系渊源久远，中国动画差不多刚刚萌芽发展时就渗入了许多戏曲元素。早在1942年，中国第一部、世界第四部动画长片《铁扇公主》就以别具特色的中国题材，融合了诸多中国戏曲元素，形成了别具一格的民族特色，在国际动画界产生了强烈的反响。

一

明确地将戏曲动画纳入民族化的视野，作为自觉的追求是在1949年之后。1955年，中国第一部彩色动画片《乌鸦为什么是黑的》获得一系列国际荣誉，然而这部动画片当时却被国际评委、国外媒体误认为是一

作者简介：孙亮，副教授，硕士，硕士生导师，主要研究方向：影视、动画与数字媒体理论、创作研究。

①张梦：《传统戏曲与现代动漫的互动》，《商业文化》2008年第8期。

部苏联动画片，这引起了早期中国动画人的深刻反思。关于如何创作出中国民族特色的动画片，上海美术电影制片厂第一任厂长特伟先生在1956年提出“敲喜剧风格之门，探民族风格之路”的中国动画创作的精神纲领，这个口号的提出成为中国动画发展的关键节点，主导了之后几十年的中国动画创作与发展的方向。在这个明确的创作纲领指导下，中国动画的民族化依托的传统艺术资源主要是中国水墨画和传统戏曲。前者以《小蝌蚪找妈妈》为开端，后者的起步之作《骄傲的将军》，就是借鉴了京剧艺术的戏曲动画。该片的创作阶段，导演曾组织主创人员多次到剧场亲身感受京剧艺术的魅力，成功地取其精华。

戏曲艺术作为历史悠久的中国传统艺术，几十年来以其独特审美价值为中国动画的产生与发展提供着素材支持与艺术支撑。戏曲动画以戏曲故事作为演绎内容，以人物造型、动作程式、唱腔配乐等为创作元素[①]，在表现形式上先后尝试了剪纸、皮影、布偶、陶偶等，形成了自己独特的艺术魅力。1961年至1964年创作的大型动画片《大闹天宫》，在美术风格、动作设计、配乐元素等方面从传统戏曲艺术中汲取营养，呈现中国独有的美学魅力，取得了骄人的成绩。在此过程中，中国动画发展经历了由模仿他者风格到探索独特审美的蜕变。

纵观中国动画的发展历史可知，民族风格是民族动画的灵魂，更是民族动画产业振兴的内在动力。20世纪20年代动画初入中国，就涌现出一批富有民族风格的早期动画艺术精品。新中国成立后，尤其是60年代和80年代，国产动画以其鲜明的民族特色赢得了世界认同，佳作不断。以《牧笛》《山水情》为代表的水墨动画，以《大闹天宫》《哪吒闹海》为代表的与传统戏曲渊源深厚的动画让国外同行刮目相看。如果说《大闹天宫》意味着中国动画自身完整的美术风格和表现体系的基本形成，1979年《哪吒闹海》则在艺术上实现了中国动画体系的高度概括。国外同行命名的“中国动画学派”是对中国动画民族化的高度肯定。

然而，20世纪90年代以来，面对新科技的高速发展与美日动画的强势冲击，中国动画逐渐丧失自身特色，已经不复当日的辉煌。近年来，我国动画产量显著增长，电视动画总量早已跻身世界前列，院线上映的动画电影也已连续两年超过20部。但国产动画的质量并未与产量同步发

① 周懿:《戏曲动画的特征及传播途径研究》,杭州:中国美术学院硕士学位论文,2011。

展，无法与国外优秀动画相提并论。热潮涌动的动画片市场和数量日益增长却备受冷落的国产动画片是中国动画所面临的尴尬："如今中国的动漫也像足球一样，充满激情的观众翘首以盼，然而掌声只能令人惆怅地献给外来客。"[①]

为了摆脱中国动画的发展困境，近年来，业界多学习借鉴美、日、韩的发展经验，以他者成功模式来振兴本国动画产业成为一大潮流。当前，众多动画公司、从业者等原创力量都极端地认为，国内动画受众只喜欢美日的"洋风味"，因此其主持的大部分动画项目打上了美日动画的深深印记，更有甚者完全"日本化""美国化"。然而，事与愿违，其市场反响远不及预期效果，通过衍生产品及动画授权获取巨大利润的梦想在瞬间破灭，《魔比斯环》《藏獒多吉》《大兵金宝历险记》等动画作品都是失败的记录[②]。错把国外动画创作风格、题材及叙事方式当成作制胜法宝，甚至刻意模仿其灵感创意，实行全方位的"拿来主义"，结果在作品中满是别人的影子，遭遇市场滑铁卢毫不奇怪。投资巨大、制作水平不可谓不高的《魔比斯环》被人视为很像美国动画并受到市场冷遇，就是一个明显的例证。

陷入困境的中国动画呼唤民族化的归来。

二

民族化对于当代中国动画的风格养成和产业复兴无疑具有重要意义。但水墨动画制作工艺非常复杂，成本极高，制作周期太长。现代动画产业模式是通过长篇动画连续剧创造品牌效应，进而开发动画衍生产品形成一个产业链。制作难度极大而效率极低的水墨动画显然是一个难以全面推广的方向。而将极具民族特色的戏曲精粹融入动画创作，却有着广阔的发展空间。

戏曲是动画创作取之不竭的源泉。动画产业振兴的关键在于原创力量的兴盛，题材内容是一个重要方面。挖掘原创素材最为便捷的途径就是从传统文化样式中取材，传统戏曲就是一个绝佳的资源宝库。仅以安

① 刘畅：《怎样使动漫更精彩》，《人民日报》2006年6月6日第16版。

② 陈廖宇：《用别人的话讲自己的故事——2012年国产动画电影漫谈》，《北京电影学院学报》2013年第1期。

徽省为例，安徽省戏曲资源丰富，流传至今的有黄梅戏、庐剧、徽剧、泗州戏、皖南花鼓戏、凤阳花鼓戏、目连戏、贵池傩戏、岳西高腔等二十余剧种。就题材而言，很多戏剧曲目均家喻户晓，使得戏曲动画本身就有品牌效应，如《目连救母劝善》《灰阑记》《王月英元夜留鞋记》《高文举珍珠记》《观世音鱼篮记》《正昭阳》《连升三级》《龙凤呈祥》等。这些优质资源源于生活的积累，题材多元、形式多样，文化蕴含深厚。动画从业者可通过与戏曲从业者、研究者合作梳理改编经典剧目，对戏曲故事进行二次挖掘改造，适当融入时代精神与流行元素，进而可整理出适合动画制作的新剧本。传统剧目经过时间长河得以流传下来，不管是民间故事还是历史事件，其内容本身是为民众所认可的。同时，结合当代文化重新解读经典传统故事，如传统寓言故事“守株待兔”的解读就有诸多版本，结合当下，尽量“旧曲新读”，用新思维去演绎经典，既有先天的资源优势，又有独特的审美情怀，方能创造属于自己的文化品牌。当然，对前人的文化遗产要怀着敬畏之心与人文关怀，适当取舍，而不能采用生搬硬扯的僵硬方式，否则又将走入亵渎经典的误区。

戏曲元素可以丰富动漫造型设计。戏曲艺术在角色塑造、用色设计等方面都独具特色。戏曲中对角色的塑造能把每一个形象都塑造得极具个性，且外在形象上较夸张的特征与角色的个性、身份吻合，观众能通过形象直观感受对象的性格与气质，然后再通过剧情、动作、声音逐渐引人入胜。戏曲的用色也极其讲究，风格类型多样，但多数用色较丰富、色彩明度高，这些多元的色彩在整体效果中不但不杂，反而十分丰富，高饱和度的颜色给人强烈的视觉冲击力。个性特色鲜明甚至夸张的造型设计和色彩运用，具体体现在脸谱、服装、道具等方面，是传统戏曲创作长期经验的凝练。装饰性表象的背后实际与角色的个性特征紧密相连，动漫造型正好需要这种高度提炼、概括的形象。动画创作要借鉴戏曲宝贵的经验，为我所用，然后高度概括，凝练固化成一整套成体系的表现方式。

戏曲表演艺术给动画以启示。传统戏曲中表演动作、音乐版式、舞台效果建构了一个相对封闭的表演空间，简练夸张的动作表情配合恰当的现场配乐、说唱，进而演绎出一曲曲动人的故事，戏曲中追求“意到笔不到”的虚实技巧给人无限的遐思。若能将这些技巧借鉴吸收，可以极大地丰富动画的艺术感染力，塑造复杂个性与情感意蕴，从而推动叙事情节。1981年，动画片《三个和尚》运用了戏曲表演中的“虚实”手法，寥寥几笔，以“水墨式”造型设计塑造了饱满的人物形象，成为中国艺术动画的不朽经典。

戏曲音乐也值得动画学习。戏曲因为动作表现具有一定的局限性，因此在传情达意时，声音就起着重要的辅助作用。戏曲中的声音在意境氛围的渲染、情节转折的暗示、故事情节高潮的推进等方面都有很丰富的表现力，这些经验都值得动画创作者学习。动画经典作品《大闹天宫》中的人物对白就采用了介于京白和朗诵之间的声音。而其背景音效则采用了京剧锣鼓点来映衬，不仅使整部影片充满浓郁的民族特色，还更好地烘托了打斗场面的气氛。影片中，为了表现七仙女的妩媚，主创别出心裁地切入了一段昆曲唱段，使得叙事节奏张弛有度。《大闹天宫》的成功与它同戏曲音乐的巧妙融入显然有一定关联。

总之，戏曲艺术是中国动画创建民族化品牌可以依托的资源。

三

换个角度看，动画对戏曲的依托也不是单向度的。动画是深受受众喜爱的当代传播手段之一，它通过影视媒体潜移默化地影响着各个年龄阶段人群，尤其是影响着未成年对社会的认知，包括社会规范、价值标准、行为方式等，具有传统艺术难以企及的优势。研究显示，随着数字媒体的普及，戏曲剧场演出往往呈现“卖唱不卖座”的惨淡局面，民间戏曲团体的生存也很艰难，很多经典剧目都濒临散失，而依托戏曲的动漫创作则有利于古老戏曲文化的传承发展。运用青少年喜欢的动漫形式来传播、推广经典戏曲文化，可以让青少年人群在欣赏动漫的过程中，轻松、愉悦地接触、关注、喜爱传统戏曲，潜移默化地接受传统文化的熏陶，从根本上培养起新一代对文化经典的认同，这对传承和弘扬戏曲艺术同样具有重要的意义。

以京剧和昆曲为代表的传统戏曲艺术，以其悠久的历史、深厚的情感积淀成为我国民族性最强的一种艺术形式。当下，中国戏曲的凋零似乎给人一种过时落后的错觉，这里的原因我们暂且不论，但戏曲中的诸多成功经验如果运用在动画创作中能创造出另一番天地，给动画带来新鲜的活力。戏曲与动漫的结合是发展文化创意产业的必然结果，是时尚与传统的结合，二者互补，相得益彰[①]。戏曲动画《双下山》改编自同名昆曲剧目，使用三维动画技术制作，追求中国水墨画的洒脱与随意，彰显了独特的东方魅力。2008年该片获中国国际动漫节两项大奖，2009年获美国红树枝动画节“最佳实验动画/可视音乐奖”。这部戏曲动画的成功正说明戏曲与动画的联姻互利双赢，有利于新兴艺术的民族化，也促进古老艺术的新生。

动画填补了戏曲在形式和传播等方面的局限性，戏曲资源则为民族动画产业开辟了一个蓝海市场，为动画创作提供了诸多题材，使之有了更新颖的内容。借鉴传统戏曲的本土艺术形式，弘扬民族风格，将是中国动画创作、发展与繁荣的一条康庄大道。

目前，全国已有不少院校、企业开始了戏曲动画研究。1999年，中国戏曲学院开设了戏曲动画专业，并成立了戏曲动漫研究所；2005年5月，由中国美术学院传媒动漫学院联手中国画系共同策划启动“动画戏曲百集工程”，作为浙江省“文化精品工程”重点项目立项；2007年，由中国艺术研究院组织与指导，湖南京鹰文化传播有限公司及九天星文化传播有限公司策划、制作的“中国戏曲经典原创动画工程”在北京正式启动[②]。

戏曲动画的创作是一项浩大工程，很多方面都需要进行深入研究，不断摸索，却非一蹴而就的事，最重要的是要在此过程中逐渐寻觅到一整套与动画自身特点高度契合的表现方式，形成本土化的动画文化体系。在目今中国动画希望与问题并存的处境下，要以新的创作实绩树立国民对本土动漫的信心。据多次问卷调查显示，国人并没有对国产动画失去信心。动画人不能妄自菲薄，更不能迷失方向，在动画“井喷式”发展的现在，一定要认真定位，建构属于自己的动画体系。《麦兜》《神

---

① 徐涟:《戏曲动漫:能否为中国原创挖出一座富矿》,《中国文化报》2007年8月11日第1版。

② 潘伊川、韩庆:《当戏曲遇上动画》,《人民日报海外版》2007年8月21日第7版。

秘世界历险记》《泡芙小姐》等作品的大获好评，进一步说明了本土口味的市场前景。所以，我们应建立文化自信，走中国动画的民族化之路，实现国产动画本世纪的“中国梦”。

（原载《长江大学学报》（社科版）2014年第6期）

青春励志电视剧的一次飞跃

——《歌海情天》的艺术表现及对国产青春励志剧的启示

◆尚 文 马 梅

宫斗、穿越、谍战、经典翻拍……一波未平，一波又起，在纷繁复杂、竞争激烈的国内外电视剧市场中，国产电视剧以何取胜成了至关重要的命题。而国产电视剧《歌海情天》犹如一阵清风吹进了人们的视野。作为一部青春励志题材的电视剧，既要适应当下青春一代的梦想，还要向传统主流价值观念靠拢，这一直是青春励志剧的难题，而《歌海情天》则向观众交出了一份满意的答卷。它不仅向观众展开了一幅“一体多元”的民族文化融合、民族团结的画卷，而且展现了当下90后年轻人肩负民族文化使命的青春逐梦之路。

一、青春励志剧《歌海情天》艺术表现手法

（一）集多种类型剧增添“独特性”

《歌海情天》融西部片、公路片、风光片、歌舞片、青春片、年代剧等类型影视剧的特征于一体。说它是西部片，一是因为剧情主要发生在西部五省区，二是因为其地域文化色彩与粗犷豪放率真的人物个性既是

作者简介：尚文，2014级戏剧与影视学专业硕士研究生。马梅，教授，博士，硕士生导师，主要研究方向：新闻传播理论与实务、广播电视新闻学、电视纪实节目、纪录片艺术、媒介文化等。

中国西部文化的反映，也和美国西部片的精气神有相似之处。说它是公路片，是因为剧中一众青年是且行且寻访且体验，乘坐越野车等交通工具在浩瀚的中国西部行走。说它是风光片，自然是因为片中对我国西部五省区独特的自然风光、风俗人情的展示。说它是歌舞片，是因为片中借青年们所到之处所展现的西部各民族美轮美奂的歌舞。说它是青春片和年代剧，看似悖论，实是因为片中一众青年的青春勃发与王洛宾个人经历在历史背景中的展示的交错展开。

这部片子的人物设计也颇具匠心，有来自欧美、对王洛宾以及中国民族音乐进行研究的青年，有来自台湾、对王洛宾有着偏见的美丽姑娘，有性情迥异的中国都市青年，也有风姿独具的中国西部青年，因而似乎借由他们，阐发或探讨了艺术的、观念的民族性与世界性、单一性与多样性的问题。

（二）时空交错增添“观看性”

《歌海情天》由香港著名导演胡明凯执导，以民族音乐家、西部歌王王洛宾的部分人生片段与歌曲为平台，讲述一群中外90后青年人相约走遍西北五省区探寻王洛宾的音乐及西北那片神奇土地的故事。剧中用当代和年代两条线交错并行的叙事手法，将90后主人公探寻王洛宾在西北留下的足迹与王洛宾所生活的年代相穿插，通过多时空、多变化的时空组织，丰富了观看体验。如剧中女主人公之一的纳宁与同行者一起去参观当年改变王洛宾命运的纳家户清真寺，通过纳宁回忆母亲曾说过的关于纳家户清真寺与王洛宾命运的故事转场到当年王洛宾来参观游览时的所见所闻。这种将同一地点、不同时间发生的事情纵向串联在一起，在看似不经意间既保持了时间的连续性，又注意了空间的并列性。

剧中两条线相互交错，共同推进故事的发展，在某些点上的情节融合又增强了观看性，仿佛使这群探寻王洛宾的年轻人与王洛宾的关系变得微妙起来。如剧中王洛宾在草原邂逅了藏族姑娘卓玛并为之倾倒，写下了传世民歌《在那遥远的地方》赠予卓玛，这让与王洛宾随行的新婚妻子刘若珊十分苦恼。同时，与女主人公纳宁一路同行的法国小伙詹姆斯在蒙古包内邂逅了也叫卓玛的藏族年轻女孩并为之深深吸引，把这一切都看在眼里的纳宁心里也不是滋味。剧中过去与现在的两条感情线在这里出现了第一次融合，也将故事情节推向了一个小小的高潮，在随后剧情的发展中观众的兴趣点也增加了，既要留意王洛宾与卓玛两人的关系，还要关注詹姆斯与卓玛的感情走向。值得一提的是，剧中卓玛一角都是由同一演员扮演，这种今与昔感情碰撞出来的火花使得人物形象更加生动而饱满。

《歌海情天》在青春偶像励志剧这一类型题材中另辟蹊径，打破了传统青春励志电视剧线性叙事的束缚，在叙事方式上的跳跃性使该剧具有独到之处，也不失为一种创新。

（三）地域文化增添人文价值

任何一部优秀的电视剧都有其独特的艺术价值，单靠公式化的剧情、偶像化的人物，从长远来看是很难立足的。“韩流”之所以汹涌澎湃，不仅仅是俊男美女养眼的人物组合、“丑小鸭变天鹅”的逆袭剧情，还有韩国电视剧的“文化贩卖”。文化对于人的影响是潜移默化且深远持久的，对于还未形成个人独立价值观的青少年尤为如此。青少年面对一切新鲜事物都有学习与模仿的本能，韩国电视剧中“见缝插针”式的文化渗透，无不影响着一批又一批青少年。何况，关于王洛宾、西部歌舞、西部文化，更是可以唤醒我国各年代群观众的关注，王洛宾的歌曲和西部歌舞在我国的广受欢迎就是例证。那么，国产电视剧为什么不宣扬我国源远流长各具特色的文化呢？

《歌海情天》处处体现着我国大西北独特的地域风情，该剧辗转于宁夏、青海、西藏、新疆、内蒙古拍摄，大量的民族服饰、乐器、异域风光、饮食文化，无不打动观众的心。剧中出现的回族婚礼仪式、西夏王陵、三关口长城、回族盖碗茶、西藏牦牛肉、蒙古马头琴、新疆冬不拉等等，将西北之美全景展现。很多网友留言表示：“这简直就是西北旅游宣传片啊！”[①]正如女主人公纳宁在剧中说的，“我是怕啊，银川的美景美得让你们都抛家舍业地留在这儿了。”我国历史悠久，文化长河源远流长，地域的相对独立性和各地区社会发展的不平衡导致文化特征的差异，并由此构成地域文化特色。也正是这种地域文化特色使得电视剧不

① 新消息报：《在宁夏20多地取景的电视剧〈歌海情天〉正在央视热播》，http://mp.weixin.qq.com/s?__biz=MjM5ODgwOTY2MA==&mid=201910899&idx=7&sn=d05280df7b9717557463784356f88b9e&3rd=MzA3MDU4NTYzMw==&scene=6#rd. 。

再是仅供人消遣的娱乐品，而成为一种文化的象征与标志。当本地域的观众看到熟悉的家乡景色时他们会感到分外亲切，对于其他地区观众来说则是了解异域风光文化的窗口和艺术沟通的渠道①。

我们耳熟能详的青春励志电视剧如《奋斗》《我的青春谁做主》《北京青年》等大多以主人公的感情、事业为故事主线，表现都市青年人在严酷的社会环境中如何坚持自己的梦想而获得成功的，一般较少涉及对民族文化、地域文化的传播与弘扬。而该剧将西北特色民族文化、西部传奇歌王王洛宾创作的歌曲糅合于其中，作为电视剧主要宣扬的中心，向观众呈现了当下西北特别是新疆各族人民共同团结奋斗、共同繁荣发展的真实生活状态，新颖瞩目的画面和美妙歌声展现了祖国大西北及其新疆各族人民凝聚自信、社会和谐、民族团结、意气风发的感人场景②。电视剧所蕴含的人文气息、对传统文化的传承在这里得以体现。

（四）人物形象塑造增添“真实性”

对于当下青年来说，励志成长是他们的生活主题，也是他们的精神诉求。但影视产业自身的商业性使得不少电视剧在创作时必然以收视率和盈利作为导向，因此，便产生了一批思想内涵不高，单纯为了商业利益而一味迎合观众口味、娱乐过度的剧目。它们在演员选择上主打“偶像牌”，男主角英俊潇洒、女主角甜美俏丽，这本无可厚非，然而过分关注外形，忽视人物性格与思想内容，就使得剧中人物形象扁平化，脱离实际生活。

电视剧《歌海情天》在选角上，弃用了青春剧惯用的偶像型演员，主要由个性鲜明的新人演员来出演。女主角之一的纳宁性格大方、稳重，由新人演员万潼饰演。纳宁的闺蜜，性格开朗，较真的北京大妞苏晶晶，则由90后新生代演员马丹旎担任。剧中其他人物像台湾女作家山茶花、为了追寻中国文化的法国小伙詹姆斯、主修心理学的女大学生邢愫愫、“痞气”十足的纳川，这些贴近生活的“平民化”人物形象，在剧中有着自己的酸甜苦辣，或因大学毕业是选择继续深造还是踏入社会而迷茫不已，或者是为毕业论文而苦恼，还有朋友之间引发的种种误会与

① 郑少康：《浅议大西北电视剧的艺术魅力》，《电影画刊》2007年第12期。

② 和讯网：《磅礴豪迈 声高巨远为电视剧〈歌海情天〉点赞》，http://news.hexun.com/2014-11-11/170283512.html.。

猜忌。在剧中，年轻观众仿佛能看到自己的影子，跟着剧中人物一起经历各种心路历程的变化，但全剧人物满满的正能量给予了年轻观众很好的精神鼓舞力量。全剧结尾，每个人在这次的游览探寻过程中，找到了今后的发展方向，大家也因朝夕相处而化解了原本存在的矛盾。这正是观众希望看到的，当代年轻人奋发有为、积极向上的人物形象，而不是偶像剧里泛滥的因爱生恨而郁郁寡欢、颓废、消极的人物形象。

不同人物性格的对比也强化了剧中人物形象的"真实性"。就拿苏晶晶与纳宁为例，两人虽是无话不说、亲密要好的朋友，但在旅途中两人一直存在矛盾，苏晶晶喜欢单独行动，根据自己的计划前往不同的目的地；而纳宁则较顾及整个团队，在集体讨论之后商讨出接下来的任务计划。在鲜明的对比下，青少年真正需要的教育方式不言而喻。剧中，在友情的探讨上也使用了对比手法，一行人中每个人对待朋友的方式与态度都不尽相同，编导正是通过对比将其对友情的理解传递出来，引发青少年择友、待友的思考。

（五）镜像语言增添朴实感

社会环境的变化要求银幕上的青春励志剧既要符合当下青年对于梦想的追逐，同时还要尽可能地向主流价值观看齐。近年来，出现了一批与现实生活严重不符，与我国主流价值观相违背的青春偶像剧。它们有的流连于高档酒店会所内奢华的场景铺排和各种时尚靓丽的元素展现，却牺牲了青春励志剧中对人性的书写与爱情的表达，严重脱离了一般受众的审美趋向，难以在艺术上给观众真实的审美感受；有的过度渲染绚丽夺目的场景布置，无论灯光还是镜头都是极尽奢华而丢失了影片的故事性，前后故事情节无明显逻辑关系，很多网友表示："这真是一部制作精美的MV"[①]。某些影视剧的"拜金主义"更是遭到《人民日报》痛批。

在电视剧《歌海情天》中没有令人炫目的镜像语言，没有刻意追求奢华效果的场景展现，呈现在观众面前的就是清新、朴实的乡土民情。高高的蓝天、洁白的雪山、淳朴的藏民、别具异族特色的服饰，这些原始古朴的美丽风情与画面，色彩清新、意蕴辽阔，如同一幅恬淡的异域山水画。在镜头的运用上，将大景别镜头用于描绘山川、河谷，远景、

① 腾讯网:《〈小时代〉更像一部著作精良的MV》, http: //ent. qq. com/a/20130705/013816.htm.。

大全景，视野辽阔，将西部大好河川展现在观众眼前。在色彩的运用上，尽可能多地还原最真实的西部秀美景色，清新悦目，与矫揉造作的都市灯红酒绿、纸醉金迷有了鲜明对比。由此，青春励志剧如果只停留在青春偶像的爱情、时尚元素的填充上，是与当代人的审美需求不一致的。枯燥地灌输人生信条，同样难以令观众信服。

二、从《歌海情天》看未来国产青春励志剧的发展

（一）融入民族与文化气息

电视剧既是大众传媒的一种，也是民族文化传播的平台，是植根于传统文化中的艺术表现形式。所以，电视剧的创作需要考虑到能否展现独特的民族文化魅力。《歌海情天》中展现了幅员辽阔的大西北地区异域风景、主人公们积极正面的人物形象，使该剧不再是只讲“吃喝玩乐”，拥有华丽外表而无实质内容的“空壳”。回顾以往的国产青春励志剧的发展之路，大多停留在对都市年轻人感情纠葛的描写。如《奋斗》，虽然打着“奋斗”的旗号，但主要表现的还是以陆涛为主要人物的一群年轻人在离开大学校园后爱情与现实权衡的问题。对于中国传统文化的展现几乎没有。而在这方面较为出色的韩国青春励志剧《大长今》则既为观众塑造了一个拥有曲折不挠、坚毅乐观精神的奇女子大长今，又充分展现了韩国的传统文化与民族精神，从而提高了整部剧的文化内涵与精神价值。

因此，青春励志剧在今后的发展中应当担负起传播传统文化的功能，并且赋予其更浓厚的民族与文化气息。

（二）积极发挥“偶像”的引导作用

受日韩偶像剧的影响，我国青春剧对于演员的挑选首先考虑的是演员的外貌，俊男美女的养眼组合是时下最受观众追捧的模式，更是出现了只为看演员而忽视剧情的现象。过分注重外在，仅仅满足的是观众的视觉需求，却满足不了观众的心理需求。国产青春励志剧要想取得真正的成功，如何打造优质偶像使他（她）可以对青少年的成长起助推作用是关键的一步。偶像为观众设立了一个“标杆”，观众在潜移默化中模仿

偶像的言谈举止、精神品格。这就要求应当重视偶像的引领作用。具有人格魅力的偶像演员能在引导青少年的人生观、价值观等方面起到积极作用。如《歌海情天》中外表并不出色，但却讲义气、有担当的纳川，《士兵突击》中出生农村的憨厚士兵许三多。他们虽没有十分抢眼的外表，却凭借着自身的魅力向观众传递主流价值观。纳川对朋友不求回报的帮助与当下存在于很多人身上的功利之心形成鲜明对比。许三多的那句“不抛弃、不放弃”名言，更是激励了之后无数处在困难中的人们。

真正的偶像应该是具备个人魅力，并且是可以积极发挥榜样力量的一群人，而并非是那些徒有华丽外在却无思想的“行尸走肉”。

（三）拓宽领域集多种类型与一体

以爱情为主旋律是青春励志固有的风格，无论是早期的《永不瞑目》《白领公寓》，还是最近热播的《何以笙箫默》都是以爱情为题材的电视剧。但随着社会的多元化发展，青春励志剧如果不拓宽领域，集多种类型剧于一体，是难以在这样一种大环境下立足生存的。立足于基本国情，反映最真实的生活，不拘泥于爱情，有自身主题思想的青春励志剧才能长期的生存于变化多端的电视剧圈。像《歌海情天》展现的并不只有爱情剧的元素，还囊括了风光片、歌舞片、公路片等多种元素在剧中；《士兵突击》将励志剧与军事、动作剧结合，把主人公的青春融入绿色的军营生活中；《恰同学少年》则成功打上了红色青春剧的标记。这些作品集多种类型剧于一身，将爱情、励志、人生观等诸多方面完美地诠释出来，作品的内涵得到较大的提升①。

青春励志剧走“跨类型”路线，是提升作品的艺术与人文价值的必然途径，同时也是社会发展多元化的趋势。

三、小结

电视剧《歌海情天》让我们看到了青春励志剧发展的另一条道路，它所涵盖的思想艺术品位较之前的青春励志剧是更为深刻的。优秀的青春励志剧唯有遵循现实逻辑，担当起它所肩负的社会价值，才能与观众

① 高昕：《国产青春剧作品思想价值取向研究》，包头：内蒙古科技大学2013年版。

的情感诉求紧密相连，最大限度地发挥出青春励志剧对青少年价值观引导的力量。与此同时，也能为未来青春励志剧的发展提供了一条可借鉴的道路。

（原载《东南传播》2015年第7期）

“中国形象”视域下公益慈善传播现状与发展

——以央视《共同关注》栏目为例

◆ 冯李华　马　梅

一、研究缘起

近年来，中国发生了一些突发性的灾难性事件，如汶川地震、玉树地震、舟曲泥石流、芦山地震，每一次灾难性事件中媒体都进行了持续有力的救灾报道，这些救灾报道中的一部分报道将目光对准公益慈善组织、公益慈善人物及其对受灾群众的帮扶援助，一部分报道将目光对准受灾人民在灾难中的互助、坚韧等美好精神，可以说比较充分地表现了中国民众的形象——而这正是中国形象的一部分。由此，本文拟从中国形象视角来分析公益慈善报道的现状与发展。

“中国形象”的概念界定要从“国家形象”概念开始。一般而言，人们倾向于从国际层面上对国家形象进行界定，即某一国家外部公众对该国政治（包括政府信誉、外交能力与军事实力等）、经济（包括金融实力、财政实力、产品特色与质量、国民收入等）、社会（包括社会凝聚力、安全与稳定、国民士气、民族性格等）、文化（包括科技实力、教育

作者简介：冯李华，2010级新闻学专业本科生。马梅，教授，博士，硕士生导师，主要研究方向：新闻传播理论与实务、广播电视新闻学、电视纪实节目、纪录片艺术、媒介文化等。

水平、文化遗产、风俗习惯、价值观念等）与地理（包括地理环境、自然资源、人口数量等）等方面状况的认识与评价。国内公众对本国各方面状况的认识和评价一般被归类为国内形象和政府形象[①]。也就是说，中国形象可以主要被认为是国外公众对中国政治、经济、社会、文化、地理等方面状况的认识评价。

而国家形象具体由国家实体形象、国家虚拟形象和公众认知形象三个层次组成，其中国家实体形象是国家形象在客观世界主要是在国际上的客观面貌，是未被评价和认知的原始存在，是一国综合国力的自然状态；国家虚拟形象即通常意义上的媒体国家形象；公众认知形象是国家主观形象，是外部公众对一国形象的认知，是一国希望打造的国家形象的最后作用点，在媒介化社会里公众认知形象主要是通过媒介尤其是大众传播媒介获得的[②]。

本文所说的公益慈善传播是媒体对关于救助弱势群体，动员社会大众关注和参与社会公益活动中的各种报道的总称。媒体参与公益慈善报道，是承担社会责任的一种表现。公益慈善报道的一般形式有刊登公益广告、发起公益组织、媒体主持募捐、报道弱势群体等一系列活动。笔者认为，"中国形象"与公益慈善传播主要关系如图1所示：

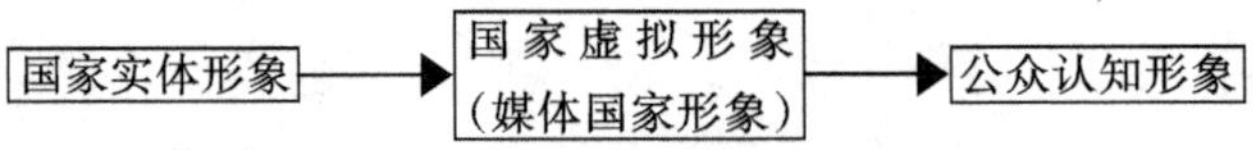

图1 媒介化社会国家形象的层次与实现

首先，公益慈善报道可以从正面展示和传播"中国形象"。从某种程度上讲，一国国家形象的好坏与传媒的长期报道作用于人们头脑中所形成的印象有很大关系[③]。正如美国学者格伯纳所提出的"培养分析"理论所阐述的那样，媒体尤其是电视媒体具有塑造人们共同的价值观、人生观和世界观的作用。一方面，传媒的公益慈善报道传播的内容主要是对困难弱势群体的帮扶，对社会问题的关注，具有消弭社会矛盾之用，体现的正是"和谐社会"的基本要求。另一方面，"中国形象"包含着个人

① 段鹏：《国家形象构建中的传播策略》，北京：中国传媒大学出版社2007年版，第8页。
② 段鹏：《国家形象构建中的传播策略》，北京：中国传媒大学出版社2007年版，第8-10页。
③ 李良荣：《新闻学概论》，上海：复旦大学出版社2011年版。

形象、组织形象等方方面面的不同主体的形象。

其次，“中国形象”视域下的公益慈善报道也反映出当下中国社会存在的诸多社会问题。例如留守儿童问题、残疾人救助问题、环境污染问题、暴力拆迁问题等等。公益慈善报道在树立国家“正面形象”的同时，也从另一方面揭开中国社会存在的一道道伤疤。能勇敢地自揭家丑，恰恰体现了中国媒体的环境监测功能，能够获得西方的认同，更加有利于负责任的中国形象的构建。

二、研究方法

（一）目标媒体和时间范围

本研究以电视为目标媒体，以中央电视台（以下简称“央视”）为研究对象。首先，央视作为权威媒体的代表，《共同关注》从2003年开播至今已经10年之久，节目具有典型性和代表性。其次，央视新闻的覆盖率和到达率在众多电视媒体单位中占有绝对的优势。因此，央视在公益慈善报道中对“中国形象”相关信息的选择和处理直接关系到人们对“中国形象”的认知，对“中国形象”的塑造具有重要影响力。2009年8月《共同关注》改版后全新亮相，本研究选取2009年10月、2013年10月为研究时段，之所以选择这两个时间段是因为2009年10月是《共同关注》的改版初期，从其播出内容可推测其今后节目走向；选取2013年10月是因为此时距改版已有5年，将其播出内容与2009年10月做比较，分析该节目在公益慈善报道方面的发展。

（二）分析方法

本文采取非介入性研究方法，在《共同关注》官方网站中获取2009年10月和2013年10月的全部节目，共计新闻视频1861个。以内容分析法的要求对分析单位进行统计和计算；以所有在相关时间范围内报道过的新闻资讯为分析单位，按照播出日期、新闻总数、公益慈善新闻所占条数、公益慈善新闻内容等类目建立数据表格通过对各个变量的横向、纵向的计算和对比，观测央视在公益慈善栏目中对“中国形象”的塑造及报道态度。

三、研究发现

经过对《共同关注》2009年10月和2013年10月期间的视频资料的分析，整理出了统计表格如表1、表2：

表1 央视《共同关注》2009年10月报道内容

播出日期	新闻总数	国内新闻条数	国际新闻条数	公益慈善新闻条数	公益慈善新闻内容主题
10月1日	27	18	9	7	国庆60周年盛典：我们共同的光荣
10月2日	25	17	8	6	首都各界庆祝60周年国庆、国庆60周年阅兵式
10月3日	34	27	7	8	汽车旅游绿色出行、带孩子游园避拥挤人群
10月4日	30	21	9	8	旅游新选择、“保单门”揭航空意外险制假冰山一角
10月5日	33	18	15	10	国庆庆典的记忆、“茉莉”将不会影响我国近海
10月6日	26	15	11	7	陈观玉：爱心见证中英街的变迁
10月7日	31	22	9	9	错峰游成好选择、云端行窃：一个航班揪出三贼
10月8日	33	17	16	5	“茉莉”致2人死亡 数百航班取消
10月9日	36	23	13	8	湖南冷水江锑矿罐笼坠落、56民族谱和谐赞歌
10月10日	27	17	10	8	“连带受罚”惹争议、“笆玛”造153人死亡
10月11日	29	22	7	12	商家作案高科技窃听令人忧、武大腐败案引思考
10月12日	32	21	11	11	天价烟局长获刑、日军大轰炸案诉讼暂告段落
10月13日	35	19	16	7	官兵救援被夹驾驶员、“最牛团长夫人”被免职
10月14日	29	17	12	5	亲友诱骗传销 触目惊心、手机网店遭“无间道”
10月15日	33	25	8	13	石嘴山爆破事故、小学“贵族班”挑战教育公平
10月16日	31	17	14	7	公款豪华游海事法院院长被免、网络征婚藏陷阱
10月17日	35	22	13	6	废品站“酿”出品牌酒、“艾滋女事件”引担忧
10月18日	36	25	11	9	“地下警察”替人出头、母子失散八年终团聚
10月19日	25	9	16	12	电费将划阶梯、“保密焦虑症”困扰白领

续表

播出日期	新闻总数	国内新闻条数	国际新闻条数	公益慈善新闻条数	公益慈善新闻内容主题
10月20日	27	18	9	6	翻新洋垃圾年销旧衣上亿、小学生干部也贿选
10月21日	31	21	10	11	彩票诈骗又出新招、南昌：捆绑收费惹争议
10月22日	25	13	12	7	九百万亩土地受旱、“差生”入选北大保研争议
10月23日	32	23	9	6	“乙肝”维权首案胜诉、日企主动赔偿中国劳工
10月24日	29	16	13	9	洞庭湖持续干旱、“炒房处长”被判无期
10月25日	26	10	16	5	求职者“被办卡”落入透支陷阱
10月26日	28	21	7	8	智障康复机构进小区难、入秋引发哮喘患儿激增
10月27日	27	15	12	3	四类人不能接种甲流疫苗、告慰英雄感动化行动
10月28日	30	19	11	2	湖北：市民送别三名见义勇为大学生
10月29日	28	20	8	7	重庆留守儿童人数达30万、北京甲流患者增加
10月30日	32	23	9	9	今年首个寒潮到、井盖丢失五年受害市民众多
10月31日	28	17	11	11	教育潜规则令教育“变味”、大雪突降供暖提前

表2 央视《共同关注》2013年10月报道内容

播出日期	新闻总数	国内新闻条数	国际新闻条数	公益慈善新闻条数	公益慈善新闻内容主题
10月1日	20	19	1	7	特别调查：新中国成立64周年 我爱你中国
10月2日	23	17	6	5	假期出行莫忘“带文明”
10月3日	23	18	5	7	假期景区不文明现象调查
10月4日	25	16	9	8	直通景区、爱国让你想起什么
10月5日	27	20	7	7	直通景区、爱国是情感更是责任
10月6日	39	33	6	9	国庆旅游看文明、爱国让你想起什么
10月7日	26	21	5	10	黄金周盘点、中国军队的“老兵”和“新兵”
10月8日	36	23	13	16	建筑垃圾非法倾倒调查、“菲特”余威凶猛
10月9日	34	20	14	6	北京市容委研讨曝光内容、水浸余姚

续表

播出日期	新闻总数	国内新闻条数	国际新闻条数	公益慈善新闻条数	公益慈善新闻内容主题
10月10日	34	17	17	13	余姚防汛形势严峻、万元利息为何缩水？
10月11日	37	25	12	8	航拍余姚、多地现超长期保值储蓄利息缩水
10月12日	29	16	13	10	证件办理遭遇“踢皮球”、新闻现场
10月13日	28	21	7	8	晒被子比孝心、余姚深水中送补给
10月14日	30	16	14	8	求医问药最头疼什么、余姚灾后秩序恢复正常
10月15日	35	16	19	6	厦门“疯狂礁石”屡困游客、“圆仔”满百天
10月16日	33	14	19	4	民政部：下拨1.18亿助浙闽救灾、关注服务
10月17日	28	21	7	6	安徽滁州“忽悠”非个例、新闻特写
10月18日	25	18	7	11	雾霾阻击战、公交车上的暴力
10月19日	26	21	5	10	关注北京治霾、云南官员强奸4岁幼女报道
10月20日	27	24	3	6	规定缺乏人性化 行业服务引争议
10月21日	33	22	11	10	雾霾笼罩东北三省、关注万象：保护动物
10月22日	29	17	12	11	雾霾笼罩东北三省、打击非法行医
10月23日	34	19	15	7	关注东北雾霾、爱心企业捐助“最美乡村教师”
10月24日	28	13	15	5	行车记录仪 分清责任防碰瓷、打击非法行医
10月25日	36	22	14	8	“神医”再现江湖 涉嫌害死青年
10月26日	23	8	15	3	湖南永州：又到候鸟迁徙季 私下售鸟仍存在
10月27日	32	23	9	8	北京香山公园迎客流高峰、真假“花旗”
10月28日	28	19	9	4	“魔术烟”误导孩子、理解偏差消费成禁忌
10月29日	31	13	18	2	“干扰器”盗车内财物 、黄河约20米河堤垮塌
10月30日	33	22	11	7	沉迷手机的“低头族”、如何辨别染色脐橙
10月31日	39	26	13	7	如何辨别转基因和非转基因产品、松原地震

根据上表，我们把与环境保护、自然灾害、调查维权等内容相关的新闻视频归类于公益慈善新闻一类。在2009年10月，31天的节目中，环境保护类报道计有3天，涉及绿色出行等；灾害报道计有5天，涉及台风"茉莉"等报道；监督维权报道计有8天，涉及"炒房处长"被免职曝光等；社会乱象报道计有10天，涉及彩票诈骗等内容；公益服务报道有14天，涉及"告慰英雄"等。在2013年10月31天的节目中，环境保护类报道计有6天，涉及全国各地的雾霾天气等；灾害报道计有9天，涉及台风"菲特"、松原地震等；监督维权报道计有5天，涉及"办证难"等；社会乱象报道计有10天，涉及建筑垃圾非法倾倒等；公益服务报道计有11天，涉及"如何辨别转基因和非转基因产品"等。

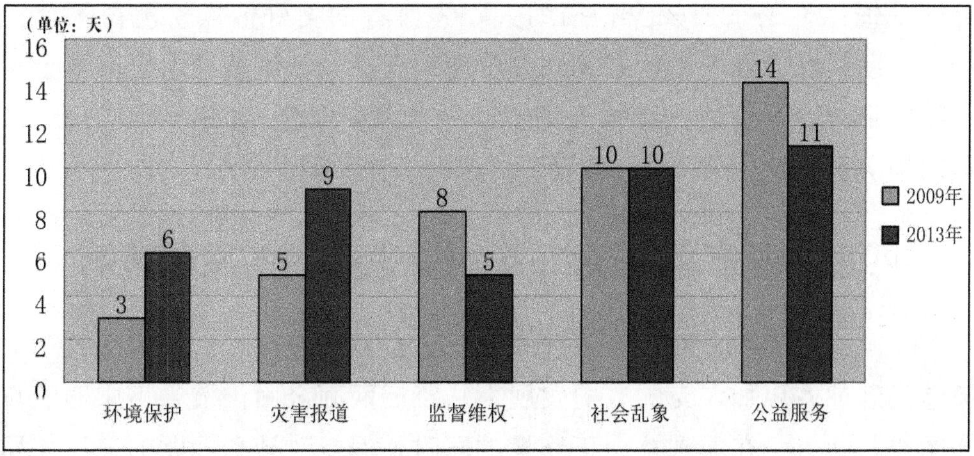

图2 《共同关注》2009年10月和2013年10月各类公益慈善新闻报道出现天数分布

（一）公益慈善传播的内容涵盖面扩大，注重监督性和服务性

新版《共同关注》关于公益慈善新闻报道有如下特征。首先，《共同关注》中的公益慈善新闻报道涵盖的范围较广，从环境保护到监督维权，从灾害报道到公益服务甚至是人民群众中的不文明现象都予以了报道，对"中国形象"的塑造更加全面。其次，公益慈善报道的新闻性、监督性、服务性较强，最典型的如对"雾霾"天气的报道、对政府人员不作为的监督曝光、对转基因食品的科普性报道等，对"中国形象"的塑造更加真实。栏目围绕"民生、民情、民意"，反映具有普遍意义的社会热点、难点，并力图推动问题的最终解决，如"余姚水灾"和"东北

雾霾”的新闻就保持了连续几天的追踪式报道，栏目强调互动性、贴近性和服务性。

（二）中国形象尚未自然融进公益慈善传播

新版《共同关注》在塑造“中国形象”方面更加全面立体，在公益慈善报道中加入了监督性、批判性、互动性元素，将涉及公益慈善的个人、社会组织、国家机关单位等主体全都包含在内。但是个体的形象、组织形象尚未得到充分的塑造。

以《共同关注》“救助帮扶”残疾儿童或贫困大学生群体的报道为例，其报道形式桎梏于“说故事”式的新闻专题形态，停留在报道信息的层面上，传播只是达到呼吁公众关注慈善、参与慈善的效果层面，细节性、情感性的东西较少，捐助人、志愿者的美好情操表现得不够充分，受助人的自强不息、主体性也展现得不够。影响范围也仅局限于某一特定群体中，没能在更大范围传播公益慈善理念；报道采取的方法、形式和众多省级卫视的公益慈善节目相比，并无多少创新。

四、“中国形象”视域下公益慈善传播的发展策略

从《共同关注》栏目的发展来看，公益慈善报道对“中国形象”的塑造已经朝着更加多元的方向发展，从正反两面全面传播当下中国的真实图景，让人们在看到社会正能量的同时，保持对社会问题的关注与思考。“中国形象”视域下公益慈善传播如何才能保持较好的传播效果，仍需要我们不断地探索。

（一）公益慈善传播对“中国形象”的展示应走“群众路线”

目前，包括《共同关注》在内的很多电视栏目、新闻报道，在传播公益慈善内容时，仍满足于采访分管领导、社区干部，对老百姓的声音展现较少；在报道方式上，仍较多地是信息告知为主，缺少互动。也就是说，很多公益慈善传播性质的栏目、报道，只告诉人们“来参与”，没有告诉人们“为什么来参与”。其实，通过在相关新闻报道后面、在节目中设置群众短信互动环节、微信微博选读环节，可以让广大群众知道公益慈善事业的重要意义，知道“赠人玫瑰，手有余香”，知道“爱人者，

人恒爱之”，知道社会是一个互动的系统，每一个人的行为都体现了一个社会、国家和民族的道德水准，每个个体和组织的形象都在展示国家的形象。事实上，人人都在进行形象传播。

（二）营造公益氛围，弘扬公益慈善精神，展现中国形象

媒体通过对公益慈善行为的报道、对公益慈善文化的高扬，为社会发展营造良好的公益氛围，在这一过程中也就同时完成对“中国形象”的塑造、展示和传播。大众传播有社会行为示范效果，通过一些模范例子或者行为去影响别人，通过模仿或者追随的形式，使得爱公益、做慈善的人越来越多。公益慈善传播的主要思想是弘扬慈善精神，传播公益慈善文化，一方有难八方支援，每个人在一生中都会有遇到困难的时候，别人的一点救援，可能就会改变自己的一生①。公益慈善思想，是一种道德，一种理念，我们在践行的同时，中国形象自然也会得到西方认同。

（三）完善社会保障制度，帮助受助者获得自救能力，提升中国形象

我国的社会保障制度还处在调整的过程中，没有健全完善的社会保障制度。在今后的公益慈善传播中，需要监督有关部门构建综合性的社会保障救助机制，对相关慈善团体活动进行连续报道，并且加入人性化主题，融入社会主义的核心价值观。当然，社会发展中出现的一些问题，不仅仅是捐助方思想观念的问题，也不仅仅是监督和管理的问题，还有受助者本身的问题。

公益慈善报道中，不能简单地把视角放在贫困者的穷苦或者捐款者捐了多少钱物等上面，而应该多花点时间和精力去鼓舞受难者调整心态，树立正确的生活观念，鼓起勇气，正确面对困难，通过自身努力去克服困难。如此中国形象就是丰满的、立体的、全面的、可行的。

（四）勇敢“揭丑”，建构别样美丽的中国形象

传播全面真实的“中国形象”，公益慈善报道还需要在舆论监督上发挥更加建设性的作用，勇于揭露社会丑恶现象，把人民群众关心的热点问题推向台前，实事求是，将舆论引导和舆论监督相统一。改版后的《共同关注》中就加入了很多监督性公益慈善报道，有力地维护了人民的

---

① 张会琳：《完善我国公益性捐赠的所得税激励政策研究》，成都：西南财经大学硕士学位论文，2008年。

权利和尊严，这其实为受众呈现了更加真实的“中国形象”，激发了人们对社会问题的思考，促使其采取行动。传媒不仅应该告诉人们“想什么”，还应该告诉人们“怎么做”。

五、结语

今天，我们对公益慈善的认识还不够全面深刻，纠正公众对于公益慈善的错误观念是非常有必要的。在“中国形象”视域下，媒体要坚持把公益慈善报道同我国的实际国情结合起来，要加强对公益慈善的宣传和对错误思想观念的纠正，加强对公益慈善事业背后深层次社会弊病的挖掘，加强对公益事业的监督和管理。唯此，才能在更高层次上树立和传播“中国形象”。

（原载《新闻世界》2014年第4期）

春节广告中的中国元素

◆陶　睿

现代广告是一种由广告主付出某种代价的，通过传播媒介将经过科学提炼和艺术加工的特定信息传达给目标受众，以达到改变或强化人们观念和行为为目的的、公开的、非面对面的信息传播活动。当今社会正逐步由经济型社会向文化型社会过渡，广告也不仅仅只是一种纯粹的经济行为，还是一种顺应时代发展的文化行为，利用社会文化的强大力量拉近广告与目标消费者的心理距离，引导受众实现某种消费。这样，被大多数华人认同的、凝结着中华民族传统文化精神，并体现国家尊严和民族特色的符号、音响、风俗或精神文化的中国元素就理所当然地成为了各大广告商的新宠。

一、春节广告的情感诉求

春节承载着中国人对举家团圆、辞旧迎新的美好希冀，有着极为丰富的文化内涵。广告商们纷纷抓住过年这一独属于中国的传统习俗，积极寻找符合产品定位的情感诉求点，力争在这场毫无硝烟的战争中占有一席之地。

作者简介：陶睿，2011级新闻传播学硕士研究生。

（一）让爱回家，欢聚一堂

孝顺父母是中华民族的传统美德，每逢新春佳节，漂泊在外的游子，不管工作多忙或是春运多挤，都会赶回家与父母共度团圆年。

2011年底，百事可乐推出了一支名为《把乐带回家》的贺岁广告，讲述了因为工作或旅游本不准备回家过年的杂志主编周迅、摄影师张韶涵和歌星罗志祥，被古天乐所营造的童年父爱回忆所刺激，纷纷选择回家与父亲团聚的温馨故事。该广告真实反映了当今社会春节回家难的现状，唤起了在外奔波的人们对归家的强烈渴望，以“常回家看看”的传统孝道为感情线索，将“家”这一关键词与百事可乐紧紧联系在一起，真挚感人，成功提高了该品牌的亲民指数。

（二）理解至上，感恩父母

年少时，叛逆的我们觉得父母的碎碎念最为烦心，长大了学会理解，懂得感恩，却发现这些唠叨是生命中最甜蜜的负担。

2011年除夕夜，腾讯发布了其十二周年品牌宣传片《弹指间心无间》，运用日常生活中的点滴琐事刻画出母子之间由隔膜到亲近的微妙过程。广告中，儿子不耐烦地教母亲使用遥控器，机场送行时推开母亲搭在自己肩上的手，母亲对着字典用“一指禅”艰难学习打字等具体场景，加上“距离远了，心却近了”“爱突然变得清晰”“唠叨，变得动听”“不论母亲离我多远”。弹指间，我觉得，她就在身边”这种质朴的语言，在向受众传达简单真挚的舐犊情深的同时，也成功塑造了腾讯十二年相知相伴、沟通无界限的良好企业形象。

国美电器2012年的春节广告也大打温情牌，以“每一分钱，都是一份爱”为主题，讲述了长大的孩子感恩父母，为他们购置新冰箱的温馨故事，摆脱了过去广告中反复宣传价格优势的陈旧框架，以情动人，迅速积聚了受众的注意力。

（三）辞旧迎新，憧憬未来

一元复始，万象更新，新年伊始，每个人都对崭新的一年有着自己的期许与祝福。“金为至尊，六福至美”，金六福酒业借用中国传统观念里寿、富、康、德、和、孝这人生六大美好境界，迎合中国人趋吉避凶、祈福求祥的心理，将福文化与自己的品牌价值紧紧相连，并不断开拓市场，最终成为春节美酒市场上一道靓丽的风景线。

中国移动2008年新年广告以“放大幸福信号，传递新年心愿”为主题，讲述了运动员希望2008年奥运会为国争光、丈夫期待与自己的妻子共同见证孩子的第一声“妈妈”、小伙子渴望拥有浪漫爱情的美好心愿，勾起不同层次受众的情感共鸣，再加上贯穿整个广告的红色移动信号，喜气洋洋，实现了商品属性与传统文化的完美结合。

二、春节广告的中国包装

春节广告不仅积极借鉴传统文化习俗丰富其情感内涵，还巧妙利用绘画、书法等中国元素增强其视觉感受，以期得到受众最大的心理支持和民族认同，从而提升产品的传播效果。

（一）色彩上主打中国红

红色是中国人最喜爱的颜色，象征着热忱、奋进、团结的民族品格，是一种文化图腾和精神皈依的标志，在我国传统习俗中又有着驱邪逐疫的吉祥寓意，理所当然应成为春节广告的主打色调来传递福气。纵观历年来非常可乐的新春广告，红黄相间的画面底色、红色的可乐礼包、红色的衣着服饰、红色的字幕祝福等红色意象在短时间内给受众带来强烈的感官冲击和心理共鸣，烘托出喜庆团圆的大家庭气氛，再加上“非常可乐，中国人自己的可乐”这一品牌口号，进一步增强了受众对它的亲切感和认同感。

（二）语言上烘托喜庆年

俗话说，好言一句三冬暖，恶语一句六月寒。春节在中国人心中是一年时运好坏的预兆，能洗去过去的晦气，让来年大吉大利，所以人们不管是新知故友还是远亲近邻，见了面一定是吉祥话奉上，彼此讨个好彩头。广告商们自然深谙大众的这种传统求福心理，在作品的语言表达方面更是突出了喜庆团圆、平安如意的吉祥意味，以文字的强感染力直击受众内心，传递产品价值。具体的广告设计中，借鉴古典文学里的各种修辞手法就成了他们的制胜法宝。麦当劳2008年新春广告中以“鸿运三宝”为名，引用成语金鸡纳福、牛气冲天、鱼跃龙门分别对应麦辣鸡腿汉堡、巨无霸、麦香鱼汉堡三款相关产品，齐祝消费者新年行大运。旺旺集团借用排比和对偶手法，创造出“人旺气旺身体旺，财旺福旺运道旺”这一朗朗上口的经典广告语，让人记忆深刻。佳洁士的春节广告则巧借谐音优势，以红色字幕形式向受众灌输“佳节是（佳洁士）……笑口常开，想吃就吃，亲亲密密”的喜庆概念，营造出红红火火中国年的祥和气氛。

（三）符号上凸显中国风

中国元素的展现离不开相应的物质载体，联通广告里的中国结，非常可乐贺岁时的祥云、悟空形象，佳洁士广告宣传中的春联、冰糖葫芦、红包等民俗文化符号，美观而独特，极易勾起受众内心的文化归属感和民族自豪感。在这方面，可口可乐公司的本土化策略可谓非常成功，其一系列的贺岁广告中，先后启用了身着中国传统对襟衣服的泥人阿娇阿福、象征中国骄傲的飞人刘翔来为其代言，配合熊猫、爆竹、对联等年味十足的文化载体，成功营造出可口可乐“带我回家，欢欢喜喜过春节”的团圆气氛。2010年，该公司还创造性地将中国剪纸艺术与其产品外形相结合，红色可乐瓶型的剪纸带有“春”字灯笼图案并加入传统年画的图样，在烟花的喜庆绽放中，一句“你想与谁分享新年第一瓶可口可乐?”，以情动人，简单却不失品味。

（四）元素上呈现多元化

春节广告中还大量穿插着具有浓郁中国特色的背景音乐，不管是腾讯广告《弹指间心无间》中古典的纯音乐《但愿人长久》、孔府家酒回家篇中温馨的流行乐《千万次的问》、金六福父子篇中回忆童年的《小燕子》，还是金龙鱼贺岁广告中“快回家，快回家，快回家；你的心，你的心，不要再流浪”的亲切呼唤，都直接勾起了游子们“每逢佳节倍思亲”的思乡之情，使“回家过年”的主题概念更加深入人心。

很多广告在创意中注重寻找中国元素与自身产品间的契合点，以实现商品盈利与品牌塑造的双丰收。金山毒霸2012年新春广告就针对钓鱼网站兜售虚假火车票的不良现象，以其商品本身的电脑杀毒功能为卖点，设计了“守护天下回家路”的主题，朴实地讲述了一个父亲因焦急为儿子购票而受骗上当的温情故事，催人泪下的同时也成功植入了金山这个杀毒软件品牌。一汽奔腾连续两年春节推出《让爱回家》系列片，分别以“别让父母的爱成为永远的等待”“父母的笑容，是世界上最美的风景”为主题，软性植入商品良好的交通运输性能，提高了广告所蕴含的文化价值。

三、春节广告的不足之处

（一）中国元素大量堆砌，口号宣传乏味生硬

很多春节广告单纯为了满足受众所需的喜庆氛围，将一些相关的传统元素生硬组合起来，为中国化而中国化，徒有形式框架，缺乏内容表达，受众的记忆点也仅仅停留在口号式的摇旗呐喊上，整个作品显得华而不实、空洞无物。旺旺历年的新春广告从头到尾机械式地重复“旺”这一吉祥概念，不管是满屏幕金黄色的“旺”字，还是老人小孩声嘶力竭强调的“今年要不要旺”“我会旺”等标语，总使人感觉吵闹而乏味，毫无精神营养，有时甚至让人产生“不买旺旺一年都不会旺”的封建思维，虽然产品短时间内会销量喜人，却让其品牌的形象在人们心中大打折扣。

（二）广告创意流于形式，文化传统浮于表面

很多广告商抓住了春节广告以情动人这个文化诉求点，试图将回家团圆、感恩父母等细腻情愫嵌入其商品内涵之中，却往往生搬硬套，缺乏创意，难免陷入俗套。近几年来，新春广告总少不了铺天盖地的脑白金广告，“今年过节不收礼，收礼只收脑白金”以及数不清的变体广告语让人耳朵生茧，各种老头老太太的广告形象也使人心生厌烦。主打“百事孝为先”的伦理纲常，却总让人觉得肤浅粗糙，欠缺火候。没有精巧的广告设计，好的主题也免不了流于表面的厄运。

中国文化博大精深，其中自然不乏值得广告人学习借鉴的优秀艺术元素。在激烈的春节广告大战中，我们更要慧眼识珠，善于发掘各类中国传统元素，并适时适当地加以组合拼接，从而发挥合力优势，在弘扬中华文化、拉近受众距离的同时，也使广告作品在形式上更为赏心悦目，在内容上更为丰满充实，在接受上更为自然直接。

（原载《新闻世界》2014年第2期）

电视媒体对民俗文化的传播与传承

——以央视《记住乡愁》为例

◆ 赵倩雯

从2015年1月1日起，由中共中央宣传部、住房和城乡建设部、国家新闻出版广电总局、国家文物局组织实施，中央电视台组织拍摄的百集大型纪录片《记住乡愁》在中央电视台中文国际频道正式播出。《记住乡愁》选取百余个传统村落进行拍摄，通过梳理村落的历史发展脉络，深入挖掘村落中宗族世代奉行的价值观和传承千年的家风家规，将这些民俗文化精髓提炼成一个个的主题，并用讲故事的方式铺陈开来。

一、民俗文化的影像化

民俗文化，是指民间民众的风俗生活文化的统称。也泛指一个国家、民族、地区中集居的民众所创造、共享、传承的风俗生活习惯。在《人类口头和非物质遗产》一书中，作者将民俗文化的表现形式总结为民俗行为、民俗言语以及支配民俗行为和民俗言语的民俗崇信，“社会民俗规定人们的言行，规范人们可以做什么，不能做什么，是公众信仰的社会根源，并与民间信仰双向互动。”

以《记住乡愁》第一集中“敬畏之心不可无”的福建省龙岩市连城县培田村为例。培田村是具有鲜明明清建筑特点的古建筑群落，充斥着

作者简介：赵倩雯，2013级新闻传播学硕士研究生。

浓郁的客家人文气息，以官厅、继进堂为代表的“九厅十八井”建筑，秉承着“先后有序、主次有别”的传统观念。从这些古民居中展现的正是培田文化中对天地的崇拜、对祖先的敬重、对老师的尊敬，这与中华传统文化中的“礼之三本”，即“天地者生之本也；先祖者类之本也；君师者治之本也”不谋而合。“氏族的发展也有两条路线：一是由氏族到部落到民族到国家；二是由氏族到家族家庭到村落”，“后者以民俗性为核心，家庙、宗祠是村落民俗和村落信仰的重要风景”，培田村中衡公祠、久公祠等百年古祠就是民间信仰的最好象征。

“影像手段之于非物质文化遗产，是一块可以生存的新领地，是拓展与发扬其生命力的有效形式，借之以传遍寰宇、存之永恒；而非物质文化遗产之于影视媒介，则是可供开发的原材料、新的艺术穿凿的源泉，更不失为传播传统文化、张扬本土色彩、坚守‘文化版图’的有效策略”。面对民俗文化这类非物质文化遗产的保管、传承、弘扬，利用现代科技手段系统地对文字、图片、影像资料进行数字化分类与存档，利用媒体技术有效地向外界宣传成为工作之重。

二、民俗文化传承与价值观构建

如今伴随着新兴媒体的强势普及以及移动互联网的迅猛发展，碎片化的信息见缝插针地充斥在人们的工作生活中。新媒体时代撼动了主流媒体对信息传播的掌控，使得信息生产模式从单向的流水线式生产转变为多角度、多渠道的网络式生产。更为重要的是，媒介融合的环境使得人人成为“发声筒”，大家自由发表自己的意见，社会上出现各种各样的声音，这时媒体的“把关人”作用被不断削弱，恶意和非故意言论并存，粗俗、低俗、媚俗的内容不仅愚昧大众，也严重影响受众的价值取向，甚至出现了社会道德的滑坡。

电视作为大众传播领域中具有巨大影响力的传播媒介，具有传播主体的权威性、传播对象的广泛性、传播信息的丰富性等特点，更重要的是电视能将原本在价值观念上有区别的不同层次的观众整合到与主流文化所倡导的价值观念中，促进了社会成员价值观念的趋同化，对社会文化有一定的整合作用。这种对受众价值观念的影响甚至重构，对于引导和建设社会主义核心价值观具有极其重要的意义。

纪录片《记住乡愁》正是在这样的背景下应运而生的。电视不仅能够利用相对持久的、简易的方式将与民俗文化有关的影像和声音进行保存，更重要的是进行大范围的传播。随着传播范围的扩展和力度的加大，电视让更多的民众看到悠久的历史以及其中承载的优秀传统文化，并逐渐意识到保护和抢救非物质文化遗产的重要性。

经过比较可以发现，村落中的家规祖训，如“积善成德”“百善孝为先”“自尊自强”“立德树人”“家和万事兴”，与国家所倡导的“富强、民主、文明、和谐，自由、平等、公正、法治，爱国、敬业、诚信、友善”二十四字社会主义核心价值观在本质上是一致的。这些历史文化的精华不仅在今天依旧焕发勃勃生机，同时也为现在社会上存在的一些问题提供了有益的启示。“亲帮亲，邻帮邻”的湖南省湘西自治州古丈县老司岩村，邻里一片和睦，有事大家一起帮忙，全村其乐融融。“孝道传家”的安徽省黄山市黟县屏山村，恪守孝敬老人的传统，村中没有一个独居老人。

可以说，这些乡规民俗，作为优秀中华传统文化的一部分，为社会主义核心价值观的发展提供了大量的文化资源。我们应该立足于中华民族发展的历史长河中，自上而下的梳理传统文化中的精髓，同时结合新时代的具体情况和历史条件，将二者有机的相加，从量变引发质变，构建符合当今社会发展实际的和具有中国特色的社会价值观。

三、电视媒体：讲好中国故事

在2014年全国宣传思想工作会议上习近平总书记还指出，要精心做好对外宣传工作，创新对外宣传方式，着力打造融通中外的新概念新范畴新表述，讲好中国故事，传播好中国声音。电视作为当前最引人注目的文化载体，有责任、有能力积极倡导人文精神，以推动文化建设的不断深入，促进进步的价值观的建立，从而为国家的强大和发展做出贡献。纪录片《记住乡愁》便是在此背景下做出的一次大胆的尝试，也为其他电视媒体提供了一些有益的启示。

一是营造群体的归属感。节目聚焦普通人的故乡情怀，而中央电视台中文国际频道作为面向全球播出的中文频道，主要目标受众是海外华人、华侨以及港澳台同胞，其中有很多是远离故土为事业和梦想奋斗的异乡人。这些特殊的群体通过节目被黏合在一起，通过这些族规家训，在群体中收获了归属感与参与感。

二是寓教于情的正能量。在一个个传统的村落中，村民世代聚居于此，遵循着先辈沿袭的行为准则和处世态度，围绕着这些乡规民俗发生了很多引人深思的故事。节目中通过一个个具体感人的故事，宣传讲仁爱、倡忠孝、重和睦、守诚信、崇道义、尚勤俭、爱自然等道德准则，让观众产生了心灵上的共鸣，传递了真善美的正能量。

三是社会问题的调解器。当今社会各种价值观交织在一起，人人都有一套符合自身利益的行为准则，导致问题重重，矛盾不断深化。但是《记住乡愁》走访的村落中，因为代代相传的为人处世之道约束着人们的行为，所以人们能够看见和睦的邻里关系或医患关系、依靠赊账经营的超市。由此可以看出，传承优秀传统文化的重要性，只有这样才能更好地构建社会主义核心价值观，更好地调解社会问题。

四是屏幕外的互动活动。《记住乡愁》从2014年8月1日起面向全球征集主题歌歌词，在一个半月的时间里，组委会收到来自全国各地及海外近40个国家和地区的8000多件来稿。其中有旅居海外的华人华侨，有驻守边关的部队战士，也有离家闯荡的农民工，来自各行各业的非专业音乐人表现出极大的热情。最后通过专题音乐会集中展示优秀征集歌曲，进一步扩大节目的影响力，拉近与观众的距离。

电视对于民俗文化在内的非物质文化遗产的宣传，一方面是让电视媒体作为受众获取外部信息的重要手段之一，影响着人们的价值取向与选择，甚至是整个社会价值观的走向。电视对于民俗文化在内的非物质文化遗产的宣传，另一方面是让受众感受中华民族博大精深的文化底蕴，将优秀的民族文化传承下去，更重要的是在弘扬社会主义核心价值观的时代背景下，将传统文化的精髓加以提炼和整合，演化成核心价值观发展的丰富内生资源，使其以更贴近实际、贴近群众、贴近生活的方式帮助人们构建正确的价值观。

（原载《西部广播电视》2015年第14期）